Verstöße des Arbeitnehmers gegen Compliance- und Ethikrichtlinien

Europäische Hochschulschriften

European University Studies

Publications Universitaires Européennes

Reihe II **Rechtswissenschaft**

Series II Law

Série II Droit

Band/Volume **5975**

Eva Thielemann

Verstöße des Arbeitnehmers gegen Compliance- und Ethikrichtlinien

PETER LANG

Bibliografische Information der Deutschen Nationalbibliothek
Die Deutsche Nationalbibliothek verzeichnet diese Publikation in der Deutschen Nationalbibliografie; detaillierte bibliografische Daten sind im Internet über http://dnb.d-nb.de abrufbar.

Zugl.: Heidelberg, Univ., Diss., 2017

D 16
ISSN 0531-7312
ISBN 978-3-631-73943-3 (Print)
E-ISBN 978-3-631-73979-2 (E-PDF)
E-ISBN 978-3-631-73980-8 (EPUB)
E-ISBN 978-3-631-73981-5 (MOBI)
DOI 10.3726/b12776

Peter Lang – Berlin · Bern · Bruxelles · New York · Oxford · Warszawa · Wien

Diese Publikation wurde begutachtet.

www.peterlang.com

Meinen Eltern

Inhaltsübersicht

Inhaltsverzeichnis

1. Teil: Einleitung und Einführung in Bedeutung, Funktion und Entwicklung von „Compliance- und Ethikrichtlinien“

A. Einleitung

In Deutschland haben viele große, international tätige Unternehmen nach US-amerikanischem Vorbild begonnen, Compliance- und Ethikrichtlinien für ihre Arbeitnehmer zu erstellen, einzuführen und sich dadurch den internationalen Standards anzupassen.

Nicht alle dieser Einführungsversuche waren von Erfolg gekrönt und hatten vor Gericht Bestand, wodurch sie viel Aufmerksamkeit in der Wirtschaftspresse und dem juristischen Schrifttum erhalten haben. So wurde beispielsweise der Verhaltenskodex des amerikanischen Mutterkonzerns Wal-Mart, der in den Tochterunternehmen konzerneinheitlich übernommen werden sollte, in Deutschland in weiten Teilen für unzulässig erklärt. Insbesondere das darin enthaltene sog. „Liebesverbot“ hat für Empörung gesorgt und konnte vor dem deutschen Recht nicht bestehen.[1] Dieser und weitere vergleichbare Fälle haben gezeigt, dass ein Verhaltenskodex einer börsennotierten US-Muttergesellschaft von den deutschen Tochterunternehmen nicht ohne weiteres übernommen werden kann. Es sind bei der Gestaltung von Compliance- und Ethikrichtlinien zahlreiche nationale gesetzliche Regelungen zum Arbeitnehmerschutz, Persönlichkeitsrechtsschutz und Datenschutz sowie die Regelungen des Betriebsverfassungsgesetzes zur Mitbestimmung zu beachten.

Die Compliance- und Ethikrichtlinien setzen sich aus zwei Komponenten zusammen. Zunächst gibt es Regelungen, die insbesondere gesetzliche und regulative Vorgaben enthalten und plakativ als Complianceregelungen bezeichnet werden. Doch „Compliance“ ist nicht nur als eine Art Modethema zu verstehen. Das, was sich dahinter verbirgt, nämlich die Gesetzes- und Regeleinhaltung des Unternehmens durch interne Prozesse, ist kein Thema, welches „unter den Tisch gekehrt“

---

1 LAG Düsseldorf, Beschluss v. 14.11.2005 – 10 TaBV 46/05, NZA-RR 2006, 81 ff.; Vorinstanz: ArbG Wuppertal, Beschluss v. 15.06.2005 – 5 BV 20/05, NZA-RR 2005, 476 ff. Eine Entscheidung des Bundesarbeitsgerichts im Revisionsverfahren hat sich aufgrund Geschäftsaufgabe von Wal-Mart in Deutschland vor Treffen der höchstrichterlichen Entscheidung erledigt. Einige Verhaltensvorgaben haben dabei besondere Aufmerksamkeit erlangt. Dazu gehörte das sog. „Liebesverbot“, wonach vorgegeben war, dass das Verhalten von Arbeitnehmerinnen und Arbeitnehmern untereinander inner- und außerbetrieblich zu beschränken sei. Zudem gab es eine zu diesem Zeitpunkt noch weitgehend unbekannte „Whistleblowing-Klausel“, nach der die Arbeitnehmer verpflichtet waren, Fehlverhalten und Regelverstöße ihrer Kollegen bei dem Unternehmen anzuzeigen.

werden sollte. Dies wird zumeist bereits durch die Berichterstattung in den Medien und das große öffentliche Interesse verhindert. Die gesetzlichen Anforderungen an Unternehmen haben sich signifikant verschärft und es drohen vielfältige Haftungsrisiken, empfindliche Geldbußen, Gewinnabschöpfungen und hohe Strafzahlungen an Aufsichtsbehörden, wenn sie nicht erfüllt werden. Dies zeigen die Fälle der Siemens AG, VW, Telekom, Daimler, Deutsche Bahn und Citigroup.[2] Auch in letzter Zeit haben Unternehmen wie ADAC und Burger King in Compliance-Fragen in negativer Hinsicht auf sich aufmerksam gemacht und damit die Öffentlichkeit beschäftigt.[3]

Als zweite, ebenfalls nicht zu unterschätzende Komponente der Compliance- und Ethikrichtlinien, sind die Regelungen anzusehen, die das Verhalten der Arbeitnehmer nach den Ethikvorstellungen des Arbeitgebers beschreiben. Diese fungieren zusätzlich als Aushängeschild eines Unternehmens und dienen seiner Präsentation in der Öffentlichkeit.

Auch das Arbeitsrecht befasst sich immer mehr mit dem Themenkomplex der Compliance- und Ethikrichtlinien oder auch allgemeiner Verhaltenskodizes[4]. Bislang

---

2 Dazu im Überblick: *Patrick Kalbhenn*, Die größten Skandale in deutschen Konzernen, Handelsblatt vom 16.05.2012 (abrufbar unter: http://www.handelsblatt.com/unternehmen/beruf-und-buero/buero-special/compliance-die-groessten-skandale-in-deutschen-konzernen/6641352.html); Michael Freitag und Thomas Katzensteiner, Terror der Tugend, manager magazin vom 20.07.2012 (abrufbar unter: http://www.manager-magazin.de/magazin/artikel/a-842925.html); beispielhaft für Geldbußen aufgrund kartellrechtlicher Verstöße und finanzielle Risiken: In den Jahren 2007–2011 hat die Europäische Kommission wegen Verletzung kartellrechtlicher Bestimmungen Geldbußen in Höhe von rund 10,6 Mrd. Euro verhängt (S. 11 des jährlichen Tätigkeitsberichts der Europäischen Kommission). Im Fall Siemens wurde 2007 Vermögen in Höhe von 200 Mio. Euro abgeschöpft. Das Bundeskartellamt hat im Jahr 2011 knapp 190 Mio. Euro, im Jahr 2012 316 Mio. Euro an Geldbuße wegen verbotener Absprachen verhängt (S. 7 Bericht des Bundeskartellamtes über seine Tätigkeit in den Jahren 2011/2012, Bundestagsdrucksache 17/13675). Das Bundeskartellamt hat 2013 in 11 Fällen rund 240 Millionen Euro Bußgelder gegen insgesamt 54 Unternehmen und 52 Privatpersonen verhängt. 2014 wurden bereits Bußgelder über 630 Millionen Euro verhängt (S. 5 des Jahresberichts für 2013 des Bundeskartellamts).

3 Als Beispiele für die Berichterstattung in den Medien: http://www.spiegel.de/auto/aktuell/liste-der-aufgedeckten-skandale-beim-adac-a-946186.html (Artikel vom 29.01.2014); http://www.handelsblatt.com/unternehmen/dienstleister/adac-skandal-gelber-engel-seit-2009-manipuliert/9494368.html (Artikel vom 17.02.2014); http://www.zeit.de/mobilitaet/2015-02/adac-vorwuerfe-korruption (Artikel vom 26.02.2015); http://www.focus.de/auto/news/auto-mobilclub-skandal-auto-adac-frisierte-zahlen-fuer-gelben-engel-seit-jahren-13_id_3553964. html (Artikel vom 20.01.2014); http://www.haufe.de/recht/kanzleitipps/burger-king-arbeitsbedingungen-hygiene-und-compliance_222_282944.html (Artikel vom 20.11.2014).

4 Vgl. zu dem Substantiv „Kodex“: Duden – Band 1, Die deutsche Rechtschreibung.

lag der Fokus der arbeitsrechtlichen Betrachtung vornehmlich auf den Möglichkeiten der Implementierung, der Umsetzung und den inhaltlichen Gestaltungsmöglichkeiten der einzelnen Regelungen, sowie auf dem damit einhergehenden Phänomen des „Whistleblowing".[5]

Unter Zugrundelegung dieser Entwicklungen und der daraus gewonnenen Erkenntnisse ergeben sich jedoch weitere Fragestellungen und Problemfelder, denen Beachtung geschenkt werden muss. Wie so häufig, wird die juristische Praxis mit den Fällen konfrontiert, in denen etwas „schiefgelaufen" ist. Geht man von wirksam implementierten Compliance- und Ethikrichtlinien aus, stellt sich im Folgenden die Frage, wie mit Verstößen gegen diese Regelungen umzugehen ist. Bereits die Aufklärung dieser Verstöße durch das Unternehmen selbst gestaltet sich als rechtliches „Mienenfeld", auf dem kein Schritt unbedacht gesetzt werden kann.

Als Folge der prominenten Korruptionsskandale[6], die letztlich auf nichts anderem als Complianceverstößen beruhen, hat zumindest die Frage nach den Kündigungsmöglichkeiten der betroffenen Arbeitnehmer und leitenden Angestellten Beachtung gefunden.

Darüber hinaus stellt sich für die Arbeitgeber jedoch die Frage, wie mit den Arbeitnehmern umzugehen ist, die nicht öffentlichkeitswirksam gekündigt werden müssen. Oder wie Arbeitnehmer sanktioniert werden können, deren Verstoß eine Beendigung des Arbeitsverhältnisses nicht zu rechtfertigen vermag.

Ein Unternehmen muss sich mit Blick auf die Zukunft und möglichen Fachkräftemangel gegebenenfalls die Frage stellen, ob es lediglich mit Reaktionsmöglichkeiten im klassischen arbeitsrechtlichen Bereich, mithin Abmahnung und Kündigung, agieren will, oder ob nicht vielmehr Reaktionsmaßnahmen, die nicht den Bestand des Arbeitsverhältnisses betreffen, den beidseitigen Interessen deutlich besser dienen können.

Bislang wurde in Compliance- und Ethikrichtlinien wenig Gebrauch von Reaktions- und Sanktionsmöglichkeiten gemacht, die über die klassischen Maßnahmen hinausgehen.

Kommt eine Kündigung nicht in Frage, kann der Compliance- und Ethikrichtlinienverstoß jedoch nicht ignoriert werden, ohne dass der Unternehmensleitung

---

5 *Fahrig*, Die Einführung eines Verhaltenskodexes und das Whistleblowing, Diss., 2009; *Maschmann*, Corporate Compliance und Arbeitsrecht, 2009; *Mengel*, Compliance und Arbeitsrecht, 2009; *Rein*, Die individualrechtliche Implementierung einer Ethikrichtlinie mit vorweggenommener Abmahnung, Diss., 2013; *Schneider*, Die arbeitsrechtliche Implementierung von Compliance- und Ethikrichtlinien, Diss., 2009; *Thüsing*, Beschäftigtendatenschutz und Compliance, Effektive Compliance im Spannungsfeld zwischen BDSG, Persönlichkeitsschutz und Betrieblicher Mitbestimmung, 2014; *Triskatis*, Ethikrichtlinien im Arbeitsrecht, Diss., 2008; *Wagner*, Ethikrichtlinien – Implementierung und Mitbestimmung, Diss., 2008; *Willemsen*, Einführung und Inhaltskontrolle von Ethikrichtlinien, Diss., 2009.

6 Korruptionsvorfälle, Bildung verdeckter Kassen als Untreue, BGH, Urt. v. 29.08.2008 – 2 StR 587/07, NJW 2009, 89 ff.

als Arbeitgeber Unterlassen oder gar Toleranz des Fehlverhaltens vorgeworfen werden kann. Es sind daher an diese Lage angepasste Reaktionen des Arbeitgebers notwendig. Das Arbeitsrecht bietet bereits diese Möglichkeiten. Es fehlt bisher am entsprechenden Bewusstsein, diese Möglichkeit bei Verstößen gegen Compliance- und Ethikrichtlinien auszuschöpfen.

Liegen mehrere Reaktionsmöglichkeiten vor, stellt sich für den Arbeitgeber die nächste Frage, inwieweit und innerhalb welcher Grenzen er ein Auswahlrecht hat: Welche der möglichen Reaktionsmaßnahmen auf den Compliance- und Ethikrichtlinienverstoß ist in der konkreten Situation die geeignete und angemessene Maßnahme und wie rechtssicher ist diese?

Es ist Ziel dieser Arbeit, auf diese Fragen eine Antwort zu geben.

B. Untersuchungsgang

Der Fokus dieser Arbeit liegt auf der arbeitsrechtlichen Dimension der Folgen von Verstößen gegen Verhaltensvorschriften für den Arbeitnehmer in Form von Ethik- oder Compliancerichtlinien. Regelmäßig werden dem Arbeitnehmer bei Verstoß gegen diese Verhaltensvorschriften arbeitsrechtliche Sanktionen angedroht. Grundvoraussetzung für deren Durchsetzung sind jedoch zunächst wirksame Verhaltenspflichten für den Arbeitnehmer. Als zu klärende Vorfrage werden daher der rechtliche Hintergrund und die Rechtsgrundlagen von Compliance- und Ethikrichtlinien und die Einführungsmöglichkeiten dieser unter dem Aspekt der Begründung arbeitsvertraglicher Pflichten untersucht.

Anschließend sollen die Reaktionsmöglichkeiten des Arbeitgebers auf Verstöße gegen arbeitsvertragliche Verhaltenspflichten in Form von Compliance- und Ethikrichtlinienverstößen untersucht werden. Dazu ist zu klären, welche Sanktionen gegenüber dem Arbeitnehmer generell möglich und zulässig sind, sowie die Frage, wie mit einem Verstoß umgegangen wird und welche Schritte vom Verstoß bis hin zu einer durchgeführten Sanktion erforderlich sind.

Eine Beendigung des Arbeitsverhältnisses als „klassischste" aller Sanktionen wird bei leichten Verstößen, bei unverzichtbaren Arbeitnehmern oder auch nach einer bestimmten Unternehmensphilosophie nicht immer im Interesse des Arbeitgebers liegen. In diesen Fällen gewinnen alternative Reaktionsmöglichkeiten zu einer Kündigung an Bedeutung. Entsprechende Möglichkeiten sollen untersucht werden, ihr rechtlicher Charakter und mithin ihre Zulässigkeit, ihr Umfang und ihre Grenzen abgeklärt werden, ebenso wie ihr Verhältnis zueinander. Schließlich wird eine Aussage über ihre Eignung als Reaktion oder Sanktion bei Verstoß gegen eine arbeitsvertragliche Verhaltenspflicht getroffen.

C. Begriffsbestimmungen

I. „Compliance“

Der Begriff „Compliance“ stammt aus dem angloamerikanischen Rechtsraum und bezeichnete dort ein systematisches Konzept zur Sicherstellung regelkonformen Verhaltens in dem klassischen Risikobereich der Banken.[7] Seit Anfang der 90er Jahre hat der Compliance-Gedanke und Begriff auch vermehrt in das deutsche Recht Eingang gefunden und sich weitergeformt.[8] Zunächst geschah dies ebenfalls im klassischen Bereich des Kapitalmarkt- und Bankenrechts, darüber hinaus auch im Kartell- und Korruptionsstrafrecht und schließlich avancierte der Compliance-Gedanke sogar zu einem verallgemeinerten Regelungsansatz, der sich an die Unternehmensleitung richtet.[9]

Der Begriff „Compliance“ leitet sich vom englischen „to comply with“ ab, was u.a. mit „etwas befolgen/erfüllen/einhalten“ übersetzt wird.[10] Eine wörtliche und dennoch sinngemäße deutsche Übersetzung gibt es nicht. Die Bedeutung von „Compliance“ ist mehrschichtig und lässt sich daher nur umschreiben: Unter „Compliance“ versteht man heute sinngemäß die allgemeine Anforderung des Handelns im Einklang mit dem geltenden Recht. Damit gemeint ist, dass sich Unternehmen und ihre Organe rechtmäßig und ordnungsgemäß verhalten und die Einhaltung aller für sie maßgeblichen Gesetze, Normen und Regeln sicherstellen.[11]

Wie bereits von Einigen ironisch bemerkt,[12] ist dies in einer rechtlich geprägten Umgebung keine besonders neue und überraschende Erkenntnis. Eine überwiegende Mehrheit der Unternehmen hat selbstverständlich auch bisher ein rechtskonformes Handeln entsprechend ihrer Verpflichtung aus dem Legalitätsprinzip[13] angestrebt und so z.B. Revisionsabteilungen eingerichtet. Es geht bei „Compliance“ jedoch um viel mehr als nur Gesetzestreue, nämlich um die bedeutsame Frage, wie die Einhaltung von gesetzlichen Vorgaben und unternehmensinternen Richtlinien innerhalb eines Unternehmens sichergestellt werden kann.

Bei der Betrachtung des Begriffs „Compliance“ ist somit zu differenzieren. Zunächst ist Compliance als allgemeine übergeordnete Anforderung an das Handeln zu verstehen. Davon zu unterscheiden ist das Compliance-System als das (organisatorische)

---

7 *Fleischer*, CCZ 2008, 1 (1).

8 *Lösler*, NZG 2005, 104 (104); *Gebauer/Niermann*, in: Hauschka, Corporate Compliance, § 48, Rn. 10 f.

9 *Schneider*, ZIP 2003, 645 (649); *Fleischer*, CCZ 2008, 1 (1).

10 Pons, Großwörterbuch Englisch.

11 *Maschmann*, AuA 2009, 72 (72); *Mengel/Hagemeister*, BB 2006, 2466 (2466); *Bergmoser/Theusinger/Gushurst*, BB 2008 Spezial Nr. 5, 1 (2).

12 *Eisele*, WM 1993, 1021 (1024) „eigentlich Selbstverständlichkeiten“; *Schneider*, ZIP 2003, 645 (646) „Binsenweisheit“; *Spindler*, WM 2008, 905 (905) „reine Selbstverständlichkeit“.

13 BGH, Beschluss v. 13.09.2010 – 1 StR 220/09, NJW 2011, 88 (92, Tz. 37); BGH, Urt. v. 27.08.2010 – 2 StR 111/09, NJW 2010, 3458 (3460, Tz. 29); *Fleischer*, CCZ 2008, 1 (2).

Mittel, um die allgemeinen Anforderung an das Handeln im Unternehmen zu bestimmen und umzusetzen. Daraus folgt eine Mehrdimensionalität von Interessen und Zielen von Compliance je nach externen oder internen Regelsetzungsbefugten.

Im Zuge öffentlichen und wirtschaftlichen Drucks sowie aktueller gesellschaftlicher und politischer Entwicklungen hat sich insbesondere für börsennotierte Unternehmen die Intensität der rechtlichen Anforderungen am Kapitalmarkt und im Kundenkontakt erhöht. Die Komplexität hat zugenommen, sodass sich die Gesetzestreue bei Mitarbeitern nicht mehr ohne weiteres selbst einstellt und es immer anspruchsvoller wird, den Überblick über die rechtlichen Anforderungen zu bewahren und diese durchzusetzen.[14] Gleichzeitig wurden die Strafen bei Verstößen gegen diese Regeln erheblich verschärft.[15] Eine Vielzahl von im Wirtschaftsleben relevanten Gesetzen enthält Regelungen über Verstöße in Form von Delikten oder Ordnungswidrigkeiten, die zu hohen und bilanzwirksamen Geldbußen oder anderen Nachteilen für das Unternehmen führen.[16] Um nur einige davon zu nennen: Mangelnde interne Organisation kann zu einer Geldbuße nach §§ 30, 130 OWiG führen. Im Kartellrecht muss das betroffene Unternehmen zudem mit einem Ausschluss vom öffentlichen Vergabeverfahren rechnen. Wettbewerbs- und vergaberechtliche Nachteile, Marktbeschränkungen, Ausschlussgründe und Auftragssperren sind denkbar. Bei Verstößen gegen das Gesetz gegen den unlauteren Wettbewerb (UWG) oder das Gesetz gegen Wettbewerbsbeschränkungen (GWB) droht eine Konfrontation mit Gewinn- oder Mehrerlösabschöpfung (§ 10 I UWG, § 34 I GWB). Nach §§ 73 ff. StGB droht der Verfall des Erlöses bei strafrechtlichen Delikten. Besonders relevant sind in diesem Zusammenhang auch die aufsichtsrechtlichen Regeln, wie solche der Börsenaufsicht, der Banken- und Finanzdienstleistungsaufsicht, der Arbeitsschutzbehörden und sonstiger allgemeiner Aufsichtsbehörden.[17] Bei diesen gesetzlichen Regelungen und Anforderungen handelt es sich vorrangig um Ziele externer Regelsetzungsbefugter.[18]

Zunehmend in den Vordergrund treten aber auch die Ziele der internen Regelsetzungsbefugten.[19] Eine Steuerung des Unternehmens über Regeln zur Verwirklichung gesellschaftlicher, politischer oder unternehmensinterner Ziele ist in großen internationalen Unternehmen und Konzernen mit einer ausgeprägten Corporate Governance Struktur unverzichtbar geworden.[20] Dies hat sich nicht nur in den

---

14 So hat das Unternehmen öffentlich-rechtliche Pflichten, Ge- und Verbote wie solche des Kartell-, Umwelt-, Steuer-, Sozialversicherungs-, Datenschutz-, Kapitalmarkt-, Arbeitssicherheits-, Außenwirtschafts- und Geldwäscherechts zu beachten. Zudem kommen noch das sog. „soft law", Corporate Governance Grundsätze, „best practice" Standards, nationale und internationale „Codes of Conduct" etc. hinzu.

15 *Mengel/Hagemeister*, BB 2006, 2466 (2466).

16 *Bürkle*, BB 2005, 565 (566); *Bock*, ZIS 2009, 68 (69).

17 *Mengel/Hagemeister*, BB 2006, 2466 (2466); *Spindler*, WM 2008, 905 (905); *Passarge*, NZI 2009, 86 (86).

18 In der betriebswirtschaftlichen Lehre wird von „Zielsteuerung" gesprochen.

19 In der betriebswirtschaftlichen Lehre wird von „Regelsteuerung" gesprochen.

20 *Bergmoser/Theusinger/Gushurst*, BB 2008 Spezial Nr. 5, 1 (2).

gesetzlichen Vorschriften, sondern auch den selbstgesetzten Regeln der Compliancerichtlinien niedergeschlagen.

„Compliance" als allgemeine Verhaltensanforderung umfasst daher nicht nur das rein gesetzestreue Verhalten, sondern ist vielschichtiger und erfasst auch die Einhaltung von selbstgesetzten Regeln in Form von einzelnen Compliance- und Ethikrichtlinien, nicht-normativen Regelungen und Standards, die bestimmte ethische Grundsätze festlegen und in konkretere Verhaltensvorgaben übertragen.[21] Gerade diese innerbetrieblichen Grundsätze gehen oft über die gesetzlichen Mindestanforderungen hinaus.[22]

II. Die Ethikrichtlinie

Unter einer Ethikrichtlinie, oft im Sinne eines Sammelbegriffs auch als Verhaltenskodex oder Ethikkodex bezeichnet (im Angloamerikanischen auch „Code of Conduct", „Code of Ethics"), versteht sich im Rahmen dieser Arbeit ganz allgemein ein betriebliches Regelwerk, das eine Sammlung und Dokumentation von ethischen Leitlinien, Programmsätzen und Verhaltensvorgaben eines Unternehmens enthält, unabhängig von Rechtscharakter, Zielrichtung und Ersteller der jeweiligen Vorschrift. Ethikkodizes fassen diese Regelungen in organisatorischen und verhaltenssteuernden Vorgaben zusammen und dokumentieren sie. Sie verknüpfen damit Ethikvorstellungen und geltendes Recht und vereinen dies in einem Regelwerk. Dieses Regelwerk dokumentiert damit die Grundhaltung des Unternehmens im Geschäftsverkehr.[23]

Sinn und Zweck einer Ethikrichtlinie ist die Verbesserung der Unternehmensethik insgesamt, indem sie sowohl auf die Individualethik des Einzelnen als auch auf die vertikale Organisation der Arbeitnehmer unter ethischen Aspekten einwirkt und diesbezüglich Vorgaben macht.[24] Anders formuliert soll der Arbeitnehmer zu einem regelkonformen und an den Werten des Unternehmens orientierten moralischen und ethischen Verhalten angehalten und gleichzeitig eine entsprechende Umgebung geschaffen werden. Diese Unternehmensrichtlinien werden auch als unternehmensspezifische Ergänzung zur Bekämpfung von Wirtschaftskriminalität durch Selbstregulierung herangezogen.[25]

Die Verhaltensvorgaben können zum Teil ganz generelle und pauschale Aufforderungen zu dem Ethikverständnis des Arbeitgebers entsprechendem Verhalten enthalten.[26] Typische Regelungsinhalte lassen sich unter Oberbegriffe wie

---

21 *Kort*, NZG 2008, 81 (82).

22 *Kraft*, in: Gercke/Kraft/Richter, Arbeitsstrafrecht, S. 378, Rn. 12.

23 *Bürkle*, BB 2005, 565 (565).

24 Vgl. *Fahrig*, Die Einführung eines Verhaltenskodexes und das Whistleblowing, S. 36; *Triskatis*, Ethikrichtlinien im Arbeitsrecht, S. 34 ff.; *Willemsen*, Einführung und Inhaltskontrolle von Ethikrichtlinien, S. 7 f.

25 *Theile*, ZIS 2009, 406 (406).

26 So z.B. der Code of Conduct der Deutschen Telekom AG, der nur bereits bestehende gesetzliche Pflichten wiederholt. Abrufbar unter: www.telekom.de/code-of-conduct, wie z.B. der Aufruf zu gesetzestreuem Verhalten.

Unabhängigkeit, Lauterkeit, Objektivität, Fairness, Kollegialität, Qualitätsbewusstsein und Unparteilichkeit klangvoll, wenn auch wenig aussagekräftig, zusammenfassen.[27] Sie können aber auch an Detaillierungsgrad zunehmen und einen bestimmten Bereich sehr ausführlich und genau regeln.[28] Verhaltensanforderungen dazu lassen sich in unterschiedliche Regelungsbereiche, wie des allgemeinen Arbeits- und Geschäftsverhaltens, des außerbetrieblichen Verhaltens, Überwachung, Mitwirkungspflichten und Sanktionen, aufteilen. Häufig werden in den Ethikrichtlinien gesetzliche Vorgaben auch nur noch einmal wiederholt, auf diese hingewiesen oder generell zu gesetzestreuem Verhalten aufgefordert.

Ergänzend kann ein solcher Verhaltenskodex durch allgemeine Leit- und Programmsätze, Zielvorgaben und ethische sowie moralische Grundsätze auch die Unternehmensphilosophie öffentlichkeitswirksam widerspiegeln.[29] Diese Einhaltung von selbstgesetztem Recht fällt ebenfalls unter den Oberbegriff „Compliance". Diese unterschiedlichen Erscheinungsformen sind der Tatsache geschuldet, dass jedes Unternehmen Ethikrichtlinien selbst und unternehmensspezifisch einführt und dabei gerade auf die konkreten individuellen Umstände und Anforderungen abstellt.

III. Das Compliance-System

Die Einführung von Compliance- und Ethikrichtlinien durch das Unternehmen erfolgt zur Erfüllung bestehender gesetzlicher und aufsichtsrechtlicher Verpflichtungen, zur Regelung und Überwachung des Mitarbeiterverhaltens ebenso wie zur Umsetzung ihrer ethischen und moralischen Vorstellungen.[30]

Von diesem Vorhaben umfasst sind die Aufstellung, Implementierung, Durchsetzung, Kontrolle, Weiterentwicklung und Kommunikation dieser Regeln. Dazu wird eine Systemstruktur in dem Unternehmen geschaffen, die all diese Gestaltungsfaktoren umfasst. Das „Compliance-System" stellt einen solchen umfassenden Ansatz dar, der unternehmensinterne Prozesse und Abläufe so gestaltet, dass die Einhaltung aller einschlägigen Gesetze, Vorschriften und internen Regeln gewährleistet werden kann.

Ein Compliance-Programm befasst sich mit der Aufbau- und Ablauforganisation des Unternehmens unter rechtlichen Aspekten. Durch das Programm wird die Formulierung der normativen Ziele der Unternehmensleitung organisiert, die arbeitsrechtlich wirksame Implementierung wird sichergestellt und die Überprüfung der Einhaltung dieser Vorgaben wird organisiert.[31] Dazu gehört eine Identifizierung der Risikobereiche des Unternehmens und der einschlägigen rechtlichen Vorgaben. Dies kann dann zu

---

27 *Borgmann*, NZA 2003 352 (352).

28 So z.B. der Verhaltenskodex von Wal-Mart in der Sachverhaltsdarstellung des LAG Düsseldorf, Beschluss v. 14.11.2005, NZA-RR 2006, 81 (81–83), der z.B. das sog. „Liebesverbot" enthält.

29 *Fahrig*, Die Einführung eines Verhaltenskodexes und das Whistleblowing, S. 27 f.

30 *Borgmann*, NZA 2003, 352 (352).

31 *Hauschka*, NJW 2004, 257 (261); *Kraft*, in Gercke/Kraft/Richter, Arbeitsstrafrecht, S. 387, Rn. 53.

spezifischen organisatorischen Maßnahmen, entsprechenden Aufgabenzuweisungen, Schulungen, bereichsspezifischen Informationen und Überwachung führen.

Daneben wird häufig, abhängig von der Größe des Unternehmens, eine formale Compliance-Organisation eingerichtet, eine Stelle, die für die interne Organisation von Compliance verantwortlich ist. Dafür gibt es keine klaren gesetzlichen Regeln. Es kann sich dabei sowohl um eine selbstständige Abteilung als auch um eine Unterabteilung handeln, die mit allen anderen Unternehmensabteilungen eng zusammenarbeitet und auch den Kontakt nach Außen (z.B. zu den Aufsichtsbehörden, Abschlussprüfer etc.) pflegt.[32] Als Verantwortlicher tritt häufig ein sogenannter „Compliance-Officer"[33] auf.

In dem Verantwortungsbereich der Compliance-Organisation liegt es, das Compliance-Programm zu implementieren, zu dokumentieren und weiterzuentwickeln.[34] Zu dem Aufgabenbereich der Compliance-Organisation gehören Informations-, Beratungs- und Reportingpflichten, aber auch Schutz des Unternehmens und seiner Organmitglieder vor strafrechtlicher Verfolgung und zivilrechtlichen Ansprüchen.[35]

Das Compliance-Regelwerk, der Verhaltenskodex oder die Ethikrichtlinie stellen das inhaltliche Kernstück des Systems dar und normieren die konkreten Verhaltensstandards im Unternehmen. Urheber ist die Unternehmensleitung[36], teilweise in Zusammenarbeit mit dem Betriebsrat.[37] Es können darin inhaltlich sowohl gesetzliche Vorschriften lediglich wiedergeben oder umschrieben werden, es kann aber auch deren Regelungsgehalt vertieft oder erweitern werden. Auch weitergehende und neue Verhaltensvorgaben im Sinne einer Unternehmensethik oder rein organisatorische Durchführungsmaßnahmen können enthalten sein.

Trotz teilweiser Charakterisierung als „Selbstverständlichkeit" oder „Binsenweisheit",[38] ist die Implementierung eines solchen umfassenden Compliance-Systems alles andere als selbstverständlich oder einfach. Es handelt sich dabei um eine enorm komplexe und umfangreiche Regelungsmenge, durch die versucht wird, wirtschaftliche und soziale Sachverhalte zu verrechtlichen und bei der gesetzliche Vorschriften, unternehmensinterne Besonderheiten und nicht zuletzt auch Verfassungsrecht zu beachten sind.

---

32 *Kraft*, in Gercke/Kraft/Richter, Arbeitsstrafrecht, S. 385, Rn. 43 f.

33 Ausführlich zur Funktion des Compliance Officers: *Moosmayer*, Compliance, Rn. 124 ff. Der Compliance-Officer hat im Zusammenhang mit der Tätigkeit des Unternehmens eine strafrechtlich relevante Garantenpflicht aus arbeitsvertraglicher Übernahme i.S.d. § 13 I StGB, Straftaten mit Bezug zum Unternehmen zu verhindern: BGH, Urt. v. 17.07.2009 – 5 StR 394/08, NJW 2009, 3173 (3175, Rz. 27).

34 *Bürkle*, BB 2005, 565 (565).

35 *Hauschka*, NJW 2004, 257 (261).

36 *Triskatis*, Ethikrichtlinien im Arbeitsrecht, S. 36.

37 Dazu im 2. Teil unter C. II. und III. 1. mehr.

38 *Eisele*, WM 1993, 1021 (1024) „eigentlich Selbstverständlichkeiten"; *Schneider*, ZIP 2003, 645 (646) „Binsenweisheit"; *Spindler*, WM 2008, 905 (905) „reine Selbstverständlichkeit".

D. Die Entwicklung von Compliance-Systemen

Bei Compliance-Systemen handelt es sich um ein sog. „Legal Transplant“, einen Rechtsimport aus den USA.[39] Auch in seiner ursprünglichen Bedeutung und Verwendung stellt der Begriff „Compliance“ ein Verhaltenskonzept dar. So bezeichnet z.B. Compliance als medizinischer Fachbegriff das therapiegerechte Verhalten des Patienten, in der Pharmazie die Befolgung der Dosierungsangaben und in dem Gesundheitssektor die ordnungsgemäße Medikamentenherstellung.[40] In der angloamerikanischen Banken- und Finanzwelt der 80er Jahre wurde ein Compliance-Konzept zur Sicherstellung des regelkonformen Verhaltens in den klassischen Risikobereichen der Banken verwendet. Auch in der strafrechtlichen Haftungsvermeidung von US-Kapitalgesellschaften für kriminelle Machenschaften ihrer Mitarbeiter lässt sich ein Ursprung von Compliance vermuten. Doch bereits früher, in den 60er Jahren, sind erste Corporate Compliance Systeme als Instanz zur Selbstkontrolle[41] in den USA als Folge der sog. „Electrical Cases“ aufgetreten. Unternehmen der amerikanischen Elektroindustrie hatten durch Preis- und Marktabsprachen ein Kartell aufgebaut, welches dann aufgedeckt wurde und hohe Geld- und Freiheitsstrafen nach sich zog. Darauf reagierend gewann die Prävention von Kartellverstößen durch Compliance-Programme (Antitrust Compliance) wachsende Bedeutung und Beachtung auch in der juristischen Fachliteratur.[42] Auch in Deutschland wurde den Compliance-Programmen im Zusammenhang mit dem Kartellordnungswidrigkeitenrecht Aufmerksamkeit geschenkt und solche entwickelt.[43] Daraufhin sind diese Konzepte und ihre Anforderungen auf weitere Bereiche ausgedehnt und übertragen worden, sodass sich die Anfänge von „Compliance-Systemen“ im heute gängigen und oben dargestellten Verständnis mit diesen Entwicklungen in den USA skizzieren lassen.[44]

Konkret auf Deutschland bezogen, lässt sich die gesetzliche Entwicklung der letzten Jahre wie folgt skizzieren: Viele Finanzinstitute haben aufgrund des Zweiten Finanzmarktförderungsgesetzes[45] Compliance-Programme eingeführt und eine entsprechende Organisation geschaffen. Dadurch sollten die Regeln zur

---

39 Darstellung der Entwicklung: *Eufinger*, CCZ 2012, 21 (21); *Eisele/Faust*, in: Schimansky/Bunte/Lwowski, Bankrechts-Handbuch, § 109 Verhaltensregeln und Compliance, Rn. 5; *Rotsch*, in: Achenbach/Ransiek/Rönnau, Handbuch Wirtschaftsstrafrecht, 1. Teil, Kapitel 4, Rn. 11 ff.

40 *Eufinger*, CCZ 2012, 21 (21) m.w.N.

41 *Rotsch*, in: Achenbach/Ransiek/Rönnau, Handbuch Wirtschaftsstrafrecht, 1. Teil, Kapitel 4, Rn. 11.

42 *Eufinger*, CCZ 2012, 21 (22) m.w.N. aus der amerikanischen Literatur.

43 *Kort*, NZG 2008, 81 (82).

44 Dazu auch: *Rotsch*, in: Achenbach/Ransiek/Rönnau, Handbuch Wirtschaftsstrafrecht, 1. Teil, Kapitel 4, Rn. 11 ff.

45 „Gesetz über den Wertpapierhandel und zur Änderung börsenrechtlicher und wertpapierrechtlicher Vorschriften” vom 26. Juli 1994 (BGBl. I S. 1749).

Entwicklung und Einrichtung interner Kontrollverfahren beim Wertpapierdienstleistungsgeschäft (nach WpHG – Wertpapierhandelsgesetz) eingehalten werden. Auch aus der Notwendigkeit des Managements von Interessenkonflikten innerhalb eines Unternehmens und vielfachen Problemen mit Insiderverstößen, wurden Compliance-Organisationen gebildet. Ziel derer ist es, das Unternehmen vor Vorwürfen von Außen und Verstößen von Innen zu schützen.

Das Vierte Finanzmarktförderungsgesetz[46] hat den Anwendungsbereich von Compliance durch eine Neufassung des § 25a I KWG (Kreditwesengesetz) stark erweitert. Gewährleitet werden soll die Einhaltung der gesetzlichen Bestimmungen und der betriebswirtschaftlichen Notwendigkeiten, wobei immer mehr Risiken in den Blick genommen werden. Die Forderung nach regelgetreuem Verhalten hat eine konzernweite Ausdehnung erlangt.[47]

Auch Ethikrichtlinien als individuell betriebliche Verhaltensrichtlinien sind kein neues Konzept, insbesondere sind ihre Ursprünge nicht erst im neueren angloamerikanischen Bankenaufsichtsrecht zu finden.[48] Betriebliche Verhaltensregelungen wurden von den Arbeitgebern bereits wesentlich früher in Form sog. Arbeits- oder Betriebsordnungen erlassen. Durch solche Ordnungen bot sich den Arbeitgebern die Möglichkeit, auf das Verhalten und die Leistung der Arbeitnehmer Einfluss zu nehmen und somit ihren unternehmerischen Vorstellungen und Zielen anzupassen und ggf. auch den gesellschaftspolitischen Vorstellungen der Zeit.[49] Insofern handelte es sich bei der Vermittlung von arbeitgeberseitigen Arbeits- und Moralvorstellungen an die Belegschaft nicht um eine gänzlich neue Entwicklung. Die Einführung von Ethikrichtlinien ist aber inzwischen deutlich stärker reguliert, wie zu zeigen sein wird.

---

46 „Gesetz zur weiteren Fortentwicklung des Finanzplatzes Deutschland" vom 21. Juni 2002 (BGBl. I S. 2010).

47 *Lösler*, NZG 2005, 104 (106).

48 So aber *Schneider/Sittard*, NZA 2007, 654 (654).

49 *Hromadka*, ZfA 1979, 203 (204).

2. Teil: Rechtlicher Hintergrund von Compliance- und Ethikrichtlinien, Funktion und Implementierung

A. Rechtsgrundlage für die Einführung von Compliance- und Ethikrichtlinien

Vor der Frage nach der Ausgestaltung eines Compliance-Systems oder gar dessen Durchsetzung, stellt sich die Frage nach dessen Rechtsgrundlage, insbesondere, ob etwaige Rechtsgrundlagen zwingend sind und eine Pflicht zur Einführung von Compliance- und Ethikrichtlinien statuieren oder ob sie lediglich eine Handlungsmöglichkeit eröffnen, mithin optional sind. Die Einführung von Compliance- und Ethikrichtlinien ist insbesondere für große Wirtschaftsunternehmen ab einer gewissen Mitarbeiterzahl von Interesse, da so alle Arbeitnehmer erreicht werden können. Bei diesen Unternehmen handelt es sich häufig um solche, die kapitalmarktorientiert sind. Insofern sollen diese hier vorrangig betrachtet werden.

Es kommen insoweit nicht nur nationale Verschriften des deutschen Gesetzgebers, sondern auch ausländische Rechtsvorschriften, insbesondere in Bezug auf die US-Börse, in Betracht. Ein Blick soll anschließend auch auf die Funktionselemente eines Compliance-Systems und daraus resultierende Motivationsanreize zur freiwilligen Einführung von Compliance- und Ethikrichtlinien geworfen werden, um ein möglichst umfassendes und realitätsnahes Bild über die verschiedenen Hintergründe der Einführung von Compliance- und Ethikrichtlinien in einem Unternehmen zu erhalten.

I. Rechtlicher Hintergrund

1. Allgemeine Rechtspflicht zur Einführung von Compliance- und Ethikrichtlinien?

Aus dem Grundgesetz selbst ergibt sich keine unmittelbare Verpflichtung zur Einführung von Compliance- und Ethikrichtlinien.[50] Eine solche kann sich allenfalls aus einfachem Recht ergeben. In Deutschland existiert jedoch keine Vorschrift oder ein allgemeines Regelwerk, welches die Einführung eines Compliance-Systems und die Einführung von Richtlinien, die ein generell ethisches und moralisches Verhalten der Mitarbeiter sichern, verlangen.[51]

---

50 *Triskatis*, Ethikrichtlinien im Arbeitsrecht, S. 49.
51 So auch: *Willemsen*, Einführung und Inhaltskontrolle von Ethikrichtlinien, S. 20.

2. *Spezielle gesetzliche Vorschriften zur Einführung eines Compliance-Systems*

Es gibt allerdings eine Vielzahl von branchen- und industriespezifischen Vorschriften, die spezielle Anforderungen an ein Compliance-System aufstellen und auch einige Vorschriften, die ethisches Verhalten fordern. Dazu soll im Folgenden ein Überblick über die gängigsten dieser Vorschriften und ihren Inhalt gegeben werden.

a) *Anforderungen und Auswirkungen des Sarbanes-Oxley Act (SOX), der Regeln der New York Stock Exchange und des US Foreign Corrupt Practices Act (FCPA) auf deutsche Unternehmen*

Der US amerikanische *Sarbanes-Oxley Act*[52] von 2002 stellt eine Reaktion auf die Bilanzfälschungs- und Finanzskandale, insbesondere der Unternehmen Enron und Worldcom,[53] dar und fordert eine strengere Regulierung von Wirtschaftsprüfern, die Verschärfung der Corporate Governance Regeln für alle US-Börsen gelisteten Unternehmen sowie effektive interne Kontrollen und Transparenz der Finanzkonstrukte.[54] Der SOX enthält für alle an der US-amerikanischen Börse notierten Unternehmen detaillierte Regelungen zur Unternehmensorganisation, zur Errichtung eines internen Berichts- und Informationswesens und zu Feststellungen von Gesetzesverstößen.[55] Verstöße gegen die Regeln des SOX sind mit hohen Bußgeldern durch die *Securities and Exchange Commission*[56] bewehrt. Damit hat er maßgeblich zur Entwicklung von Compliance-Vorschriften und Systemen beigetragen.[57]

Von diesen Regeln sind auch europäische Unternehmen erfasst, wenn sie an einer US-Börse notiert sind oder gelistet werden wollen.[58] Auch, wenn die europäischen Tochterunternehmen amerikanischer Unternehmen nicht US-börsennotiert sind, wird bei einem globalen Tätigkeitsfeld des Konzerns eine gewisse Ausstrahlungswirkung durch den SOX angenommen.[59]

---

52 Der „Public Company Accounting Reform and Investor Protection Act of 2002, PuB.L No. 107–204, 116 Stat. 745 (July 13, 2002)" wird im angloamerikanischen Sprachgebrauch als "Sarbanes-Oxley Act of 2002" oder auch kurz "SOX" bezeichnet.

53 Der Energiekonzern Enron ging 2001 aufgrund Bilanzbetrugs in Milliardenhöhe in Konkurs. Der Telekommunikationsanbieter Worldcom brach 2002 aufgrund Bilanz- und Wertpapierbetrugs zusammen und musste Konkurs anmelden.

54 *Von Zimmermann*, WM 2007, 1060 (1060 f.).

55 Weitergehende Ausführungen zu dem Inhalt des SOX u.a. bei: *Bergmoser/Theusinger/Gushurst*, BB 2008 Spezial Nr. 5, 1 (3); *Behrendt/Kaufmann*, CR 2006, 642 (643 f.); *Mengel/Hagemeister*, BB 2006, 2466 (2467).

56 Securities Exchange Act of 1934, 48 Stat. 881 (June 6, 1934), 15 U.S.C. § 87a et seq.

57 Sec. 406 SOX sieht ausdrücklich die Einführung eines „code of ethics" für Führungskräfte von an der US-Börse notierten Unternehmen vor.

58 *Von Zimmermann*, WM 2007, 1060 (1061).

59 *Behrendt/Kaufmann*, CR 2006, 642 (643 f.); *Bergmoser/Theusinger/Gushurst*, BB 2008 Spezial Nr. 5, 1 (2 f.).

Auch der US-amerikanische *Foreign Corrupt Practice Act* (FCPA) gilt für an der US-Börse gelistete Unternehmen und deren Tochterunternehmen. Danach ist Korruption, auch außerhalb der USA, verboten und unter strenge Geld-, Haft- und Schadensersatzstrafen gestellt. Zudem enthält der FCPA die Verpflichtung, vorbeugende Maßnahmen gegen Korruption und Bestechung zu ergreifen. Zwar findet sich im FCPA keine Vorschrift zur konkreten Ausgestaltung eines Compliance-Systems; die Einführung eines solchen Systems, das auch den Anforderungen der *„Sentencing Guidelines“* der US-amerikanischen Strafzumessungskommission entspricht, kann jedoch eine erhebliche strafmildernde Wirkung entfalten und somit einen mittelbaren Zwang zur Einführung eines Compliance-Systems schaffen.

Die Regeln („listing rules“) der *New York Stock Exchange* (NYSE)[60] verpflichten alle an diesem Standort gelisteten Unternehmen zur Einführung eines „Code of Business Conduct and Ethics“, der zu gesetzeskonformen Verhalten verpflichtet und Regelungen zum Umgang mit Interessenkonflikten, lauterem Geschäftsverhalten und zur Anzeige von Verstößen gegen Gesetz oder den Kodex enthält.[61] In Sec. 303 A Nr. 10 des *NYSE's Listed Company Manual*[62], wird von den Unternehmen ein „Code of Business Conduct and Ethics“ für alle Arbeitnehmer verlangt, nicht nur für Führungskräfte. Auch das „Guidelines Manual“ der United States Sentencing Commission verlangt dies.[63] Nach amerikanischem Rechtsverständnis sollen diese Verpflichtungen weltweit gelten, unabhängig von dem Sitz des Unternehmens, soweit nur ein Konzernunternehmen an der US-Börse notiert ist.[64]

Für deutsche, nicht US-börsennotierte Unternehmen haben diese Standards und Maßstäbe keine direkte verbindliche Wirkung. Sie zeigen jedoch mittelbar Auswirkungen, da sie rechtsformübergreifend zunehmend als internationaler Standard anerkannt werden, woraus sich eine Kultur des sog. „best practice“ entwickelt hat. Dies gilt insbesondere für Großunternehmen, die die nachweisbare Einführung und Befolgung solcher Standards bei Kritik durch die Öffentlichkeit oder bei

---

60 „Listed Company Manual“ der NYSE, Sec. 301A Ziff. 10 (New Yorker Wertpapierbörse).

61 Eine Ausnahme von dieser Verpflichtung kann für Emittenten bestehen, wenn das Unternehmen eine Bestätigung eines Rechtsberaters vorlegt, dass die unternehmenseigenen Governance-Standards den Anforderungen ihres Heimatrechts und ihrer Heimatbörse entsprechen, Sec. 103 Ziff. 00, 303 Ziff. 00 NYSE „Listed Company Manual“.

62 Sec. 303 A Nr. 10 verpflichtet die darunter fallenden Unternehmen zur Einführung und Veröffentlichung eines „code of business conduct and ethics“, der Führungskräfte und Mitarbeiter erfasst. Er muss Regelungen zur Verhinderung von und zum Umgang mit Interessenkonflikten, zu Verschwiegenheitspflichten, zu lauterem und fairen Geschäftsgebaren, zum Schutz von Unternehmenseigentum, zur Verpflichtung der Mitarbeiter zu gesetzeskonformen Verhalten und zu Meldepflichten der Mitarbeiter bei Verstößen gegen den Kodex enthalten.

63 *Schneider*, ZIP 2003, 645 (648).

64 *Meyer*, NJW 2006, 3605 (3606).

behördlichen Untersuchungen als eine erste Verteidigungs- und Schutzmöglichkeit nutzen können. Damit ergibt sich allerdings auch für deutsche Unternehmen mittelbar-faktisch ein hoher Druck, einen entsprechenden Ethikkodex einzuführen. Insofern wird die „Freiwilligkeit" hinsichtlich einer Einführung bei nicht US-börsennotierten Unternehmen stark beeinflusst.

b) Rechtsgrundlage aus dem Gesellschaftsrecht

aa) Allgemeine Vorschrift zur Einführung von Compliance- und Ethikrichtlinien

Das Gesellschaftsrecht enthält keine „generell zu Compliance verpflichtende Vorschrift"[65]. Es gibt allerdings eine Vielzahl von speziellen rechtlichen Anforderungen, deren vollständige Beachtung und Erfüllung eine große Herausforderung für das Unternehmen darstellt. Da die Compliance-Diskussion hauptsächlich in Bezug auf börsennotierte Aktiengesellschaften sowie Finanzinstitute geführt wird und dort die größte Bedeutung und Relevanz erlangt hat, stehen diese Gesellschaften im Vordergrund der folgenden Untersuchung.

bb) Haftungsnormen des Kapitalgesellschaftsrechts als Rechtsgrundlage zur Einführung von Compliance- und Ethikrichtlinien

Die Notwendigkeit der Einführung eines Compliance-Systems könnte sich für Kapitalgesellschaften zunächst aus den allgemeinen Geschäftsleiterpflichten ergeben, die jeden Geschäftsleiter einer Kapitalgesellschaft zu einer ordnungsgemäßen Organisation des Geschäfts anhalten. Untersucht werden daher als Ausgangspunkt zunächst die einschlägigen Haftungsnormen des Kapitalgesellschaftsrechts als mögliche Rechtsgrundlage für eine verpflichtende Einführung eines Compliance-Systems.

(1) „Compliance" als Ausfluss der allgemeine Organisations- und Leitungspflicht nach dem Aktiengesetzt (AktG)

(a) Herleitung einer Rechtspflicht zu Compliance aus § 91 II AktG

Nach § 91 II AktG wird der Vorstand einer Aktiengesellschaft dazu verpflichtet, ein angemessenes Überwachungssystem zur Früherkennung von Risiken einzuführen. Damit sollen den Fortbestand der Gesellschaft gefährdende Entwicklungen frühzeitig erkannt werden.

Eine Verantwortung des Vorstands für eine allgemeine Compliance-Pflicht lässt sich jedoch nicht aus § 91 II AktG selbst ableiten.[66] Die Norm betrifft nur einen

---

65 *Bergmoser/Theusinger/Gushurst*, BB 2008 Spezial Nr. 5, 1 (3); *Schaefer/Baumann*, NJW 2011, 3601 (3601); *Kraft*, in Gercke/Kraft/Richter, Arbeitsstrafrecht, S. 379, Rn. 16.

66 *Goslar*, in: Wilsing, DCGK Kommentar, Ziffer 4.1.3., Rn. 8; *Fleischer*, in: Spindler/Stilz, AktG Kommentar, § 91, Rn. 50; a.A. *Berg* AG 2007, 271 (274); *Dreher*, FS Hüffer, 2010, S. 161 (171), der die Pflicht zur Einrichtung eines Compliancesystems dogmatisch

Aspekt des Vorstandshandelns und erfasst lediglich bestandsgefährdende Rechtsrisiken. Im Einzelfall kann ein Compliance-Verstoß zwar auch zu einem bestandsgefährdenden Risiko führen, dies ist jedoch keinesfalls zwingend. Mithin beschreibt § 91 II AktG nur einen sehr kleinen Ausschnitt eines umfassenden Compliance-Systems, der dann aber immerhin gesetzlich festgehalten ist.[67] Nach Auffassung des Gesetzgebers kommt § 91 II AktG zudem nur deklaratorische Bedeutung zu, da sich die Pflicht zur Überwachung dieser bestandsgefährdenden Risiken bereits aus den allgemeinen Leitungs- und Organisationspflichten des Vorstands der §§ 76 I, 93 I AktG ergibt. § 91 II AktG soll diese Pflicht lediglich besonders hervorheben.[68]

(b) Herleitung einer Rechtspflicht zu Compliance aus §§ 76 I, 93 I AktG

aaa) allgemeine Leitungs- und Organisationspflicht des Vorstandes

Eine Pflicht zur Einführung eines Compliance-Systems könnte sich allerdings aus den allgemeinen Leitungs- und Organisationspflichten des Vorstandes aus §§ 76 I, 93 I AktG herleiten lassen.[69]

Die Wahrnehmung der Compliance-Verantwortung wird teilweise als Kernbereich der Leitungsaufgaben nach § 76 I AktG gesehen.[70] Nach § 76 I AktG hat der Vorstand die Geschäfte der Gesellschaft unter eigener Verantwortung zu leiten. Darunter fällt auch die Organisationspflicht des Vorstandes.[71] Daraus folgt, dass neben den gesetzlich normierten organisatorischen Vorgaben weitere Organisationspflichten des Vorstands als Leitungsorgan der Aktiengesellschaft folgen. Bei der Ausgestaltung der Pflichten kommt dem Vorstand der Ermessensspielraum der sog. „Business Judgement Rule“ nach § 93 I 2 AktG zugute.[72] § 93 I 1 AktG kommt eine Doppelfunktion zu.[73] Er normiert nicht nur einen Verschuldensmaßstab, sondern auch einen Verhaltensmaßstab (allgemeine Sorgfaltspflicht), der eine Haftung nach § 93 II AktG auslöst. Danach haben die Vorstandsmitglieder bei ihrer

---

schon in § 91 II AktG verortet sieht, da Compliance ein Element des Risikomanagements / Risikofrüherkennungssystem darstelle.

67 *Rodewald*, Gesetzestreue als Organisationsproblem: Compliance richtig managen, in: Maschmann, Compliance und Arbeitsrecht, S. 31 (38).

68 Regierungsbegründung KonTraG BT-Drucks. 13/9712, S. 15, zu Nr. 7 – § 91 II AktG (Entwurf eines Gesetzes zur Kontrolle und Transparenz im Unternehmensbereich – KonTraG); Berg, AG 2007, 271 (275).

69 *Bürkle*, BB 2007, 1797 (1799); *Fleischer*, in: Spindler/Stilz, AktG Kommentar, § 91, Rn. 50.

70 *Fleischer*, in: Spindler/Stilz, AktG Kommentar, § 91, Rn. 63; *Bürkle*, BB 2005, 565 (567); *Schneider*, ZIP 2003, 645 (647, 650).

71 Regierungsbegründung KonTraG BT-Drucks. 13/9712, S. 15, zu Nr. 7 – § 91 II AktG; *Hüffer/Koch*, AktG Kommentar, § 76, Rn. 13 ff.

72 *Spindler*, in: MüKo AktG, § 93, Rn. 36 f.

73 *Eckert*, in: Wachter AktG Kommentar, § 93, Rn. 5; auch *Spindler*, in: MüKo AktG, § 93, Rn. 1 ff.

Geschäftsführung „die Sorgfalt eines ordentlichen und gewissenhaften Geschäftsleiters anzuwenden". Dies gilt nach § 106 AktG auch für die Aufsichtsratsmitglieder.

Aus der Kombination beider Vorschriften ergibt sich generalklauselartig eine objektive Verhaltenspflicht für den Vorstand. Entscheidend ist demnach, „wie ein pflichtbewusster, selbstständig tätiger Leiter eines Unternehmens der konkreten Art, der nicht mit eigenen Mitteln wirtschaftet, sondern ähnlich wie ein Treuhänder fremder Vermögensinteressen verpflichtet ist, zu handeln hat."[74] Dies umfasst gesetzestreues Handeln, aber auch das Handeln nach selbstgesetzten Standards. Der Unternehmensleitung steht es dabei frei, Aufgaben zu delegieren. Dies ist durch die Pflicht der Unternehmensleitung zur ordnungsgemäßen inneren Organisation gedeckt. Allerdings muss diese Pflicht dann an geeignete Mitarbeiter überwiesen und deren Tätigkeit überwacht werden.[75] Nach gesellschaftsrechtlichen Regeln ist es dabei weitgehend freigestellt, auf welche Abteilung diese Pflichten übertragen werden oder ob eine eigene Abteilung dafür eingeführt wird.[76]

bbb) Bestehen einer Rechtspflicht zu „Compliance"?

Es stellt sich die Frage, ob die allgemeine Leitungspflicht eine Rechtspflicht zur Einführung eines Compliance-Systems mit entsprechender Kodifizierung umfasst. In der Wissenschaft wird die Frage nach der Rechtspflicht des Vorstandes zur Einführung eines Compliance-Systems diskutiert und unterschiedlich behandelt.[77]

Einige Stimmen, insbesondere mit betriebswirtschaftlichem Hintergrund, nehmen eine generelle Verpflichtung des Vorstands zur Einführung eines ausgefeilten Compliance-Systems an.[78] Dagegen verneinen andere Stimmen in der juristischen Literatur eine generelle Rechtspflicht zur Einrichtung eines solchen organisierten Systems. Es fehle die gesetzliche Grundlage, insbesondere könne aus Spezialnormen

---

74 *Bergmoser/Theusinger/Gushurst*, BB 2008 Spezial Nr. 5, 1 (3).

75 *Gebauer/Niermann*, in: Hauschka, Corporate Compliance, § 48, Rn. 16 ff.

76 Regierungsbegründung KonTraG BT-Drucks. 13/9712, S. 15, zu Nr. 7 – § 91 II AktG; *Gebauer/Niermann*, in: Hauschka, Corporate Compliance, § 48, Rn. 18.

77 Darstellung m.w.N. bei: *Fleischer*, AG 2003, 291 (298 f.); *Bürkle*, BB 2005, 565 (568 f.); *Passarge*, NZI 2009, 86 (89).

78 *Schneider*, ZIP 2003, 645 (648 f.); *ders.* ZIP 2004, 1621 (1622): allgemeine Rechtspflicht zu Compliance für alle Unternehmen aus den Organisationspflichten aus dem Gesellschaftsrecht, mittelbar aus § 130 OWiG und aus Gesamtanalogie zu Spezialnormen (§ 52a II BImSchG, § 53 KrW/AbfG, Art. 11 EG-Geldwäsche-RL, § 14 Geldwäschegesetz); in diesem Sinne auch *Preußner*, NZG 2004, 57 (60); *Fleischer*, NZG 2004, 1129 (1131); *ders.*, AG 2003, 291 (298); *Dreher*, FS Hüffer, 2010, S. 161 (168) Verpflichtung zu Compliance schon aus § 91 II AktG; *Lösler*, WM 2007, 676 (681) in Bezug auf eine umfassende und allgemeine „präventiv schadensmindernde Organisation; ohne „Compliance" zu nennen, aber bezogen auf die Pflicht zur Einführung eines starren Systems: *Lück*, DB 1998, 8 (8, 9); *ders.*, DB 1998, 1925 (1925).

keine allgemeine Pflicht hergeleitet werden.[79] Einzig entscheidend ist nach dieser Auffassung, dass eine ausreichende Kontrolle der Rechtstreue des Unternehmens sichergestellt ist. Wie diese Kontrolle gestaltet werde, liege im unternehmerischen Ermessen und sei von den Umständen des Einzelfalls abhängig.[80]

Teils wird auch eine Rechtspflicht nur bezüglich des „Ob" der Einführung angenommen, da der Vorstand nur so seiner Rechtspflicht zur Rechtmäßigkeit unternehmerischer Entscheidungen nachkommen könne.[81] Die Klärung der Frage, ob eine Rechtspflicht nun besteht, erfordert eine Bestimmung und genaue Betrachtung der vermeintlichen Rechtsgrundlage. Im Rahmen der allgemeinen Sorgfaltspflicht (§§ 76 I, 93 I AktG) ist der Vorstand verpflichtet, die Leitungs- und Organisationsverantwortung auszuüben. Dazu gehören neben der Vorteilswahrung für die Gesellschaft auch die Abwehr von Schäden durch Sicherstellung der Beachtung aller für die spezielle Gesellschaft maßgeblichen Rechtsnormen, Ge- und Verbote sowie der Vorgaben aus der internen Satzung oder Richtlinien (Legalitätspflicht der Leitungsorgane) und die effektive Wahrnehmung der Überwachungsverantwortung.[82] Daher ist eine „Pflicht zur präventiv schadensmindernden Organisation"[83] des Unternehmens bereits aus den Leitungspflichten herzuleiten.

Der Vorstand hat daher im Rahmen seiner unternehmerischen Organisations- und Entscheidungsfreiheit sein organisatorisches Ermessen[84] innerhalb der gesetzlichen Grenzen (Legalitätspflicht) nach den dargestellten Maßstäben ordnungsgemäß auszuüben. Dabei hat er die Risikoexposition des Unternehmens im Hinblick auf die einzuhaltenden Regelungen zu berücksichtigen.[85] Entscheidend sind Branche, Unternehmensgröße, Börsennotierung, Komplexität und Bedeutung der von dem Unternehmen zu beachtenden Vorschriften, sowie Gefahrenlage durch frühere Missstände und Unregelmäßigkeiten.[86] Insbesondere Häufigkeit und Schwere von

---

79 *Hauschka*, in: Hauschka, Corporate Compliance, § 1, Rn. 31; *ders.*, ZIP 2004, 877 (878); *Spindler*, in: MüKo AktG, § 91, Rn. 29 f.; *Hüffer/Koch*, AktG Kommentar, § 76, Rn. 13 ff.; *Theusinger/Liese*, NZG 2008, 289 (290).

80 *Hauschka*, in: Hauschka, Corporate Compliance, § 1, Rn. 31; *ders.*, ZIP 2004, 877 (878); *Ringleb*, in: Ringleb/Kremer/Lutter/v.Werder, Kodex Kommentar, Rn. 588; *Spindler*, in: MüKo AktG, § 91, Rn. 31; *Hüffer/Koch*, AktG Kommentar, § 76, Rn. 13 ff.; *Theusinger/Liese*, NZG 2008, 289 (290).

81 In diesem Sinne: *Bürkle*, BB 2005, 565 (568 ff.); *Rodewald/Unger*, BB 2006, 113 (117); *Schaefer/Baumann*, NJW 2011, 3601 (3601).

82 *Kraft*, in Gercke/Kraft/Richter, Arbeitsstrafrecht, S. 379, Rn. 20.

83 *Lösler*, WM 2007, 676 (681); *Bürkle*, BB 2005, 565 (569).

84 Bestätigt durch den BGH in der „ARAG/Garmenbeck-Entscheidung" des BGH, Urt. v. 21.04.1997 – II ZR 175/95, NJW 1997, 1926.

85 *Spindler*, WM 2008, 905 (909).

86 Vgl. *Weber*, in: Hölters, AktG Kommentar, § 76, Rn. 29; ausführliche Betrachtung der erforderlichen Kontrolldichte in Bezug auf Korruptionsprävention und unter Beachtung der Unternehmensgröße und des Risikopotentials bei: *Hauschka/Greeve*, BB 2007, 165 (167 ff.).

Verstößen haben dabei indizierende Wirkung. Zudem steht die Entscheidung des Vorstands unter dem „doppelten Vorbehalt der Erforderlichkeit und Zumutbarkeit“[87].

Mithin bleibt es dem Vorstand und seiner unternehmerischen Entscheidung in Ausübung des breiten Organisationsermessens überlassen, ob im konkreten Fall die Einführung eines Compliance-Systems für das Unternehmen erforderlich ist und im Unternehmensinteresse liegt, welchem der Vorstand verpflichtet ist.[88] Eine allgemeine und unbedingte Pflicht zur Einführung eines Compliance-Systems aus der Leitungs- und Organisationsverantwortung ist folglich abzulehnen. Die Pflicht zur Einführung eines solchen Compliance-Systems ist einzelfallabhängig und hängt von der spezifischen Notwendigkeit organisatorischer Vorkehrungen eines jeden Unternehmens ab.[89]

Nicht zu verkennen ist allerdings, dass das Fehlen organisatorischer Maßnahmen bis hin zu einer formalisierten Compliance-Organisation, insbesondere bei börsennotierten Großunternehmen, als Indiz für ein Organisationsverschulden des Vorstands gewertet werden kann, welches dann sein Haftungsrisiko gegenüber dem Unternehmen erhöht[90] bzw. zu höheren Strafen gegen das Unternehmen durch die SEC führen kann. Diese Konsequenz stellt im Rahmen des Organisationsermessens des Vorstands bezüglich einer Einführung eines Compliance-Systems einen wesentlichen und damit zu beachtenden Punkt dar. Es ist denkbar, dass aufgrund der zwingend gebotenen Beachtung gesetzlicher Vorschriften (Legalitätspflicht) und der potenziell existenzbedrohenden Folgen einer Nichteinführung eines Compliance-Systems oder durch eine Kombination beider das Entschließungsermessens und der Handlungsspielraum des Vorstands sich zu einer rechtlichen Handlungspflicht verdichtet.[91]

ccc) Zwischenergebnis

Damit können aus rechtswissenschaftlicher Sicht die §§ 76 I, 93 I AktG zwar Rechtsgrundlage der Einführung eines Compliance-Systems sein, es lässt sich daraus aber keine ausdrückliche und vom Einzelfall losgelöste Rechtspflicht zur Einführung

---

87 *Fleischer*, CCZ 2008, 1 (3); *ders*, AG 2003, 291 (300).

88 *Hauschka*, ZIP 2004, 877 (878).

89 Vgl. *Spindler*, WM 2008, 905 (906); *Kraft*, in Gercke/Kraft/Richter, Arbeitsstrafrecht, S. 380, Rn. 24.

90 *Wagner*, Ethikrichtlinien, S. 23.

91 *Bürkle*, BB 2005, 565 (569); *ders.*, in: Hauschka, Corporate Compliance, § 36, Rn 16, 18; *Mengel*, CCZ 2008, 85 (88); *Liese*, BB 2008 Spezial Nr. 5, 17 (21); *Hauschka*, ZIP 2004, 877 (878); zur Notwendigkeit der Einführung eines „Compliance-Programms“ im Unternehmen ab einer bestimmten Größe etc. und damit als Ausprägung der Pflicht zur ordnungsgemäßen internen Organisation: *Eisele/Faust*, in: Schimansky/Bunte/Lwowski, Bankrechts-Handbuch, § 109, Rn. 6.

eines solchen Systems herleiten.[92] Es verbleibt somit eine Entscheidung in der Verantwortung der Leitungsorgane, ob ein entsprechendes System zur Einhaltung aller gesetzlichen und außergesetzlichen Vorschriften eingerichtet werden soll oder ob die Geschäftsleitung es auch so schafft, die Rechtstreue zu gewährleisten.

Bejaht der Vorstand im Rahmen seines Entschließungsermessens die Notwendigkeit der Einführung eines Compliance-Systems, hat er anschließend auf zweiter Ebene im Rahmen des Auswahlermessens zu entscheiden, wie genau dieses Compliance-System auszusehen hat. Aufgrund der für das unternehmerische Organisationsermessen relevanten Punkte wird dieses Ermessen häufig so weit eingeschränkt, dass sich ein Compliance-System in der Praxis zur Absicherung weitgehend durchgesetzt hat.[93]

Damit kann nach weitem Verständnis von „Compliance" eine Handlungspflicht zur Einführung eines Compliance-Systems im Rahmen des Organisationsermessens für die meisten großen Unternehmen angenommen werden. Die konkrete Ausgestaltung bleibt jedoch dem Ermessen des Vorstands überlassen.

(2) Herleitung einer Rechtspflicht zu Compliance aus § 43 I GmbH-Gesetz

§ 43 I GmbHG spezialisiert den allgemeinen Sorgfaltsmaßstab des § 276 II BGB („im Verkehr erforderliche Sorgfalt") dahingehend, dass für GmbH-Geschäftsführer bei Erfüllung ihrer Geschäftsführeraufgaben sogar die „Sorgfalt eines ordentlichen Geschäftsführers" zu beachten ist. Dies lässt sich mit den Anforderungen des § 93 AktG („Sorgfalt eines ordentlichen und gewissenhaften Geschäftsleiters") vergleichen.[94]

Ähnlich der Regelung des § 93 I AktG, umschreibt § 43 I GmbHG sowohl einen Maßstab für das Verschulden des Geschäftsführers als auch den Maßstab für die Konkretisierung der dem Geschäftsführer obliegenden Organpflichten.[95] Aus § 43 I GmbHG folgt daher die Pflicht des Geschäftsführers zur sorgsamen Geschäftsführung. Diese wird dahin umschrieben, „dass der Geschäftsführer im Rahmen des Gesetzes, des Gesellschaftsvertrages, der für die Geschäftsführung verbindlichen Beschlüsse anderer Gesellschaftsorgane und unter Berücksichtigung öffentlicher Interessen die Gesellschaft zu fördern, d.h. ihr die Vorteile zu wahren und Schaden von ihr abzuwenden hat."[96]

---

92 Die Auslegung der §§ 76 I, 93 I AktG stellen ein Beispiel für den gewachsenen Einfluss wirtschaftswissenschaftlicher Überlegungen auf die rechtswissenschaftliche Diskussion dar. Auch wenn wirtschaftswissenschaftliche Ansätze häufig weitergehen als in der Rechtswissenschaft anerkannt und auch nicht exakt zwischen Rechts- und Handlungspflicht differenzieren, ist nicht zu verkennen, wie stark ineinander verwoben und abhängig voneinander beide Ansätze sind. In diesem Sinne: *Preußner*, NZG 2004, 57 (58); *Kort*, NZG 2008, 81 (82).

93 Für große Aktiengesellschaften, *Hölters*, in: Hölters, AktG Kommentar, § 93, Rn. 94.

94 *Zöllner/Noack*, in: Baumbach/Hueck, GmbHG Kommentar, § 43, Rn. 7, 17; *Haas/Ziemons*, in: Michalski, GmbHG Kommentar, § 43, Rn. 189.

95 *Zöllner/Noack*, in: Baumbach/Hueck, GmbHG Kommentar, § 43, Rn. 8.

96 *Haas/Ziemons*, in: Michalski, GmbHG Kommentar, § 43, Rn. 42.

Zu den Kernaufgaben eines Geschäftsführers gehört u.a. die Organisationspflicht. Diese ist Teil der bereits vom Gesetz in § 35 GmbHG vorausgesetzten organschaftlichen Pflicht zur Geschäftsführung. Die Pflicht zur Einrichtung einer Compliance-Organisation ist systematisch diesen Organisationspflichten zuzuordnen. Eine generelle Pflicht zur Einführung einer Compliance-Organisation besteht nach dem Gesetzeswortlaut jedoch nicht. Es ist vielmehr der Verhaltensmaßstab des § 43 I GmbHG zur sorgsamen Geschäftsführung anzuwenden. Auch dem GmbH-Geschäftsführer ist im Rahmen seines unternehmerischen Ermessens ein gewisser Umsetzungsspielraum im Sinne der „business judgement rule" des § 93 I AktG zuzubilligen.[97] Erst unter Berücksichtigung der Verhältnisse der einzelnen Gesellschaft lässt sich danach die Notwendigkeit der Einführung einer solchen Compliance-Organisation beurteilen.[98] Daraus ergibt sich, dass eine Compliance-Organisation nur dann einzurichten ist, wenn sie im Einzelfall auch erforderlich und angemessen ist.[99]

Dogmatisch lässt sich die Compliance-Pflicht dann aus der allgemeinen Sorgfalts- und Organisationspflicht des § 43 I GmbHG ableiten.[100] Eine generelle Pflicht zur Einführung eines Compliance-Systems umfasst damit auch § 43 I GmbHG nicht. Allerdings kann im Rahmen des Ermessens eine Handlungspflicht angenommen werden, wenn in der GmbH ein gewisses „Risikopotential" erreicht ist, das Geschäftsumfeld eine Einrichtung verlangt und die Einrichtung auch zumutbar ist.[101] Dies ist wiederrum einzelfallabhängig; entscheidend sind auch hier Größe und Art des Unternehmens, Umfang und Bedeutung der zu beachtenden Spezialvorschriften.[102] Es kann dennoch viele, insbesondere kleinere und einfach strukturierte GmbHs geben, für die die Einführung eines formalisierten Compliance-Systems nicht erforderlich ist. Dort kann der Geschäftsführer das gesetzestreue Verhalten selbst sicherstellen.[103]

Teilweise wird eine analoge Anwendung der Bestimmungen des § 91 II AktG auf die GmbH hinsichtlich vermeintlicher Rechtspflichten diskutiert.[104] Danach

---

97 Gilt auch im GmbH-Recht: *Kort*, NZG 2008, 81 (84); *Haas/Ziemons*, in: Michalski, GmbHG Kommentar, § 43, Rn 66, 66c; *Stephan/Tieves*, in: MüKo GmbHG, § 37, Rn. 30.

98 *Stephan/Tieves*, in: MüKo GmbHG, § 37, Rn. 28.

99 *Zöllner/Noack*, in: Baumbach/Hueck, GmbHG Kommentar, § 35, Rn. 67; dagegen für eine generelle Pflicht zur Einführung einer Compliance-Organisation: *Haas/Ziemons*, in: Michalski, GmbHG Kommentar, § 43, Rn. 75d.

100 *Fleischer*, in: MüKo GmbHG, § 43, Rn. 145; *Haas/Ziemons*, in: Michalski, GmbHG Kommentar, § 43, Rn. 44, 171c.

101 *Zöllner/Noack*, in: Baumbach/Hueck, GmbHG Kommentar, § 35 Rn. 67, § 43, Rn. 17; *Fleischer*, in: MüKo GmbHG, § 43, Rn. 145; *Bürkle*, BB 2005, 565 (569) (für die AG).

102 *Zöllner/Noack*, in: Baumbach/Hueck, GmbHG Kommentar, § 35 Rn. 67, § 43, Rn. 17.

103 *Hauschka*, ZIP 2004, 877 (878).

104 *Spindler*, in: MüKo AktG, § 91, Rn. 80; *Preußner* NZG 2004, 57 (58).

wird eine Anwendung vor dem Hintergrund der dies befürwortenden Gesetzesbegründung[105] und der ähnlich gelagerten Problematik „begrüßt".[106]

Allerdings ist dies mangels ausdrücklicher Regelung im GmbHG schwer zu begründen und der spezialrechtliche Charakter steht einer Herleitung einer allgemeinen rechtlichen Pflicht entgegen.[107] Zudem ist, wie das Ergebnis oben zeigt, § 91 II AktG zur Herleitung einer Compliance-Pflicht ohnehin nicht die richtige Norm, der Streit ist hier insofern nicht weiterführend.

(3) Zwischenergebnis

Im Kapitalgesellschaftsrecht findet sich keine allgemein gültige abstrakte Rechtspflicht zur Einrichtung einer Compliance-Organisation. Allerdings besteht die Pflicht des Vorstands und des GmbH-Geschäftsführers zu gesetzestreuem Verhalten und zur Schadensabwendung, §§ 76 I, 93 I AktG und § 43 I GmbHG. Um die geltenden Gesetze zu erkennen und zu beachten und Schaden in Form von Schadensersatz, Bußgeld oder Reputationsschäden zu vermeiden, kann die Einführung einer Compliance-Organisation im Einzelfall zwingend sein und eine konkrete Handlungspflicht hervorrufen.

cc) Deutscher Corporate Governance Kodex (DCGK)

Bei dem Deutschen Corporate Governance Kodex (DCGK) handelt es sich um einen untergesetzlichen Governancestandard, initiiert durch die Praxis, erstellt durch eine Regierungskommission.[108] Der DCGK füllt die geltenden Rechtsregeln aus und konkretisiert diese, wo sie Freiräume lassen. Dazu enthält er drei Formen von Regelkategorien: er gibt geltendes Recht wieder, enthält Empfehlungen zur Aufstellung von Gestaltungs- und Verhaltensstandards und sog. Anregungen, die nach Auffassung der Kommission die „international und national anerkannten Standards guter und verantwortungsvoller Unternehmensführung" (Abs. 1 Präambel DCGK) widerspiegeln.

Hinsichtlich des Themas Compliance- und Ethikrichtlinien hat Ziff. 4.1.3 des DCGK Relevanz. Dort wird gefordert, dass der Vorstand für die Einhaltung der gesetzlichen Bestimmungen und der unternehmensinternen Richtlinien sorgt und

---

105 Regierungsbegründung KonTraG vom 28. 1. 2001, BT-Drucks. 13/9712, S. 15 zu Nr.7- § 91 II AktG: „*In das GmbHG soll keine entsprechende Regelung aufgenommen werden. Es ist davon auszugehen, daß für Gesellschaften mit beschränkter Haftung je nach ihrer Größe, Komplexität ihrer Struktur usw. nichts anderes gilt und die Neuregelung Ausstrahlungswirkung auf den Pflichtenrahmen der Geschäftsführer auch anderer Gesellschaftsformen hat.*"

106 *Spindler*, in: MüKo AktG, § 91, Rn. 80.

107 *Schaefer/Baumann*, NJW 2011, 3601 (3601).

108 *v. Werder*, in: Hommelhoff/Hopt/v. Werder, Hdb. Corporate Governance, S. 3 ff. (20).

auf deren Beachtung hinwirkt.[109] Damit wird zudem der Begriff „Compliance“ für den DCGK überordnend definiert und umfasst die Einhaltung verbindlicher interner und externer Vorgaben, unter Bezugnahme auf die Leitungsverantwortung des Vorstandes.[110] Damit ist nicht nur die Einhaltung von Gesetzen, sondern auch die Beachtung der unternehmensinternen Ethikrichtlinien umfasst. Allerdings gibt der Kodex auch diesbezüglich keine konkreten Empfehlungen oder Anregungen. Er überlässt es der Unternehmensleitung im Rahmen ihres unternehmerischen Ermessensspielraums, eine konkrete, flexible und auf das Unternehmen zugeschnittene individuelle Regelung, wie Compliance- und Ethikrichtlinien, zu treffen.

Die Bindungswirkung des DCGK richtet sich nach dem angelsächsischen „Comply or Explain“ Prinzip.[111] Daraus folgt, dass es jedem Unternehmen freisteht, sich an den DCGK zu halten. Allerdings verpflichtet § 161 AktG die Leitungsorgane börsennotierter Gesellschaften rechtsverbindlich, sich zu der Einhaltung der Empfehlungen des DCGK zu erklären und diese Erklärung auch in Form einer „Entsprechenserklärung“ zu publizieren.[112] Diese Pflicht zur Abgabe einer „Entsprechenserklärung“ zu dem DCGK wird mit dem Informationsinteresse des Kapitalmarkts und dem Ziel der kritischen Reflexion des Vorstands über die Unternehmensverfassung gerechtfertigt.[113] Erklärungspflicht und Publizitätserfordernis vermitteln somit zwar einen gewissen faktischen Druck, den Kodexempfehlungen zu folgen, um in der Öffentlichkeit kein negatives Bild zu erzeugen. Aus dem Kodex selbst ergibt sich allerdings keine Rechtsverbindlichkeit, da er nicht den Status einer formellen Rechtsregelung hat, es fehlen der staatlich legitimierte Geltungsanspruch und die damit einhergehende Verbindlichkeit.[114] Eine anderweitige Begründung der Rechtsverbindlichkeit scheidet zudem aus.[115]

---

109 Der Terminus „Compliance“ wurde im Rahmen der rechtlichen Überprüfung des Kodex am 14.06.2007 von der Kommission beschlossen und eingefügt; dazu: *Bürkle*, BB 2007, 1797 (1798).

110 *Bürkle*, BB 2007, 1797 (1798).

111 *von den Linden*, in: Wilsing, DCGK Kommentar, § 161 AktG, Rn. 1; *v.Werder*, in: Ringleb/Kremer/Lutter/v.Werder, Kodex Kommentar, Präambel, Rn. 126. Als weitere Möglichkeit besteht die Selbstbindung durch faktischen Zwang, z.B. durch Akzeptanz der Regelungen als Voraussetzung für eine Börsenzulassung.

112 *Schäfer/Baumann*, NJW 2011, 3601 (3602).

113 *von den Linden*, in: Wilsing, DCGK Kommentar, Präambel, Rn. 11.

114 *von den Linden*, in: Wilsing, DCGK Kommentar, Präambel, Rn. 8.

115 Die Kodex-Regeln stellen entgegen diskutierter Möglichkeiten weder einen Handelsbrauch dar, eine längerfristige freiwillige Übung in den einschlägigen Verkehrskreisen diesbezüglich hat sich noch nicht gebildet, noch stellen sie den Stand bereits durchgeführter Corporate Governance in Unternehmen dar. Vielmehr sind sie auf die Optimierung der vorhandenen Corporate Governance ausgerichtet. Der Kodex soll gerade dazu anregen, einen bestimmten Verhaltensmaßstab zu etablieren und beschreibt damit einen Soll-Zustand, nicht einen Ist-Zustand. Daher handelt es sich dabei auch (noch) nicht um Gewohnheitsrecht. Vgl.: *Hommelhoff/*

Der DCGK richtet sich ausweislich Abs. 10, S. 1 der Präambel an börsennotierte Unternehmen. Er wird dort weitgehend befolgt und gehört zum Standard. Nur von wenigen Empfehlungen wird in der Praxis überhaupt abgewichen, sodass für Akzeptanz und Umsetzung eine steigende Tendenz erkannt werden kann.[116]

Folglich stellen die Empfehlungen und Anregungen des DCGK keine rechtsverbindlichen Sollsätze dar. Die Gesellschaft kann frei entscheiden, ob sie die Kodex-Regeln befolgt oder nicht. Somit kann auch aus dem DCGK keine Verpflichtung zur Einführung eines Compliance-Systems abgeleitet werden.

dd) § 130 I OWiG

Eine „Compliance-Pflicht" könnte sich mittelbar in § 130 I OWiG finden lassen. Danach handelt der Betriebs- oder Unternehmensinhaber oder das Vorstandsmitglied (§ 9 I Nr. 1 OWiG) ordnungswidrig, wenn er vorsätzlich oder fahrlässig erforderliche Aufsichtsmaßnahmen unterlässt, die in dem Betrieb oder Unternehmen Zuwiderhandlungen gegen Pflichten verhindert hätten und deren Verletzung mit Strafe oder Geldbuße bedroht ist. Die Zuwiderhandlung muss zudem durch die gehörige Aufsicht verhindert oder wesentlich erschwert werden können. § 130 OWiG ahndet somit unmittelbar eine nicht ausreichende Aufsichtsmaßnahme und steht parallel zu den gesellschaftsrechtlichen Organisationspflichten zur Sicherstellung der Rechtstreue.

Es stellt sich auch hier die Frage, ob diese Norm eine Pflicht zur Einrichtung eines Compliance-Systems begründen kann. Zunächst enthält sie eine allgemeine Organisationsanforderung bzw. eine erhöhte Pflichtenstellung[117], nicht jedoch genaue Angaben darüber, wie ein Unternehmen zu handeln hat.[118] Es wird zudem keine Organisationspflicht direkt begründet, sondern quasi „rückwärts" normiert, dass ordnungswidrig handelt, wer die entsprechenden Organisationsanforderungen des Einzelfalls nicht eingehalten hat.[119] Gesetzlich liegen keine konkreten Vorgaben an die Aufsichtsmaßnahmen vor, jedoch haben sowohl die Rechtswissenschaft als auch die Rechtsprechung den Maßnahmen Konturen gegeben und die Anforderungen an sie präzisiert.[120] Zu den erforderlichen Aufsichtsmaßnahmen nach § 130 I S. 1 OWiG können die Bestellung, Organisation, sorgfältige Auswahl, Belehrung und Überwachung oder Kontrolle von Aufsichtspersonen gehören. Vorstandsmitglieder müssen bei Verdachtsmomenten einschreiten, geeignete organisatorische Vorkehrung zur Vermeidung von Regelverstößen treffen, hinreichende Kontrollen auch schon im

---

Schwab, in: Hommelhoff/Hopt/v.Werder, Hdb. Corporate Governance, S. 71 (77); *Goette*, in: MüKo AktG, § 161, Rn. 24.

116 *Oser/Orth/Wader*, BB 2004, 1121 (1125 f.).

117 *Bock*, ZIS 2009, 68 (71).

118 *Bergmoser/Theusinger/Gushurst*, BB 2008 Spezial Nr. 5, 1 (4).

119 *Schneider*, ZIP 2003, 645 (649); *Fleischer*, AG 2003, 291 (293).

120 *Kort*, NZG 2008, 81 (82); *Liese*, BB 2008 Spezial Nr. 5, 17 (19); *Maschmann*, NZA-Beil. 2012, 50 (50) zu den „fünf Kardinalspflichten des § 130 OWiG".

Vorfeld von Verstößen durchführen und gesteigerte Überwachungspflichten in Gefahrensituationen beachten. Der notwendige Inhalt der Aufsichtsmaßnahmen hängt jeweils von den Umständen des Einzelfalls ab,[121] geschuldet werden alle möglichen, erforderlichen und zumutbaren Maßnahmen.[122]

Eine ausdrückliche tatbestandliche Verpflichtung des Unternehmens zur Einführung eines Compliance-Systems besteht damit auch nach § 130 OWiG nicht. Das Unternehmen kann zwar drohende Sanktionen des §§ 30, 130 OWiG[123] berücksichtigen, allerdings nur unter dem Aspekt, dass mittels der Einführung eines Compliance-Systems die Gefahr von Sanktionen abgewendet wird, wenn das Unternehmen die entsprechende Einführung als eine geeignete Aufsichtsmaßnahme ausgestaltet.[124] Mithin ergänzen die Organisationsanforderungen aus § 130 OWiG die gesellschaftsrechtlichen Organisationspflichten zur Sicherstellung der Rechtstreue, gehen aber auch nicht weiter.

c) Spezialgesetzliche Compliance im Bank-, Kapitalmarkt- und Aufsichtsrecht

Anders als im allgemeinen Gesellschaftsrecht und Kapitalgesellschaftsrecht finden sich im Bank- und Kapitalmarktrecht durchaus Pflichten zur Etablierung einer Compliance-Funktion. Denn dort liegt der Ursprung der „Compliance“: Begriff und Anforderungen haben sich im Bank- und Kapitalmarktrecht geprägt und die ersten Compliance-Abteilungen sind dort entstanden.[125] Anfang der 90er Jahre wurde versucht durch gesetzliche Vorgaben die Interessenkonflikte bei Kundenbeziehungen von Banken und Wertpapierdienstleistern zu vermeiden und so die Integrität des deutschen Kapitalmarkts sicherzustellen.[126] Im Zuge dessen hat sich das kapitalmarktrechtliche Begriffsverständnis von „Compliance“ vom Anlegerschutz und der Marktaufsicht hin zum Institutsschutz bzw. der Institutsaufsicht durch die Bundesanstalt für Finanzdienstleistungsaufsicht (BaFin) weiterentwickelt.[127] Somit unterlag Compliance auch im Bank- und Kapitalmarktrecht einem weiten Verständnis.

---

121 *Fleischer*, CCZ 2008, 1 (2); *Liese*, BB 2008 Spezial Nr. 5, 17 (20).

122 *Bock*, ZIS 2009, 68 (74).

123 Dies wäre z.B. die Festsetzung einer Geldbuße aufgrund strafbaren Organisationsverschuldens. Die Geldbuße (unmittelbar) gegen ein Unternehmen und ihre Verantwortlichen kann unabhängig von deren Wissen oder Wollen der Organisationsverletzung verhängt werden, soweit Unternehmensangehörige ein betriebsbezogenes Wirtschaftsdelikt (Straftat oder Ordnungswidrigkeit) begangen haben, z.B. durch Verletzung der gebotenen Aufsicht, § 130 OWiG. Zu den einzelnen Merkmalen: *Bussmann/Matschke*, CCZ 2009, 132 (132 f.); *Gercke*, in: Gercke/Kraft/Richter, Arbeitsstrafrecht, S. 35 ff.; *Schäfer/Baumann*, NJW 2011, 3601 (3604).

124 *Fahrig*, Die Einführung eines Verhaltenskodexes und das Whistleblowing, S. 57.

125 Siehe dazu schon: Die Entwicklung von Compliance-Systemen, S. 33.

126 *Schäfer/Baumann*, NJW 2011, 3601 (3602).

127 *Gebauer/Niermann*, in: Hauschka, Corporate Compliance, § 48, Rn. 13; *Lösler*, NZG 2005, 104 (108).

Für deutsche Unternehmen war „Compliance“ lange Zeit besonders bei der US-Börsennotierung als Thema relevant, da sie nach US-Recht verpflichtend ist.[128] Inzwischen ist jedoch auch die gesellschaftsrechtliche Organisationsfreiheit hinsichtlich der Ein- und Durchführung einer Compliance-Funktion im deutschen Bank- und Kapitalmarktrecht durch immer mehr Spezialvorschriften geregelt und insbesondere auch durch aufsichtsrechtliche Vorgaben eingeschränkt worden.[129] Gründe dafür sind weiterhin in der Integrität des Kapitalmarkts und dem Management von Interessenkonflikten zu finden. Aber auch der Anlegerschutz, das öffentlichen Interesse an funktionierenden Märkten und der Schutz des Wertpapierdienstleistungsunternehmens und seiner Mitarbeiter vor Schadensersatzansprüchen oder Reputationsverlusten haben verstärkt Bedeutung erlangt. Viele der dies regelnden Vorschriften setzen europäische Richtlinien und Vorgaben[130] um[131] oder reagieren auf aktuelle Probleme, wie z.B. die Finanzkrise.[132]

Bei kapitalmarktorientierten Unternehmen (Emittenten) können Interessenkonflikte zwischen Gesellschaft, Managern, Gläubigern und Aktionären entstehen. Es werden daher Verhaltensanforderungen für die Emittenten von Wertpapieren für erforderlich gehalten. Dies bezeichnet die sog. „Emittenten-Compliance“.[133]

---

128 Siehe dazu S. 36.

129 *Gebauer/Niermann*, in: Hauschka, Corporate Compliance, § 48, Rn. 19.

130 Wertpapierdienstleistungs-RL (WpDRiL 93/22/EWG des Rates von 10.5.1993), abgelöst durch EG-Finanzmarkt-RL (MiFID) (2004/39/EG v. 21.04.2004) und die dazu ergangene Durchführungs-RL der Kommission (2006/73/EG v. 02.09.2006); EG-Einlagensicherungs-RL (1994/19/EG) und EG-Anlegerentschädigungs-RL (97/9/EG); EG-Marktmissbrauchs-RL (2003/6/EG v. 18.01.2003).

131 FRUG, Finanzmarktrichtlinie-Umsetzungsgesetz v. 19.07.2007, BGBl. I 2007, S. 1330 ff; Zweites Finanzmarkförderungsgesetz vom 26. Juli 1994 (BGBl. I S. 1749); Drittes Finanzmarkförderungsgesetz vom 24. März 1998 (BGBl. I S. 529); Viertes Finanzmarktförderungsgesetz vom 21. Juni 2002 (BGBl. I S. 2010); Begleitgesetz zum Gesetz zur Umsetzung von EG-Richtlinien zur Harmonisierung bank- und wertpapierrechtlicher Vorschriften v. 22.10.1997; Gesetz zur Umsetzung der EG-Einlagensicherungs-RL und der EG-Anlegerentschädigungs-RL (BGBl. I 1998, S. 1847); Anlegerschutzverbesserungsgesetz v. 28.10.2004 (BGBl. I 2004, S. 2630).

132 Anlegerschutz- und Funktionsverbesserungsgesetz (AnsFuG) vom 05.04.2011, BGBl. I 2011, 538 ff.; darstellend zur rechtlichen Entwicklung von Verhaltensregeln auch: *Eisele/Faust*, in: Schimansky/Bunte/Lwowski, Bankrechts-Handbuch, § 109, Rn. 8 ff.

133 Danach sollten Unternehmen, die als Emittent den organisierten Kapitalmarkt in Anspruch nehmen, Compliance-Abteilungen haben. Im Rahmen der sog. Emittenten-Compliance werden dann die rechtlichen Rahmenbedingungen für insbesondere die Informationsweitergabe innerhalb eines Unternehmens sowie die organisatorischen Maßnahmen zur Vermeidung von Insiderinformationsmissbrauch durch den Erlass einer verbindlichen Emittenten-Compliance-Verordnung der Finanzmarktaufsichtsbehörde (Emittenten-Compliance-Verordnung

Daher gibt es in diesem Umfeld auch im deutschen Recht einige Spezialvorschriften, die Vorgaben enthalten, welche organisatorischen Maßnahmen Unternehmen der Bank- und Wertpapierdienstleistungsbranche zu treffen haben. In Bezug auf Compliance sind die heute wichtigsten aufsichtsrechtlichen Normen mit organisationsrechtlichen Auswirkungen § 25a KWG und § 33 I WpHG,[134] auf die im Folgenden näher eingegangen werden soll.

aa) Bestehen einer Rechtspflicht gemäß § 33 I S. 2 Nr. 1 WpHG

Für Wertpapierdienstleistungsunternehmen gibt es spezielle Pflichten zur Einführung einer Compliance-Funktion, soweit sie unter den Anwendungsbereich des Wertpapierhandelsgesetzes fallen (§ 2 IV WpHG). § 33 WpHG statuiert zusammen mit dem nach Abs. 4 erlassenen § 12 WpDVerOV eine allgemeine Organisationspflicht und verpflichtet das Wertpapierdienstleistungsunternehmen zu einer angemessenen betrieblichen Organisation des Wertpapiergeschäfts. § 33 WpHG wird daher als Grundnorm für die Einführung einer Compliance-Funktion bei Wertpapierdienstleistungsunternehmen eingestuft.[135]

Gemäß § 33 I S. 2 Nr. 1 WpHG müssen die erfassten Unternehmen die Einhaltung börsenrechtlicher Vorschriften sicherstellen, indem sie angemessene Grundsätze aufstellen, Mittel vorhalten und Verfahren einrichten, wobei insbesondere eine dauerhafte und wirksame Compliance-Funktion einzurichten ist, die ihre Aufgaben unabhängig wahrnehmen kann. Damit wird das gesellschaftsrechtlich weite Gestaltungsermessen der Geschäftsleitung gesetzlich eingeschränkt.[136] Die sog. „Proportionalitätsklausel"[137] des § 33 I S. 3 WpHG erlaubt zwar noch einen gewissen inhaltlichen Gestaltungsspielraum, der sich an den Geschäftsumständen des Einzelfalls (quantitativer und qualitativer Umfang, Komplexität, Risikogehalt, Art und Weise der Wertpapierdienstleitung usw.) unter Gesichtspunkten der Verhältnismäßigkeit orientiert. Dieser Umstand ist der Tatsache geschuldet, dass Wertpapierdienstleistungsunternehmen hinsichtlich Größe, Struktur und Art ihrer Tätigkeit erhebliche Unterschiede aufweisen. Jedes Unternehmen wird daher eine individuelle Lösung brauchen.[138]

Mithin verpflichten § 33 I S. 2 Nr. 1, IV WpHG, § 12 WpDVerOV im deutschen Recht ausdrücklich und verbindlich zur Einführung einer dauerhaften und

---

2007 – ECV 2007, BGBl. II Nr. 30/2012) festgesetzt. *Eisele/Faust*, in: Schimansky/Bunte/Lwowski, Bankrechts-Handbuch, § 109, Rn. 2.

134 Dazu gehört auch die auf § 33 I WpHG beruhende Verordnung zur Konkretisierung der Verhaltensregeln und Organisationsanforderungen für Wertpapierdienstleistungsunternehmen – WpDVerOV (Wertpapierdienstleistungs-Verhaltens- und Organisationsverordnung) vom 20.07.2007 (BGBl. I, S. 1432).

135 *Lösler*, NZG 2005, 104 (104), *Schäfer/Baumann*, NJW 2011, 3601 (3602).

136 *Lösler*, WM 2007, 676 (680); *ders.*, NZG 2005, 104 (104).

137 *Fett*, in: Schwark/Zimmer, Kapitalmarktrechtskommentar, § 33 WpHG, Rn. 8.

138 Vgl. Erwägungsgrund 11 der Durchführungsrichtlinie 2006/73/EG.

wirksamen Compliance-Funktion, in welcher die einzelnen Organisationspflichten gebündelt werden.[139] Folge dieser ausführlichen Regelungen ist, dass im Bank- und Kapitalmarktrecht die Anforderungen an die Schaffung einer Compliance-Funktion deutlich formuliert sind,[140] was der Rechtssicherheit in diesem Bereich stark zugutekommt.[141]

bb) Organisationspflicht gemäß § 25a KWG

Nach § 25a I S. 1 KWG[142] wird ein Kredit- oder Finanzdienstleistungsinstitut allgemein verpflichtet, über eine „ordnungsgemäße Geschäftsorganisation zu verfügen, die die Einhaltung der vom Institut zu beachtenden gesetzlichen Bestimmungen und der betriebswirtschaftlichen Notwendigkeiten gewährleistet." Die Gesetzesbegründung[143] zur Neufassung des § 25a KWG durch das Vierte Finanzmarktförderungsgesetz vom 21. Juni 2002 stützte sich auf die Grundsätze 14 und 15 des Baseler Ausschusses[144], die international das Bestehen eines Compliance-Systems bereits voraussetzen. Umstritten war lange Zeit, ob aus der Anforderung zur Einrichtung

---

139 *Fett*, in: Schwark/Zimmer, Kapitalmarktrechtskommentar, § 33 WpHG, Rn. 7.

140 Die Bundesanstalt für Finanzdienstleistungsaufsicht (BaFin) hat dazu in dem Rundschreiben 4/2010 eine Verwaltungsrichtlinie, die sog. „MaComp" erlassen (Geschäftszeichen WA 31-Wp 2002-2009/0010), die eine eingerichtete Compliance-Organisation voraussetzt und die Mindestanforderungen daran, sowie die weiteren Verhaltens-, Organisations- und Transparentpflichten nach §§ 33 ff. WpHG festlegt.

141 *Schaefer/Baumann*, NJW 2006, 3601 (3602).

142 Auch die Vorgaben des § 25a KWG werden durch die sog. „MaRisk (BA)" der BaFin (BaFin Rundschreiben 10/2012 (BA) vom 14.12.2012; Geschäftszeichen BA 54-FR 2210-2012/0002) und den darin enthaltenen Mindestanforderungen an das Risikomanagement konkretisiert und präzisiert. Bei der MaRisk handelt es sich um eine Verwaltungsvorschrift, die eine Selbstbindung der deutschen Aufsicht gegenüber den Finanzinstituten darstellt und somit in der Aufsichtspraxis eine verbindliche Auslegungsregel darstellt. Sie gibt lediglich eine Verwaltungsauffassung wieder ohne eigene Rechtskraft. *Braun*, in: Boos/Fischer/Schulte-Mattler, KWG Kommentar, § 25a, Rn. 46; *Langen*, in: Schwennicke/Auerbach, KWG Kommentar, § 25a KWG, Rn. 3 ff.

143 Begründung des Regierungsentwurfs des Vierten Finanzmarktförderungsgesetzes, BT-Dr. 14/8017, S. 124, zu Nummer 25.

144 Zwar sind die Verlautbarungen des Basler Ausschusses rechtlich nicht bindend, es handelt sich nur um die Formulierung von Richtlinien und Empfehlungen. Dennoch werden diese Empfehlungen in der Regel in nationales Recht übernommen. Meist erfolgt dies durch eine Richtlinie der EU und entsprechende Umsetzungsgesetze, wie z.B. die Neufassung des § 25a KWG durch das 4. Finanzmarktförderungsgesetz. Aber auch so ist das Dokument des Baseler Ausschusses bei den deutschen Banken und ihren Verbänden auf Zustimmung gestoßen und wird dort entsprechend angewandt; vgl. *Gebauer/Niermann*, in: Hauschka, Corporate Compliance, § 48, Rn. 14.

einer ordnungsgemäßen Geschäftsorganisation, die die Einhaltung der einschlägigen gesetzlichen Bestimmungen gewährleistet, auch die Pflicht zur Einrichtung eines Compliance-Systems inklusive Compliance- und Ethikrichtlinien abgeleitet werden kann, da eine ausdrückliche Regelung nicht bestand.[145]

Mit der erneuten Neufassung[146] des § 25a I S. 3 KWG zum 01.01.2014 steht dieser nun im Konsens mit der aufsichtsrechtlichen Verwaltungspraxis der MaRisk und die Einrichtung einer Compliance-Funktion ist vorgeschrieben.[147] § 25a I S. 3 Nr. 3 c) fordert ausdrücklich, dass eine Compliance-Funktion eingerichtet wird. Die weiteren Konkretisierungen hierzu finden sich in der MaRisk AT 4.4.2.[148]

cc) Anwendbarkeit der § 33 WpHG und § 25a KWG außerhalb der Finanzdienstleistungsbranche?

Die Organisationspflichten aus den § 33WpHG und § 25a KWG treffen alle Finanzdienstleistungsunternehmen und stellen damit finanzrechtliche Sondervorschriften dar. Es wird in der Literatur teilweise erwogen, diese finanzrechtlichen Vorschriften, insbesondere § 25a KWG, auch auf Unternehmen anderer Branchen analog anzuwenden bzw. wird eine gewisse „Ausstrahlungswirkung“[149] angedacht, um auch dort Klarheit bezüglich der Organisation zu schaffen.[150]

Eine solche generelle Ausstrahlungswirkung ist vom Gesetzgeber jedoch nicht gewollt und kann auch nicht angenommen werden. Dies lässt sich unter anderem der ausdrücklichen Nennung der organisatorischen Anforderungen des § 25a KWG in anderen Gesetzen entnehmen.[151] Auch eine Analogie kommt nicht in Betracht.[152] Die spezialrechtlichen Vorschriften reagieren auf die Besonderheiten des Finanzsektors mit seinen vielfältigen Risiken und Anforderungen und sind nicht verallgemeinerungsfähig, sodass keine vergleichbare Interessenlage besteht.[153] Es fehlt

---

145 *Braun*, in: Boos/Fischer/Schulte-Mattler, KWG Kommentar, § 25a, Rn. 46.

146 Aufgrund des CRD IV-UmsG vom 28.08.2013: Gesetz zur Umsetzung der Richtlinie 2013/36/EU über den Zugang zur Tätigkeit von Kreditinstituten und die Beaufsichtigung von Kreditinstituten und Wertpapierfirmen und zur Anpassung des Aufsichtsrechts an die Verordnung (EU) Nr. 575/2013 über Aufsichtsanforderungen an Kreditinstitute und Wertpapierfirmen; BGBl. I S. 3395.

147 *Braun*, in: Boos/Fischer/Schulte-Mattler, KWG Kommentar, § 25a, Rn. 8; *Gebauer/Niermann*, in: Hauschka, Corporate Compliance, § 48, Rn. 1 ff; *Langen*, in: Schwennicke/Auerbach, KWG Kommentar, § 25a KWG, Rn. 84 ff.

148 *Braun*, in: Boos/Fischer/Schulte-Mattler, KWG Kommentar, § 25a, Rn. 46; *Gebauer/Niermann*, in: Hauschka, Corporate Compliance, § 48, Rn. 4.

149 *Kort*, NZG 2008, 81 (82 f.).

150 *Preußner*, NZG 2004, 303 (305); *Preußner*, NZG 2004, 57 (61).

151 Z.B.: § 64a VAG (a.F.), § 33 WpHG.

152 *Langen*, in: Schwennicke/Auerbach, KWG Kommentar, § 25a KWG, Rn. 29; a.A.: *Spindler*, WM 2008, 905 (908).

153 *Fett*, in: Schwark/Zimmer, Kapitalmarktrechtskommentar, § 33 WpHG, Rn. 2; *Langen*, in: Schwennicke/Auerbach, KWG Kommentar, § 25a KWG, Rn. 29.

zudem an einer planwidrigen Regelungslücke, da die § 25a KWG und § 33 WpHG gerade keine allgemeine Auffassung des Gesetzgebers darstellen, deren Kodifizierung in anderen Gesetzen planwidrig fehlt.

dd) Zwischenergebnis

Im Bank- und Kapitalmarktrecht findet sich für Wertpapierdienstleistungsunternehmen, Kreditinstitute und Finanzdienstleistungsinstitute eine konkrete Pflicht zur Etablierung einer Compliance-Funktion. Dies erscheint angesichts der dargestellten Entwicklung von „Compliance" auch nachvollziehbar, da besonders in diesem Bereich vielfältige Interessen zu wahren und Interessengruppen zu schützen sind.

Es fällt jedoch auf, dass nur die Einrichtung verpflichtend ist, die konkrete Ausgestaltung bleibt anhand von rechtlich nicht bindenden Rundschreiben, Empfehlungen und Verordnungen letzten Endes dem Ermessen und der Organisationskraft und -willigkeit der Geschäftsführung überlassen. Im Vergleich zu den vorher dargestellten Bereichen herrscht aber eine deutlich größere Klarheit bezüglich der zu beachtenden Anforderungen.

d) Die Verortung des „Compliance-Gedankens" in weiteren Gesetzen

Neben den Normen aus dem Kapitalgesellschaftsrecht, dem Bank-, Kapitalmarkt- und Aufsichtsrecht sowie den Regelungen im DCGK und den Konsultationspapieren des Baseler Bankenausschusses existieren weitere spezialgesetzliche Vorschriften, die den Compliance-Gedanken in unterschiedlichen Formen beinhalten.

aa) Versicherungsrecht § 64a VAG (a.F.) und § 29 VAG (n.F.)

Entsprechend dem § 25a I S. 3 KWG (a.F.) verpflichtete der § 64a I S. 2 VAG (a.F.) bis Ende 2015 Versicherungsunternehmen im Sinne des Versicherungsaufsichtsgesetzes zur Einrichtung eines angemessenen Risikomanagementsystems.[154] Damit enthielt das deutsche Versicherungsaufsichtsrecht lange Zeit keine ausdrückliche Compliance-Pflicht für das Versicherungswesen. Diese Vorgaben für Versicherungsunternehmen wurden durch die am 01.07.2013 in Kraft getretene

---

154 Nach § 64a VAG a.F. musste das Versicherungsunternehmen über eine ordnungsgemäße Geschäftsorganisation verfügen. Dazu gehörten neben einer dem Geschäftsbetrieb angemessenen ordnungsgemäßen Verwaltung und Buchhaltung auch ein angemessenes Risikomanagement mit auf das Unternehmen abgestimmter Risikostrategie, aufbau- und ablauforganisatorische Regelungen sowie die Einrichtung eines geeigneten internen Steuerungs- und Kontrollsystems. Vgl. *Schaefer/Baumann*, NJW 2011, 3601 (3602). Die BaFin hat in einem Rundschreiben auch für die Versicherungsbranche genaue Vorgaben über die Mindestanforderungen an das Risikomanagement getroffen: Rundschreiben der BaFin vom 22.01.2009 – Rundschreiben 3/2009 (VA) – Aufsichtsrechtliche Mindestanforderungen an das Risikomanagement MaRisk VA.

versicherungsaufsichtsrechtliche europäische „Solvency II“ Rahmenrichtlinie[155] weiter präzisiert und ausgeweitet. So verlangt Art. 46 I der Richtlinie die Einrichtung einer „Compliance-Funktion“ als wirksames internes Kontrollsystem zur Beurteilung des „Compliance-Risikos“ und zur Beratung und Unterrichtung des Leitungs- bzw. Aufsichtsorgans. Diese Bestimmungen wurden nunmehr in nationales Recht umgesetzt. Dies geschah zum 01.01.2016 durch das „neue“ VAG[156], welches in den §§ 23 ff. VAG die entsprechenden aufsichtsrechtlichen Anforderungen an die Geschäftsorganisation, das Risikomanagement und das interne Kontrollsystem umsetzt. In § 29 I VAG (n.F.) ist, entsprechend der Richtlinie „Solvency II“, eine Verpflichtung zur Einführung einer Compliance-Funktion im Rahmen eines wirksamen internen Kontrollsystems ausdrücklich enthalten.

bb) Pharma- und Medizinrecht

Im Bereich der Pharma- und Medizinbranche hat sich ein hochreguliertes Marktumfeld[157] geschaffen. Dieses setzt sich im Wesentlichen selbst durch unternehmensübergreifende und branchenspezifische Verhaltenskodizes Pflichten zu Compliance.[158] Das Bundeskartellamt hat diese Verhaltenskodizes als Wettbewerbsregeln anerkannt, sodass ein Verstoß gegen sie als Indiz für einen Wettbewerbsverstoß im Sinne des Gesetzes gegen den unlauteren Wettbewerb angesehen wird.[159] Damit wird die Pflicht des Unternehmens, sich an die Regeln zu halten, verschärft. Jedenfalls gehört die Schaffung einer Compliance-Organisation auch hier zum „best practice“ eines Pharmaunternehmens.[160]

cc) Compliance- und Ethikrichtlinien als geeignete Maßnahmen nach § 12 I, II AGG?

Nach der Generalklausel § 12 I AGG ist der Arbeitgeber verpflichtet, die erforderlichen Maßnahmen zum Schutz vor Benachteiligungen wegen eines in § 1 AGG genannten Grundes, z.B. Diskriminierung und sexuelle Belästigung, zu treffen.

---

155 Vgl.: Art 46 I 2, II Richtlinie 2009/138/EG vom 25.11.2009 betreffend die Aufnahme und Ausübung der Versicherungs- und der Rückversicherungstätigkeit (Solvabilität II).

156 Gesetz über die Beaufsichtigung der Versicherungsunternehmen (Versicherungsaufsichtsgesetz – VAG) vom 01.04.2015 (BGBl. I S. 434).

157 Allgemeine Bestimmungen des Strafrechts, Korruptionsdelikte, Dienst- und Hochschulrecht, Wettbewerbsrecht u.a.

158 Im Wege der Selbstbindung: *Schaefer/Baumann*, NJW 2011, 3601 (3603). Die inhaltlichen Regelungen der Kodizes schreiben jedoch nur die Schaffung einer Compliance Organisation vor, die Ausgestaltung im Einzelnen bleibt auch hier dem Ermessen und den Anforderungen des einzelnen Unternehmens überlassen. Dazu auch: *Leipold*, in: Hauschka, Corporate Compliance, § 50, Rn. 20 ff.

159 *Schaefer/Baumann*, NJW 2011, 3601 (3603).

160 *Schaefer/Baumann*, NJW 2011, 3601 (3603).

Dem Arbeitgeber wird damit ausdrücklich eine Handlungspflicht auferlegt. Ihm bleibt aber erneut ein gewisser Handlungsspielraum, wie diese Handlungspflicht im Rahmen der Erforderlichkeit[161] zu erfüllen ist.[162]

Zu klären ist, ob die Einführung einer Compliance- und Ethikrichtlinie, die vor Benachteiligungen im Sinne des Allgemeinen Gleichbehandlungsgesetzes schützt und eine entsprechende Missbilligung solcher Benachteiligungen seitens des Arbeitgebers vermittelt, eine von der Organisationspflicht des Arbeitgebers nach § 12 I AGG geforderte Maßnahme darstellt.

§ 12 II S. 1 AGG präzisiert die Pflicht, Maßnahmen zum Schutz vor Benachteiligungen zu treffen. Der Arbeitgeber „soll" in geeigneter Form und Weise auf die Unzulässigkeit der im Allgemeinen Gleichbehandlungsgesetz sanktionierten Benachteiligungen hinweisen und darauf hinwirken, dass diese unterbleiben. § 12 II S. 2 AGG gibt mit dem Hinweis auf Schulungen einen Anhaltspunkt, welche konkreten Maßnahmen innerhalb seines Ermessensspielraums der Arbeitgeber treffen kann, um privilegiert zu werden.[163] Der Arbeitgeber kann seiner Pflicht nach § 12 I AGG grundsätzlich auch durch andere erforderliche und geeignete vorbeugende Maßnahmen genügen, soweit diese nach objektiven Gesichtspunkten die Missbilligung von Benachteiligungen verdeutlichen und klar machen, dass ein solches Verhalten sanktioniert wird.[164]

Die Einführung einer Compliance- und Ethikrichtlinie kann eine solche Präventivmaßnahme nach § 12 I S. 2 AGG darstellen und der Organisationspflicht des Arbeitgebers genügen, wenn sie vor Benachteiligungen i.S.d. § 1 AGG schützt und den Arbeitnehmern die Missbilligung solcher Benachteiligungen vermittelt.[165] Aus dem § 12 I AGG lässt sich jedoch keine Pflicht explizit zur Einführung einer Compliance- und Ethikrichtlinie herleiten.

---

161 Der Begriff der Erforderlichkeit ist objektiv und ex ante zu bestimmen, so *Buschmann*, in: Däubler/Bertzbach, AGG Kommentar, § 12, Rn. 11; *Schneider/Sittard*, NZA 2007, 655 (656). Was erforderlich ist, hängt von den konkreten Umständen des Einzelfalls ab und setzt nicht den Erfolg der Maßnahme voraus, so: *Schlachter*, in: ErfK, § 12 AGG, Rn. 2.

162 *Schneider/Sittard*, NZA 2007, 654 (654).

163 BT-Dr. 16/1780, S. 37. Es besteht keine Rechtspflicht, ein komplexes Aus- und Fortbildungsprogramm im Unternehmen aufzubauen und Schulungen dazu anzubieten. *Natzel*, in: Maschmann, Corporate Compliance und Arbeitsrecht, S. 103; BAG, Urt. v. 25.10.2007 – 8 AZR 593/06, NZA 2008, 223, Fn. 68; *Schlachter*, in: ErfK, § 12 AGG, Rn 2.

164 BT-Dr. 16/1780, S. 37; *Schlachter*, in: ErfK, § 12 AGG, Rn. 1; *Schneider/Sittard*, NZA 2007, 655 (656).

165 *Buschmann*, in: Däubler/Bertzbach, AGG Kommentar, § 12, Rn. 15; *Schneider/Sittard*, NZA 2007, 654 (655). Erforderlich sind dafür: Nennung der Benachteiligungsgründe nach § 1 AGG, Verdeutlichung der verbotenen Handlungen nach § 3 AGG und deren arbeitsrechtliche Konsequenzen und die Verständlichkeit der Formulierung. Zudem muss nachgewiesen werden, dass die Ethikrichtlinie allen Arbeitnehmern zugegangen ist.

dd) Arbeitnehmerschutzvorschriften

Arbeitsschutz und Arbeitssicherheit sind klassische Teile von Compliance.[166] Das Arbeitsschutzgesetz (ArbSchG) enthält Generalklauseln, die erforderliche Maßnahmen zum Arbeitsschutz fordern. Zusätzlich gibt es zahlreiche Sondervorschriften, z.B. für bestimmte Arbeitsplätze oder die Bestellung eines Beauftragten für besonders gefahrengeneigte Tätigkeiten, die bekannt sein und beachtet werden müssen. Die Generalklausel § 3 I S. 1 ArbSchG gibt jedoch keine konkreten Maßnahmen vor, sondern beschreibt nur eine allgemeine Handlungspflicht des Arbeitgebers, deren inhaltliche Ausgestaltung nur unter Berücksichtigung der Umstände des Einzelfalls konkretisiert wird.[167]

Bei Verletzung der vielfältigen und speziellen arbeitsschutzrechtlichen Vorschriften drohen Personen- und Sachschäden in sehr großem Umfang. Auch bei Verstößen gegen das Arbeitszeitgesetz (ArbZG), das Höchstarbeitszeitgrenzen festsetzt, drohen empfindliche Strafen, § 23 ArbZG. In diesem speziell arbeitsrechtlichen Bereich treffen das Unternehmen als Arbeitgeber Handlungs-, Überwachungs- und Berichtspflichten, deren rechtliche Vorgaben durch Compliance- und Ethikrichtlinien umgesetzt werden können. Bei der Auswahl der Maßnahmen steht dem Arbeitgeber aber ein Entscheidungsspielraum zu. Daher folgt aus der Generalklausel des § 3 I 1 ArbSchG keine Pflicht zum Erlass einer Compliance- und Ethikrichtlinie oder gar zur Einführung eines Compliance-Systems.[168]

3. Zwischenergebnis

Die Untersuchung hat gezeigt, dass keine allgemeine gesellschaftsformübergreifende gesetzliche Pflicht zur Einführung von Compliance- und Ethikrichtlinien besteht. Das speziellere Kapitalgesellschaftsrecht enthält ebenfalls keine abstrakte Rechtspflicht zur Einführung von Compliance- und Ethikrichtlinien.

Anderes gilt für das Bank- und Kapitalmarktrecht. § 33 I S. 2 WpHG und § 25a I S. 3 KWG enthalten für Wertpapierdienstleistungsunternehmen und Finanzdienstleistungsinstitute eine konkrete Pflicht zur Etablierung einer Compliance-Funktion, überlassen aber die konkrete Gestaltung dem Ermessen der Unternehmensleitung. Diese kann dazu auf detaillierte und konkretisierende Vorgaben in den aufsichtsrechtlichen Rundschreiben der BaFin zurückgreifen. Weiterhin enthält der DCGK ausdrückliche, wenn auch rechtlich unverbindliche, Empfehlungen und Anregungen zu Compliance- und Ethikrichtlinien.

Auch die US-Börsenregelungen (SOX, FCPA und die Regeln der NYSE) befassen sich mit der Gestaltung der Compliance-Organisation und der Einführung von

---

166 *Mengel/Hagemeister*, BB 2006, 2466 (2470).

167 LAG Berlin, Beschluss vom 10.03.2005 – 18 TaBV 2091/04 unter II. 2. b); LAG Hessen, Beschluss vom 29.08.2002 – 5 Ta BV Ga 91/02 unter II. 1.).

168 *Triskatis*, Ethikrichtlinien im Arbeitsrecht, S. 58.

Ethikrichtlinien. Für deutsche, an der US-Börse notierte Unternehmen sind diese Regelungen verbindlich. Sie besitzen aber auch als Standard des „best practice" eine große Ausstrahlungswirkung auf andere Unternehmen. Darüber hinaus gibt es eine Vielzahl von Spezialvorschriften, die sich mit der Einführung eines Compliance-Systems befassen. Dies ist insofern verständlich, als dass die einzelnen Unternehmen in ihren Branchen, mit den jeweils speziellen Anforderungen und Haftungsrisiken als so unterschiedlich zu charakterisieren sind, dass allgemeinverbindliche generalisierende Regelungen kaum möglich und sinnvoll erscheinen. Zudem spiegelt dies die Grundidee von Corporate Governance / Compliance wider, nach der es Unternehmen ermöglicht werden soll, sich innerhalb des gesetzlichen Rahmens selbst zu regulieren und den jeweiligen Umständen und Anforderungen bestmöglich anzupassen.

Existiert keine abstrakte Rechtspflicht zur Einführung, können sich jedoch die Anforderungen an das rechtmäßige Vorstands- oder Geschäftsführerhandeln je nach Risikopotential und den Umständen des Einzelfalls so verdichten und das Entschließungsermessen sogar auf null reduzieren, dass sich daraus für die Adressaten eine Handlungspflicht (Organisationspflicht) zur Einführung eines Compliance-Systems ergeben kann. Es gibt aber auch unbestreitbar eine Vielzahl von Unternehmen, die nur einem geringen Haftungsrisiko ausgesetzt sind, sodass eine allgemeine Pflicht zur Einführung einer Compliance-Organisation zu einer unnötigen und unzumutbaren Anforderung und Belastung würde.

Wo eine Compliance-Organisation eingerichtet wird, stellt sich dies als eine höchst individuelle und anspruchsvolle Gestaltungsaufgabe dar. Die bestehenden gesetzlichen Anforderungen an eine ordnungsgemäße Unternehmensführung und -Organisation sind insgesamt durch einen hohen Grad an Abstraktion gekennzeichnet. Es wird oft auf „geeignete" oder „effektive" Maßnahmen im Rahmen des Zumutbaren verwiesen, ohne dass allerdings die Bewertungsmaßstäbe für diese Begriffe transparent würden. Da die Einführung, ob verpflichtend oder nicht, jeweils von den konkreten Gegebenheiten des Unternehmens abhängt und dabei rechtliche, betriebswirtschaftliche, ökonomische und soziale Umstände berücksichtigt werden müssen, scheint es auch sinnvoll, das Unternehmen nicht noch zusätzlich durch eine Vielzahl von „harten" gesetzlichen Verpflichtungen zu belasten und in der Gestaltungsfreiheit einzugrenzen.

II. Funktionselemente eines Compliance-Systems

Einem umfassenden Compliance-System wird eine vielgestaltige Funktionalität zugewiesen. Es beinhaltet ein weites Spektrum an Maßnahmen und Vorkehrungen, das von einem Aufruf an das ethische und moralische Bewusstsein bis hin zu einer umfassenden Kontrolle und Überwachung oder sogar einem Verbot bestimmter

Verhaltensweisen reichen kann.[169] So weist *Lösler*[170] einem Compliance-System grundlegend fünf Funktionen zu: Schutz, Beratung und Information, Qualitätssicherung, Monitoring und Überwachung sowie Marketing. Andere benennen die wesentlichen Funktionen aus unternehmensinterner Perspektive Risikobegrenzungs-, Informations-, Kontroll- und Marketingfunktion.[171]

Inhaltlich unterscheiden sie sich jedoch nicht. Gemeinsam ist den Funktionsbestimmungen, dass sie hauptsächlich auf vorbeugenden Schutz durch Präventivmaßnahmen gerichtet sind und diesen wirksamer als ex-post Maßnahmen ansehen. Das Compliance-System soll nicht nur abgeschlossene Vorgänge bewerten und dazu berichten, sondern bereits früher ansetzen und das operative Geschäft offensiv mit dem Ziel der Verhinderung von Gesetzes- und Pflichtverstößen begleiten.[172] Zusätzlich kann es als Instrument genutzt werden, um so die Akzeptanz und Resonanz am Markt zur stärken.[173]

1. Schutz- und Risikobegrenzungsfunktion

Von maßgeblicher Bedeutung ist die Schutzfunktion. Durch die Einführung eines effizienten und funktionierenden Compliance-Systems soll dieses vorsätzlichen und grob fahrlässigen Regelverstößen der Arbeitnehmer und auch des Unternehmens selbst vorbeugen und dadurch das enorme Risiko des Unternehmens, Adressat potentieller zivilrechtlicher Haftung[174], strafrechtlicher Sanktion[175] und von

---

169 So schon sehr früh: *Eisele*, WM 1993, 1021 (1023 f.); *Eisele/Faust*, in: Schimansky/ Bunte/ Lwowski, Bankrechts-Handbuch, § 109 Verhaltensregeln und Compliance, Rn. 4.

170 *Lösler*, NZG 2005, 104 (105); aufgegriffen durch: *Eisele/Faust*, in: Schimansky/ Bunte/ Lwowski, Bankrechts-Handbuch, § 109 Verhaltensregeln und Compliance, Rn. 4.

171 *Bergmoser/Theusinger/Gushurst*; BB 2008 Spezial Nr. 5, 1 (2).

172 *Fett*, in: Schwark/Zimmer, Kapitalmarktrechtskommentar, § 33 WpHG, Rn. 20.

173 *Bergmoser/Theusinger/Gushurst*; BB 2008 Spezial Nr. 5, 1 (1).

174 Je nach Gesellschaftsform können dann § 93 II 1 AktG (i.V.m. § 116 AktG) oder § 43 II GmbHG die Anspruchsgrundlagen im Innenverhältnis für den gesellschaftsrechtlichen Schadensersatz der verantwortlichen Organmitglieder gegenüber den Gesellschaftern sein.

175 Z.B.: Verfall der durch die Straftat erlangten wirtschaftlichen Vorteile (§§ 73–73e StGB und § 29a OWiG), Einziehung von Tatmitteln oder Gegenständen §§ 75, 76a StGB, sowie §§ 34, 34a GWB (Vorteilsabschöpfung durch die Kartellbehörde oder durch die Verbände) und § 10 WiStG (Selbstständige Abführung des Mehrerlöses). Auch aus dem etwas spezielleren Bereich des Arbeitsstrafrechts kann sich bei Pflichtverletzung des Arbeitgebers eine einschneidende Haftung ergeben. Viele Teile dieses Arbeitsstrafrechts weisen entsprechende Strafvorschriften auf (z.B. § 23 ArbZG, §§ 119 f. BetrVG, §§ 15, 15a AÜG, § 15 AGG und weitere).

Bußgeldern[176] zu werden, herabsetzen. So soll eine auf Schadensminderung gerichtete Organisation des Unternehmens die Gefahr finanzieller Schäden deutlich reduzieren können[177] und auch die Beachtung der einschlägigen Normen und Gesetze hänge unmittelbar mit der vorbeugenden Schadensabwehr zusammen.[178] Für ein solches präventiv wirkende System sind Information, Aufklärung und Ausbildung der Mitarbeiter unerlässlich. Den Mitarbeitern sind insbesondere die bereits bestehenden gesetzlichen Regeln näher zu bringen und konkret zu erläutern.[179]

Zudem können an rechtliche Vorgaben anknüpfende unternehmerische Prozesse und die Ausarbeitung der entsprechenden Berichtswege bei Vorwürfen für zeitlich und inhaltlich optimierte Reaktion sorgen. Denn bereits der Vorwurf oder der Verdacht von Verstößen genügt, um erheblichen zeitlichen und finanziellen internen Aufwand sowie mögliche externe Beratungs- und Verfahrenskosten auszulösen. Dies kann durch ein effektives Compliance-System vermieden oder zumindest reduziert werden und dient damit letztlich auch dem Schutz des Unternehmens. Des Weiteren kann die Einführung eines angemessenen Compliance-Systems bei der Strafbemessung nach festgestellten Regelverstößen durch Gerichte oder Aufsichtsbehörden, wie der amerikanischen SEC, mildernd berücksichtigt werden.[180]

Ein umfassendes Compliance-System kann das Unternehmen weiter vor Reputationsschäden schützen.[181] Kommt ein Unternehmen wegen illegaler, zweifelhafter oder intransparenter Geschäftspraktiken in Verruf, führt dies zu einem enormen Ansehensverlust. Solche Reputationsschäden können durch Verlust von Kunden, Herabstufung in Ratings oder Auswirkungen auf das Standing eines Unternehmens am Kapitalmarkt zu finanziellen Schäden führen.[182] Diese Schäden treten selbst dann ein, wenn sich die Vorwürfe im Nachhinein als falsch und haltlos herausstellen. Eine Gegendarstellung erfolgt häufig erst nach langer Verfahrenszeit und ist publizistisch längst nicht so wirksam. Dieses Risiko kann durch einen Verweis auf eine dem Verstoß entgegenstehende Compliance-Vorschrift und transparente Geschäftspraktiken in Ethikrichtlinien gemindert oder sogar vermieden werden.

---

176 Eine Geldbuße kann aufgrund strafbaren Organisationsverschuldens nach §§ 130, 30 OWiG verhängt werden. Viele das Arbeitsleben ordnende Normen sind bei Verstößen ebenfalls buß-geldrechtlich sanktioniert, z.B.: § 23 AEntG, § 22 ArbZG, § 14 ATZG, § 16 AÜG, § 121 BetrVG, § 21 MuSchG, § 404 SGB III, § 39 WpHG, § 144 VAG. Diese Bußgelder können ein Unternehmen empfindlich treffen; sie überschreiten häufig den Regelrahmen des § 17 I OWiG um ein Vielfaches (z.B. § 23 AEntG mit Bußgeldern bis zu 500.000 €.

177 *Bürkle*, BB 2005, 565 (566 f.).

178 *Lösler*, NZG 2005, 104 (104).

179 *Eisele*, WM 1993, 1021 (1023).

180 *Lösler*, NZG 2005, 104 (105).

181 *Goslar*, in: Wilsing, DCGK Kommentar, Ziff. 4.1.3. DCGK, Rn. 2.

182 *Lösler*, NZG 2005, 104 (104 f.).

2. *Beratung und Information*

Die Geschäftsleitung trägt die Organisationsverantwortung für die Einrichtung eines Compliance-Systems und allen damit verbundenen Vorgängen im Unternehmen. Dazu gehört die Sicherstellung umfassender und funktionierender Informationsabläufe, die Information der Arbeitnehmer über bestehende Rechtspflichten, unternehmensinterne Risiken und Vorgänge sowie die entsprechende Schulung der Arbeitnehmer über die zu beachtenden Regeln und speziellen Risiken in ihrem Tätigkeitsbereich.[183] Die bereitgestellten Informationen können dann als Entscheidungs- und Verhaltensgrundlage für Management, Arbeitnehmer und Anteilseigener dienen.[184] Zur Sicherstellung dieser Abläufe und des Informationsflusses kann sich die Geschäftsleitung einer zwischengeschalteten Compliance-Abteilung bedienen. Diese berichtet der Geschäftsleitung von allen relevanten Vorgängen, sorgt aber auch durch umfassende geschäftsbegleitende Beratung, Unterstützung und Aufklärung der anderen operativen Abteilungen des Unternehmens für deren Information bezüglich aller für sie geltenden Normen und Verhaltensrichtlinien.

3. *Qualitätssicherung*

Lösler sieht als einen weiteren Funktionsbereich eines Compliance-Systems die Qualitätssicherung. Darunter soll zu verstehen sein, dass insbesondere Finanzdienstleister gesetzlich ausdrücklich dazu verpflichtet sind, Missbrauchsmöglichkeiten des Instituts durch adäquate Sicherungsvorkehrungen zu vermeiden.[185]

Unter dem hier zum Tragen kommenden, wirtschaftswissenschaftlich geprägten „Know-your-Customer“ Prinzip ist die Erhebung und Prüfung der persönlichen Daten und Geschäftsdaten von Kunden eines solchen Finanzdienstleisters zu verstehen.[186] Darunter kann auch eine Verpflichtung zur Einrichtung adäquater Sicherungsvorkehrungen (§ 25a I Nr. 4 KWG)[187] bzw. anlage- und anlegergerechter individueller Kundenberatung (§§ 31, 31 a-h WpHG) fallen.[188]

Diese Funktion von Compliance ist ebenfalls ein wichtiger Bestandteil bei der Entwicklung neuer Produkte. Für eine erfolgreiche Produktschöpfungskette ist es sinnvoll, gleich zu Beginn die Compliance-Risiken der Produktidee zu prüfen

183 *Lösler*, WM 2007, 676 (681).

184 *Bergmoser/Theusinger/Gushurst*; BB 2008 Spezial Nr. 5, 1 (2).

185 Z.B. Kreditinstitute oder Wertpapierdienstleistungsunternehmen: *Lösler*, NZG 2005, 104 (105).

186 Grundlage ist: Art. 1 I, 8 2005/60/EG vom 26.10.2005, Richtlinie zur Verhinderung der Nutzung des Finanzsystems zum Zwecke der Geldwäsche und der Terrorismusfinanzierung („3. EU–Geldwäsche RL“); umgesetzt in nationales Recht durch das Geldwäschegesetz vom 13.08.2008 (BGBl. I S. 1690), §§ 3ff. GWG.

187 Begründung des Regierungsentwurfs des Vierten Finanzmarktförderungsgesetzes, BT-Dr. 14/8017, S. 125, zu Nummer 25.

188 Bond-Urteil des BGH vom 06.07.1993 – XI ZR 12/93, BB 1993, 1903; *Lösler*, NZG 2005, 104 (105).

und diese damit frühzeitig zu erkennen um sie minimieren zu können. So kann die Produktidee mit den geltenden Normen abgestimmt werden und potentielle Schadensposten werden umgangen.

4. *Kontrolle und Überwachung*

Die Einhaltung der gesetzlichen und selbstgesetzten Pflichten muss überwacht werden. Dies kann durch eine Compliance-Organisation erfolgen. So lässt sich die effektive Einhaltung der Regeln sicherstellen und die Androhung von Sanktionen erlangt mehr Gewicht. Dazu können Kontroll- und Überwachungssysteme eingeführt werden (z.B. Monitoring, Auditprogramme), sodass die Kontrollen unmittelbar und zeitnah in die Prozesse eingebunden werden.

5. *Marketingfunktion*

Ein System zum Schutz vor und zur Vermeidung von Regelverstößen kann Reputationsverluste des Unternehmens verhindern.[189] Ethikrichtlinien, die die Unternehmenskultur fixieren, dienen dem Unternehmensimage und stellen das Unternehmen in der Außenwirkung positiv dar. Sie sorgen u.a. dafür, dass bei Negativschlagzeilen wegen Fehlverhalten von Mitarbeitern die Rufschädigung des Unternehmens möglichst gering gehalten wird.[190] In der Öffentlichkeit bleibt ein positives Bild des Unternehmens bestehen, welches bei Kunden, Anlegern, Mitarbeitern und anderen Marktteilnehmern wirkt.

Das Unternehmen vermarktet sich auch mit seinem Ruf. Je besser dieser ist, desto besser ist auch die Resonanz bei Kunden, Anlegern und Investoren. Ein Compliance-System hat daher auch die Funktion, das Unternehmen positiv zu vermarkten.

III. Motivationsanreize zur „freiwilligen" Einführung von Ethikrichtlinien

Die Einführung von Compliance- und Ethikrichtlinien kann auf den bereits genannten gesetzlichen oder berufsethischen Vorgaben beruhen. Dies stellt für die meisten Unternehmen jedoch nur einen Teilaspekt der Motivation zur Einführung dieser Regelungen dar.

Für eine Vielzahl von Unternehmen fehlt es an einer zwingenden Verpflichtung zur Einführung eines umfassenden Compliance-Systems inklusive Compliance- und Ethikrichtlinien. Dennoch können viele Einzelfallumstände als Motivationsanreize auftreten, die auch die freiwillige Einführung eines Compliance-Systems nahelegen.[191] Dabei spielen innere Organisation, Effektivität, Vereinheitlichung der

189 Siehe dazu schon S. 58.
190 *Schuster/Darsow*, NZA 2005, 273 (273).
191 Zur Motivation des Arbeitgebers: *Fahrig*, Die Einführung eines Verhaltenskodexes und das Whistleblowing, S. 47 ff.; *Willemsen*, Einführung und Inhaltskontrolle von

Arbeitsbedingungen, Verhaltenssteuerung, Risikominimierung, Imageförderung, Wirtschaftlichkeit, Wettbewerbsfähigkeit und Wertsetzung im Unternehmen eine besondere Rolle. Diese Motivationsanreize ergeben sich insbesondere auch aus den von *Lösler* geprägten Funktionselementen einer Compliance-Organisation, die im vorherigen Abschnitt dargestellt wurden. Zudem haben sich die Anforderungen am internationalen sowie deutschen Markt so verändert, dass von den Unternehmen geradezu erwartet wird, sich zu einem ethischen und verantwortungsbewussten Verhaltensstandard im Sinne eines „best practice" zu bekennen. Entscheiden sich die Verantwortlichen eines Unternehmens aus diesen Anreizgründen für die Einführung, ist dies als Ausfluss der Unternehmensfreiheit anzusehen.[192]

1. Darstellung der Unternehmenskultur nach Außen

Durch die Einführung von Ethikrichtlinien und deren Marketingfunktion bietet sich dem Unternehmen die Möglichkeit, sich nach Außen in einer bestimmten und selbstgewählten Art und Weise darzustellen. Die Ethikrichtlinie kann die Unternehmenskultur aufgreifen und konkretisieren und somit Ausdruck der ethischen Vorstellungen eines Unternehmens sein.[193] Die Einhaltung aller gesetzlichen Anforderungen bildet die Grundlage der Integrität eines Unternehmens und seines guten Rufs. Dies bildet den Wert des Unternehmens und steigert sein Ansehen erheblich, macht es wettbewerbsfähiger, zieht leistungsstarke Mitarbeiter an und hält diese dort.[194]

Solch ein nach Außen sichtbares Bekenntnis zu einer bestimmten (ethischen) Unternehmenskultur ist insbesondere für Konsumenten, Aktionäre und potenziellen Investoren interessant, da diese bei der Produktwahl auf den Ruf des Unternehmens achten und immer häufiger das Wirtschaften nach ethischen Grundsätzen für ihre Investitionsentscheidung als wichtigen Faktor bestimmen.[195] Die Einführung eines medienwirksamen Compliance-Systems und ein öffentliches Bekenntnis dazu, kann bei börsennotierten Unternehmen sogar zu Kurssteigerungen führen.[196]

Misst man diesen Studien und Auswertung keinen allzu hohen Stellenwert bei, so ist dennoch nachvollziehbar, dass das Bekenntnis zu ethischen Grundsätzen zumindest in der Regel „positive Assoziationen"[197] bei der Kundschaft weckt. Einem

---

Ethikrichtlinien, S. 15 ff.; *Wagner*, Ethikrichtlinien, S. 18 ff.; *Triskatis*, Ethikrichtlinien im Arbeitsrecht S. 37 ff.; *Rein*, Die individualrechtliche Implementierung einer Ethikrichtlinie mit vorweggenommener Abmahnung, S. 28 ff.

192 *Meyer*, NJW 2006, 3605 (3606); in diesem Sinne: *Müller-Bonanni/Sagan*, BB 2008 Spezial Nr. 5, 28 (29).

193 *Fahrig*, NJOZ 2010, 975 (975); *Triskatis*, Ethikrichtlinien im Arbeitsrecht, S. 37.

194 Zu den Vorteilen des Unternehmens mit gutem Ruf: *Rosbach*, CCZ 2008, 101 (101 f.).

195 *Triskatis*, Ethikrichtlinien im Arbeitsrecht, S. 26 f.

196 Studie dazu: *Bergmoser/Theusinger/Gushurst*, BB 2008 Spezial Nr. 5, 1 (1).

197 So *Willemsen*, Einführung und Inhaltskontrolle von Ethikrichtlinien, S. 15.

Compliance- und Ethikkodex kommt damit ein eigenständiger unternehmerischer Wert zu und gehört zu einer nachhaltigen Wertschöpfungsstrategie im Unternehmen.[198]

Um eine möglichst breite Absicherung zu erhalten, sind auch negative Auswirkungen durch Rechtsverstöße bei Geschäftspartnern zu vermeiden. Daher werden häufig auch mit den Lieferanten und Geschäftspartnern des Unternehmens Verträge vereinbart, die als Grundvoraussetzung ein entsprechend ethisches Verhalten bei diesen fordern. Aber auch für den Fall negativer Schlagzeilen durch Mitarbeiterfehlverhalten kann die Unternehmensleitung die Verantwortung dafür unter Hinweis auf klare Verhaltensvorgaben in Ethikrichtlinien minimieren.

Dies entspricht einem generellen Interesse der Öffentlichkeit an Transparenz unternehmerischen Handelns, ethischen Maßstäben und öffentlicher Kontrolle dieses Handelns.[199] Der öffentliche Druck und die Kontrolle durch die Öffentlichkeit stellen dabei nicht zu unterschätzende Faktoren bei der Entscheidung zur „freiwilligen“ Einführung von Ethikrichtlinien dar.

2. *Spezifische Unternehmensorganisation und Verhalten der Arbeitnehmer*

Durch die Einführung von Ethikrichtlinien kann das Unternehmen über bestehende Rechtspflichten und unternehmensinterne Risiken und Vorgänge[200] aufklären sowie vertragliche Nebenpflichten konkretisieren. Damit wirkt das Unternehmen auf das (Arbeits-)Verhalten seiner Arbeitnehmer ein.

Allgemein formulierte ethische Anforderungen können in konkrete Verhaltensanweisungen bzw. Organisationsstrukturen übertragen werden.[201] Dabei kann das Unternehmen seine speziellen Umstände und Anforderungen berücksichtigen und so einen Kodex schaffen, der speziell auf die Unternehmensinteressen abgestimmt ist und sich den Umständen im Unternehmen flexibel anpasst. Zudem werden konkrete und schriftlich fixierte Regeln eher eingehalten und für „ernster“ empfunden, als nicht-fixierte Regelungen der Unternehmenskultur.[202]

---

198 In diesem Sinne: *Bussmann/Salvenmoser*, CCZ 2008, 192 (194); *Gilch/Pelz*, CCZ 2008, 131 (131); *Lösler*, NZG 2005, 104 (105); zu einer ausgeprägten Corporate Compliance als Wettbewerbskriterium auch: *Fahrig*, NJOZ 2010, 975 (975).

199 *Triskatis*, Ethikrichtlinien im Arbeitsrecht, S. 39; *Eisenbeis/Nießen*, FS Leinemann, S. 697 (698).

200 So kann konkret geregelt werden, wie in bestimmten Situationen zu handeln ist, wie Informationen zu verarbeiten und schnell weiterzugeben sind. Es können Vorgaben der Entscheidungsfindung, zur effektiven Kommunikation und zur zügigen Implementierung von Plänen und Projekten enthalten sein. *Paul*, DB 2005, S. 1581 (1582).

201 *Borgmann*, NZA 2003, 352 (352).

202 *Triskatis*, Ethikrichtlinien im Arbeitsrecht, S. 38.

Klare schriftliche Zielvorgaben des Arbeitgebers unterstützen die Identifikation der Arbeitnehmer mit den Unternehmenszielen.[203] Dadurch wird das Betriebsklima gefördert und gestärkt, was sich wiederum motivationsfördernd auf Leistungsstärke und -bereitschaft der Arbeitnehmer auswirkt. Eine starke und klare Unternehmenskultur kann damit auch für den ökonomischen Erfolg des Unternehmens vorteilhaft sein.[204]

3. Prävention von Wirtschaftskriminalität und Schutz des Unternehmens

Klare Verhaltensvorgaben durch Compliance- und Ethikrichtlinien können auch dem Risiko des Unternehmens vorbeugen, Opfer von Wirtschaftskriminalität und der dadurch entstehenden hohen wirtschaftlichen Schäden zu werden (Schutz- und Risikobegrenzungsfunktion, aber auch Informationsfunktion). Die Einhaltung klarer Verhaltensvorgaben ist naturgemäß leichter zu bewerkstelligen und auch zu überwachen, als dies bei allgemein gehaltenen Anforderungen der Fall ist. Werden die Arbeitnehmer nicht nur zu neutralem Geschäftsverhalten aufgefordert, sondern wissen die Arbeitnehmer durch klare Handlungsvorgaben z.B. genau, wie sie sich bei Bestechungsversuchen, Geschenkangeboten, Aktienkauf des eigenen Unternehmens usw. zu verhalten haben, mindert sich das Risiko von ungewollten deliktischen Handlungen.[205]

Auch kann eine erläuternde Verhaltensvorgabe zu gesetzlichen Vorschriften, wie z.B. dem Umwelt- und Arbeitsschutzrecht, fahrlässiges Fehlverhalten von Mitarbeitern verhindern, indem eine solche Vorgabe ihnen den Überblick über ihre vertraglichen und gesetzlichen Verpflichtungen erleichtert.[206] Damit sinkt nicht nur das Haftungsrisiko der Arbeitnehmer, sondern auch das Haftungsrisiko der Arbeitgeber, die sich das Fehlverhalten nach § 31 BGB und § 278 BGB bei Vorliegen der Voraussetzungen gegenüber Dritten zurechnen lassen müssen oder nach § 831 BGB selbst haften. Bei bestehenden Organisationspflichten kann den Compliance- und Ethikrichtlinien zudem eine Exkulpationsfunktion i.S.d. § 831 I S. 2 BGB zukommen.

4. Ökonomischer Nutzen

Auch die Aussicht auf einen gewinnbringenden ökonomischen Nutzen einer Compliance- und Ethikrichtlinie könnte ein Unternehmen dazu bringen, eine solche Richtlinie zu implementieren. Angesichts des öffentlichen Drucks durch die Medien und des Verhaltens von Aktionären spielt das Ansehen des Unternehmens eine entscheidende Rolle für seinen Erfolg.

---

203 *Triskatis*, Ethikrichtlinien im Arbeitsrecht, S. 38.

204 *Paul*, Der Betrieb 2005, S. 1581 (1582).

205 *Triskatis*, Ethikrichtlinien im Arbeitsrecht, S. 38 f.; so auch: *Willemsen*, Einführung und Inhaltskontrolle von Ethikrichtlinien, S. 17, 18.

206 *Willemsen*, Einführung und Inhaltskontrolle von Ethikrichtlinien, S. 18.

Die konkrete Bezifferung eines ökonomischen Nutzens von Compliance- und Ethikrichtlinien ist jedoch äußerst schwierig. Diese Schwierigkeiten der empirischen Erfassung und das Fehlen unmittelbarer Erkenntnisse hinsichtlich eines ökonomischen Nutzens lassen sich durch die Komplexität der Materie und die vielfältigen Wechselwirkungen zu anderen erfolgsbestimmenden Faktoren, wie Geschäftsfeld, Wettbewerbsstrategie, Leitung usw. erklären.[207] Einige Versuche, zu aussagekräftigen Ergebnissen zu kommen, sind jedoch unternommen worden. So stellt exemplarisch eine Studie der Bertelsmann Stiftung[208] eine Abhängigkeit unternehmerischen Handels von der gesellschaftlichen Akzeptanz durch Konsumenten und Mitarbeiter fest. Nach einigen Autoren geht auch der Gesetzgeber davon aus, dass der Kapitalmarkt kodexgerechtes Verhalten nach dem DCGK honoriere, während grundlose Abweichungen mit schlechten Börsenkursen bestraft würden.[209] Es bestehe daher ein gewisser wirtschaftlicher Zwang zur Einhaltung der Kodex-Regelungen.[210] Diese Vermutungen, unabhängig von ihrer Schlüssigkeit an sich, lassen sich aber für Deutschland nicht ausreichend empirisch belegen. Einige Stimmen in der Literatur sehen sie sogar aufgrund gegenteiliger Auswirkungen als widerlegt an.[211]

Auf internationaler Ebene will eine Studie von *McKinsey & Company* belegen, dass sich „gute Corporate Governance“ auf eine höhere Bewertung der Aktien auswirken könne und damit wertsteigernd sei.[212] Nach verbreiteter Auffassung sei die Übertragbarkeit ausländischer Studien auf den deutschen Kapitalmarkt zweifelhaft, wenn nicht sogar abzulehnen.[213] Aufgrund unterschiedlicher nationaler

---

207 *v.Werder*, in: Hommelhoff/Hopt/v.Werder, Hdb. Corporate Governance, S. 1 (25); *Triskatis*, Ethikrichtlinien im Arbeitsrecht, S. 41.

208 Bertelsmann Stiftung, S. 2, 30, 32 f.

209 *Bayer/Scholz*, in: Spindler/Stilz, AktG Kommentar, § 161, Rn. 7; *Nowak/Rott/Mahr*, ZGR 2005, 252 (260).

210 *Goette*, in: MüKo AktG, § 161, Rn. 17, 30.

211 *Bernhardt*, BB 2008, 1686 (1690 f.) „An der Börse zählt der Erfolg, nicht der Kodex“; zur Einschätzung der Effektivität freiwilliger und gesetzlicher Maßnahmen zur Stärkung der Corporate Governance durch die Marktteilnehmer vgl. die Studie von. *Köhler/Marten/Schlerath*, DB 2009, 1477 (1485 f.): danach messen Unternehmensvertreter gesetzlichen Vorschriften eine deutlich höhere Effektivität im Hinblick auf die Vertrauensstärkung der Kapitalmarkteilnehmer bei, als dies freiwillige Maßnahmen tun. Daraus wird der Schluss gezogen, dass aufgrund der stärkeren Beeinflussung der Entscheidungsträger durch freiwillige Maßnahmen als durch gesetzliche, sowie einer konträren Einschätzung der Unternehmen dazu, die Compliance-Systeme zwar das Verhalten in Unternehmen erheblich verändern, die Verhaltensänderung jedoch nicht unbedingt zu einer Stärkung der Unternehmensintegrität und des Anlegerschutzes beiträgt; sogar ablehnend: *Nowak/Rott/Mahr*, ZGR 2005, 252 (279).

212 *McKinsey & Company*, Global Investor Opinion Survey 2002; sehr kritisch dazu: *Nowak/Rott/Mahr*, ZGR 2005, 252 (261 f.).

213 Besonderheiten des deutschen Rechts und Kapitalmarkts würden nicht berücksichtigt, ausländische, am deutschen Kapitalmarkt nicht relevante Merkmale dagegen

Kapitalmarktverhältnisse seien diese Studien, die eine kurssteigernde Wirkung von Corporate Governance insgesamt belegen, hier nicht voll beweiskräftig.[214]

Nach der Studie von *Nowak/Rott/Mahr*[215], habe z.B. die erstmalige Offenlegung der Entsprechenserklärung nach § 161 AktG von 317 deutschen Unternehmen keinen Einfluss auf die kurzfristige Kursentwicklung gehabt. Eine Selbstregulierung des Marktes habe daher nicht stattgefunden, sodass die Wirksamkeit des DCGK in Deutschland angezweifelt werden müsse. Kritisch darauf erwidern *Weber/Velte*[216] sogleich, dass dadurch auch noch nicht das Gegenteil bewiesen werde, nämlich, dass die Güte der (unternehmensspezifischen) Corporate Governance keine Erfolgswirkung habe. Dagegen haben weitere Studien[217], die sich mit der Erfolgswirkung von Corporate Governance befasst haben, für den Zusammenhang zwischen einer guten Corporate Governance insgesamt und dem Unternehmenserfolg zumindest eine hinreichende Evidenz hinsichtlich eines ökonomischen Nutzens erkannt. Somit bleibt die tatsächliche Auswirkung einer Ethikrichtlinie auf den Unternehmenserfolg unter empirischen Gesichtspunkten stark umstritten und ergibt kein einheitliches Bild.[218]

Auch wenn ein positiver ökonomischer Nutzen der Einführung von Compliance- und Ethikrichtlinien als „positive Corporate Governance“ bislang empirisch nicht belegt ist, besteht jedenfalls die schlüssige Vermutung, dass die Verweigerung der Einführung von Ethikrichtlinien oder sogar der Ruf unethischen Geschäftsverhaltens

---

schon. Vgl. dazu: *Nowak/Rott/Mahr*, ZGR 2005, 252 (262 f.); *Claussen/Bröcker*, DB 2002, 1199 (1205); *Stiglbauer*, Corporate Governance Berichterstattung und Unternehmenserfolg, S. 65 f.

214 *Nowak/Rott/Mahr*, ZGR 2005, 252 (263); *Claussen/Bröcker*, DB 2002, 1199 (1205).

215 *Nowak/Rott/Mahr*, ZGR 2005, 252 (279).

216 *Weber/Velte*, DStR 2011, 39 (43).

217 *Stiglbauer* (Corporate Governance, Berichterstattung und Unternehmenserfolg, S. 65, 207) weist im Rahmen seiner Studie nach, dass ein gutes Corporate Governance Reporting zu einer Senkung der (Eigen-)Kapitalkosten führt, womit sich eine ökonomische Relevanz auch empirisch belegen lasse; *Drobetz/Schillhofer/Zimmermann* haben in einer Studie (European Financial Management 2004, 267 (291)) nachgewiesen, dass Unternehmen mit guter Corporate Governance für den Zeitraum vom 01.03.1998 – 01.03.2002 eine signifikant höhere Aktienrendite aufweisen als Gesellschaften mit einem relativ schlechteren Corporate Governance-Rating. Die folgende Studie von *Zimmermann/Goncharov/Werner* (Corporate Governance, 432 (442)) weist einen signifikant positiven Zusammenhang zwischen dem Erfüllungsgrad der Empfehlungen des DCGK und der Aktienrendite nach. Nach der Studie erzielen Unternehmen mit einer guten Corporate Governance eine um ca. 10% höhere Aktienrendite.

218 Kritikpunkte der dargestellten Studien, sowie weitere Studien und deren Ergebnisse finden sich bei *Stiglebauer*, Corporate Governance Berichterstattung und Unternehmenserfolg, S. 61 ff., der aber nach eigener Untersuchung selbst eine gewisse positive Signifikanz transparenter Corporate Compliance Berichterstattung auf Aktienrendite feststellt, S. 207.

zu Wertverlusten eines Unternehmens führen kann. Da zudem Verhaltenskodizes international als „best practice" gelten und von vielen Unternehmen auch praktiziert werden, besteht eine gewisse Effizienzvermutung.[219]

5. *Erleichterte Sanktionierung rechtswidrigen Verhaltens*

Eine implementierte umfassende Compliance- und Ethikrichtlinie kann auch die innerbetriebliche Aufklärung beim Verdacht unrechtmäßigen Verhaltens erleichtern, das darauf folgende Verfahren regeln und gegebenenfalls die Grundlage für eine arbeitsrechtliche Reaktionsmaßnahme liefern (Kontroll- und Überwachungsfunktion).[220]

Viele der das Arbeitsverhältnis treffenden, aus dem Gesetz abgeleiteten oder durch die Rechtsprechung gebildeten Nebenpflichten beinhalten lediglich abstrakte Regelungen. So kann z.B. aus der allgemeinen Pflicht zur Rücksichtnahme der juristisch ungebildete Arbeitnehmer nur schwerlich ableiten, was das für ihn im Einzelfall bedeuten soll. Trifft der Arbeitgeber zur Ausfüllung dieser Nebenpflichten konkrete Regelungen und konkretisiert damit diese abstrakten Nebenpflichten durch transparente Regelungen in einem Compliance- und Ethikkodex, ist es für den Arbeitnehmer auch klarer, was von ihm erwartet wird. Verstößt der Arbeitnehmer gegen eine dieser konkretisierten Nebenpflichten, ist dieser Vorstoß wesentlich offensichtlicher und damit auch leichter zu ahnden, als dies bei einer lediglich generalklauselartige Nebenpflicht der Fall wäre. Eine ausformulierte, bestimmte und transparente Ethikrichtlinie kann damit eine besser zu handhabende Grundlage für die Sanktionierung von Pflichtverstößen schaffen.[221]

Auch im Rahmen eines möglichen Gerichtsverfahrens wird durch gründliche Dokumentation und Beachtung der Anhörungspflichten während des Untersuchungsverfahrens die Beweisführung des Arbeitgebers vereinfacht. Die Einführung einer geeigneten Ethikrichtlinie kann im Rahmen der Frage des Mitverschuldens zugunsten des Arbeitgebers wirken.[222]

IV. Fazit

Hinsichtlich der Frage nach der Erforderlichkeit der Einführung von Compliance- und Ethikrichtlinien ist festzuhalten, dass es für deutsche Unternehmen grundsätzlich keine allgemeine Pflicht zur Einführung von Compliance- und Ethikrichtlinien gibt. Das Kapitalgesellschaftsrecht enthält zwar Normen, auf die sich die Einführung

---

219 Als plausibel angesehen von: *v.Werder*, in: Hommelhoff/Hopt/v.Werder, Hdb. Corporate Governance, S. 1 (25); dazu auch: *Lösler*, WM 2007, 676 (677), wenn die Funktionen der Organisation wahrgenommen werden.

220 *Müller-Bonanni/Sagan*, BB 2008 Spezial Nr. 5, 28 (29).

221 *Schneider*, Die arbeitsrechtliche Implementierung von Compliance- und Ethikrichtlinien, S. 29.

222 *Wisskirchen/Jordan/Bissels*, DB 2005, S. 2190 (2194).

solcher Richtlinien als Rechtsgrundlage stützen lassen, doch auch diese Normen enthalten lediglich allgemeine Organisationsanforderungen und stellen die Einführung selbst in das Ermessen der Unternehmensleitung. Lediglich das Bank- und Kapitalmarktrecht enthält mit dem § 33 I S. 2 WpHG eine konkrete Pflicht für Wertpapierdienstleistungsunternehmen zur Etablierung eines Compliance-Systems, überlässt aber die konkrete Gestaltung wieder dem Ermessen der Unternehmensleitung. Diese kann dazu z.B. auf detaillierte und konkretisierende Anforderungen in den aufsichtsrechtlichen Rundschreiben der BaFin zurückgreifen.

Damit steht die Einführung von Compliance- und Ethikrichtlinien in den meisten Fällen vielmehr im freien Ermessen der Unternehmensleitung. Dies hat den Vorteil, dass Umfang und Ausführlichkeit sowie Inhalt der jeweiligen Compliance- und Ethikrichtlinie an die konkreten unternehmensspezifischen Umstände angepasst werden können. Die dargestellten Ermessensgesichtspunkte, wie auch die unterschiedlichen Funktionen und darauf beruhenden Motivationsanreize, sprechen in der Regel für die Einführung einer solchen Compliance- und Ethikrichtlinie.

B. Inhalt eines umfassenden Compliance- und Ethikkodex

Der folgende Abschnitt gibt einen Überblick über den Aufbau und den Inhalt eines Compliance- und Ethikkodex[223].

I. Allgemeiner Aufbau eines Compliance- und Ethikkodex

Ein umfassender Compliance- und Ethikkodex enthält diverse Verhaltensregelungen zu verschiedenen Themengebieten. Inhalt und Umfang dieser Regelungen hängen individuell von dem Unternehmen, dessen Größe, Branche, Struktur, Risikogefährdung und Motivation ab. Selbst die Bezeichnungen dieser Regelungen können divergieren. Oft wird von einem Kodex, Regeln oder einer Richtlinie, im englischen von einem Code of Conduct gesprochen. Der jeweilige Zusatz „Compliance-" oder „Ethik-" wird dabei häufig synonym benutzt.

Trotz dieser Unterschiede sind die Gesamtwerke in der Regel nach einem einheitlichen Schema aufgebaut.[224] Sie beginnen mit einer Präambel, die die Leitlinien des Unternehmens und ein allgemeines Bekenntnis zu dem Gesamtwerk enthält. Darauf folgt der Hauptteil mit Aufzählung der einzelnen Pflichten und dem Verhalten, welches von den Arbeitnehmern erwartet wird. Dieser Hauptteil kann auch Verhaltensvorschriften zur Klärung der Art und Weise der Meldung von Verstößen oder einem dahingehenden Verdacht enthalten („Whistleblower-Klausel"). In der Regel schließt der Kodex dann mit einer Androhung von Sanktionen, falls gegen den vorher aufgeführten Pflichtenkatalog verstoßen wird („Sanktionsklausel").

II. Typische Klauseln in einem Compliance- und Ethikkodex

1. *Beispiele für die Inhalte typischer Klauseln*

Die Inhalte einzelner Klauseln in einem Kodex werden durch die jeweilige Motivation und den verfolgten Zweck der Einführung sowie dem speziellen Bereich, auf den Einfluss genommen werden soll, und den Tätigkeitsbereich des Unternehmens beeinflusst. Soweit gesetzliche Vorgaben vorliegen, richtet sich der Inhalt nach diesen. Insbesondere kann der Arbeitgeber die gesetzlich bestehenden Nebenpflichten der Arbeitnehmer aus dem Arbeitsverhältnis (z.B. Treuepflicht, Rücksichtnahmepflicht, § 241 BGB) weiter konkretisieren.

Zur Veranschaulich der Reichweite solcher möglichen Regelungen folgt eine Auflistung der Inhalte der typischsten Klauseln, ohne dass damit ein Anspruch auf Vollständigkeit erhoben werden soll. Außer Betracht müssen hier zudem die Zulässigkeit der einzelnen Inhalte und die jeweiligen Mitbestimmungsrechte des Betriebsrates bleiben.

---

223 Vgl. zu dem Substantiv „Kodex": Duden – Band 1, Die deutsche Rechtschreibung.

224 Vgl. dazu: *Wagner*, Ethikrichtlinien, S. 30 ff.; ähnlich auch *Burgard*, in: Moosmayer/Hartwig, Interne Untersuchungen, S. 159 f.

Klauselbeispiele betreffend den Inhalt:[225]

- Verpflichtung zur Beachtung von gesetzlichen Pflichten und ggf. die Erläuterung dieser (deklaratorisch)
- Art und Weise der Arbeitsleistung (Hauptpflicht im Arbeitsverhältnis)
- Bestimmung zu gesetzes- und vertragstreuem Verhalten (Nebenpflicht)
- Umgang mit Unternehmenseigentum (Nebenpflicht, Rücksichtnahmepflicht zur Schadensabwehr)
- Nebentätigkeits- und Wettbewerbsverbote (Nebenpflicht)
- Umgang mit Kunden, allgemeines Verhalten in Geschäftsbeziehungen
- Verschwiegenheitspflichten (Nebenpflicht zur Rücksichtnahme, Treuepflicht)
- Wertpapiertransaktionsklauseln (§ 33 I WpHG u.a., allgemeine Schadenabwendungspflicht) und Wertpapierhandelsverbote, die weiter gehen als die gesetzlichen Insiderregelungen
- Regelungen zur Annahme von Geschenken / Einladungen (Konkretisierung der Nebenpflicht zu redlichem Verhalten im Geschäftsverkehr)
- Regelungen zur Vermeidung von Interessenskollisionen/-konflikten und diesbezügliche Anzeigepflichten (Nebenpflicht)
- Pflicht zur Schadensabwendung im Rahmen der Möglichkeiten und nach Arbeitsbereich (Treuepflicht)
- Allgemeines (soziales) Verhalten am Arbeitsplatz
- Privater Umgang der Arbeitnehmer, wenn Beeinflussung des Arbeitsplatzes möglich ist (außerbetriebliches Verhalten)
- Sog. „Whistleblowing-Klauseln“: Einführung einer Melde- und Hinweispflicht (Konkretisierung der Nebenpflicht zur Schadensabwehr und grundsätzliche Auskunfts- und Anzeigepflicht aus der arbeitsrechtliche Treuepflicht)
- Sanktionsklauseln

2. Primäre Regelungsbereiche der Verhaltensvorschriften

Diese einzelnen Regelungen lassen sich, je nach Inhalt und Nähe zur konkreten Tätigkeit, wiederum einem Regelungsbereich zuordnen. Die Zuordnung ist für die Zulässigkeit der einzelnen Klausel und das Erfordernis der Mitbestimmung des Betriebsrats bei der Einführung der Klausel und deren Durchsetzung entscheidend.[226]

---

225 Aufzählung und Einordnung so bei: *Schuster/Darsow*, NZA 2005, 273 (273); *Fahrig*, Die Einführung eines Verhaltenskodexes und das Whistleblowing, S. 27 m.w.N.; *Mengel*, Arbeitsrecht und Compliance, S. 15 m.w.N.; *Triskatis*, Ethikrichtlinien im Arbeitsrecht, S. 178 ff.; *Schneider*, Die arbeitsrechtliche Implementierung von Compliance- und Ethikrichtlinien, S. 58 ff.

226 *Meyer*, NJW 2006, 3605 (3607); *Borgmann*, NZA 2003, 352 (353).

a) Regelungen mit ausschließlichem Tätigkeitsbezug

Verhaltensvorgaben des Arbeitgebers betreffen in der Regel die Art und Weise der Arbeitsleistung, sie beziehen sich auf die Hauptleistungspflichten und gestalten bestehende Nebenpflichten, wie das Rücksichtnahmegebot, näher aus. Auch Ethikrichtlinien enthalten solche Arbeitsanweisungen, wie z.B. zum Umgang mit Kundenkritik, Informationspflichten bei besonderen Vorkommnissen, systematische Überprüfung von Mandatskollisionen.[227]

b) Regelungen mit Bezug auf die Tätigkeit und das sonstige Verhalten

Oft gehen die mit den Ethikrichtlinien verfolgten Ziele jedoch über reine Arbeitsanweisungen hinaus und enthalten Vorgaben zum allgemeinen Verhalten während der Arbeitszeit. Dazu sind beispielhaft zu nennen: Verschwiegenheitspflichten, Richtlinien zur Geschenk- oder Einladungsannahme, Anzeigepflicht von bestehenden persönlichen Interessenkollisionen im Arbeitsbereich.

c) Regelungen zum außerdienstlichen und privaten Verhalten

Zudem gibt es häufig weitergehende Regelungen, die das außerdienstliche und sogar private Verhalten betreffen, wie z.B. Nebentätigkeitsverbote, Regeln zum privaten Umgang mit Kunden und Mitarbeitern[228], Klauseln zum politischen oder sozialen Engagement oder Beschränkungen zum privaten Wertpapierhandel.[229] Diese Regelungen weisen keinen unmittelbaren Bezug zum Arbeitsverhältnis auf und werden insoweit auch äußerst kritisch gesehen. Diesem Regulierungsanspruch des Arbeitgebers steht das allgemeine Persönlichkeitsrecht der Arbeitnehmer entgegen, das deren Privatleben schützt und einen von der dienstlichen Sphäre zu trennenden Rechtskreis darstellt, der grundsätzlich außerhalb der Einflusssphäre des Arbeitgebers steht.[230] In bestimmten Fällen können sich jedoch Interessenkonflikte mit der beruflichen Tätigkeit ergeben. Da der Arbeitgeber grundsätzlich weder eine allgemeine Kontrollpflicht noch ein Kontrollrecht bezüglich des privaten Verhaltens seiner Arbeitnehmer hat, erlangt die Frage nach der Zulässigkeit solcher Regelungen besondere Bedeutung. Entsteht ein Bezug zur eigenen Arbeitsleistung oder zur Reputation und Marktstellung des Unternehmens, kann ausnahmsweise ein schützenswertes Interesse des Arbeitgebers zur Einführung solcher Klauseln anerkannt werden.[231]

---

227 *Borgmann*, NZA 2003, 352 (353).

228 Wie z.B. das sog. „Liebesverbot" der Ethikrichtlinien von Wal-Mart. Danach waren alle verbalen Äußerungen, Gesten, Blicke oder körperlichen Handlungen sexueller Natur am Arbeitsplatz verboten.

229 *Borgmann*, NZA 2003, 352 (353).

230 Diese Problematik findet sich häufig in der Diskussion um sog. „Liebesverbote" und Whistleblowingklauseln, dazu ausführlich: *Schneider*, Die arbeitsrechtliche Implementierung von Compliance- und Ethikrichtlinien, S. 141 ff.

231 *Borgmann*, NZA 2003, 352 (353).

C. Implementierung von Compliance- und Ethikrichtlinien

Ist eine Entscheidung für die Einführung von Compliance- und Ethikrichtlinien und über den für das Unternehmen gewünschten Inhalt dieser Richtlinien gefallen, stellt sich die Frage, wie das Regelwerk als Ganzes oder auch die einzelnen darin zusammengefassten Vorschriften arbeitsrechtlich implementiert werden können, damit es für die Mitarbeiter des Unternehmens eine rechtlich verbindliche Wirkung des Regelwerks entfaltet. Je nach Ausprägung der Regelung und davon betroffenem Regelungsbereich muss geklärt werden, ob die Regelung an sich zulässig ist, welches arbeitsrechtliche Instrument sich zur Implementierung eignet oder ob die Regelung gegebenenfalls eingeschränkt werden muss. Die Wahl des Implementierungsinstruments kann sich wiederum auf die Zulässigkeit der Regelung auswirken.[232]

Nur wenn die Regelung für den Arbeitnehmer rechtlich verbindliche Wirkung erlangt, besteht für ihn die Pflicht, sich daran zu halten. Ein Verstoß dagegen stellt eine Pflichtverletzung dar, die sanktioniert werden kann.[233] Mithin kann eine rechtlich unverbindliche Ethikrichtlinie durch den Arbeitgeber nur schwer durchgesetzt und Verstöße dagegen nicht sanktioniert werden. Dies entspricht auch nicht dem Willen und Ziel des Arbeitgebers.

Es gibt mehrere Wege, wie Compliance- und Ethikrichtlinien Bestandteil des Arbeitsverhältnisses werden können. Je nach Implementierungsmethode wird ein unterschiedliches Maß an Mitwirkung des Arbeitnehmers oder die Mitbestimmung des Betriebsrates benötigt. Die Einbeziehung kann für das jeweilige Arbeitsverhältnis individuell erfolgen oder es erfolgt eine kollektivrechtliche Einbeziehung, die dann alle Arbeitsverhältnisse erfasst. Da die wirksame Einbeziehung eine Voraussetzung der späteren Durchsetzung der Verhaltensvorgaben und Voraussetzung einer zulässigen Reaktion des Arbeitgebers bei dahingehenden Verstößen ist, sind die Möglichkeiten der wirksamen Implementierung im Folgenden darzustellen.

Vorweggenommen sei jedoch, dass es häufig so gut wie unmöglich bzw. wenig praktikabel sein wird, einen Kodex als Ganzes mit nur einem Implementierungsinstrument einzuführen. Nicht jede Regelung kann auf jedem Wege gleich effektiv umgesetzt werden. Es spricht dann viel dafür, je nach Inhalt, die strategisch günstigste Variante der Implementierung zu wählen. Es kann daher davon ausgegangen werden, dass im Regelfall die einzelnen Regelungen durch unterschiedliche Instrumente implementiert werden. Da jedoch bei wirksamer Einbeziehung der jeweiligen Regelungsgegenstände eine anschließende zusammenfassende Publizierung in einem umfassenden Kodex möglich ist, führt dies zu keinerlei Nachteilen.[234]

Unabhängig von der jeweiligen Implementierungsmethode sind für die Wirksamkeit der einzelnen Regelungen die jeweiligen Mitbestimmungsrechte des

---

232 *Wagner*, Ethikrichtlinien, S. 39.

233 *Mengel*, in: Hauschka, Corporate Compliance, § 39, Rn. 5.

234 *Mengel*, CCZ 2008, 85 (87).

Betriebsrates bei der Einführung aber auch bezüglich des Inhalts zu wahren. Nur wenn diese gewahrt sind und der Betriebsrat ordnungsgemäß beteiligt ist, kann er die Vorteile der Ethik- und Verhaltensrichtlinien konstruktiv an die Belegschaft kommunizieren und sie ihr gegenüber auch mittragen.[235]

Typischerweise geht die Initiative zur Einführung der Compliance- und Ethikrichtlinien auf den Arbeitgeber zurück. Dieser hat bestimmte Vorstellungen und daraus ein entsprechendes Regelwerk erstellt, welches dann aus seiner Sicht möglichst einfach implementiert werden soll.

I. Individualrechtliche Einbeziehung

Als für den Arbeitgeber einfachste Möglichkeit der individuellen Einbeziehung kommt zunächst die einseitige Einbeziehung durch Weisung des Arbeitgebers im Rahmen seines Direktionsrechts nach § 106 GewO in Betracht. Darüber hinaus können die Compliance- und Ethikrichtlinien auf Vertragsebene zwischen Arbeitgeber und Arbeitnehmer über die Formulierung von Standardarbeitsverträgen einbezogen werden sowie durch Abschluss einer Änderungsvereinbarung oder durch die Vornahme einer Änderungskündigung.

1. Einseitige Einbeziehung: Weisungsrecht des Arbeitgebers nach § 106 GewO

Das Weisungsrecht des Arbeitgebers ist ein wesentlicher Bestandteil des Arbeitsvertrags und als solches jedem Arbeitsverhältnis immanent.[236] Bei Vorliegen der Voraussetzung und Einhaltung der Grenzen des Weisungsrechts gibt es dem Arbeitgeber die einseitige Befugnis, die Arbeitspflichten des Arbeitnehmers durch Weisungen unmittelbar zu konkretisieren.

Die einseitige Einführung eines Verhaltenskodex über das Weisungs- bzw. Direktionsrecht des Arbeitgebers und ohne weiteren Rechtsakt ist damit die für den Arbeitgeber rechtlich günstigste und einfachste Variante.[237] Zusätzlich wäre eine einheitliche Anwendung im Unternehmen sichergestellt. Dass es sich bei einer Verhaltensrichtlinie nicht um eine konkret individuelle Weisung, sondern um ein abstrakt-generelles Regelwerk handelt, steht dem nicht entgegen. Auch Sammelweisungen gegenüber mehreren Arbeitnehmern sind möglich.[238]

---

235 *Bachner/Lerch*, AiB 2005, 229 (229 f.).

236 BT-Drucks. 14/8796, S. 24; *Lembke*, in: HWK, Arbeitsrecht Kommentar, § 106 GewO, Rn. 3.

237 *Mengel/Hagemeister*, BB 2007, 1386 (1387).

238 Vgl.: *Willemsen*, Einführung und Inhaltskontrolle von Ethikrichtlinien, S. 44 unter Verweis auf *Lembke*, in: HWK, Arbeitsrecht Kommentar, § 106 GewO, Rn. 44, der eine Parallele zur Allgemeinverfügung im Verwaltungsrecht (§ 35 S. 2 VwVfG) zieht.

Voraussetzung für eine wirksame Einbeziehung der Weisung ist allerdings, dass die zu regelnde Bestimmung überhaupt durch das Direktionsrecht angeordnet werden kann und dass im konkreten Fall die Weisung des Arbeitgebers auch die Grenzen des Direktionsrechts wahrt.[239]

a) Inhalt und Grenzen des Weisungsrechts

Das Weisungsrecht ergibt sich aus dem Arbeitsvertrag selbst, ist aber auch in § 106 GewO deklaratorisch enthalten und formuliert. Der Arbeitgeber kann nach § 106 S. 1 GewO die Hauptpflichten des Arbeitsverhältnisses, Inhalt, Ort und Zeit der Arbeitsleistung nach billigem Ermessen näher bestimmen, soweit diese Arbeitsbedingungen nicht durch den Arbeitsvertrag, Bestimmungen einer Betriebsvereinbarung, eines anwendbaren Tarifvertrages oder gesetzliche Vorschriften festgelegt sind. Nach § 106 S. 2 GewO gilt dies auch hinsichtlich der Ordnung und des Verhaltens der Arbeitnehmer im Betrieb.[240] Aufgrund der Organisationspflicht des Arbeitgebers bezüglich der arbeitsteiligen Kooperation im Betrieb und der entsprechenden Leitungsaufgaben legt er auch die Verhaltensregeln zur Sicherung des ungestörten Arbeitsablaufs, Zusammenlebens und Zusammenwirkens der Arbeitnehmer im Betrieb fest.[241] Damit kann der Arbeitgeber auch Nebenpflichten, wie z.B. die allgemeine Rücksichtnahmepflicht, durch Ausübung seines Direktionsrechts konkretisieren.[242] Auch konkretisierende Hinweise zu gesetzlich ohnehin bestehenden Verhaltens-/ Organisationsvorgaben an die Mitarbeiter können so eingeführt werden.[243]

Zusammenfassend bedeutet dies, dass der Arbeitgeber die rahmenmäßig umschriebenen Haupt- und Nebenpflichten des Arbeitnehmers durch einseitige Weisungen konkretisieren und näher bestimmen kann,[244] etwa durch Einführung eines Verhaltenskodex mit eben diesem Inhalt. Somit können nur solche Pflichten eingeführt werden, die bereits allgemein bestehen. Neue Verhaltenspflichten können durch das Weisungsrecht nach § 106 GewO dagegen nicht begründet werden.[245] Weiterhin sind die in § 106 S. 1 GewO tatbestandlich genannten Grenzen (Arbeitsvertrag,

---

239 *Preis*, in: ErfK, § 106 GewO, Rn. 1 ff.

240 Ggf. unter Beachtung des Mitbestimmungsrechts § 87 I Nr. 1 BetrVG.

241 BAG, Urt. v. 14.12.1961 AP Nr. 17 zu § 611 BGB Direktionsrecht; *Richardi*, in: Münchener Hdb ArbR, Band 1, § 7, Rn. 61; *Mengel* CCZ 2008, 85 (86); *Wisskirchen/Jordan/Bissels*, DB 2005, 2190 (2190).

242 *Schuster/Darsow*, NZA 2005, 273 (273); *Wisskirchen/Jordan/Bissels*, DB 2005, 2190 (2190).

243 *Mengel/Hagemeister*, BB 2007, 1386 (1387).

244 BAG, Urt. v. 27.03.1980 – 2 AZR 506/78, BAG, Urt. v. 20.12.1984 – 2 AZR 436/83, AP Nr. 26 und 27 zu § 611 BGB Direktionsrecht; BAG, Urt. v. 25.10.1989 – 2 AZR 633/88, NZA 1990, 561 (561); *Schuster/Darsow*, NZA 2005, 273 (273).

245 *Mengel*, CCZ 2008, 85 (86); *Mengel/Hagemeister*, BB 2007, 1386 (1387); *Borgmann*, NZA 2003, 352 (354); *Meyer* NJW 2006, 3605 (3608); *Schuster/Darsow*, NZA 2005, 273 (273).

Betriebsvereinbarung, Tarifverträge, Gesetz) bei der Konkretisierung der arbeitnehmerseitigen Pflichten zu beachten. Somit dürften die Bestimmungen des Verhaltenskodex nur ausfüllend, nicht jedoch ausweitend wirken.

Die vom Weisungsrecht klassisch erfassten Hauptleistungspflichten bezüglich Inhalt, Ort und Zeit der Arbeitsleistung, sind in der Regel jedoch nur untergeordnete Gegenstände in einem Verhaltenskodex und meistens vertraglich bereits festgelegt. Teilweise finden sich aber auch Regelungen, auf welche Art und Weise bestimmte Tätigkeiten ausgeübt werden sollen. Von größerer Bedeutung für einen Verhaltenskodex sind dagegen die aus § 241 II BGB resultierenden Nebenpflichten des Arbeitnehmers. Aus der allgemeinen Nebenpflicht zur Rücksichtnahme auf die Interessen des Arbeitgebers und des Betriebes sind verschiedene Fallgruppen entwickelt worden. Dazu gehört der Schutz des Eigentums des Arbeitgebers, Warnung vor drohenden Schäden, Pflicht zur Verschwiegenheit insbesondere über Geschäftsgeheimnisse und betriebliche Belange und das Wettbewerbsverbot. Diese finden sich in den typischen Klauseln der Compliance- und Ethikrichtlinien regelmäßig wieder.

Dennoch gilt auch die Nebenpflicht zur Rücksichtnahme auf Interessen des Arbeitgebers nicht unbegrenzt. Ist über den dienstlichen Bereich hinaus das private und außerdienstliche Verhalten des Arbeitnehmers betroffen, mithin dessen allgemeines Persönlichkeitsrecht nach Art. 1 I i.V.m. 2 I GG, ist diese Grenze grundsätzlich erreicht. Dieser Bereich weist regelmäßig keinen Arbeitsbezug mehr auf.[246] Allerdings hat das Bundesarbeitsgericht auch keine kategorische Unzulässigkeit von Weisungen, die das außerdienstliche Verhalten betreffen, ausgesprochen.[247] Ausnahmsweise kann eine Weisung des Arbeitgebers im außerbetrieblichen Bereich zulässig sein, wenn ein hinreichender Bezug zu der konkret geschuldeten Leistung des Arbeitnehmers besteht und ein erhebliches und schutzwürdiges Interesse des Arbeitgebers besteht, auf das der Arbeitnehmer Rücksicht nehmen muss.[248] Sind Weisungen in diesem bestimmten Bereich dennoch unzulässig, kann auch keine Einführung solcher Verhaltensvorgaben durch Weisungsrecht erfolgen.

Soweit die Verhaltensrichtlinien diese Haupt- und Nebenpflichten jedoch ausfüllen, können sie grundsätzlich und innerhalb der allgemeinen Grenzen durch Weisung einseitig eingeführt werden. Somit sind Regelungen mit reinem Tätigkeitsbezug nach § 106 GewO prinzipiell möglich, wie auch Regelungen mit Bezug zur Tätigkeit und dem sonstigen arbeitsbegleitenden Verhalten.[249]

---

246 *Schuster/Darsow*, NZA 2005, 273 (273); *Borgmann*, NZA 2003, 352 (354).

247 BAG, Beschluss v. 11.06.2002 – 1 ABR 46/01, NZA 2002, 1299; *Schreiber*, NZA-RR 2010, 617 (618).

248 *Wisskirchen/Jordan/Bissels*, DB 2005, 2190 (2190); *Eisenbeis/Nießen*, FS Leinemann, S. 697 (706); weitergehend: *Borgmann*, NZA 2003, 352 (354); *Schuster/Darsow*, NZA 2005, 273 (275), die nicht nur auf das konkrete Arbeitsverhältnis, sondern auch auf den allgemeinen Zusammenhang mit dem Geschäftsbetrieb (betrieblicher Aufgabenbereich) abstellen.

249 *Meyer*, NJW 2006, 3605 (3608).

Besteht die Weisungsbefugnis des Arbeitgebers dem Grunde nach und kann er die allgemeinen arbeitsrechtlichen Nebenpflichten durch Weisungen in Form von Ethikrichtlinien konkretisieren, stellt § 106 S. 1 GewO noch eine weitere Grenze für die Wirksamkeit der Konkretisierung auf: die des billigen Ermessens i.S.d. § 315 III S. 1 BGB. Die Konkretisierung der Nebenpflicht durch Weisung ist nur wirksam, wenn sie dem jeweiligen Arbeitnehmer nach einer Interessenabwägung mit Angemessenheitsprüfung der beidseitigen Interessenslagen zugemutet werden kann.[250]

Wie aber eine solche Interessenabwägung in Bezug auf eine Compliance- und Ethikrichtlinie konkret aussehen muss, ist noch nicht abschließend geklärt. Jedenfalls stößt das Weisungsrecht entsprechend dem Verhältnismäßigkeitsgrundsatz an seine Grenzen, wenn die eingeführte Regelung nicht erforderlich ist, um den Schutz der berechtigten Interessen des Arbeitgebers als einführende Partei zu erreichen oder der Betrieb auch ohne die Regelung erfolgreich fortgesetzt werden kann.[251] Auf Arbeitnehmerseite sind insbesondere die Beeinträchtigungen von Grundrechten zu beachten,[252] aber auch die vertraglichen Nebenpflichten, Rücksichtnahme und Schadenabwendungspflicht aus § 241 II BGB, ebenso wie Drittinteressen anderer Arbeitnehmer. Auf Arbeitgeberseite sind andererseits Betriebszweck, Betriebsfrieden und geordneter Arbeitsablauf im Betrieb, aber auch seine wirtschaftlichen Interessen und gesetzlichen Verpflichtungen zur Einführung von Compliancerichtlinien und die Strafen bei Unterlassen von notwendigen Organisationsmaßnahmen, zu beachten.[253] Nicht maßgeblich in die Abwägung einfließen kann dagegen das Interesse eines Konzerns an einer weltweiten Vereinheitlichung der Arbeitsbedingungen.[254]

Compliance- und Ethikrichtlinien, die bestehende gesetzliche Pflichten oder vertragliche Nebenpflichten inhaltlich ausfüllen, einen hinreichenden Arbeitsbezug aufweisen und auch im Übrigen angemessen i.S.d. § 315 III BGB sind, können durch

---

250 Vgl. BAG, Urt. v. 19.01.2011 – 10 AZR 738/09, NZA 2011, 631 (633, Rz. 18); BAG, Urt. v. 21.07.2009 – 9 AZR 404/08, NZA 2009, 1369 (1371 f., Rz. 22); *Borgmann*, NZA 2003, 352 (354).

251 *Borgmann*, NZA 2003, 352 (354).

252 Über den unbestimmten Rechtsbegriff des „billigen Ermessens" des § 315 BGB entfalten die Grundrechte mittelbare Drittwirkung im Privatrecht. Daher können im Rahmen der Interessenabwägung die im Einzelfall betroffenen Grundrechte des Arbeitnehmers, aber auch des Arbeitgebers, berücksichtigt werden und sind im Falle einer Kollision im Wege der praktischen Konkordanz zum Ausgleich zu bringen und zwar möglichst so, dass die jeweils geschützten Rechtspositionen weitgehend wirksam werden; vgl. BVerfG, Beschluss v. 30.07.2003 – 1 BvR 792/03, NJW 2003, 2815 (2815, m.w.N.).

253 Zum besonderen Implementierungsinteresse aus Sec. 303 A Nr. 10 LCM: *Wagner*, Ethikrichtlinien, S. 50; allgemein zur Interessenabwägung: *Schuster/Darsow*, NZA 2005, 273 (274); *Borgmann*, NZA 2003, 352 (354); darauf beziehend auch *Meyer*, NJW 2006, 3605 (3608); *Eisenbeis/Nießen*, FS Leinemann, S. 697 (707); *Mengel* CCZ 2008, 85 (86); *Borgmann*, NZA 2003, 352 (354).

254 *Mengel*, CCZ 2008, 85 (86).

Weisung des Arbeitgebers wirksam in das Arbeitsverhältnis einbezogen werden.[255] Allerdings ist aufgrund ihres kollektiven Bezugs häufig das Mitbestimmungsrecht des Betriebsrats nach § 87 I BetrVG zu beachten.[256] Im Bereich der erzwingbaren Mitbestimmung des § 87 I BetrVG wären einseitige Weisungen zum Nachteil des Arbeitnehmers ohne Beachtung des Mitbestimmungsrechts nach der Theorie der Wirksamkeitsvoraussetzung sogar individualrechtlich unwirksam.[257]

b) Kenntnisnahme und Überprüfung von arbeitgeberseitig festgelegten Compliance- und Ethikrichtlinien

Weisungen nach § 106 GewO i.V.m. § 315 BGB sind einseitige empfangsbedürftige Erklärungen i.S.d. § 130 S. 1 BGB. Weitere Wirksamkeitsvoraussetzung der Weisung ist daher, dass sie von dem Arbeitnehmer auch zur Kenntnis genommen worden ist. Sie müssen daher den Arbeitnehmern bekannt gemacht werden. In der Praxis kann die Einbeziehung durch einfache Übergabe des Verhaltenskodex oder der einzelnen Richtlinien an die Arbeitnehmer, Aushang am Schwarzen Brett oder auch durch Einstellen in das Intranet des Unternehmens[258] unter schriftlichem Hinweis darauf geschehen. Eine schriftliche Empfangsbestätigung[259] ist für den Arbeitgeber unter Nachweisaspekten unverzichtbar.[260]

Wird die verbindliche Wirkung von dem Arbeitnehmer bezweifelt, kann er dies gerichtlich im Wege einer Feststellungsklage klären lassen, sofern er von der Weisung auch betroffen ist. Andernfalls kann die gerichtliche Kontrolle inzident, z.B. im Rahmen einer Kündigungsschutzklage erfolgen. Die Ausübung des Weisungsrechts unterliegt der gerichtlichen Kontrolle, nach § 315 III S. 2 BGB insbesondere die Frage, ob billiges Ermessen eingehalten wurde. Maßgeblicher Zeitpunkt der Beurteilung ist immer die Zeit der Ausübung des Direktionsrechts.

---

255 *Schuster/Darsow*, NZA 2005, 273 (274).

256 Das Mitbestimmungsrecht des Betriebsrates nach § 87 I Nr. 1 BetrVG bezüglich Ordnung des Betriebs und Verhalten der Arbeitnehmer im Betrieb wird durch § 106 S. 2 GewO nicht eingeschränkt.

257 BAG, Urt. v. 03.12.1991 – GS 2/90, NZA 1992, 749.

258 Wie im Fall Wal-Mart, ArbG Wuppertal, Beschluss v. 15.06.2005 – 5 BV 20/05, NZA-RR 2005, 476 ff., in dem der ungekürzte 28 Seiten lange Text der Ethikrichtlinie in das hauseigene Intranet („Wal-Mart Pipeline") eingestellt wurde.

259 Aus § 242 BGB kann eine Pflicht des Arbeitnehmers hergeleitet werden, den Erhalt von Schriftstücken, die verbindliche Wirkung haben, auch zu bestätigen. Bestätigt der Arbeitnehmer zu Unrecht nicht den Empfang des Ethikkodex, hat er mit arbeitsrechtlichen Konsequenzen wegen Nebenpflichtverstoß zu rechnen.

260 *Willemsen*, Einführung und Inhaltskontrolle von Ethikrichtlinien, S. 45.

c) Entgegenstehende Betriebliche Übung?

Das bisher geduldete Verhalten könnte als betriebliche Übung[261] der Einführung einer Compliance- und Ethikrichtlinien, die dieses Verhalten verbietet, entgegenstehen. Es bestünde dann ein Anspruch auf Fortsetzung des bisherigen Verhaltens. Ob allerdings bereits die Duldung eines bestimmten Verhaltens eine betriebliche Übung begründen kann, wird unter dem Aspekt bezweifelt, ob mit der reinen Duldung schon ein Erklärungstatbestand im Sinne eines Vertragsangebots durch den Arbeitgeber angenommen werden kann.

Dies ist dann abzulehnen, wenn der Arbeitgeber von dem bisherigen Verhalten keine Kenntnis hat. Dann liegt hinsichtlich der Art, des Ausmaßes und der Dauer des Verhaltens des Arbeitnehmers keine hinreichende Bestimmtheit und Regelmäßigkeit vor und somit besteht kein Erklärungstatbestand im Sinne eines Vertragsangebots.[262] Zudem kann gerade dann kein Bindungswille des Arbeitgebers angenommen werden, wenn der Regelungsgegenstand sich auf die Organisation des Betriebes bezieht und üblicherweise durch kollektive Regelung oder Weisungsrecht des Arbeitgebers geregelt wird. Je mehr eine Regelung auf das Funktionieren des Betriebs in seiner Gesamtheit bezogen ist, desto weniger können die Arbeitnehmer davon ausgehen, dass bisher geduldetes Verhalten auch in Zukunft statthaft ist bzw. der Arbeitgeber sich mit dem Dulden individualrechtlich binden möchte.[263]

d) Eignung des Weisungsrechts als Implementierungsinstrument von Compliance- und Ethikrichtlinien

Das Weisungsrecht gibt dem Arbeitgeber die einseitige Befugnis, die Arbeitspflichten der Arbeitnehmer durch Weisungen unmittelbar zu konkretisieren. Gleichzeitig ist dadurch eine einheitliche Anwendung im Unternehmen sichergestellt. Der Arbeitgeber kann allerdings nur die rahmenmäßig umschriebenen Haupt- und Nebenpflichten des Arbeitnehmers durch einseitige Weisungen konkretisieren und näher

---

261 Nach ständiger Rechtsprechung wird unter einer betrieblichen Übung allgemein die regelmäßige Wiederholung bestimmter Verhaltensweisen des Arbeitgebers verstanden, aus denen die Arbeitnehmer schließen können, dass ihnen auf Dauer eine Leistung oder Vergünstigung gewährt wird. Sie hat anspruchsbegründenden Charakter. Gegenstand einer betrieblichen Übung kann grundsätzlich alles sein, was in allgemeinen Arbeitsbedingungen regelbar ist; BAG, Urt. v. 14.09.1994 – 5 AZR 679/93, NZA 1995, 419 (420); BAG, Urt. v. 07.12.2000 – 6 AZR 444/99, NZA 2001, 780 (781); BAG, Urt. v. 24.06.2003 – 9 AZR 302/02, DB 2003, 2339 (2340); BAG, Urt. v. 26.09.2007 – 5 AZR 808/06, NZA 2008, 179; nach der vom BAG vertretenen Vertragstheorie ist das Verhalten des Arbeitgebers als Vertragsangebot zu werten, welches nach § 151 BGB stillschweigend angenommen werden kann.

262 So auch: *Wagner*, Ethikrichtlinien, S. 52.

263 BAG, Urt. v. 21.01.1997 – 1 AZR 572/96, NZA 1997, 1009 (1012); vgl. auch dazu *Wagner*, Ethikrichtlinien: Inhalte – Implementierung – Mitbestimmung, in: Maschmann, Corporate Compliance und Arbeitsrecht, S. 65 (71).

bestimmen. Somit können einseitig nur solche Pflichten konkretisierend eingeführt werden, die bereits allgemein bestehen. Neue Verhaltenspflichten, die über die gesetzlichen Rahmen der Haupt- und Nebenpflichten des Arbeitnehmers hinausgehen, können dagegen nicht eingeführt werden. Für einen Compliance- und Ethikkodex sind in aller Regel die aus § 241 II BGB resultierenden Nebenpflichten des Arbeitnehmers als Basis entscheidend. Typischerweise konkretisieren die Verhaltensvorgaben diese abstrakten gesetzlichen Nebenpflichten zum Arbeitsverhältnis. In diesem Fall eignet sich das arbeitgeberseitige Weisungsrecht hervorragend zur Einbeziehung von nebenpflichtkonkretisierenden Verhaltensvorgaben in einen Kodex.

2. *Einvernehmliche Einbeziehung: Gestaltung von Standardarbeitsverträgen*

Die das Verhalten der Arbeitnehmer regelnde Compliance- und Ethikrichtlinie kann auch durch einvernehmliche vertragliche Vereinbarung einbezogen werden. Dies hat den Vorteil, dass Unsicherheiten, ob ein bestimmtes Verhalten bzw. die Vorgabe dazu noch vom Direktionsrecht umfasst ist, vermieden werden.[264] Zudem ist dieser Weg dann erforderlich, wenn mit der Verhaltensrichtlinie die Vertragspflichten der Arbeitnehmer erweitert werden sollen und das Direktionsrecht somit für die Einführung nicht ausreicht.[265] Zu beachten ist allerdings, dass eine Modifizierung dieser Vertragspflichten dann nur über eine einvernehmliche Vertragsänderung oder bei zwingenden Gründen gar über eine Änderungskündigung erfolgen kann.

Zur Einbeziehung einer Ethikrichtlinie über vertragliche Vereinbarung ist die ausdrückliche Zustimmung des Arbeitnehmers erforderlich. Dazu ist er jedoch nicht verpflichtet.[266] Eine konkludente Zustimmung des Arbeitsnehmers scheidet grundsätzlich aus. Das Schweigen der Arbeitnehmer kann nach den allgemeinen Prinzipien der Rechtsgeschäftslehre bei nachteiligen Folgen nicht als Zustimmung gewertet werden. Ein Verstoß gegen die eingeführten Vertragspflichten wird typischerweise mit Sanktionen geahndet, die nachteilig für den Arbeitnehmer sind.[267]

Im Hinblick auf die inhaltliche Ausgestaltung der Ethikrichtlinien besteht grundsätzlich sowohl Abschluss- als auch Inhaltsfreiheit nach § 105 S. 1 GewO mit den üblichen Grenzen der Vertragsgestaltung. Es sind jedoch regelmäßig und einschränkend die AGB-Regelungen der §§ 305 ff. BGB, Grundrechte und in der Abwägung die Rechte Dritter zu beachten.[268]

---

264 *Mengel/Hagemeister*, BB 2007, 1386 (1390).

265 *Mengel*, Compliance und Arbeitsrecht, S. 27; *dies.*, CCZ 2008, 85 (86).

266 *Borgmann*, NZA 2003, 352 (355).

267 *Mengel*, Compliance und Arbeitsrecht, S. 28; Schreiber, NZA-RR 2010, 617 (618).

268 Vgl. dazu: *Kock*, ArbRB 2006, 116 (117 f.); *Mengel/Hagemeister*, BB 2007, 1386 (1390); *Meyer*, NJW 2006, 3605 (3607 f.).

a) *Compliance- und Ethikrichtlinien als formularvertragliche Vereinbarungen*

Nehmen Arbeitgeber und Arbeitnehmer schon bei Abschluss des Arbeitsvertrages eine oder mehrere Compliance- und Ethikrichtlinien ausdrücklich in den Vertrag mit auf, handelt es sich dabei häufig um formularvertragliche Vereinbarungen (Allgemeine Geschäftsbedingungen oder arbeitsvertragliche Einheitsregelungen), auf die die §§ 305 ff. BGB anwendbar sind. Diese sollen unternehmenseinheitlich für alle Beschäftigten gelten.

Da Arbeitnehmer beim Abschluss des Arbeitsvertrages Verbraucher i.S.d. § 13 BGB sind,[269] gelten die Allgemeinen Geschäftsbedingungen (hier die Ethikrichtlinie) nach § 310 III Nr. 1 BGB als vom Unternehmer (Arbeitgeber) gestellt.[270] Ferner führt nach § 310 III Nr. 2 BGB schon die einmalige Verwendung der vorformulierten Ethikrichtlinie zum Eingreifen der §§ 305 ff. BGB. Für Arbeitsverträge bestimmt § 310 IV S. 2 BGB, dass die §§ 305 II, III BGB (Hinweis- und Kenntnisnahmemöglichkeit) nicht anwendbar sind und weiterhin, dass bei der Beurteilung der unangemessenen Benachteiligung nach § 307 I, II BGB die im Arbeitsrecht geltenden Besonderheiten angemessen zu berücksichtigen sind.

Ein die Einbeziehung der formularvertraglichen Vereinbarung ausschließendes vorrangiges individuelles Aushandeln der Compliance- und Ethikrichtlinien nach § 305b BGB liegt in der Regel aufgrund der angestrebten kollektiven und unternehmenseinheitlichen Geltung für alle Arbeitnehmer nicht vor, selbst wenn eventuell eine Art Arbeitnehmerausschuss an der Planung und Erstellung mitgearbeitet haben sollte.[271] Dieses wird daher im Folgenden außer Betracht gelassen.

Derart in den Arbeitsvertrag einbezogene Ethikrichtlinien sind also der Inhaltskontrolle nach § 307 I, II BGB zu unterwerfen.[272] Sie müssen, grob zusammengefasst, klar und verständlich seien, dürfen nicht vom Leitbild des dispositiven Rechts abweichen und nicht unangemessen benachteiligen.[273]

b) *Inhaltskontrolle von Ethikrichtlinien nach § 307 BGB*

Der Inhaltskontrolle unterfallen nur solche Klauseln, die von Rechtsvorschriften abweichen oder diese ergänzen und somit neue selbstständige Pflichten begründen, § 307 III BGB. Damit unterliegen jedoch all die (für Ethikkodizes typischen)

---

269 So die Rspr.: BAG, Urt. v. 25.05.2005 – 5 AZR 572/04, NZA 2005, 1111 und auch: BVerfG, Beschluss v. 23.11.2006 – 1 BvR 1909/06, NZA 2007, 85.

270 *Stoffels*, AGB-Recht, S. 49, Rn. 138, S. 72, Rn. 194 ff. (zum Merkmal des „Stellens" S. 47, Rn. 131 ff.); *Richardi/Buchner*, in: Münchener Hdb ArbR, Band 1, § 33, Rn. 10; *Wagner*, Ethikrichtlinien, S. 55.

271 Nach *Wagner*, Ethikrichtlinien, S. 55 f., handelt es sich dabei nicht um eine echte Stellvertretung der nicht beteiligten Arbeitnehmer nach §§ 164 ff. BGB.

272 Dazu ausführlich *Stoffels*, AGB-Recht, S. 181, Rn. 463 ff.

273 Die vorrangig zu prüfenden Klauselverbote der §§ 308, 309 BGB sind bei Ethikrichtlinien in der Regel nicht einschlägig, sodass nach wirksamer Einbeziehung der § 307 BGB im Fokus steht.

deklaratorischen Klauseln, die auf bereits kraft positiven Rechts bestehende Vorschriften und Pflichten verweisen, keiner Inhaltskontrolle und sind in diesem Sinne hier unproblematisch.[274] Zu diesen nicht der Inhaltskontrolle unterfallenden Klauseln gehören damit auch solche, die Nebenpflichten konkretisieren (z.B. §§ 241 II, 242 BGB als Rechtsvorschriften) ohne über den gesetzlichen Inhalt hinauszugehen und somit bereits vom Direktionsrecht des Arbeitgebers nach § 106 GewO erfasst sind. Sie müssen dennoch den anderen AGB-rechtlichen Anforderungen, wie z.B. dem Transparenzgebot, genügen.[275] Gleiches gilt für Klauseln, die im Wege einer Betriebsvereinbarung unmittelbar und zwingend für das Arbeitsverhältnis gelten, § 310 IV S. 1 BGB.

Bei allen anderen, über die gesetzlichen Regelungen hinausgehenden und neue Pflichten begründenden Klauseln hat eine Inhaltskontrolle unter Berücksichtigung der im Arbeitsrecht geltenden Besonderheiten (§ 310 IV S. 2 BGB) stattzufinden.[276] Danach darf eine formularvertragliche Regelung keine unangemessene Benachteiligung darstellen, was nach § 307 II Nr. 1 BGB im Zweifel anzunehmen ist, wenn sie mit wesentlichen Grundgedanken der gesetzlichen Regelungen nicht vereinbar ist. Die dem Arbeitsverhältnis zugrundeliegenden Rücksichtnahmepflichten sind als solche gesetzlichen Regelungen anzusehen und daher bei einer über diese (vom Direktionsrecht nicht mehr erfasste) hinausgehenden Erweiterung besonders kritisch zu betrachten.[277]

Ist die Regelung nicht nach § 307 II BGB unwirksam, kann sie nach § 307 I BGB des Weiteren unwirksam sein, wenn sie entgegen Treu und Glauben unangemessen benachteiligt. Im Rahmen dieser Prüfung sind die Interessen des Verwenders an der Aufrechterhaltung der Klausel mit dem Interesse des Arbeitnehmers an der Geltung dispositiven Rechts abzuwägen. Hervorzuheben aus den allgemeinen Anforderungen ist im Zusammenhang mit Ethikrichtlinien insbesondere das Transparenzgebot des § 307 I S. 2 BGB („klar und verständlich"), welches aufgrund der häufig plakativ gehaltenen Formulierungen in solchen Richtlinien problematisch sein kann. Ansonsten ergeben sich Besonderheiten der Inhaltskontrolle erst aus der konkreten Regelung im Einzelfall.[278]

---

274 *Stoffels*, AGB-Recht, S. 161, Rn. 431; *Preis*, in: ErfK, §§ 305–310 BGB, Rn. 35; *Wagner*, Ethikrichtlinien: Inhalte – Implementierung – Mitbestimmung, in: Maschmann, Corporate Compliance und Arbeitsrecht, S. 65 (73).

275 BAG, Urt. v. 25.08.2010 – 10 AZR 275/09, NZA 2010, 1355 (1356); *Preis*, in: ErfK, §§ 305–310 BGB, Rn. 38; allerdings widerspreche dies, würden bestehende Verpflichtungen lediglich konkretisiert, selten dem billigen Ermessen, so: *Schuster/Darsow*, NZA 2005, 273 (274).

276 Ausführlich zur Inhaltskontrolle einzelner Klauseln: *Willemsen*, Einführung und Inhaltskontrolle von Ethikrichtlinien, S. 131 ff.

277 *Wagner*, Ethikrichtlinien, S. 58 f.

278 Ausführlich zur Angemessenheitskontrolle bei Ethikrichtlinien: *Wagner*, Ethikrichtlinien, S. 57 ff.; *Preis*, in: ErfK, §§ 305 – 310 BGB, Rn. 42 ff.

c) Verweisungsklauseln auf einen Compliance- und Ethikkodex

Soll ein ganzer Kodex mit mehreren Regelungen Vertragsbestandteil werden, kann dies durch Aufnahme des gesamten Wortlauts in den Arbeitsvertrag oder auch durch Verweisung auf das jeweilige Werk geschehen. Eine Aufnahme des gesamten Wortlauts in den Vertragstext stellt sich dabei in den meisten Fällen als ungeeignet dar, da dies zu einem Vertragswerk von zu großem Umfang und Unübersichtlichkeit führen würde. Gängige Praxis ist es daher, im Arbeitsvertrag auf das Regelwerk zu verweisen.[279] Problematisch ist in diesem Zusammenhang die Zulässigkeit der entsprechenden Verweisungsklausel.

Zumindest die §§ 305 II, III BGB stehen einer Verweisung auf einen Compliance- und Ethikkodex nicht entgegen, da ihre Anwendung auf Arbeitsverträge nach § 310 IV S. 2 BGB ausgeschlossen ist. Die Frage der Zulässigkeit einer Verweisungsklausel kann sich dagegen bereits an § 305c BGB, mithin an ihrem überraschenden Charakter, entscheiden. Eine Klausel ist überraschend, wenn sie objektiv ungewöhnlich ist und zudem ein subjektives Überraschungsmoment vorliegt, sodass der Arbeitnehmer grundsätzlich nicht mit einer solchen Klausel zu rechnen braucht.[280] Der Arbeitnehmer soll dadurch vor Überrumpelung geschützt werden. Da aber rund 75% der Arbeitsverträge auf Arbeitsordnungen, Betriebsordnungen, allgemeine Arbeitsbedingungen und andere Regelwerke, wie Tarifverträge, verweisen[281], ist auch der Verweis auf einen Verhaltenskodex, ob statisch oder dynamisch, nicht als subjektiv überraschend i.S.d. § 305c BGB anzusehen.[282] Dennoch kann eine Klausel aus formalen Gründen nach § 305c I BGB nicht Vertragsbestandteil werden, wenn sie sich an einer objektiv ungewöhnlichen Stelle im Vertragswerk „versteckt".

Es gibt mehrere Möglichkeiten der Verweisung: Der Arbeitsvertrag kann statisch auf die Ethikrichtlinie in einer bestimmten Fassung verweisen, aber auch dynamisch auf die Ethikrichtlinie in ihrer jeweils geltenden Fassung. Letzteres hat den Vorteil, dass der Kodex veränderten Umständen angepasst werden kann,[283] begegnet aber auch vielfältigen Zulässigkeitsbedenken.[284]

---

279 *Triskatis*, Ethikrichtlinien im Arbeitsrecht, S. 77; *Meyer*, NJW 2006, 3605 (3607).

280 *Stoffels*, AGB-Recht, S. 119, Rn. 334 ff.

281 So bei *Greiner*, in: Preis, Der Arbeitsvertrag, II. V. 40, Rn. 1; vgl. *Schreiber*, NZA-RR 2010, 617 (619).

282 *Diehn*, NZA 2004, 129 (132); *Oetker*, JZ 2002, 337 (340); *Preis*, NZA 2010, 361 (362); *Rein*, Die individualrechtliche Implementierung einer Ethikrichtlinie mit vorweggenommener Abmahnung, S. 98 ff.; *Stoffels*, in: Wolf/Lindacher/Pfeiffer AGB-Recht Kommentar, 4. Teil, Anhang zu § 310, Rn. 119; für den Verweis auf einen Tarifvertrag: BAG, Urt. v. 23.07.2014 – 7 AZR 771/12, NZA 2014, 1341; BAG, Urt. v. 24.09.2008 – 6 AZR 76/07, NZA 2009, 154 (154, 156).

283 *Schreiber*, NZA-RR 2010, 617 (619).

284 *Mengel*, CCZ 2008, 85 (86); *Schreiber*, NZA-RR 2010, 617 (619); *Triskatis*, Ethikrichtlinien im Arbeitsrecht, S. 78 f.; *Wagner*, Ethikrichtlinien, S. 65.

aa) Statische Verweisung eines Arbeitsvertrags auf einen Ethikkodex

Der statische Verweis eines Arbeitsvertrags auf einen bestimmten Ethikkodex in einer bestimmten Fassung ist aufgrund seiner Üblichkeit grundsätzlich nicht ungewöhnlich i.S.d. § 305c BGB. Die statische Verweisung verkürzt und vereinfacht den Vertragstext und kann in einer getrennten Darstellung auch klarer sein und somit zur Verständlichkeit und Übersichtlichkeit des Arbeitsvertrags beitragen. Soweit die Klausel auch ausdrücklich und eindeutig auf einen bestimmten Ethikkodex in einer bestimmten Fassung verweist und damit ein eindeutig bestimmbares Verweisungsobjekt vorliegt, besteht kein Transparenzproblem im Rahmen der Inhaltskontrolle der statischen Verweisungsklausel nach § 307 I S. 2 BGB. Um die Bestimmtheit des Verweisungsobjekts sicherzustellen, kann der Kodex dem Arbeitnehmer zusätzlich ausgehändigt werden oder es kann ein Hinweis darauf erfolgen, wie er ohne Aufwand darauf zugreifen kann (Anhang im Arbeitsvertrag, Aushang im Betrieb, Veröffentlichung im Intranet etc.).[285]

Beispiel einer statischen Verweisungsklausel:

> *„Auf das Arbeitsverhältnis finden die Compliance- und Ethikrichtlinien des Unternehmens ... in ihrer Fassung vom ... Anwendung."*

Zusätzlich zu der statischen Verweisungsklausel an sich ist auch der Inhalt der Verweisung zu prüfen und dieser darf zumindest nicht überraschend sein. Dies hängt davon ab, ob der Arbeitnehmer mit dem konkreten Inhalt der Verweisung rechnen musste. Mit den bereits dargestellten typischen Inhalten einer Ethikrichtlinie wird er wohl regelmäßig rechnen müssen. Anschließend folgt die Inhaltskontrolle der einzelnen Inhalte nach § 307 BGB, deren Grundzüge bereits dargestellt wurden.[286]

Nachteil der statischen Verweisung ist jedoch, dass bei jeder Veränderung des Kodex die Verweisung neu vereinbart werden muss. Eine solche Regelung ist mithin wenig flexibel.

bb) Dynamische Verweisung in einem Arbeitsvertrag auf einen Ethikkodex

Die dynamische Verweisung auf einen Compliance- und Ethikkodex in der jeweilig gültigen Fassung ist für den Arbeitgeber dagegen die wesentlich flexiblere Lösung. Auch sie verkürzt und entlastet den Arbeitsvertrag. Darüber hinaus macht sie es möglich, die Compliance- und Ethikrichtlinien flexibler und dennoch einheitlich anzupassen, ohne den Arbeitsvertrag ändern zu müssen. Gleichwohl sind die Zulässigkeitsanforderungen an die dynamische Verweisung wesentlich strenger.

Beispiel einer allgemeinen dynamischen Verweisungsklausel:

285 LAG Baden-Württemberg, Urteil vom 11.03.2016 – 9 Sa 48/15, juris Rn. 57.

286 Siehe dazu: Inhaltskontrolle von Ethikrichtlinien nach § 307 BGB, S. 80.

„Auf das Arbeitsverhältnis finden die Compliance- und Ethikrichtlinien des Unternehmens ... in ihrer jeweils gültigen Fassung [oder: *einschließlich der ändernden, ergänzenden und ersetzenden Regelungen dieser Richtlinien*] *Anwendung.“*[287]

Eine Klausel in einem Arbeitsvertrag, die dynamisch auf einen Compliance- und Ethikkodex verweist, ist aufgrund ihrer Üblichkeit noch nicht als überraschend i.S.d. § 305c I BGB einzuordnen, sodass sie wirksam einbezogen werden kann.[288] Besonderer Beachtung bedarf im Rahmen der Prüfung einer dynamischen Verweisungsklausel nach §§ 307 ff. BGB der Umstand, dass der Arbeitgeber durch den dynamischen Verweis auf von ihm selbst formulierte Compliance- und Ethikrichtlinien in Form von arbeitsvertraglichen Einheitsregelungen i.S.d. §§ 305 ff. BGB eine einseitige Änderungsmöglichkeit[289] erhält. Ein solcher Änderungsvorbehalt stellt gemäß § 307 III S. 1 BGB eine von den Rechtsvorschriften abweichende Regelung dar, da dies gegen das vertragliche Konsensprinzip des § 311 I BGB verstößt. Somit ist die Inhaltskontrolle der dynamischen Verweisungsklausel nach § 307 I, II BGB eröffnet.

Es ist im Folgenden zu untersuchen, unter welchen Voraussetzungen eine dynamische Verweisungsklausel in einem Arbeitsvertrag auf einen Compliance- und Ethikkodex wirksam ist.

(1) Transparenzgebot nach § 307 I S. 2 BGB im Rahmen der Inhaltskontrolle der dynamischen Verweisungsklausel

Eine dynamische Verweisung eines Arbeitsvertrags auf einen Ethikkodex muss sich u.a. an dem in § 307 I S. 2 BGB enthaltenen Transparenzgebot messen lassen. Dabei kommt es entscheidend auf die Transparenz im Zeitpunkt der Vertragsabwicklung an, die das Verständlichkeits- und Bestimmtheitsgebot ebenso wie das Täuschungsverbot

---

287 Diese Klauselbeispiele sind an eine sog. „kleine Bezugnahmeklausel“ oder „einfache zeitdynamische Bezugnahmeklausel“ angepasst, denn es geht bei der dynamischen Bezugnahme auf Compliance- und Ethikrichtlinien vorrangig um die Zeitdynamik. Eine Klausel im Sinne einer sog. „Tarifwechselklausel“ oder „großen dynamischen Bezugnahmeklausel“ ist in der Regel nicht notwendig, da diese einen möglichen Tarifwechsel absichern soll und auch fachlich und räumlich/betrieblich dynamisch wirken soll. Dies stellt bei der Verweisung auf Compliance- und Ethikrichtlinien eines bestimmten Unternehmens jedoch keine Anforderung dar.

288 Dies sieht *Triskatis*, Ethikrichtlinien im Arbeitsrecht, S. 79, anders. Sie nimmt aufgrund des einseitigen Änderungsrechts des Arbeitgebers bereits im Rahmen der wirksamen Einbeziehung ein Eingreifen des Überraschungsschutzes an. Dies vermischt jedoch die Prüfungsebenen und inkooperiert eine Frage der Inhaltskontrolle in die vorgelagerte Frage der wirksamen Einbeziehung.

289 Ein einseitiges Änderungsrecht liegt nur vor, wenn es sich nicht um eine Betriebsvereinbarung handelt, da dann der Betriebsrat zur Änderung mitbestimmen müsste. Ist die Regelung vom Direktionsrecht umfasst, steht dem Arbeitgeber ein Änderungsrecht im Rahmen des Direktionsrechts sowieso zu.

einschließt.[290] Das Transparenzgebot des § 307 I S. 2 BGB verlangt vom Verwender der Klausel, dass sie klar formuliert und verständlich ist und der Regelungsgehalt, also das Verweisungsobjekt, erkennbar bzw. bestimmbar ist.[291] Dem Bestimmtheitsgebot ist Genüge getan, wenn die Rechte und Pflichten aus dem Verweisungsobjekt zu jedem Zeitpunkt der Vertragsdurchführung so klar bestimmt oder bestimmbar sind, dass sie eindeutig dargestellt werden und keine Beurteilungsspielräume und Unsicherheiten hinsichtlich der Verhaltensanforderungen entstehen.[292] Dies ist gerade bei einer dynamischen Verweisung auf vom Arbeitgeber festgesetzte Verhaltensvorgaben, die über die gesetzlichen Regelungen hinausgehen, problematisch, da der Arbeitnehmer eben nicht im Zeitpunkt des Vertragsschlusses genau erkennen kann, welche Verhaltenspflichten auch in Zukunft für ihn gelten können.[293]

(a) Übertragbarkeit der Rechtsprechung zu dynamischen Verweisungsklauseln im Tarifvertragsrecht?

Im Zusammenhang der ausreichenden Transparenz und Bestimmtheit einer dynamischen Verweisung im Sinne des § 307 I S. 2 BGB hat das Bundesarbeitsgericht zum Tarifvertragsrecht entschieden, dass eine dynamische Verweisung in einem Arbeitsvertrag auf das jeweils gültige Tarifrecht nicht unklar sei, weil die im Zeitpunkt der jeweiligen Anwendung geltenden, in Bezug genommenen Regelungen bestimmbar seien.[294] Eine solche Klausel verletze daher das Transparenzgebot nach § 307 I S. 2 BGB nicht.[295] Es stellt sich die Frage, ob diese Entscheidung und mithin ihre Wertung hinsichtlich der Verweisung auf Tarifverträge auch auf die Verweisung auf Ethikrichtlinien übertragbar sind.

---

290 Vgl. *Oetker*, JZ 2002, 337 (340), dies aufgreifend auch *Diehn*, NZA 2004, 129 (134); *Wolf*, in: Wolf/Lindacher/Pfeiffer AGB-Recht Kommentar, § 307, Rn. 238 f.; *Klumpp*, in: Clemenz/Kreft/Krause, AGB Kommentar, § 307, Rn. 84 ff.

291 *Greiner*, in: Preis, Der Arbeitsvertrag, II. V. 40, Rn. 15; *Oetker*, JZ 2002, 337 (339).

292 In diesem Sinne: BAG, Urt. v. 14.03.2007 – 5 AZR 630/06, NZA 2008, 45 (47 f.).

293 *Diehn*, NZA 2004, 129 (134); *Triskatis*, Ethikrichtlinien im Arbeitsrecht, S. 79.

294 BAG, Urt. v. 24.09.2008 – 6 AZR 76/07, NZA 2009, 154 (155) 4. Leitsatz der Entscheidung: „Vereinbaren die Vertragsparteien eine dynamische Bezugnahmeklausel, so erheben sie den jeweiligen Inhalt des in Bezug genommenen Tarifvertrags zum Inhalt des Arbeitsvertrags, ohne dadurch dem Arbeitgeber eine einseitige Möglichkeit zur Änderung der Arbeitsbedingungen einzuräumen. Tarifverträgen kommt eine materielle Richtigkeitsgewähr zu. Bringt der Tarifvertrag die Interessen von Arbeitnehmern und Arbeitgebern in ein angemessenes Gleichgewicht, so gilt das jedenfalls dann, wenn auf die fachlich einschlägigen Tarifverträge verwiesen wird, auch für die vollständige Übernahme der tariflichen Bestimmungen in den Arbeitsvertrag durch eine Bezugnahmeklausel."; BAG, Urt. v. 14.03.2007- 5 AZR 630/06, NZA 2008, 45 (47 f.); a.A. *Mengel*, Compliance und Arbeitsrecht, S. 34; *dies.*, CCZ 2008, 85 (86).

295 BAG, Urt. v. 24.09.2008 – 6 AZR 76/07, NZA 2009, 154.

Als ausschlaggebend für diese Entscheidung des Bundesarbeitsgerichts sind die materielle Richtigkeitsgewähr und die Angemessenheitsvermutung anzusehen, die einem Tarifwerk zukommen. Aus den gleichen Gründen unterfällt das Tarifwerk auch schon keiner Inhaltskontrolle nach §§ 310 IV S. 3, 307 III BGB.[296] Im Unterschied zu Tarifverträgen existiert jedoch für Ethikrichtlinien in Form von Allgemeinen Geschäftsbedingungen keine grundsätzliche Angemessenheitsvermutung oder materielle Richtigkeitsgewähr. Die inhaltliche Angemessenheit der Richtlinien ist erst Teil der Inhaltskontrolle und kann nicht bereits vorausgesetzt werden. Das AGB-Recht soll erst zu einem angemessenen Interessenausgleich zwischen den Vertragspartnern führen, indem es die schwächere Partei vor einer Übermacht der stärkeren schützt.

Ebenfalls gegen eine Übertragbarkeit der Wertungen der Entscheidung des Bundesarbeitsgerichts hinsichtlich der Transparenz einer dynamischen Verweisung auf einen Tarifvertrag auf Compliance- und Ethikrichtlinien spricht, dass dem Arbeitgeber durch die dynamische Verweisung auf einen Tarifvertrag im Gegensatz zu einer dynamischen Verweisung auf einen Ethikkodex keine einseitige Möglichkeit zur Änderung der Arbeitsbedingungen zugesprochen wird. Werden die Arbeitsbedingungen geändert, geschieht dies durch Verhandlungen der Tarifpartner gemeinsam. Darin liegt ein entscheidender Unterschied zu einer dynamischen Verweisung in einem Arbeitsvertrag auf einen Compliance- und Ethikkodex in Form von Allgemeinen Geschäftsbedingungen. Denn dadurch erhält der Arbeitgeber ein einseitiges Änderungsrecht. Eine Übertragbarkeit der Rechtsprechung zu dynamischen Verweisungsklauseln im Tarifvertragsrecht auf Compliance- und Ethikrichtlinien scheidet daher aus.[297]

(b) Beurteilung der Transparenz einer dynamischen Verweisung

Eine arbeitsvertragliche dynamische Verweisung auf Compliance- und Ethikrichtlinien kann jedoch noch nicht mit dem Argument pauschal für intransparent erklärt werden, dass es im Voraus für den Arbeitnehmer noch nicht erkennbar ist, was möglicherweise in Zukunft durch den Arbeitgeber geändert wird.[298] Diese

296 Vgl. *Lakies*, Vertragsgestaltung, S. 31, Rn. 144; *Stoffels*, in: Wolf/Lindacher/Pfeiffer AGB-Recht Kommentar, 4.Teil, Anhang zu § 310, Rn. 111.

297 In diesem Sinne argumentiert auch *Rein*, Die individualrechtliche Implementierung einer Ethikrichtlinie mit vorweggenommener Abmahnung, S. 108 f.

298 Die bislang gängige Prüfung sämtlicher Aspekte der dynamischen Bezugnahmeklauseln bereits im Rahmen des Transparenzverbots folgt daraus, dass dynamische Bezugnahmen bisher fast ausschließlich für den Fall der Bezugnahme auf Tarifverträge oder Betriebsvereinbarungen diskutiert wurden. Für diese ist jedoch eine materielle Inhaltskontrolle nach §§ 310 IV S. 3, 307 III BGB ausgeschlossen, sodass die Angemessenheit bereits als Frage der Transparenz behandelt werden musste. Diese Prüfungsverschiebung zulasten einer inhaltlichen Angemessenheitsprüfung ist bei formularvertraglichen Compliance- und Ethikrichtlinien nicht mehr erforderlich.

Argumentation stellt zu Unrecht bei der Frage der Transparenz der bestehenden Verweisungsklausel auf den zukünftigen, für den Arbeitnehmer im Zeitpunkt des Vertragsschlusses nicht erkennbaren Inhalt des Verweisungsobjekts ab.

Als entscheidend für die Beurteilung der hinreichenden Transparenz einer dynamischen Verweisung auf ein kollektives Regelwerk in der jeweils gültigen Fassung kann also nur die Bestimmbarkeit des Inhalts durch die konkrete Klausel im Anwendungszeitpunkt angesehen werden.[299] Für Compliance- und Ethikrichtlinien bedeutet dies, dass es dann für deren Zulässigkeit auf die Bestimmbarkeit zum Anwendungszeitpunkt und auf das Ergebnis der Angemessenheitsprüfung zu eben diesem Zeitpunkt ankommt. Damit verstoßen eindeutig und klar formulierte dynamische Verweisungsklauseln auf einen Ethikkodex in seiner jeweils geltenden Fassung nicht gegen das Transparenzgebot i.S.d. § 307 I S.2 BGB.

(2) Inhaltskontrolle der dynamischen Verweisungsklausel

Im Rahmen der Inhaltskontrolle der Verweisungsklausel nach § 307 I S. 1 BGB ist zu diskutieren, wie mit einem durch die dynamische Verweisung auf den Ethikkodex in der jeweils gültigen Fassung entstehenden einseitigen Änderungsrecht des Arbeitgebers umzugehen ist. Entscheidend ist dabei, ob das einseitige Änderungsrecht eine unangemessene Benachteiligung i.S.d. § 307 I S. 1 BGB darstellt.

(a) Anwendbarkeit spezieller Klauselverbote?

Für einen einseitigen Änderungsvorbehalt in Formulararbeitsverträgen sind grundsätzlich die speziellen Klauselverbote der §§ 309 Nr. 1 und 308 Nr. 4 BGB einschlägig. § 309 Nr. 1 BGB regelt den Fall, dass der Arbeitgeber mit seinen Änderungen die vom Arbeitnehmer zu erbringende Leistung modifiziert. Insoweit könnte die Norm auch hier einschlägig sein. Allerdings setzt die Norm auch voraus, dass das zu erbringende Entgelt erhöht wird und kein Dauerschuldverhältnis vorliegt. Das Arbeitsverhältnis ist jedoch ein solches und eine Entgelterhöhung findet nicht statt. § 308 Nr. 4 BGB betrifft dagegen den Fall, dass der Arbeitgeber die versprochene Leistung ändert, was er bei Einführung oder Aktualisierung eines Ethikkodex jedoch gerade nicht tut, da sich dieser nicht auf die *essentialia negotii* des Arbeitsvertrages bezieht.[300] Die Inhaltskontrolle richtet sich also allein nach der Generalklausel des § 307 I BGB.

---

299 So für die dynamische Verweisung auf Tarifverträge: BAG, Urt. v. 23.07.2014 – 7 AZR 771/12, NZA 2014, 1341 (1343, Rn. 24 f.).

300 Sollte dies dennoch der Fall sein, sind die für Änderungen und Widerrufsrechte geltenden Voraussetzungen zu beachten. Insbesondere für eine genaue Nennung der Voraussetzungen, wann mit einer Änderung zu rechnen ist, siehe *Brühler*, in: Clemenz/Kreft/Krause, AGB Kommentar, § 308, Rn. 21 ff.; *Preis*, NZA 2010, 361 (363); BAG, Urt. v. 11.02.2009 – 10 AZR 222/08, NZA 2009, 428.

(b) Grundsätzliche unangemessene Benachteiligung durch ein einseitiges Änderungsrecht?

Teilweise wird vertreten, dass ein einseitiges Änderungsrecht des Arbeitgebers grundsätzlich unzulässig sei.[301] Ein umfassendes einseitiges Änderungsrecht des Arbeitgebers bezüglich aller Vertragsbedingungen könne nicht zugelassen werden, da es die Rechte des Arbeitnehmers beim Vertragsschluss unterlaufen würde, das Synallagma beeinträchtige und mithin das Konsensprinzip (Äquivalenzprinzip) umgehe[302] und dessen Schutzgedanke außer Kraft gesetzt wäre. Hinsichtlich einer dynamischen Bezugnahme auf „Allgemeine Vertragsbedingungen", die den Inhalt des Arbeitsverhältnisses mit Ausnahme der essentialia negotii komplett regeln, ist dieser Ansicht zuzustimmen. Ein solcher Änderungsvorbehalt stellt fast den gesamten Vertragsinhalt zur Disposition des Arbeitgebers.[303] Dies ist nicht zulässig.

Allerdings betrifft diese Wertung nicht den hier zu betrachtenden Fall. Es geht vorliegend nicht um eine Änderungsmöglichkeit sämtlicher Vertragsinhalte, sondern nur um ein Änderungsrecht hinsichtlich der in dem Compliance- und Ethikkodex normierten Verhaltenspflichten. Die Compliance- und Ethikrichtlinien betreffen in aller Regel nicht die Hauptleistungspflichten und stören damit auch nicht das Synallagma, da durch die Regelungen in einem Compliance- und Ethikkodex nicht der Kernbereich des Arbeitsverhältnisses betroffen ist. Auch sind Regelungen, die allein dem Schutz oder Vorteil des Arbeitnehmers dienen, wie Regelungen zum Urlaub, zur Entgeltfortzahlung, zur Kündigung oder zu monetären Leistungen wie Weihnachtsgeld, Dienstwagen oder auch betriebliche Altersvorsorge von Compliance- und Ethikrichtlinien typischerweise nicht betroffen.

Darüber hinaus ist auch der Charakter des Arbeitsverhältnisses als Dauerschuldverhältnis zu beachten, mit dem keine Ewigkeitsgarantie[304] verbunden ist. Es ist auch im Interesse des Arbeitnehmers, über geltendes Recht und ihn daraus

301 *Triskatis*, Ethikrichtlinien im Arbeitsrecht, S. 79; *Preis*, NZA 2010, 361 (362).

302 Zum unantastbaren Kernbereich im Arbeitsverhältnis: *Krause*, in: Clemenz/Kreft/Krause, AGB Kommentar, Einf., Rn. 72; dazu auch *Stoffels*, AGB-Recht, S. 197, Rn. 502 ff.

303 BAG, Urt. v. 11.02.2009 – 10 AZR 222/08, NZA 2009, 428: „Der in einem Arbeitsvertrag enthaltene Verweis auf eine Arbeitsordnung in der „jeweils gültigen Fassung" ist jedenfalls dann unwirksam, wenn dadurch nahezu sämtliche Arbeitsbedingungen einseitig durch den Arbeitgeber abänderbar sind, ohne dass hierfür konkrete Gründe in der Vereinbarung genannt werden", „Dieses benachteiligt den Arbeitnehmer unangemessen, wenn bis auf Dauer der Arbeitszeit und Arbeitsgrundvergütung nahezu sämtliche Arbeitsbedingungen einseitig abänderbar sind und keinerlei Gründe für eine Verschlechterung genannt oder erkennbar sind."

304 Kritisch zur Geeignetheit des Grundsatzes pacta sunt servanda als Bewertungskriterium: *Stoffels*, ZfA 2009, 861 (877).

treffende Verhaltensanforderungen informiert zu werden,[305] bzw. einer Anpassung des Vertragsinhalts an geänderte Marktbedingungen zuzustimmen, um nicht den Arbeitsplatz zu gefährden. Viele der ethischen Richtlinien betreffen auch das Verhalten der Arbeitnehmer untereinander und sind nicht zu deren Nachteil. Dies zeigt, dass allein die einseitige Änderungsmöglichkeit von Compliance- und Ethikrichtlinien keine grundsätzlich unzumutbare Benachteiligung darstellt. Es existiert eine bei der Interessenabwägung auf beiden Seiten zu berücksichtigende Position, die eine gewisse „Wandelbarkeit" und Anpassung solcher Compliance-Richtlinien verlangt.

(c) Arbeitsrechtliche Besonderheiten der Interessenabwägung

Eine dynamische Verweisung auf einen Ethikkodex könnte jedoch eine unangemessene Benachteiligung nach § 307 I S. 1 BGB darstellen, wenn sich dies bei einer Interessenabwägung unter Berücksichtigung der arbeitsrechtlichen Besonderheiten ergibt. Es sind daher die Interessen des Arbeitgebers an einer flexiblen und einfachen Einbeziehung von Ethikrichtlinien und die Interessen der Arbeitnehmer an einer übersichtlichen und möglichst klaren Beschreibung der Rechte und Pflichten gegeneinander abzuwägen.[306]

Dabei sind zugunsten der Angemessenheit einer dynamischen Verweisung insbesondere der Charakter des Arbeitsvertrags als Dauerschuldverhältnis und dessen Zukunftsgerichtetheit zu beachten. Diesen Aspekten muss durch eine flexible Ausgestaltung der Vertragsbedingungen entgegengekommen werden, damit die Arbeitsbedingungen nicht „versteinern".[307] Dies zeigt auch schon die Regelung des § 106 GewO. Diese ständige Anpassung führt dazu, dass auch Arbeitnehmer nicht mit dem dauerhaften Bestand der einmal vereinbarten Arbeitsbedingungen rechnen (können).[308]

Herangezogen werden kann dabei auch die dies untermauernde Wertung des § 309 Nr. 1 BGB. Sie zeigt, dass der Gesetzgeber bei langfristigen Vertragsbeziehungen ein gewisses Anpassungsbedürfnis anerkennt. Zudem ist es für Arbeitsverträge charakteristisch, dass sie nicht alle Einzelheiten des Vertragsverhältnisses regeln und insofern unvollständig sind. Dies lässt sich aufgrund des speziellen Vertragsverhältnisses, dem schnellen gesellschaftlichen und technologischen Wandel,

305 In diesem Falle findet sowieso keine Angemessenheitskontrolle statt, da die Regelung der AGB der gesetzlichen Bestimmung entspricht.

306 *Schreiber*, NZA-RR 2010, 617 (619); *Wagner*, Ethikrichtlinien: Inhalte – Implementierung – Mitbestimmung, in: Maschmann, Corporate Compliance und Arbeitsrecht, S. 65 (74 f.); *ders.*, Ethikrichtlinien, S. 65; *Krause*, in: Clemenz/Kreft/Krause, AGB Kommentar, Einf., Rn. 71.

307 Vgl. *Wagner*, Ethikrichtlinien: Inhalte – Implementierung – Mitbestimmung, in: Maschmann, Corporate Compliance und Arbeitsrecht, S. 65 (75).

308 Vgl. *Schreiber*, NZA-RR 2010, 617 (620); *Hunold*, NZA-RR 2008, 449 (449 f.).

Entwicklungen und der damit einhergehenden „Zukunftsgerichtetheit des Arbeitsverhältnisses“[309] typischerweise nicht vermeiden. Als berechtigtes Interesse des Arbeitgebers an Änderungen werden durch das Bundesarbeitsgericht auch geänderte Rahmenbedingungen, wie die wirtschaftliche Entwicklung des Unternehmens, die Änderung betrieblicher Strukturen, neue normative Rahmenbedingungen oder geänderte Rechtsprechung anerkannt.[310]

(d) Zwischenergebnis

Daraus ergibt sich, dass dem Arbeitgeber grundsätzlich ein berechtigtes Interesse zuzuerkennen ist, Compliance- und Ethikrichtlinien mit für diese typische Verhaltensregelungen einseitig zu ändern. Dies kann natürlich nur für solche Änderungen gelten, die selbst materiell der Inhaltskontrolle standhalten und nicht überraschen oder unangemessen benachteiligen.

(e) Inhaltliche Anforderungen an die Verweisungsklausel

Die Möglichkeit des Arbeitgebers, bei einer dynamischen Verweisungsklausel einseitig einzelnen Inhalte der Compliance- und Ethikrichtlinien zu ändern, führt zu einigen weiteren inhaltlichen Anforderungen, die an die Klausel zu stellen sind. Aus der Rechtsprechung zu § 308 Nr. 4 BGB lässt sich folgern, dass grundsätzlich, und damit auch im Rahmen der Prüfung nach § 307 I S. 1 BGB, die Angabe der Gründe für die Änderung der Compliance- und Ethikrichtlinien erforderlich ist.[311] Nach Ansicht des Bundesarbeitsgerichts kommt es bei der Angemessenheitskontrolle einer Bezugnahmeklausel lediglich auf die Möglichkeit zur Regelungsgebung an, nicht darauf ob eine Regelung tatsächlich getroffen wurde.[312]

Schreiber[313] wie auch *Preis*[314] übertragen diese Anforderungen als Mindestanforderungen auch für die dynamische Verweisung im Arbeitsvertrag auf eine Arbeits- und Sozialordnung. Sie verlangen von diesen dynamischen Verweisungsklauseln,

---

309 BAG, Urt. v. 24.09.2008 – 6 AZR 76/07, NZA 2009, 154 (158); BAG, Urt. v. 14.03.2007 – 5 AZR 630/06, NZA 2008, 45 (47); *Stoffels*, in: Wolf/Lindacher/Pfeiffer, AGB-Recht Kommentar, 4. Teil Anhang zu § 310 BGB, Rn. 118; *Krause*, in: Clemenz/Kreft/Krause, AGB Kommentar, Einf., Rn. 70 ff.

310 BAG, Urt. v. 13.04.2010 – 9 AZR 271/09, NZA 2011, 64 (Rn. 31); BAG, Urt. v. 12.01.2005 – 5 AZR 364/04, NZA 2005, 465 (B, I, 4c, bb)); *Krause*, in: Clemenz/Kreft/Krause, AGB Kommentar, Einf., Rn. 71.

311 In Anlehnung an die Rechtsprechung zu Bezugnahmeklauseln auf die jeweils geltende Arbeits- und Sozialordnung (da nahezu alle Bedingungen einseitig bestimmbar) nach § 308 Nr. 4 BGB; BAG, Urt. v. 11.02.2009 – 10 AZR 222/08, NZA 2009, 428 (430).

312 Eine Wirksamkeitskontrolle der tatsächlich ausgeübten Gestaltungsmacht bezüglich der einseitigen Änderungen findet dagegen nicht statt. BAG, Urt. v. 11.02.2009 – 10 AZR 222/08, NZA 2009, 428 (430, Rz. 25).

313 *Schreiber*, NZA-RR 2010, 617 (620).

314 *Preis*, NZA 2010, 361 (363).

selbst vorzusehen und zu regeln, dass die Arbeitnehmer von dem Inhalt der jeweils gültigen Fassung informiert werden.[315] Als entscheidenden Punkt für eine Angemessenheit i.R.d. § 307 I S. 1 BGB sehen sie an, dass die möglichen (abstrakten) Gründe für eine Änderung angegeben werden (in der Klausel oder im Kodex) um mehr Transparenz zu schaffen. Auch diese Gründe müssten der Inhaltskontrolle nach § 307 I BGB genügen und dem berechtigten Änderungsinteresse des Arbeitgebers entsprechen.

Dies sieht die Verfasserin anders. Es ist nicht Aufgabe der dynamischen Verweisungsklausel auf eine Ethikrichtlinie, anzugeben, warum inhaltliche Änderungen an dem Verweisungsobjekt vorgenommen werden. Dies ist eine Anforderung, die an die einzelne Ethikrichtlinie selbst zu stellen ist. Bereits aus praktischen Gründen ist es kaum vorstellbar, wie eine dynamische Verweisungsklausel diese Anforderung leisten sollte.[316] Für den hier zu betrachtenden Fall einer Verweisung auf Compliance- und Ethikrichtlinien ist, im Gegensatz zur Verweisung auf einen Tarifvertrag, als entscheidend zu beachten, dass Urheber der Verweisungsklausel und des Verweisungsobjekts jeweils der Arbeitgeber ist. Es wird in diesem Sinne auf kein „fremdes" Regelwerk verwiesen. Daraus folgt, dass die Ethikrichtlinie als das konkrete Verweisungsobjekt, welches einem einseitigen Änderungsrecht unterfallen soll, selbst angeben kann, in welchen Fällen eine solche einseitige Änderung durch den Arbeitgeber erfolgt. Dieser einseitige Änderungsvorbehalt in der konkreten Ethikrichtlinie muss den formularvertraglichen Anforderungen an einseitige Änderungsvorbehalte genügen und Gründe für eine einseitige Änderung nennen, die keine unangemessene Benachteiligung i.S.d. § 307 BGB darstellen.

Aufgrund der hier besonderen Situation der dynamischen Verweisung auf eine Compliance- und Ethikrichtlinie ist die Forderung von Rechtsprechung und Schrifttum nach der Angabe von Änderungsgründen daher auf die Richtlinie und nicht auf die Verweisungsklausel zu beziehen. Diese hier vertretene Lösung schützt den Arbeitnehmer im geforderten und notwendigen Umfang vor unangemessenen Benachteiligungen und ermöglicht zugleich die Formulierung eines zulässigen Änderungsvorbehalts direkt an der zu ändernden Regelung. Eine Anpassung von Regelungen, welche einer einseitigen Änderung durch den Arbeitgeber überhaupt zugänglich sind, wird damit ermöglicht.

Sinnvoll erscheint zudem ein Zusatz zu der dynamischen Verweisungsklausel, welcher ein Informationsrecht der Arbeitnehmer über jede Änderung der Compliance- und Ethikrichtlinie beinhaltet. Beispiel:

---

315 Die Änderungen müssen den Arbeitnehmern nachweislich bekannt gemacht werden, so auch: *Borgmann* NZA 2003, 352 (354); *Eisenbeis/Nießen*, FS Leinemann, S. 697 (709), wenn auch ohne weitere genauere Auseinandersetzung mit der generellen Zulässigkeit; *Rein*, Die individualrechtliche Implementierung einer Ethikrichtlinie mit vorweggenommener Abmahnung, S. 111 f.

316 Dies kann sich auch *Preis* kaum vorstellen: *Preis*, NZA 2010, 361 (363).

„Der Arbeitnehmer wird bei jeder Änderung der Compliance- und Ethikrichtlinien schriftlich informiert."

(f) Inhaltliche Anforderungen an das Verweisungsobjekt bei dynamischer Verweisung

Der Inhalt des Verweisungsobjekts ist daneben selbstständig, also unabhängig von der Klausel an sich zu überprüfen.[317] Die Inhaltsprüfung muss durch eine differenzierte Einzelfallbetrachtung geschehen, die sowohl die Verweisungsklausel im Vertragsgefüge als auch das Verweisungsobjekt selbst berücksichtigt.[318] Es ist bereits bei einer dynamischen Bezugnahme des Arbeitsvertrags auf einen Tarifvertrag stark umstritten, ob solche Klauseln der materiellen Inhaltskontrolle standhalten, die schlechterdings nicht vorhersehbar und zugleich ungewöhnlich belastend sind.[319] Bei der dynamischen Bezugnahme eines Arbeitsvertrags auf einen Compliance- und Ethikkodex in Form von Allgemeinen Geschäftsbedingungen müssen diese Zweifel erst recht gelten, da hier keine Angemessenheitsvermutung für die Regelung streitet, sondern die unangemessene Benachteiligung vollumfänglich überprüft wird. Ein Überraschungseffekt bezüglich des Inhalts der dynamischen Verweisungsklausel kann daher auch erst nach Vertragsschluss eintreten, nämlich, wenn sich das Verweisungsobjekt in einer für die Arbeitnehmer nicht vorhersehbaren Weise ändert. Dies kann bei solchen Inhalten der Compliance- und Ethikrichtlinien der Fall sein, mit denen der Arbeitnehmer im Rahmen seines Arbeitsvertrages schlechterdings nicht rechnen muss.

(3) Zwischenergebnis

Damit können unter Berücksichtigung der genannten Anforderungen dynamischen Verweisungsklauseln eines Arbeitsvertrags auf Compliance- und Ethikrichtlinien in der jeweils geltenden Fassung nach den §§ 307, 310 IV S. 2 BGB zulässig sein.

d) Änderungsvereinbarung

Soll ein Compliance- und Ethikkodex auf vertraglichem Wege neu in ein bestehendes Arbeitsverhältnis aufgenommen werden, kann dies einvernehmlich nur über

---

317 *Diehn*, NZA 2004, 129 (130); *Preis*, in: ErfK §§ 305–310, Rn. 80a. Siehe zu den Voraussetzungen der Inhaltskontrolle des Verweisungsobjekts: S.80.

318 In diesem Sinne BGH, Urt. v. 08.11.2001 – III ZR 14/01, NJW 2002, 507 (507, 510); BAG, Urt. v. 19.03.2003 – 4 AZR 331/02, NZA 2003, 1207 (1208); *Oetker*, JZ 2002, 337 (339, 342); *Preis*, NZA 2010, 361 (362).

319 *Stoffels*, AGB-Recht, S. 439, Rn. 1133; *ders.* in: Wolf/Lindacher/Pfeiffer AGB-Recht Kommentar, 4. Teil, Anhang zu § 310, Rn. 117 f.; a.A. und für eine Zulässigkeit auch überraschender und ungewöhnlich belastender Normen bei dynamischer Bezugnahme auf einen Tarifvertrag, da diese in dem gesamten Regelwerk anderweitig kompensiert sein könnten: *Gamillscheg*, Kollektives Arbeitsrecht, Band I, S. 736.

eine Änderungsvereinbarung geschehen. Unerheblich ist dabei, ob der Arbeitsvertragstext direkt um die Regelungen ergänzt werden soll oder ob eine Verweisungsklausel auf den Kodex nach den oben genannten Anforderungen aufgenommen werden soll.

Eine Änderungsvereinbarung erfordert eine ausdrückliche Einigung zwischen Arbeitgeber und Arbeitnehmer über die Einbeziehung.[320] Ein Schweigen des Arbeitnehmers oder eine stillschweigende Fortsetzung des Arbeitsverhältnisses sind nicht ausreichend. Denn im Falle eines Verstoßes gegen die einzuführenden Compliance- und Ethikrichtlinien drohen regelmäßig Sanktionen, sodass sich daraus Nachteile für den Arbeitnehmer ergeben können und daher dessen ausdrückliche Zustimmung erforderlich ist. Vorteilhaft an dieser einvernehmlichen Vertragsänderung ist, dass durch sie das Betriebsklima nicht belastet wird und der Kodex als Ganzes eingeführt werden kann. Teilweise wird diese Art der Einführung sogar neben der Einbeziehung bei Neueinstellung als „einzig sicherer Weg zu einer vollständigen Einbeziehung"[321] angesehen. Für eine Änderungsvereinbarung gelten bezüglich des Inhalts der Änderungen die bereits zur Zulässigkeit und Gestaltung von Standardarbeitsverträgen gemachten Ausführungen.[322]

e) Eignung der vertraglichen Einbeziehung als Implementierungsinstrument von Compliance- und Ethikrichtlinien

Eine vertragliche Einführung von Compliance- und Ethikrichtlinien über den Arbeitsvertrag scheint zunächst weitreichende Möglichkeiten zu eröffnen, da bestehende Vertragspflichten grundsätzlich erweitert werden können. Diesen weitreichenden Möglichkeiten werden jedoch, wie gezeigt, durch die strenge Kontrolle der §§ 305 ff. BGB enge Grenzen gesetzt.

Weiterhin stellt die Einführung im Wege der vertraglichen Vereinbarung bzw. durch Verweis im Arbeitsvertrag hauptsächlich bei Neueinstellung eine in Betracht zu ziehende Option dar, da eine Verweisungsklausel in den Vertrag mit aufgenommen werden muss. Bei bereits bestehenden Arbeitsverhältnissen kommt eine einvernehmliche Einführung daher nur über Abschluss einer Änderungsvereinbarung zum bestehenden Arbeitsvertrag in Betracht. Es mag bei kleineren Unternehmen möglich sein, dies mit allen Arbeitnehmern individuell zu verhandeln. Bei Unternehmen mit hohen Mitarbeiterzahlen kann jedoch nicht davon ausgegangen werden, dass jeder einzelne Arbeitnehmer des Unternehmens eine entsprechende Zusatzvereinbarung sofort unterschreibt.[323] Eine Ablehnung der Zusatzvereinbarung ist dabei ohne arbeitsrechtliche Konsequenzen für den Arbeitnehmer möglich. Er ist

320 *Eisenbeis/Nießen*, FS Leinemann, S. 697 (710); *Triskatis*, Ethikrichtlinien im Arbeitsrecht, S. 84; *Schreiber*, NZA-RR 2010, 617 (618).

321 *Eisenbeis/Nießen*, FS Leinemann, S. 697 (710).

322 Siehe dazu S. 79.

323 So auch *Mengel/Hagemeister*, BB 2007, 1386 (1390) äußern Bedenken hinsichtlich einer 100%igen Zustimmungsquote unter den Arbeitnehmern.

nicht zur Zustimmung zu dieser Vertragsänderung verpflichtet. Eine nur teilweise oder sukzessive Einführung von Ethikrichtlinien im Unternehmen ist aber gerade nicht anzustreben. Denn es ist im Interesse des Arbeitgebers, dass einheitlich auf alle Arbeitnehmer die gleichen Arbeitsbedingungen anwendbar sind. Die nachträgliche Einführung der Compliance- und Ethikrichtlinien über die einzelvertragliche Änderung jedes Arbeitsvertrags erfordert insgesamt einen hohen administrativen Aufwand, der mit Größe und Verzweigung der Unternehmensstruktur weiter steigt.

Nach der hier vertretenen Ansicht wäre eine dynamische Verweisungsklausel auf einen Compliance- und Ethikkodex wirksam.[324] Allerdings treffen das Verweisungsobjekt selbst, die Ethikrichtlinie, schwierigen Formulierungsanforderungen hinsichtlich eines einseitigen Änderungsrechts. Bereits diese Anforderungen schränken die Eignung als Implementierungsinstrument erheblich ein. Da zudem hinsichtlich der Frage der Wirksamkeit einer dynamischen Verweisung auf einen Compliance- und Ethikkodex noch viel Unsicherheit und auch Uneinigkeit herrscht und eine höchstrichterliche Klärung bislang nicht erfolgt ist, ist deren Eignung als rechtssicheres Implementierungsinstrument weiter in Frage zu stellen. Trotz der enormen Flexibilität einer dynamischen Verweisung wird diese Gestaltung vielfach ein zu hohes Risiko für den Arbeitgeber darstellen. Einzig wenn der Compliance- und Ethikkodex ausschließlich deklaratorische Regelungen enthält und eine Verweisung darauf nach § 307 III BGB nicht der Inhaltskontrolle unterfällt, bietet eine dynamische Verweisungsklausel eine gute Möglichkeit der Einbeziehung in den Vertrag.

3. *Modifizierung der Vertragspflichten über die Änderungskündigung*

Können Arbeitgeber und Arbeitnehmer eine einvernehmliche Änderung der Vertragsbedingungen zur Einführung eines Ethikkodex nicht erreichen, steht dem Arbeitgeber noch die einseitige Einführungsmöglichkeit über das Instrument der betriebsbedingten (Massen-)Änderungskündigung zur Verfügung, um eine einheitliche Geltung des einzuführenden Ethikkodex zu erreichen. Die Änderungskündigung besteht nach § 2 S. 1 KSchG aus einer Beendigung des bestehenden Arbeitsverhältnisses, verbunden mit einem Angebot zum Abschluss eines neuen Arbeitsvertrages mit geänderten Bedingungen.[325] Sie erlaubt unter strengen Voraussetzungen eine Durchbrechung des Grundsatzes der Vertragstreue. Die Änderungskündigung dient der Änderung von Arbeitsbedingungen jenseits des Umfangs des Weisungsrechts.[326] Das Instrument der (Massen-)Änderungskündigung steht nur

---

324 Siehe dazu S.87.

325 Legaldefinition nach § 2 S. 1 KSchG. Sie wird daher auch als „zusammengesetztes Rechtsgeschäft" bezeichnet.

326 In diesem Sinne: *Molkenbur*, in: HWK, Arbeitsrecht Kommentar, § 2 KSchG, Rn. 25 ff.; *Mengel/Hagemeister*, BB 2007, 1386 (1391).

dann zur Verfügung, wenn die Änderungen auch sozial gerechtfertigt sind. Dies ist anhand einer zweistufigen Prüfung[327] zu ermitteln.

Zunächst ist zu prüfen, ob die Änderung der bisherigen Arbeitsbedingungen aus einem der in § 1 II S. 1 KSchG genannten Gründe erforderlich ist. Darauffolgend ist zu ermitteln, ob die Änderung der Arbeitsbedingungen dem Arbeitnehmer zumutbar ist.[328]

a) Allgemeine Voraussetzungen einer Änderungskündigung

Die Änderung muss aus dringenden verhaltens-, betriebs- oder personenbedingten Gründen erforderlich sein, § 2 S. 1 i.V.m. § 1 II S. 1 KSchG. Da es bei der hier zu betrachtenden Einführung eines Ethikkodex weder um einen personenbezogenen Eignungsmangel noch um ein Fehlverhalten des Arbeitnehmers geht, kann die Änderungskündigung nicht mit einem personen- oder verhaltensbedingten Grund gerechtfertigt werden. Somit bleibt in der Regel nur der betriebsbedingte Grund.[329] Davor muss allerdings ein erfolgloser Versuch der beidseitigen einvernehmlichen Einigung über die geänderten Vertragsbedingungen vorgenommen worden sein. Zudem müssen alle weiteren Wirksamkeitsvoraussetzungen einer Beendigungskündigung vorliegen (Form und Frist, keine Unwirksamkeitsgründe, Beteiligung des Betriebsrates etc.).

Voraussetzung eines dringenden betrieblichen Erfordernisses als Kündigungsgrund ist das Vorliegen eines betrieblichen Grundes. Dieser erfordert eine unternehmerische Entscheidung auf Grundlage betriebsbezogener Umstände. Das betriebliche Erfordernis muss „dringend“ sein, sodass der Arbeitgeber die Entscheidung nicht auf anderem Wege durchsetzen kann.

b) Einführung von Compliance- und Ethikrichtlinien als betriebliches Erfordernis?

Daraus folgend stellt sich die Frage, ob auch Compliance- und Ethikrichtlinien über eine betriebsbedingte Änderungskündigung implementiert werden können. Konkreter also, ob die Einführung von einer Compliance- und Ethikrichtlinie (die zur Änderung der Arbeitsbedingungen der Arbeitnehmer führen würde) die

327 BAG, Urt. v. 20.03.1986 – 2 AZR 294/85, NZA 1986, 824 (825, aus den Gründen: 3, a)); *Oetker*, in: ErfK, § 2 KSchG, Rn. 42 m.w.N.

328 Die zweite Prüfungsstufe soll hier nicht näher betrachtet werden, sie erfordert eine konkretere Fallbetrachtung und ist für die Frage, ob die Änderungskündigung prinzipiell ein Implementierungsinstrument für Ethikrichtlinien darstellen kann, nicht weiterführend. Es kommt dafür auf den konkreten Inhalt der einzelnen Regelungen an, um zu bestimmen, ob sie zumutbar und durch den Arbeitnehmer in billigenswerter Weise hinzunehmen sind und ob es sich bei der angebotenen Änderung um das mildeste dem Arbeitgeber zur Verfügung stehende Mittel handelt, vgl. *Junker*, Grundkurs Arbeitsrecht, S. 237, Rn. 422 ff.

329 *Schreiber*, NZA-RR 2010, 617 (620).

Voraussetzungen eines zulässigen Änderungskündigungsgrundes erfüllt und ein betriebliches Erfordernis nach § 1 II S. 1 KSchG darstellt, welches den Wegfall der Arbeitsplätze hervorruft und das Bedürfnis für eine Weiterbeschäftigung unter den bisherigen Bedingungen entfallen lässt. Ist dies der Fall und nimmt der Arbeitnehmer das zulässige Änderungsangebot unter Vorbehalt an, wird das Arbeitsverhältnis unter den geänderten Arbeitsbedingungen fortgesetzt.

Betriebliche Erfordernisse können sich aus innerbetrieblichen oder außerbetrieblichen Gründen ergeben.[330] Innerbetriebliche Gründe liegen vor, wenn sich der Arbeitgeber zu einer organisatorischen Maßnahme entschließt, bei deren Umsetzung das Bedürfnis für die Weiterbeschäftigung eines oder mehrerer Arbeitnehmer entfällt.[331] Aber auch außerbetriebliche Gründe kommen in Betracht, wenn Gesetze oder der Markt die Einführung von Compliance- und Ethikrichtlinien fordern.

Die Rechtsprechung stellt bei der Prüfung eines betrieblichen Erfordernisses insbesondere auf das Merkmal des Arbeitsplatzbezuges ab, da ansonsten eine Umgehung des Kündigungsschutzes in Bezug auf die Anforderungen an personen- oder verhaltensbedingte (Änderungs-) Kündigungen drohe.[332] Somit kommt eine betriebsbedingte Änderungskündigung nur dann in Betracht, wenn die Änderung einen Bezug zur Arbeitsleistung hat und die konkrete Arbeitstätigkeit berührt. Bei dem geänderten Anforderungsprofil muss es sich also um ein nachvollziehbares arbeitsplatzbezogenes Kriterium handeln und es darf für die Ausführung der Tätigkeit nicht lediglich wünschenswert sein.[333]

Borgmann und *Meyer* bejahen ein betriebliches Erfordernis für die Fälle, in denen eine gesetzliche Pflicht zur Einführung der Richtlinien besteht, oder wenn ein starkes, geradezu zwingendes Kundeninteresse an zu ethischen Grundsätzen bekennendem Unternehmerhandeln vorliegt.[334] *Eisenbeis* und *Nießen* sehen dies hinsichtlich der einschlägigen gesetzlichen Vorschriften als höchst zweifelhaft an, stimmen mit *Borgmann* jedoch überein, dass Vertrauensverluste für das Unternehmen bei Nichteinführung einer solchen Richtlinie, die zu sinkenden Umsätzen und sonstigen Wettbewerbsnachteilen führen können, die Voraussetzungen eines dringenden betrieblichen Grundes erfüllen.[335] *Mengel* und *Hagemeister* verlangen zudem eine eindeutige soziale Rechtfertigung für jeden einzelnen Punkt der beabsichtigten

330 *Boewer*, in: Moll, Münchener Anwaltshandbuch Arbeitsrecht, § 46, Rn. 160.
331 *Boewer*, in: Moll, Münchener Anwaltshandbuch Arbeitsrecht, § 46, Rn. 160.
332 BAG, Urt. v. 07.07.2005 – 2 AZR 399/04, NZA 2006, 266 (268 f., Rz. 32 f.).
333 BAG, Urt. v. 24.05.2012 – 2 AZR 124/11, NZA 2012, 1223 (1225, Rn. 24, 26); BAG, Urt. v. 07.07.2005 – 2 AZR 399/04, NZA 2006, 266 (269, Rz. 33).
334 Z.B. die Pflicht nach § 33 WpHG oder die zwingenden Vorgaben der US-Börsenaufsicht SEC, vgl. dazu *Borgmann*, NZA 2003, 352 (355); *Meyer*, NJW 2006, 3605 (3608); *Mengel/Hagemeister*, BB 2007, 1386 (1391).
335 Vgl. *Eisenbeis/Nießen*, FS Leinemann, S. 697 (710); *Willemsen*, Einführung und Inhaltskontrolle von Ethikrichtlinien, S. 235 sieht für diese Fälle auch das Instrument der Druckänderungskündigung mit ihren speziellen Voraussetzungen als einschlägig an.

Änderungen des Arbeitsvertrags durch den Ethikkodex.[336] Genüge auch nur eine der beabsichtigten Änderungen nicht den strengen Anforderungen des § 2 KSchG, sei die Änderungskündigung insgesamt unwirksam.[337]

Die Verfasserin vertritt die Ansicht, dass es sich bei der (sachlich begründeten) Entscheidung zur Einführung von Compliance- und Ethikrichtlinien um ein betriebliches Erfordernis nach §§ 2 S. 1, 1 II S. 1 KSchG handelt und Compliance- und Ethikrichtlinien daher über eine Änderungskündigung eingeführt werden können. Die Einführung von Compliance- und Ethikrichtlinien kann sinnvollerweise nur unternehmenseinheitlich erfolgen, da nur so ihre Funktionen der Absicherung und des Schutzes nach Innen und der Darstellung nach Außen erfüllt werden können. Sowohl die Unternehmensleitung als auch die gesamte Belegschaft müssen sich zu den ethischen Grundsätzen des Unternehmens bekennen, damit diese tatsächliche Bedeutung erlangen. Es handelt sich daher bei der Entscheidung zur Einführung solcher Richtlinien um eine unternehmerische Organisationsentscheidung, welche durch den Inhalt der einzelnen Regelungen und die Notwendigkeit der Einheitlichkeit auch einen Arbeitsplatzbezug aufweist. Stimmen einige Arbeitnehmer diesen Richtlinien nicht zu, können sie auf ihren Arbeitsplätzen nicht weiter beschäftigt werden, ohne dass dies der Unternehmensentscheidung zuwiderliefe. Auch wäre es möglich, dass der Einsatz bestimmter Arbeitnehmer nach den neuen Compliance- und Ethikrichtlinien auf ihrem bisherigen Arbeitsplatz, z.B. wegen fehlender Qualifikation, unethischem Geschäftsverhalten in der Vergangenheit oder sogar einschlägigen Vorstrafen, nicht mehr möglich ist. Damit wäre durch die Unternehmensentscheidung auch der Wegfall der Beschäftigungsmöglichkeit des nichtzustimmenden Arbeitnehmers bedungen.

Der öffentliche Druck, die Vertrauensverluste bei Nichteinführung einer entsprechenden Richtlinie und die möglicherweise damit einhergehenden sinkenden Umsätze, Wettbewerbsbußen und Strafen sind als betriebliches Erfordernis in Form einer mittelbaren außerbetrieblichen Ursache anzuerkennen. Diese sind als außerbetriebliche Gründe von der Unternehmensentscheidung als solcher getrennt zu betrachten und nicht mit ihr gleichzusetzen. Die Unternehmensentscheidung ist in diesen Fällen vielmehr eine Reaktion darauf und bedingt erst dann den Wegfall der Arbeitsplätze. Damit stellen hier auch die außerbetrieblichen Umstände einen mittelbaren betrieblichen Grund dar.[338]

Eine gesetzliche Verpflichtung zur Einführung von Compliance- und Ethikrichtlinien kann dagegen nicht das entscheidende Kriterium für das Vorliegen eines

---

336 *Mengel/Hagemeister*, BB 2007, 1386 (1391), so auch *Molkenbur*, in: HWK, Arbeitsrecht Kommentar, § 2 KSchG, Rn. 57 für mehrere voneinander trennbare verschiedene Arbeitsbedingungen.

337 *Mengel*, Compliance und Arbeitsrecht, S. 29.

338 Vgl. *Preis*, Individualarbeitsrecht, § 63 II 2 d), S. 802.

Änderungskündigungsgrundes sein, da es den Arbeitgeber bereits zu einer Einführung der Richtlinie per Direktionsrecht berechtigt.[339]

Liegt das betriebliche Erfordernis in einer Organisationsentscheidung des Unternehmens, wird bei Beschluss und anschließender Durchführung dieser unternehmerischen Entscheidung in der Rechtspraxis die Vermutung herangezogen, dass diese aus sachlichen Gründen erfolgt ist. Somit trägt der Arbeitnehmer im Kündigungsschutzprozess dafür die Beweislast, dass die getroffene und durchgeführte Organisationsentscheidung offensichtlich unsachgemäß, willkürlich oder unvernünftig ist.[340]

Die Entscheidung selbst unterliegt lediglich einer Missbrauchskontrolle. Die der Entscheidung zugrundeliegenden Tatsachen (Gesetze, best-practice Standards, wirtschaftliche Nachteile im Wettbewerb etc.) sind allerdings gerichtlich voll nachprüfbar und vom Arbeitgeber zu beweisen. Er trägt nach dem Grundsatz des § 1 II S. 4 KSchG die Darlegungs- und Beweislast für diese Tatsachen, wobei eine bloße Vermutung eines wirtschaftlichen Schadens regelmäßig nicht ausreichend für eine Überzeugungsbildung des Gerichts sein wird. Der konkrete wirtschaftliche Schaden einer Nichteinführung von als best-practice geltenden Ethikrichtlinien ist jedoch schwer zu beziffern.[341] Auch der bloße Wunsch nach weltweit einheitlichen Arbeitsbedingungen kann noch keinen (dringenden) betrieblichen Grund darstellen.[342]

Führen die uneinheitlichen Bedingungen, die geänderte Marktlage und der Druck von außen hinsichtlich der Einführung einer Ethikrichtlinie auch nicht zu konkreten wirtschaftlichen Schäden oder anderen Nachteilen, liegt kein betriebliches Erfordernis für eine Änderungskündigung vor. Das Bestands- und Vertragsinhaltsschutzinteresse des Arbeitnehmers geht dann vor.

c) Dringlichkeit des betrieblichen Erfordernisses und Ultima-Ratio-Grundsatz

Liegt ein betriebliches Erfordernis vor, muss die Entscheidung des Arbeitgebers zudem dringlich nach § 1 II S. 1 KSchG sein. Dazu muss die Änderungskündigung im Interesse des Betriebs unvermeidbare und notwendige Folge des betrieblichen Erfordernisses sein.[343] Das Merkmal der Dringlichkeit ist damit eine Ausformung des Grundsatzes der Verhältnismäßigkeit. *Fahrig* erkennt für die vorliegende Konstellation der Einführung von Compliance- und Ethikrichtlinien als entscheidenden Punkt, dass der Arbeitnehmer unter Zugrundelegung des bisherigen Vertragsinhalts

339 Dieses Kriterium erlangt an dem Prüfungspunkt „Dringlichkeit“ entscheidende Relevanz und wird dort ausführlich untersucht.

340 Grundsatz der abgestuften Darlegungslast: BAG, Urt. v. 27.01.2011 – 2 AZR 9/10, NZA 2011, 1248; BAG, Urt. v. 07.07.2005 – 2 AZR 399/04, NZA 2006, 266; BAG, Urt. v. 17.06.1999 – 2 AZR 522/98, NJW 2000, 378; *Molkenbur*, in: HWK, Arbeitsrecht Kommentar, § 2 KSchG, Rn. 119.

341 Siehe dazu bereits S. 60.

342 *Mengel*, CCZ 2008, 85 (86); *Borgmann*, NZA 2003, 352 (355).

343 *Preis*, Individualarbeitsrecht, § 63 II 4, S. 809.

nicht mehr eingesetzt werden könne, sodass das Bedürfnis für die konkrete Weiterbeschäftigung entfalle.[344] Es gibt zudem keine Möglichkeit der Weiterbeschäftigung des Arbeitnehmers auf einem anderen Arbeitsplatz, da die Unternehmensentscheidung zur Einführung von Compliance- und Ethikrichtlinien nur unternehmenseinheitlich sinnvoll getroffen werden kann.

Es darf dem Arbeitgeber allerdings nicht möglich sein, die betriebliche Lage auch auf einem anderen Weg zu verändern. Auch bei der Änderungskündigung ist der Ultima-Ratio-Gedanke des Kündigungsschutzrechts einschlägig. Es darf im Rahmen der Verhältnismäßigkeitsprüfung kein milderes Mittel zu der Änderungskündigung möglich sein.[345] Daraus folgend ergibt sich die in der Lehre höchst umstrittene Frage, ob eine mögliche Einführung der Compliance- und Ethikrichtlinien per Direktionsrecht im Vergleich zur Änderungskündigung ein solches milderes Mittel ist.[346]

Zwischen dem Direktionsrecht als Ausfluss des Arbeitsverhältnisses und dem Androhungscharakter der Änderungskündigung bestehen entscheidende Unterschiede. Die zulässigen Weisungen des Arbeitgebers sind Teil des bestehenden Arbeitsverhältnisses. Eine Änderungskündigung, die das Vertragsverhältnis auf eine neue vertragliche Grundlage stellt, muss der Arbeitnehmer dagegen nicht ohne weiteres hinnehmen. Er kann sie zunächst nur unter Vorbehalt annehmen und hinsichtlich ihrer sozialen Rechtfertigung überprüfen lassen. Dies führt nach einer Auffassung in der juristischen Lehre dazu, dass das Direktionsrecht für die Einführung von Ethikrichtlinien insgesamt ein milderes Mittel darstelle und der Änderungskündigung daher bei gleicher Eignung vorzuziehen sei bzw. vorrangig ausgeübt werden müsse.[347]

Eine andere Ansicht vertritt, dass es sich bei der Möglichkeit einer Einführung von Ethikrichtlinien über das Direktionsrecht mangels Vergleichbarkeit mit dem Institut der Änderungskündigung gar nicht um ein milderes Mittel im Sinne eines „Stufenverhältnisses“[348] handeln könne.[349] Kann der Arbeitgeber im Rahmen des Direktionsrechts handeln, bewege er sich im Bereich der bereits gegebenen Arbeitsbedingungen. Aufgrund dieser vertragsimmanenten Gestaltungsmöglichkeiten sei eine Änderungskündigung dann nicht erforderlich. Damit liege auch kein geeigneter Kündigungsgrund vor und die Änderungskündigung, derer es nicht bedarf, sei unbegründet.[350] Nach dieser Ansicht liegt aufgrund des unterschiedlichen

---

344 *Fahrig,* Die Einführung eines Verhaltenskodexes und das Whistleblowing, S. 113.

345 *Mengel/Hagemeister,* BB 2007, 1386 (1391).

346 Vgl. Problemaufriss bei *Meyer,* NJW 2006, 3605 (3608); umfassende Darstellung: *Berkowsky,* in: Münchener Hdb ArbR, Band 1, § 120, Rn. 7; § 121, Rn. 1 ff.

347 *Preis,* Individualarbeitsrecht, § 67 III 1, S. 895; *Triskatis,* Ethikrichtlinien im Arbeitsrecht, S. 89.

348 Vgl. *Hanau/Preis,* NZA 1991, 81 (92 f.).

349 Vgl. *Berkowsky,* in: Münchener Hdb ArbR, Band 1, § 120, Rn. 7 ff.; § 121, Rn. 1 ff.

350 Die Voraussetzungen des § 2 KSchG sind damit nicht gegeben, BAG, Urt. v. 10.12.1975 – 4 AZR 41/75; BAG, Urt. v. 06.09.2007 – 2 AZR 368/06, NZA-RR 2008, 291; *Berkowsky,* in: Münchener Hdb ArbR, Band 1, § 121, Rn. 4; *Molkenbur,* in:

Charakters beider Gestaltungsmöglichkeiten ein „Ausschließlichkeitsverhältnis“[351] vor. Dieser Ansicht schließt sich auch die Verfasserin an. Eine Änderungskündigung i.S.v. § 2 KSchG kann nicht wirksam sein, wenn die Arbeitsbedingungen eines Arbeitnehmers überhaupt nicht geändert werden sollen, sondern durch das Weisungsrecht konkretisiert werden können. Die gewünschte „Änderung“ liegt dann bereits im Rahmen der gegebenen Arbeitsbedingungen und die Änderungskündigung hat keinen Inhalt. Dieser Ansicht hat sich nunmehr auch das Bundesarbeitsgericht angeschlossen und eine Änderungskündigung als unverhältnismäßig qualifiziert, wenn die Änderung des Arbeitsortes bereits im Rahmen des Weisungsrechts erfolgen kann.[352]

Beide Ansichten sind sich jedoch dahingehend einig, dass das Weisungsrecht vor der Änderungskündigung vorrangig zur Anwendung kommen muss – sei es nun, weil es ein milderes Mittel darstellt oder weil die Änderungskündigung bei möglicher Vertragsgestaltung durch das Direktionsrecht unbegründet und „überflüssig“[353] wird. Im Ergebnis schließt daher die Möglichkeit, die Änderungen per Direktionsrecht vorzunehmen, eine Änderungskündigung nach allen Ansichten aus.

Da sich die Frage nach dem zulässigen Umfang des Weisungsrechts bei der Einführung von Compliance- und Ethikrichtlinien im konkreten Fall nicht immer rechtssicher und eindeutig beantworten lässt, kann der Arbeitgeber berechtigt im Zweifel darüber sein, ob im konkreten Fall die Ausübung des Direktionsrechts genügt oder ob eine Änderungskündigung ausgesprochen werden muss. In diesem Fall erscheint es sinnvoll, sich als Arbeitgeber in erster Linie auf das Direktionsrecht zu stützen und hilfsweise eine Änderungskündigung auszusprechen. Letztere ist bei begründeten Zweifeln und nicht eindeutiger Rechtslage „nicht ohne Weiteres als überflüssig zu qualifizieren.“[354] Über die hilfsweise ausgesprochene Änderungskündigung wird im Kündigungsschutzprozess des betroffenen Arbeitnehmers nur dann entschieden, wenn die Maßnahme nicht vom Weisungsrecht umfasst ist. Eine Klageabweisung, bzw. eine Feststellung, dass das Arbeitsverhältnis durch die Kündigung nicht aufgelöst ist, droht dann nicht allein aufgrund der „Unverhältnismäßigkeit“ der Kündigung, wenn die erstrebte Änderung der Beschäftigungsbedingungen

---

HWK, Arbeitsrecht Kommentar, § 2 KSchG, Rn. 27. Teilweise wird vertreten, dass der Ausspruch einer Änderungskündigung dann in eine Ausübung des Direktionsrechts umgedeutet werden könne, so LAG Berlin v. 29.11.1999 – 9 Sa 1277/99, NZA-RR 2000, 131 (132); *Mengel/Hagemeister*, BB 2007, 1386 (1391); *Molkenbur*, in: HWK, Arbeitsrecht Kommentar, § 2 KSchG, Rn. 19, 27; sehr kritisch aber i.E. wohl befürwortend *Hromadka*, NZA 2008, 1338 (1340); a.A. *Berkowsky*, in: Münchener Hdb ArbR, Band 1, § 121, Rn. 9; *Oetker*, in: ErfK, § 2 KSchG, Rn. 14, 14a.

351 So *Berkowsky*, in: Münchener Hdb ArbR, Band 1, § 121, Rn. 4, vgl. auch *Hromadka*, NZA 2008, 1338 (1339).

352 BAG, Urt. v. 22.09.2016 – 2 AZR 509/15, NZA 2016, 1461 (1462, Rn. 10 f.).

353 BAG, Urt. v. 06.09.2007 – 2 AZR 368/06, NZA-RR 2008, 291.

354 *Molkenbur* in: HWK, Arbeitsrecht Kommentar, § 2 KSchG, Rn. 25.

durch Ausübung des Weisungsrechts des Arbeitsgebers gemäß § 106 GewO möglich ist.[355]

d) Zwischenergebnis

Sind einzelne der in einem Kodex typischerweise enthaltenen Ethikrichtlinien weder einseitig über das Direktionsrecht einführbar, noch einigen sich Arbeitgeber und Arbeitnehmer im Wege einer Änderungsvereinbarung, kommt eine Einführung per Änderungskündigung in Betracht. Dies betrifft also solche Regelungen, die eine Veränderung oder Erweiterung der bestehenden Pflichten vorsehen und nicht gesetzlich angeordnet sind. Des Weiteren müsste die Einführung über eine betriebsbedingte Änderungskündigung den Voraussetzungen des § 2 KSchG genügen, dem Arbeitnehmer zumutbar, billigenswert und sozial gerechtfertigt sein, sowie Regelungen betreffen, die einen Bezug zur Arbeitsleistung aufweisen.

e) Eignung der Änderungskündigung als Implementierungsinstrument von Compliance- und Ethikrichtlinien

Da eine Vielzahl der in einem Kodex typischerweise enthaltenen Regelungen über das Direktionsrecht eingeführt werden kann und sich für diese Regelungen eine Implementierung über Änderungskündigung nach Ansicht der Verfasserin verbietet, ist diese nicht als geeignetes Implementierungsinstrument für einen Kodex als Ganzes anzusehen. Hinsichtlich einzelner Regelungen, denen die Arbeitnehmer nicht einvernehmlich zustimmen, kommt eine Änderungskündigung theoretisch in Betracht. Aufgrund des massiven Eingriffs in Bestand und Inhalt des Arbeitsverhältnisses sind die Zulässigkeitsschranken für eine Änderungskündigung jedoch sehr hoch, sodass sie auch als Mittel zur Einführung einzelner Regelungen häufig ausscheiden wird.[356]

Darüber hinaus enthalten viele Tarifverträge[357] oder auch Betriebsvereinbarungen eine Klausel, welche das ordentliche (betriebsbedingte) Kündigungsrecht des Arbeitgebers gegenüber tarifgebundenen Arbeitnehmern ausschließt. Von diesem Ausschluss ist auch das Recht zur Änderungskündigung umfasst.[358]

II. Beteiligungsrechte des Betriebsrates

Unternehmen, in denen ein Betriebsrat besteht, müssen bei der Implementierung von Compliance- und Ethikkodizes die anwendbaren Bestimmungen des Betriebsverfassungsgesetzes zur Mitbestimmung des Betriebsrates beachten. So ist der Betriebsrat z.B. bei der Einführung von Ethikrichtlinien unter der hinreichenden

---

355 BAG, Urt. v. 22.09.2016 – 2 AZR 509/15, NZA 2016, 1461 (1462, Rn. 10 f.).

356 *Mengel/Hagemeister*, BB 2007, 1386 (1391); gegen eine Eignung als Implementierungsinstrument auch *Wagner*, Ethikrichtlinien, S. 70.

357 Z.B. § 34 TVöD und § 34 TV-L im Tarifgebiet West.

358 BAG, Urt. v. 27.09.2001 – 6 AZR 404/00, NJOZ 2002, 852 (855).

Wahrscheinlichkeit eines Mitbestimmungsrechts nach § 80 II S. 1 BetrVG rechtzeitig und umfassend zu informieren, damit er die Möglichkeit erlangt, die Konformität der Ethikrichtlinie mit dem geltenden Recht insbesondere zugunsten der Arbeitnehmer zu überprüfen.

Daneben kommt bei der Einführung und Ausgestaltung der Ethikrichtlinien, die einen kollektiven Bezug haben häufig ein zwingendes Mitbestimmungsrecht des Betriebsrates nach § 87 I BetrVG in Betracht. Dieses besteht unabhängig von der Form der Implementierung. Es kommt allein auf den jeweiligen Regelungsgegenstand an.[359]

1. *Mitbestimmung bei Ethikrichtlinien*

Ob und inwieweit Ethikrichtlinien diesem Mitbestimmungsrecht unterfallen, war lange umstritten.[360] Das Bundesarbeitsgericht hat dies in der sog. „Honeywell-Entscheidung"[361] von 2008 inzwischen entschieden. Der Betriebsrat hat kein Mitbestimmungsrecht hinsichtlich der Einführung von Ethikrichtlinien insgesamt, sondern nur soweit wie die enumerative Aufzählung des § 87 I BetrVG ihm ein Mitbestimmungsrecht bezüglich der einzelnen Klausel zusprechen. Ein Compliance- und Ethikkodex kann daher sowohl aus mitbestimmungspflichtigen als auch mitbestimmungsfreien Verhaltensregelungen bestehen. Die im Zusammenhang mit der Einführung von Ethikrichtlinien am häufigsten in Frage kommenden Mitbestimmungsrechte werden im Folgenden kurz vorgestellt.

a) *§ 87 I Nr. 1 BetrVG: Fragen der Ordnung des Betriebes und des Verhaltens der Arbeitnehmer*

Bei Compliance- und Ethikrichtlinien kommt vorrangig das Mitbestimmungsrecht nach § 87 I Nr. 1 BetrVG in Betracht. Danach hat der Betriebsrat mitzubestimmen, wenn der Arbeitgeber das über das Arbeitsverhalten hinausgehende Ordnungsverhalten (Tun, Dulden oder Unterlassen) der Arbeitnehmer kollektiv regeln will, sofern dieses nicht bereits gesetzlich oder tariflich geregelt ist. Das kollektive

---

359 BAG, Beschluss v. 22.07.2008 – 1 ABR 40/07, NZA 2008, 1248; *Wagner*, Ethikrichtlinien: Inhalte – Implementierung – Mitbestimmung, in: Maschmann, Corporate Compliance und Arbeitsrecht, S. 77. Zu der Mitbestimmungspflichtigkeit einzelner typischer Klauseln eines Ethikkodex: *Fahrig*, Die Einführung eines Verhaltenskodexes und das Whistleblowing, S. 131; *Triskatis*, Ethikrichtlinien, S. 178 ff.; *Wisskirchen/Jordan/Bissels*, DB 2005, 2190 (2191); *Schuster/Darsow*, NZA 2005, 273 (274); *Wagner*, Ethikrichtlinien, S. 92 ff.

360 Umfassende Darstellung des inzwischen veralteten Streitstandes m.w.N. bei: *Fahrig*, Die Einführung eines Verhaltenskodexes und das Whistleblowing, S. 126 f.

361 BAG, Beschluss. v. 22.07.2008 – 1 ABR 40/07, NZA 2008, 1248; in Anlehnung an die Vorinstanz: LAG Hessen, Beschluss v. 18.01.2007, AiB 2007, 663 ff.; *Tödtmann/Kaluza*, in: Maschmann/Sieg/Göpfert, Vertragsgestaltung im Arbeitsrecht, S. 551, Rn. 49.

Zusammenleben soll nicht allein durch den Arbeitgeber und dessen Interessen bestimmt werden können.[362]

Es muss sich nicht um verbindliche Verhaltensregeln handeln. Es ist sogar ausreichend, wenn die Maßnahmen des Arbeitgebers bezwecken, das Verhalten der Arbeitnehmer zu steuern oder dieses nur berühren oder die Ordnung des Betriebs zu gewährleisten.[363] Damit werden auch schon Verhaltensrichtlinien erfasst, die hinsichtlich des Ordnungsverhaltens der Arbeitnehmer lediglich allgemeine Angaben machen und z.B. zum „sozialen Miteinander“ auffordern.

Bei Einzelmaßnahmen in Bezug auf das individuelle Verhalten eines Arbeitnehmers besteht dagegen kein Mitbestimmungsrecht. Es fehlt der erforderliche kollektive Bezug.[364] Auch kein Mitbestimmungsrecht besteht bei Regelungen, mit denen lediglich die geschuldete Arbeitsleistung konkretisiert werden soll (Leistungsverhalten), oder bei der Verlautbarung der „Unternehmensphilosophie" und der Beschreibung von Unternehmenszielen.[365]

Das mitbestimmungspflichtige Ordnungsverhalten umfasst das über das reine Leistungsverhalten hinausgehendes Verhalten der Arbeitnehmer untereinander, das den Arbeitsablauf und die Zusammenarbeit verbessert und koordiniert. Gegenstand des Ordnungsverhaltens ist damit das betriebliche Zusammenleben und Zusammenwirken der Arbeitnehmer.[366] Fragen der Ordnung des Betriebes beziehen sich auf ein vorgefundenes, abzuänderndes oder noch zu schaffendes gegenständliches Regelwerk. Das Verhalten der Arbeitnehmer im Betrieb ist dagegen ein vom Willen der Arbeitnehmer abhängiges und auf die objektiven Vorgaben der betrieblichen Ordnung bezogenes Tun oder Unterlassen. Folglich hängt beides als einheitlicher Gegenstand zusammen.[367]

§ 87 I Nr. 1 BetrVG gibt den Betriebsparteien die Möglichkeit, die Ordnung des Betriebs zu gestalten und damit das Verhalten der Arbeitnehmer zu beeinflussen. Sie berechtigt die Betriebsparteien aber nicht, in die private Lebensführung der Arbeitnehmer einzugreifen. Denkbar sind allerdings Schnittstellen von Privatem mit Bezug zum Arbeitsverhältnis, sodass Regelungen über private Beziehungen im Betrieb nicht von vornherein der Mitbestimmung entzogen sind.[368]

---

362 Vgl. *Meyerhoff*, Die betriebliche Ordnung des § 87 Abs. 1 Nr. 1 BetrVG, S. 100.

363 BAG, Beschluss v. 22.07.2008 – 1 ABR 40/07, NZA 2008, 1248 (1248, Orientierungssatz 2); weitere Nachweise bei: *Wagner*, Ethikrichtlinien, S. 83.

364 *Meyerhoff*, Die betriebliche Ordnung des § 87 Abs. 1 Nr. 1 BetrVG, S. 50, 113 ff. m.w.N. aus der Rspr.

365 „Honeywell-Beschluss“: BAG, Beschluss v. 22.07.2008 – 1 ABR 40/07, NZA 2008, 1248 (1248, Orientierungssatz 3); dazu: *Kort*, NJW 2009, 129 (129).

366 *Junker*, Grundkurs Arbeitsrecht, S. 405, Rn. 749; *Fahrig*, Die Einführung eines Verhaltenskodexes und das Whistleblowing, S. 125 mit einer beispielhaften Aufzählung mitbestimmungspflichtiger Verhaltensvorgaben, S. 131.

367 Vgl. *Meyerhoff*, Die betriebliche Ordnung des § 87 Abs. 1 Nr. 1 BetrVG, S. 49 f.

368 BAG, „Honeywell-Beschluss“ v. 22.07.2008 – 1 ABR 40/07, NZA 2008, 1248.

b) *§ 87 I Nr. 6 BetrVG: Verwendung technischer Einrichtungen*

Der Betriebsrat hat ebenfalls ein Mitbestimmungsrecht, wenn es um die Einführung und Anwendung technischer Einrichtungen geht, die dazu bestimmt sind, das Verhalten oder die Leistung der Arbeitnehmer zu überwachen (bzw. objektiv dazu geeignet sind),[369] und wenn diese Informationen aufgezeichnet werden.[370] Dieses Mitbestimmungsrecht soll die Arbeitnehmer und ihr Persönlichkeitsrecht i.S.d. Art. 2 I i.V.m. 1 I GG davor schützen, zum Objekt (anonymer) Kontrollen durch den Arbeitgeber zu werden, derer sie sich nicht entziehen können und die sie vielleicht nicht einmal wahrnehmen. Der Begriff „technische Einrichtung" ist dabei weit zu verstehen und soll lediglich die menschliche Überwachung aus dem Regelungsinhalt ausschließen. Die technische Einrichtung muss eigenständige Kontrollwirkung entfalten können.[371]

Das Bestehen dieses Mitbestimmungsrechts bedeutet jedoch nicht per se, dass der Betriebsrat dem Arbeitgeber die Einrichtung von Kontrollen verbieten kann. Dies wäre auch widersprüchlich, ist der Arbeitgeber ja zur Kontrolle und Aufklärung von Verstößen verpflichtet. Allerdings ist der Betriebsrat bei der Ein- und Durchführung entsprechend zu beteiligen.

Unter diesen Tatbestand fallen mit Relevanz für Regelungen in Compliance- und Ethikrichtlinien z.B. Film- und Videokameras; technische Ein- und Ausgangskontrollen, die die Anwesenheitszeiten der Arbeitnehmer erfassen; Anlagen zur Telefondatenerfassung und Telefonabhöranlagen; Einrichtungen zur elektronischen Ortung.

Bei der Einrichtung einer Telefonhotline zur Meldung von Verstößen gegen die Compliance- und Ethikrichtlinien wurde zunächst ein Mitbestimmungsrecht nach § 87 I S. 1 Nr. 6 BetrVG angenommen, da es sich um eine technische Überwachungseinrichtung handle. Allerdings nimmt nicht das Telefon selbst die Überwachung vor, sondern ist nur ein technisches Hilfsmittel zur Überwachung, bzw. dient sogar nur der Meldung von anderen Verstößen. Eine Überwachung erfolgt daher nicht unmittelbar und eigenständig durch das Telefon, sondern durch die Mitarbeiter.[372] Etwas anderes gilt aber dann, wenn die Telefondaten aufgezeichnet werden, um später Nachweise/Beweise zu führen. Dann besteht eine Mitbestimmungspflicht nach § 87 I S. 1 Nr. 6 BetrVG.

---

369 Auf die subjektive Überwachungsabsicht des Arbeitgebers kommt es nicht an. BAG, Beschluss v. 27.01.2004 – 1 ABR 7/03, NZA 2004, 556 (558); *Fahrig*, Die Einführung eines Verhaltenskodexes und das Whistleblowing, S. 141.

370 BAG, Beschluss v. 27.01.2004 – 1 ABR 7/03, NZA 2004, 556 (558).

371 Eine technische Einrichtung nur zur Übermittlung genügt nicht zur Erfassung von § 87 I Nr. 6 BetrVG, wenn die Kontrolle dann durch einen Arbeitnehmer erfolgt, wie z.B. bei der Einführung einer Telefonhotline die direkt zur Beschwerdestelle durchstellt, vgl. *Fahrig*, Die Einführung eines Verhaltenskodexes und das Whistleblowing, S. 142.

372 Vgl. *Mengel*, Compliance und Arbeitsrecht, S. 104 f, Rn. 59.

2. *Rechtsfolgen der Nichtbeachtung*

Für den Fall, dass das Mitbestimmungsrecht nicht beachtet wird, existiert keine ausdrückliche gesetzliche Rechtsfolgenregelung im § 87 BetrVG. Da diese Vorschrift allerdings dem Schutz der Arbeitnehmer vor einseitigen Maßnahmen des Arbeitgebers dient und darauf abzielt, eine gleichberechtigte Beteiligung der Arbeitnehmer an der Gestaltung der Arbeitsbedingungen und der Zusammenarbeit von Arbeitgeber und Arbeitnehmer sicherzustellen, hat ein Verstoß bzw. eine Nichtbeachtung des Mitbestimmungsrechts zur Folge, dass die entsprechende Regelung im eingeführten Compliance- und Ethikkodex nach der herrschenden „Theorie der Wirksamkeitsvoraussetzung“[373] individualrechtlich nicht wirksam einbezogen ist. Der Arbeitgeber kann bei Verstößen gegen die nicht wirksam einbezogene Richtlinie keine Sanktionen daran knüpfen.

III. Kollektivrechtliche Einbeziehung

Auf kollektivrechtlicher Ebene besteht die Möglichkeit einer Einbeziehung des Compliance- und Ethikkodex in die Arbeitsverhältnisse der Mitarbeiter durch Abschluss einer Betriebsvereinbarung oder durch Abschluss eines Tarifvertrages.

1. *Betriebsvereinbarung*

Besteht in dem Unternehmen ein Betriebsrat, kommt eine kollektivrechtliche Implementierung eines Compliance- und Ethikkodex über den Abschluss einer Betriebsvereinbarung in Betracht. Die Betriebsvereinbarung schafft unmittelbare Rechte und Pflichten zwischen Arbeitgeber und Arbeitnehmern. Der Abschluss einer Betriebsvereinbarung bietet sich insbesondere dann an, wenn der Betriebsrat bei bestimmten Fragen ein zwingendes Mitbestimmungsrecht nach § 87 I BetrVG hat.[374] Hat ein Unternehmen mehrere Betriebe in Deutschland, dann sind für die Implementierung des Ethikkodex nicht die einzelnen Betriebsräte, sondern der Gesamtbetriebsrat nach §§ 47 ff. BetrVG bzw. der Konzernbetriebsrat nach §§ 53 ff. BetrVG zuständig.

---

373 Nach der sog. „Theorie der Wirksamkeitsvoraussetzung“ führt die Verletzung von Mitbestimmungsrechten des Betriebsrats im Verhältnis zwischen Arbeitgeber und Arbeitnehmer jedenfalls zur Unwirksamkeit von Maßnahmen oder Rechtsgeschäften, die den Arbeitnehmer belasten. Damit soll ein Umgehen des Einigungszwangs durch Rückgriff auf arbeitsvertragliche Gestaltungsmöglichkeiten durch den Arbeitgeber verhindert werden und der Arbeitnehmer geschützt werden; vgl. statt vieler BAG, Urt. v. 07.09.1956 – 1 AZR 646/54 und Urt. v. 01.02.1957 – 1 AZR 521/54; BAG, Beschluss v. 20.08.1991 – 1 ABR 85/90, NZA 1992, 317; BAG, Urt. v. 22.06.2010 – 1 AZR 853/08, NZA 2010, 1243 (1243, 1247); Fitting, BetrVG Kommentar, § 87, Rn. 599 ff; *Wiese*, in: GK-BetrVG, § 87, Rn. 103 ff.; abweichend: *Richardi*, in: Richardi, BetrVG Kommentar, § 87, Rn. 104 ff.; *Lobinger*, RdA 2011, 76 (88 ff.).

374 Siehe dazu bereits auf S. 102.

Die geschlossene Betriebsvereinbarung hat normative Wirkung, wirkt also nach § 77 IV S. 1 BetrVG unmittelbar und zwingend auf das Arbeitsverhältnis ein und gestaltet es somit unabhängig vom Willen und von der Kenntnis der Vertragsparteien.[375] Die Einführung eines Compliance- und Ethikkodex per Betriebsvereinbarung hat infolgedessen den Vorteil, dass dieser sofort für alle Arbeitsverhältnisse der Arbeitnehmer gilt.[376]

a) Umfang der Regelungsbefugnis

Durch eine Betriebsvereinbarung dürfen nur Umstände geregelt werden, für die die Betriebsparteien eine funktionelle Zuständigkeit haben. Im Rahmen dessen können grundsätzlich sämtliche Arbeitsbedingungen geregelt werden, §§ 77 III, 87 I, 88 BetrVG.[377] In den Grenzen des Tarifvorrangs aus § 77 III BetrVG bzw. des Tarifvorbehalts aus § 87 I BetrVG können alle tarifvertraglich regelbaren Angelegenheiten Gegenstand einer Betriebsvereinbarung sein. Durch Abschluss einer Betriebsvereinbarung in freiwilligen Angelegenheiten, § 88 BetrVG, können auch zusätzliche Pflichten des Arbeitgebers oder Beteiligungsrechte des Betriebsrats mit Bezug zum Arbeitsverhältnis begründet werden.[378] Sinn der Mitbestimmung ist der Schutz der Arbeitnehmer durch die Ermöglichung der Mitgestaltung der wichtigsten Arbeitsbedingungen. Es soll eine gleichberechtigte Teilhabe der Arbeitnehmer an unternehmerischen Entscheidungen, die die Arbeitnehmer unmittelbar betreffen, sichergestellt werden, und dadurch die Arbeitnehmer vor der einseitigen Gestaltung durch den Arbeitgeber geschützt werden.[379] Bei der Einführung eines Ethikkodex

werden typischerweise Regelungen geschaffen, die sich sowohl auf den Inhalt des Arbeitsverhältnisses beziehen als auch auf die Betriebsorganisation (sog. Inhaltsnormen und Betriebsnormen).[380]

---

375 BAG, Beschluss v. 16.09.1986 – GS 1/82, NZA 1987, 168 (172); BAG, Urt. v. 21.09.1989 – 1 AZR 454/88, NZA 1990, 351 (353 f.); *Kania*, in: ErfK, § 77 BetrVG, Rn. 5.

376 Eine Regelungsabrede schafft dagegen nur Rechte und Pflichten zwischen den Betriebsparteien. Sie hat keine normative Wirkung und bietet sich daher nicht zur Einführung eines Compliance- und Ethikkodex an.

377 BAG, Beschluss v. 07.11.1989 – GS 3/85, NZA 1990, 816 (818); *Wagner*, Ethikrichtlinien: Inhalte – Implementierung – Mitbestimmung, in: Maschmann, Corporate Compliance und Arbeitsrecht, S. 76.

378 *Gaul*, in: HWK Arbeitsrecht Kommentar, § 77 BetrVG, Rn. 32; *Fitting*, BetrVG Kommentar, § 87 Rn. 6; *Wiese*, in: GK-BetrVG, § 87 Rn. 10.

379 *Clemenz*, in: HWK, Arbeitsrecht Kommentar, § 87 BetrVG, Rn. 1; *Fitting*, BetrVG Kommentar, § 87 Rn. 3; grundlegend: BAG, Beschluss v. 18.04.1989 – 1 ABR 100/87, DB 1989, 1676.

380 *Kania*, in: ErfK, § 77 BetrVG, Rn. 37; *Wagner*, Ethikrichtlinien, S. 72. Inhaltsnormen regeln die Rechte und Pflichten der Arbeitsvertragsparteien. Betriebsnormen regeln die Arbeitsbedingungen, die den Betrieb als Organisatorische Einheit be-

Die Grenzen der Regelungsbefugnis der Betriebspartner hinsichtlich einer Betriebsvereinbarung ergeben sich neben der Grenze durch höherrangiges Recht insbesondere aus der Inhaltskontrolle der Betriebsvereinbarung nach § 75 BetrVG.[381] Nach § 75 I BetrVG müssen alle im Betrieb tätigen Personen nach den Grundsätzen von Recht und Billigkeit behandelt werden. Die Betriebsvereinbarung darf mithin nicht gegen Grundrechte oder höheres Gesetzesrecht verstoßen.[382] Nach § 75 II S. 1 BetrVG haben die Betriebsparteien insbesondere auch die freie Entfaltung der Persönlichkeit der im Betrieb beschäftigten Arbeitnehmer zu schützen und zu fördern.[383] Die Maßstäbe des § 75 BetrVG werden insgesamt jedoch als weniger streng als die der vertraglichen Inhaltskontrolle angesehen.[384] Dennoch umfasst die Regelungskompetenz der Betriebspartner damit ebenfalls keine Umstände, die das außerbetriebliche oder private Verhalten der Arbeitnehmer betreffen. Auch können sie nicht das Verhältnis der Arbeitnehmer zu Dritten, wie Familienangehörigen, regeln. Zudem kann eine Betriebsvereinbarung nicht über die höchstpersönlichen Rechte der Arbeitnehmer disponieren (z.B. Kontrolle privater Telekommunikation, Datenschutz). Hinsichtlich dieser Regelungsgegenstände ist eine zusätzliche Einwilligung aller Arbeitnehmer erforderlich.[385]

Eine weitere Schranke der Regelungsbefugnis der Betriebspartner ergibt sich aus dem Verhältnis einer Betriebsvereinbarung zu der Tarifautonomie. So ist eine Regelung durch Betriebsvereinbarung nach § 77 III BetrVG dann gesperrt, wenn die Materie bereits durch Tarifvertrag geregelt ist oder üblicherweise durch Tarifvertrag geregelt wird. Eine Ausnahme dazu bildet nur der Einleitungssatz des § 87 I BetrVG für erzwingbare mitbestimmungspflichtige Angelegenheiten. Bei bloßer Tarifüblichkeit ist eine Regelung über Betriebsvereinbarung zulässig (Vorrangtheorie). In Tarifverträgen finden sich bislang kaum Regelungen, die typischerweise in Compliance- und Ethikrichtlinien geregelt werden. Insofern ist die Regelungsbefugnis der Betriebsparteien durch entgegenstehende Tarifverträge in der Praxis bislang nicht eingeschränkt.[386]

Betriebsvereinbarung geht dem Arbeitsvertrag nicht grundsätzlich vor. In ihrem Verhältnis zu dem einzelnen Arbeitsverhältnis ist das Günstigkeitsprinzip

---

treffen. Die sog. Abschlussnormen, die nur den Arbeitgeber verpflichten, werden dabei regelmäßig nicht in einem Ethikkodex geregelt.

381 Der Streit zwischen BAG und herrschender Lehre, ob es sich dabei um eine Billigkeitskontrolle oder um eine reine Rechtskontrolle handelt, ist an dieser Stelle nicht weiterführend, vgl. dazu: *Kania*, in: ErfK, § 75 BetrVG, Rn. 5, § 77 BetrVG, Rn. 31, 154; *Junker*, Grundkurs Arbeitsrecht, S. 391 f., Rn. 724.

382 *Mengel*, CCZ 2008, 85 (87).

383 BAG, Beschluss v. 29.06.2004 – 1 ABR 21/03, NZA 2004, 1278.

384 In diesem Sinne: *Preis*, in: ErfK §§ 305 – 310 BGB, Rn. 9.

385 *Mengel*, Arbeitsrecht und Compliance, S. 36; *Mengel/Hagemeister*, BB 2007, 1386 (1391).

386 *Wagner*, Ethikrichtlinien, S. 74.

zu beachten.[387] Regeln Betriebsvereinbarung und Individualvertrag die gleiche Materie, findet das Günstigkeitsprinzip zugunsten der arbeitsvertraglichen Individualregelung Anwendung. Die dennoch an sich wirksame (Ethikrichtlinien-) Betriebsvereinbarung kann dann keine volle Wirkung entfalten, wenn in einem Arbeitsvertrag eine günstigere Regel vorgesehen ist. Diese kann mithin als Schranke der Regelungsbefugnis interpretiert werden.[388] Dies ist daher vor Implementierung sorgfältig zu prüfen.[389]

b) Abänderung und Kündigung einer Betriebsvereinbarung

Ist eine Compliance- und Ethikrichtlinie über eine Betriebsvereinbarung implementiert und soll sie nun aktualisiert oder abgeändert werden, kann dies durch das Ablöseprinzip mit hoher Flexibilität durch eine neuere Betriebsvereinbarung geschehen. Es kommt nicht darauf an, ob die Abänderung für den Arbeitnehmer günstiger ist oder nicht. Ist eine Betriebsvereinbarung über einen bestimmten Regelungsgegenstand geschlossen, ist dieser dem einseitigen Direktionsrecht des Arbeitgebers entzogen. Der Arbeitgeber kann diese Regelungen dann nicht mehr einseitig ändern. Schuldrechtlich betrachtet, sind Arbeitgeber und Betriebsrat durch Abschluss der Betriebsvereinbarung gebunden. Bezüglich dieser Bindungswirkung macht es zudem keinen Unterschied, ob es sich um einen mitbestimmungspflichtigen oder einen mitbestimmungsfreien Tatbestand gehandelt hat, § 77 IV BetrVG. Das einseitige Direktionsrecht kann höchstens nach Kündigung der Betriebsvereinbarung wiederaufleben, allerdings nur bei den mitbestimmungsfreien Tatbeständen, da für diese nach § 77 VI BetrVG keine Nachwirkung gilt.[390]

c) Eignung der Betriebsvereinbarung als Implementierungsinstrument von Compliance- und Ethikrichtlinien

Regelmäßig erfährt eine Betriebsvereinbarung eine hohe Akzeptanz bei den Mitarbeitern und demonstriert gleichzeitig eindrücklich ein Bekenntnis des Betriebsrates zu den ethischen Verhaltensanforderungen des Arbeitgebers. In großen Betrieben können so aufwendige Verfahren und Verhandlungen über die individuelle Zustimmung der einzelnen Arbeitnehmer vermieden werden.[391]

An Betriebsvereinbarungen sind leitende Angestellte (§ 5 III BetrVG) nicht gebunden, § 77 IV BetrVG. Der Sprecherausschuss kann jedoch nach § 28 I SprAuG ihren Inhalt zum Gegenstand einer einvernehmlichen Richtlinie machen, sodass

---

387 BAG, Beschluss v. 16.09.1986 – GS 1/82, NZA 1987, 168; BAG, Beschluss v. 07.11.1989 – GS 3/85, NZA 1990, 816.

388 *Kania*, in: ErfK, § 77 BetrVG, Rn. 6; *Wagner*, Ethikrichtlinien: Inhalte – Implementierung – Mitbestimmung, in: Maschmann, Corporate Compliance und Arbeitsrecht, S. 76.

389 Vgl. *Mengel*, Compliance und Arbeitsrecht, S. 36 f.

390 *Mengel/Hagemeister*, BB 2007, 1386 (1391).

391 *Mengel/Hagemeister*, BB 2007, 1386 (1391); *Mengel*, CCZ 2008, 85 (87).

eine einheitliche Geltung der Compliance- und Ethikrichtlinien im Betrieb hergestellt werden kann.[392]

Die Betriebsparteien besitzen außerdem die Kompetenz, auch außerhalb der Mitbestimmungstatbestände des BetrVG im Rahmen der funktionellen Zuständigkeit freiwillige Betriebsvereinbarungen zu schließen, die sowohl begünstigen als auch belasten können. Besteht erst einmal eine solche Betriebsvereinbarung, können Änderungen daran mit Zustimmung des Betriebsrates auch nachteilig für den Arbeitnehmer vorgenommen werden (Ablöseprinzip). Sind jedoch individuell günstigere Regelungen vereinbart worden, gehen diese auch hier nach dem Günstigkeitsprinzip vor (s.o.). Für den Arbeitgeber als nachteilig kann angesehen werden, dass auch bezüglich der ursprünglich mitbestimmungsfreien Richtlinien im Compliance- und Ethikkodex, über die nun eine Betriebsvereinbarung geschlossen wurde, kein einseitiges Abänderungsrecht des Arbeitgebers mehr besteht.

2. *Tarifverträge*

Die in Compliance- und Ethikrichtlinien typischerweise geregelten Inhalte unterliegen nach § 1 I TVG auch der Gestaltungsmacht der Tarifvertragsparteien. Sie können Regelungen aufstellen, die den Inhalt, den Abschluss und die Beendigung von Arbeitsverhältnissen betreffen sowie betriebliche und betriebsverfassungsrechtliche Fragen regeln. Besonders relevant für die Regelung in einem Ethikkodex sind auch hier die Inhalts- und Betriebsnormen.[393] Zwischen den beiderseits Tarifgebundenen entsteht bei Regelung von Inhaltsnormen eine normative Geltung gemäß § 4 I TVG, ohne dass der einzelne Arbeitnehmer zu beteiligen ist oder es einer individuellen Zustimmung bedarf.[394] Bei Abschluss einer Betriebsnorm erstreckt sich die Geltung sogar auf die nicht tarifgebundenen Arbeitnehmer gemäß § 3 II TVG, sofern der Arbeitgeber tarifgebunden ist.

Vorteilhaft an der Implementierung über einen Tarifvertrag ist auch, dass, wie bei Betriebsvereinbarungen, nach § 310 IV S. 1 BGB keine Inhaltskontrolle nach §§ 305 ff. BGB stattfindet und die Vereinbarungen sich „lediglich" an höherrangigem Recht messen müssen. Dies erweitert den Gestaltungsbereich erheblich.

Die Bedeutung der Regelung von derartigen Verhaltensvorschriften in einem Tarifvertrag ist bisher in der Praxis allerdings eher gering. Der Abschluss eines Tarifvertrags zur Implementierung eines Verhaltenskodex gilt als eher ungewöhnlich.[395] Ein Grund dafür mag sein, dass die Tarifvertragsparteien weiter vom

---

392 Vgl. dazu: *Triskatis*, Ethikrichtlinien, S. 101 f.

393 *Wagner*, Ethikrichtlinien, S. 77; üblicherweise keine betriebsverfassungsrechtlichen Normen oder Abschlussnormen: *Triskatis*, Ethikrichtlinien, S. 94.

394 Zur zivilrechtsdogmatischen Grundlage der tariflichen Bindung und zur Anwendung zivilrechtsdogmatischen Denkens im kollektiven Arbeitsrecht am Beispiel der sog. Ewigkeitsklausel des § 3 III TVG: *Lobinger*, in: Lobinger/Piekenbrock/Stoffels, Zur Integrationskraft zivilrechtlicher Dogmatik, S. 17 (26 ff., 48).

395 *Wagner*, Ethikrichtlinien, S. 78; *Eisenbeis/Nießen*, FS Leinemann, S. 697 (711).

Arbeitsverhältnis entfernt sind als die Betriebsparteien, weshalb eine Implementierung durch eine Betriebsvereinbarung häufig näherliegt. Allerdings können durch Verbandstarifvertrag auch branchenspezifische Schwerpunkte gesetzt werden oder über Abschluss eines Haustarifvertrags oder unternehmensbezogenen Verbandstarifvertrags sogar noch individueller auf die konkrete Situation im jeweiligen Unternehmen eingegangen werden.

Jedoch ergeben sich aus den unterschiedlichen Geltungsbereichen je nach Regelungsgegenstand einige Nachteile. Für die bei Inhaltsnormen nicht erfassten „Außenseiter" kann eine einheitliche Geltung nur über arbeitsvertragliche Bezugnahmeklauseln geschaffen werden, denen als aufzunehmender Bestandteil des Arbeitsvertrags erst zugestimmt werden muss (s.o.[396]). Bei großen Unternehmen finden häufig mehrere unterschiedliche Tarifverträge Anwendung, was eine einheitliche Geltung äußerst schwierig macht und die Einigung mit unterschiedlichen Gewerkschaften als zusätzliche Verhandlungspartner erfordert. Da eine einheitliche Einführung und Geltung somit nur bei Betriebsnormen sichergestellt werden kann, eignet sich ein Tarifvertrag als Implementierungsinstrument für einen Compliance- und Ethikkodex nicht.

IV. Zusammenfassung

Für die Implementierung eines Compliance- und Ethikkodex stehen mehrere Instrumente zur Verfügung. Bei Unternehmen mit Betriebsrat ist, unabhängig vom Implementierungsinstrument, für die Wirksamkeit der Regelungen die zwingende Mitbestimmung des Betriebsrates bei der Einführung der jeweiligen mitbestimmungspflichtigen Richtlinie des Compliance- und Ethikkodex zu beachten. Besondere Relevanz hat der Mitbestimmungstatbestand des § 87 I Nr. 1 BetrVG, der das Ordnungsverhalten der Arbeitnehmer betrifft.

Eine vom Weisungsrecht gedeckte Compliance- und Ethikrichtlinie kann einseitig und unternehmenseinheitlich vom Arbeitgeber erlassen werden. Der Arbeitgeber kann die rahmenmäßig umschriebenen (bereits bestehenden) Haupt- und Nebenpflichten des Arbeitnehmers im Rahmen der Billigkeit nach § 315 III BGB und der weiteren gesetzlichen Grenzen durch Weisung konkretisieren und näher bestimmen. Die Compliance- und Ethikrichtlinie kann durch den Arbeitgeber auch einseitig geändert und aktualisiert werden, sofern keine zwingenden Mitbestimmungsrechte bestehen. Damit stellt die Einführung von Compliance- und Ethikrichtlinien über das Weisungsrecht für den Arbeitgeber ein einfaches und geeignetes Implementierungsinstrument dar.

Die Compliance- und Ethikrichtlinien können auch vertraglich einbezogen und somit Bestandteil des Arbeitsvertrages werden. Dies ist erforderlich, wenn die Vertragspflichten der Arbeitnehmer erweitert werden sollen. Bei dieser Form der Implementierung ist die Erreichung einer einheitlichen Geltung problematisch, da

---

396 Siehe bereits S. 88.

einer Aufnahme in den bestehenden Arbeitsvertrag jeder einzelne Arbeitnehmer zustimmen müsste. Zwar hat der Arbeitgeber bei dieser Implementierungsform eine größere Gestaltungsmacht im Vergleich zur Einführung über das Direktionsrecht, allerdings sind bei formularvertraglichen Vereinbarungen die hohen Anforderungen der §§ 305 ff. BGB und insbesondere die Schranken des § 307 I BGB zu beachten, die den gewonnenen Gestaltungsspielraum wieder eingrenzen. Zur Schaffung von Klarheit und Übersichtlichkeit kann im Arbeitsvertrag auf einen Ethikkodex als externes Dokument verwiesen werden. Die Zulässigkeit einer dynamischen Verweisungsklausel ist hoch umstritten und gerichtlich noch nicht abschließend geklärt, sodass dieses Implementierungsinstrument hinsichtlich der Rechtssicherheit Risiken birgt.

Die Implementierung über eine Änderungskündigung nach § 2 KSchG ist lediglich dann in Betracht zu ziehen, wenn die Inhalte der Richtlinie nicht mittels Direktionsrecht eingeführt werden können und wo der Versuch einer einvernehmlichen Vertragsänderung gescheitert ist. Zudem ist die betriebsbedingte Änderungskündigung nur bei solchen Regelungen zulässig, die einen Bezug zur Arbeitsleistung haben. Da infolgedessen der mögliche Anwendungsbereich beschränkt ist, ist sie als Mittel zur Einführung eines Ethikkodex wenig geeignet und lediglich Ultima Ratio für einzelne Regelungen in Betracht zu ziehen.

Ein Compliance- und Ethikkodex kann auf kollektiver Ebene über eine Betriebsvereinbarung implementiert werden, sofern die Betriebspartner die funktionelle Zuständigkeit für die einzuführenden Regelungen innehaben. Vorteilhaft daran ist, dass bei größeren Unternehmen aufwändige Verfahren zur Einholung der Zustimmung jedes einzelnen Mitarbeiters vermieden werden und sich die Betriebsvereinbarung durch ihre normative Wirkung auf alle Arbeitsverhältnisse erstreckt. Einer Betriebsvereinbarung wird zudem eine hohe Akzeptanz bei den Mitarbeitern zugesprochen. Nach dem flexiblen Ablöseprinzip kann eine neue (auch nachteilige) Betriebsvereinbarung eine alte, unter Beachtung des Günstigkeitsprinzips in Bezug auf Regelungen im Arbeitsvertrag, ohne weiteres ablösen. Jedoch erleidet der Arbeitgeber Flexibilitätseinbußen, wenn er Gegenstände, die vom Weisungsrecht umfasst sind, per Betriebsvereinbarung regelt, da er sie dann nicht mehr einseitig abändern kann. Die Betriebsvereinbarung ist dennoch als geeignetes Implementierungsinstrument für Compliance- und Ethikrichtlinien anzusehen, insbesondere, wenn sie Richtlinien enthält, bei denen ein zwingendes Mitbestimmungsrecht besteht. Dagegen muss dem Tarifvertrag eine Eignung als Implementierungsinstrument für einen Verhaltenskodex abgesprochen werden, da in der Regel keine betriebseinheitliche Geltung des Regelwerkes erreicht werden kann.

Um eine wirksame Einbeziehung sicherzustellen, ist es sinnvoll, die jeweiligen Vor- und Nachteile der Implementierungsmöglichkeiten gegeneinander abzuwägen. Für die einzelnen Regelungsinhalte ist die jeweils rechtlich und strategisch beste Gestaltungsart zu wählen. So können arbeitsbezogene Themen (Kartellrecht-, Buchhaltungs-, Bilanzen-Compliance, Anti-Korruptionsregeln) durch Arbeitsanweisungen vorgegeben werden, ebenso wie Verhaltensregeln, die sich auf das Arbeitsleben und die Arbeitsleistung beziehen (z.B. Anti-Diskriminierung). Weitestgehend lassen sich somit die typischsten Regelungsinhalte in Compliance- und Ethikrichtlinien einseitig durch das Direktionsrecht einführen.

Besteht im Unternehmen ein Betriebsrat, müssen die Mitbestimmungsrechte beachtet werden. In diesem Fall ist der Abschluss einer Betriebsvereinbarung empfehlenswert. Für alle anderen weitergehenden und pflichtenerweiternden Regelungen muss daher das jeweils passende Instrument gefunden werden. Es bietet sich an, in Standardarbeitsverträgen weitergehende Regelungen wie Interessenkonflikte und Wettbewerbsverbote zu regeln. Eine einseitige Änderung durch den Arbeitgeber ist dann zwar nicht mehr möglich. Dem damit einhergehenden Flexibilitätsverlust stehen jedoch erweiterte Regelungsmöglichkeiten gegenüber.

Trotz Einführung über verschiedene Implementierungsinstrumente kann eine einheitliche und die Richtlinien zusammenfassende Art der Veröffentlichung in Form eines Ethik- oder Verhaltenskodex gewählt werden.

3. Teil: Reaktions- und Sanktionsmöglichkeiten des Arbeitgebers bei Verstößen des Arbeitnehmers gegen Compliance- und Ethikrichtlinien

A. Einleitung

Compliance- und Ethikrichtlinien sollen das Bewusstsein der Arbeitnehmer für gesetzliche Vorschriften, einschlägige „best practice" Standards und die kodifizierten ethischen Vorstellungen des Unternehmens verbessern. Sind die in einem Kodex enthaltenen Verhaltensregelungen für den einzelnen Arbeitnehmer verbindlich und herrscht ihnen gegenüber ein entsprechendes (Einhaltungs-)Bewusstsein, ist die Wahrscheinlichkeit, Verstöße gegen den Kodex präventiv zu verhindern, am größten.

Dennoch gibt es immer wieder Verstöße durch bewusstes oder auch fahrlässiges Verhalten der Arbeitnehmer. Daher ist eine konsequente Ahndung von Verstößen zur Bestätigung der Ernsthaftigkeit und Geltung der Compliance- und Ethikrichtlinien unerlässlich. Auch unter haftungsvermeidenden Aspekten ist dies für das Unternehmen von Bedeutung. Andernfalls könnte dem Arbeitgeber bei fehlender Verfolgung solcher Verstöße gegen den Kodex eine stillschweigende Billigung oder Bagatellisierung der Verstöße und mithin sogar eine Aufsichtspflichtverletzung vorgeworfen werden.

Zur effektiven Durchsetzung eines Kodex ist es sinnvoll, auf eine unternehmensspezifische Kombination aus positiven und negativen Anreizen zurück zu greifen.[397] Positive Anreize können Arbeitnehmer für besonders dem Kodex entsprechendes Verhalten belohnen. Dies ist z.B. in Form einer betrieblichen Zusatzleistung, wie eines bestimmten Vergütungssystems und Bonifikationen für compliancetreues Verhalten, denkbar. Diese positiven, meist finanziellen Anreize erhöhen zusätzlich das Bewusstsein der Arbeitnehmer für ethisches und richtliniengetreues Verhalten und wirken motivierend. Dem gegenüber stehen als Reaktionsmaßnahmen auf Verstöße und Fehlverhalten die hier im Vordergrund stehenden und Schwerpunkt dieser Untersuchung bildenden „negativen" Durchsetzungsmechanismen in Form der klassischen arbeitsrechtlichen Konsequenzen und der in dem Kodex enthaltenen arbeitsrechtlichen Reaktions- und Sanktionsformen. Als Ziel sind beiden Formen der Anreizsetzung gemein, das Verhalten der Arbeitnehmer zu steuern.

In welcher Form und mit welchen Maßnahmen in einem Unternehmen Sanktionsprozesse ausgestaltet werden, hängt von den verschiedenen Rahmenbedingungen innerhalb des Unternehmens, dem konkreten Compliance-Programm, aber auch dem Verstoß selbst ab. Anhand all dieser Punkte ist abzuwägen, welche der möglichen Formen der Reaktion und Sanktion die geeignete ist.[398]

---

397 So auch in den Federal Sentencing Guidelines, codified at 18 U.S.C.A. § 8 B2.1.(b)(6).

398 *Bührer*, in: Moosmayer/Hartwig, Interne Untersuchungen, S. 104 ff.

Im Folgenden wird von der wirksamen Implementierung der Compliance- und Ethikrichtlinien ausgegangen.[399] Durch Pflichtcharakter der in dem Kodex enthaltenen Verhaltensregelungen wird dem Arbeitgeber die Möglichkeit gegeben, bei Verstößen gegen diese Verhaltensregelungen dagegen auch vorzugehen. Es wird zu zeigen sein, dass dem Arbeitgeber damit ein Instrument in die Hand gegeben wird, welches ihm Kontrollen zur effektiven Durchsetzung, ebenso wie Reaktions- und Sanktionsmöglichkeiten erlaubt.

Angesichts einer gewissen Auswahl, stellt sich für den Arbeitgeber die Frage, mit welchen arbeitsrechtlichen Mitteln und innerhalb welcher rechtlichen Grenzen die Ermittlung der Pflichtverletzungen des Arbeitnehmers stattfinden kann und welche Reaktions- oder Sanktionsmaßnahme in Betracht kommt. Innerhalb des Entscheidungsspielraums hinsichtlich der Wahl der konkreten angemessenen Sanktionsmaßnahme muss sorgfältig abgewogen werden: Einerseits sind die Nachteile zu beachten, die durch den Verstoß des Arbeitnehmers hervorgerufen wurden. Andererseits erlangen die Nachteile Bedeutung, die durch die Sanktion des Verstoßes gegen den Kodex entstehen. Dies können z.B. die Nachteile sein, die konkret für das Unternehmen durch die Kündigung eines wichtigen Arbeitnehmers entstehen könnten oder auch die Folgen einer gerichtlichen Auseinandersetzung und die damit verbundene Wirkung auf die Öffentlichkeit.[400]

Im Vorfeld einer Entscheidung für eine mögliche Reaktionsmaßnahme ist zunächst der Verstoß selbst festzustellen und weitestgehend aufzuklären. Dies erfolgt im Rahmen einer sog. „Internal Investigation", also einer unternehmensinternen Untersuchung. Dabei bewegt sich der Arbeitgeber in rechtlicher Hinsicht auf einem unsicheren Boden. Bei Investigationsmaßnahmen tauchen regelmäßig Schnittstellen zum Allgemeinen Persönlichkeitsrecht des Arbeitnehmers i.S.d. Art. 2 Abs. 1 i.V.m. 1 Abs.1 GG auf, sodass diese grundrechtlich geschützte Position des Arbeitnehmers gegen einen Eingriff im Aufklärungsinteresse des Arbeitgebers abgewogen werden muss. Dieses Thema wirft hinsichtlich der möglichen Maßnahmen, ihrer gesetzlichen Grundlagen und Grenzen, wie insbesondere das Datenschutzrecht und der diesbezüglichen Mitbestimmung, weitreichende Fragen auf.[401] Betrachtet man jedoch den Reaktions- und Sanktionsprozess in allen seinen rechtlich relevanten Stufen, ist der Punkt der umfassenden Sachverhaltsaufklärung die Grundlage weite-

---

399 Siehe zu den Möglichkeiten einer wirksamen Implementierung: S. 72 ff.

400 Vgl. *Mengel*, Compliance und Arbeitsrecht, S. 131.

401 Diese können hier nicht erschöpfend und in aller Vollständigkeit behandelt werden. Insofern ist auf ausgewählte Publikationen zu diesem Thema zu verweisen: *Eisele*, Compliance und Datenschutzstrafrecht, 2012; *Fritz/Nolden*, CCZ 2010, S. 170 ff.; *Gerst*, CCZ 2012, S. 1 ff.; *Haefcke*, CCZ 2014, S. 39 ff.; *Klengel/Mückenberger*, CCZ 2009, S. 81 ff.; *Lützeler/Müller-Sartori*, CCZ 2011, S. 19 ff.; *Maschmann*, NZA-Beil. 2012, S. 50 ff.; *Mengel*, BB 2004, S. 1445 ff., S. 2014 ff.; *Moosmayer/Hartwig*, Interne Untersuchungen; *Räther/Seitz*, MMR 2002, S. 425 ff.; *Schürrle/Olbers*, CCZ 2009, S. 178 ff.; *Schuster*, CR 2014, S. 21 ff.; *Thüsing*, Beschäftigtendatenschutz und Compliance; *Vogt*, NJOZ 2009, S. 4206 ff.; *Wagner*, CCZ 2009, S. 8 ff.

rer Handlungen des Arbeitgebers. Insofern ist auch diesem Themenkomplex in der vorliegenden Arbeit ein Abschnitt gewidmet, in welchem gängige Aufklärungsmaßnahmen und diesbezügliche rechtlichen Fragen unter dem Blickpunkt der Verstöße gegen Compliance- oder Ethikrichtlinien betrachtet werden.

Der folgende Teil der Arbeit behandelt zunächst die Einführung und den Inhalt einer Sanktionsklausel als Grundlage für jedes weitere Vorgehen, anschließend Vermutung und Verdacht eines Verstoßes, die Möglichkeiten und Grenzen der Untersuchung eines möglichen Verstoßes bis schwerpunktmäßig hin zu den verschiedenen Reaktions- und Sanktionsmöglichkeiten des Arbeitgebers auf den Regelverstoß und deren Verhältnis zueinander.

Zu den Reaktionsmöglichkeiten des Arbeitgebers auf Verstöße des Arbeitnehmers gehört die klassische auf Beendigung gerichtete arbeitsrechtliche Reaktionen der Kündigung und zuvor die der Abmahnung, aber auch weitere, auf individualvertraglicher oder kollektivrechtlicher Ebene vorbehaltene sowie vom Weisungsrecht umfasste Reaktionsmöglichkeiten, die auf das laufende Arbeitsverhältnis einwirken. Die einzelnen individualrechtlichen Reaktionsmöglichkeiten erfüllen jeweils unterschiedliche Zwecke, denen ein strafendes Element im Sinne einer Sanktion nicht zukommt. Einzig bei der Betriebsbuße handelt es sich tatsächlich um eine „echte" Sanktion und Strafe. Sie soll repressiv das Verhalten des Arbeitnehmers mit persönlichen Nachteilen bestrafen und enthält ein Unwerturteil über das Verhalten einer Person.[402] Die individualrechtlichen Konsequenzen beziehen sich dagegen auf Bestand und Inhalt des konkreten Arbeitsverhältnisses und reagieren auf Vertragspflichtverletzungen. Sie unterliegen strengen Voraussetzungen und enthalten anders als echte Sanktionen kein Unwerturteil über das Verhalten einer Person. Sie werden daher hier unter dem Oberbegriff der Reaktionen behandelt. Werden sie unter den bestehenden Voraussetzungen gezielt bei Compliance- und Ethikrichtlinienverstößen eingesetzt, kann diesen individualrechtlichen personellen Reaktionsmöglichkeiten eine tatsächlich empfundene sanktionierende Wirkung auf den Arbeitnehmer allerdings nicht abgesprochen werden. Diese Wirkung kann der Arbeitgeber sich auch zunutze machen.

Welche Reaktions- und Sanktionsmöglichkeiten auf einen Compliance- und Ethikrichtlinienverstoß des Arbeitnehmers in Frage kommen, ihre Voraussetzungen, ihre Funktion und ihr Ziel sollen im Folgenden untersucht werden. Dem Untersuchungsgang wird der Gedanke zugrunde gelegt, dass eine Beendigung des Arbeitsverhältnisses bei einem Verstoß gegen eine Verhaltenspflicht als Nebenpflicht des Arbeitsverhältnisses nicht immer im Interesse des Arbeitgebers liegt. Ist eine Beendigung des Arbeitsverhältnisses nicht angestrebt, sind insbesondere solche Reaktionsmöglichkeiten für den Arbeitgeber von Interesse, die innerhalb eines fortbestehenden Arbeitsverhältnisses getroffen werden können und dennoch effektive Reaktionsinstrumente oder gar Sanktionen darstellen.

402 *Böhm*, Non-Compliance und Arbeitsrecht, S. 217.

B. Einführung von „Sanktionsklauseln“ in den Compliance- und Ethikkodex

Der repressive Inhalt eines Compliance- und Ethikkodex findet sich zumeist gegen Ende des Kodex. Dieser wird durch die sogenannten „Sanktionsklauseln“ zur Gewährleistung und Durchsetzung der zuvor aufgestellten Richtlinien geregelt.[403] Die „Sanktionsklauseln“ stellen damit den Ankerpunkt für die weitere Reaktion des Arbeitgebers auf die Verstöße gegen die Compliance- und Ethikrichtlinien dar. Sinn und Zweck dieser Klauseln ist es, zu richtigem Verhalten anzuleiten,[404] vor Fehlverhalten und Verstößen gegen die Regelungen des Kodex zu warnen und für den Fall der Pflichtverletzung vom Weisungsrecht umfasste, vertragliche oder in Form einer Betriebsvereinbarung vorbehaltene disziplinarische Reaktionen bis hin zu den klassisch gesetzlichen zivil- und arbeitsrechtliche Reaktionen, wie Kündigung und Schadensersatz, anzudrohen. Gleichzeitig wird damit die Ernsthaftigkeit der Regeln aufgezeigt und Transparenz hinsichtlich der Konsequenzen eines Verstoßes geschaffen. Die Benennung als „Sanktionsklausel“ ist gängig, aber dahingehend ungenau, dass es sich nicht bei allen Maßnahmen, besonders nicht bei den individualrechtlichen Maßnahmen, um echte Sanktionen handeln. Ihnen fehlen die Merkmale einer Strafe. Werden die individualrechtlichen Instrumente jedoch gezielt eingesetzt, können sie eine sanktionierende Wirkung auf den Arbeitnehmer haben. Die gängige Bezeichnung der Klausel soll daher hier beibehalten werden. In diesem Zusammenhang sind die Anforderungen an die Zulässigkeit einer „Sanktionsklausel“ zu klären.

Bei der Formulierung einer Sanktionsklausel ist eine Pauschalisierung hinsichtlich einer generellen Sanktionsandrohung[405] nicht angebracht. Es muss für die Zulässigkeit zwischen den unterschiedlichen Sanktionstypen, den für den Arbeitnehmer *vorhersehbaren* und den *nicht vorhersehbaren* Sanktionen, unterschieden werden. Der das Arbeitsrecht prägende Grundgedanke des Arbeitnehmerschutzes fordert Klarheit für den Arbeitnehmer, hinsichtlich der konkreten Folgen eines Pflichtverstoßes für ihn. Ausgehend von diesem Grundgedanken der Klarheit und Vorhersehbarkeit werden die Reaktionsmöglichkeiten des Arbeitgebers im Folgenden in zwei Gruppen unterteilt.

---

403 Sec. 303A.10 NYSE LCM und auch die Federal Sentencing Guidelines 18 U.S.C.A. § 8 B2.1.(b)(6) fordern ausdrücklich die Einführung von Instrumentarien zur Sicherstellung der Einhaltung der gestellten Verhaltensanforderungen.

404 So: *Schneider*, Die arbeitsrechtliche Implementierung von Compliance- und Ethikrichtlinien, S. 90.

405 Z.B.: *„Verstöße gegen die im Verhaltenskodex normierten Pflichten können zu vorbehaltenen disziplinarischen Sanktionen bis hin zur Kündigung führen.“*

Zum einen gibt es die Reaktionsmöglichkeiten, die gesetzlich vorgesehen sind (Kündigungen[406]) und durch höchstrichterliche Rechtsprechung geprägt sind oder deren Vornahme vom Weisungsrecht des Arbeitgebers umfasst sind (Abmahnungen). Mit diesen klassischen arbeitsrechtlichen Reaktionen und den zivilrechtlichen Schadensersatzansprüchen kann und muss der Arbeitnehmer typischerweise rechnen, sie sind für ihn als Folge eines erheblichen Verstoßes gegen seine Verhaltenspflichten *vorhersehbar*. Der Arbeitgeber muss, um diese Reaktionsmöglichkeiten ausüben zu können, keine speziellen Regelungen oder Vereinbarungen treffen.

Die zweite Gruppe bilden dagegen solche Reaktionsmöglichkeiten, die für den Arbeitnehmer *nicht vorhersehbar* sind und mit denen er daher nicht rechnen muss. Diese „kreativen"[407] Reaktionsmöglichkeiten und Sanktionen können ihre Rechtsgrundlage in vertraglichen oder kollektivrechtlichen Vereinbarungen oder auch im Weisungsrecht des Arbeitgebers und damit im Arbeitsvertrag haben. Die Unvorhersehbarkeit dieser Reaktionsmöglichkeiten ruft eine gesteigerte Schutzbedürftigkeit des Arbeitnehmers hervor und muss infolgedessen zu höheren Anforderungen an die Zulässigkeit solcher Klauseln führen.

I. Sanktionsklauseln mit den für den Arbeitnehmer *vorhersehbaren* „klassischen" Reaktionsmöglichkeiten des Arbeitgebers

Die Ahndung und Sanktionierung eines Haupt- oder Nebenpflichtverstoßes durch die „klassischen" gesetzlichen und durch die Rechtsprechung entwickelten Möglichkeiten (Abmahnung, Kündigung, Schadensersatz etc.) sind im Rahmen des gesetzlichen Tatbestandes und/oder innerhalb der dazu entwickelten Grenzen zulässig, auch ohne ausdrücklichen Hinweis darauf in Form einer Sanktionsklausel. Es besteht grundsätzlich keine Pflicht des Arbeitgebers auf diese arbeitsrechtlichen Konsequenzen hinzuweisen.[408] Diese Maßnahmen können einseitig vorgenommen werden, da ihre Durchsetzung jeweils in ihrem vorgegebenen rechtlichen Anwendungsbereich gesetzlich ermöglicht oder vom Direktionsrecht umfasst ist. Dennoch wird eine Sanktionsklausel mit solchen Inhalten aus Gründen der Klarheit und Unmissverständlichkeit sowie der Verdeutlichung der Ernsthaftigkeit eines Verstoßes häufig in einen Compliance- und Ethikkodex aufgenommen werden.

---

406 Die Kündigung stellt ein Gestaltungsrecht der Vertragsparteien dar, welches *ex lege* besteht: *Oetker*, in: Staudinger, BGB Kommentar, Vorbem. zu §§ 620 ff (2016), Rn. 100 f.

407 „Kreativ", weil ihre Möglichkeit im Vorhinein in Betracht gezogen und entsprechende Regelungen oder Vereinbarungen getroffen werden müssen. Im Nachhinein kann sich nicht für diese Reaktionsmöglichkeiten entschieden werden; die Rechtsgrundlage würde fehlen.

408 In diesem Sinne: *Pelz*, in: Hauschka, Corporate Compliance, § 5, Rn. 30.

Beispiele:

> *„Verletzungen des Kodex ziehen Konsequenzen nach sich und können in schwerwiegenden Fällen die Kündigung des Arbeitsverhältnisses nach sich ziehen. Sollten die Verletzungen des Kodex dazu führen, dass das Unternehmen für etwas haftbar gemacht wird, kann [das Unternehmen] den Verursacher zur Verantwortung ziehen und Schadensersatz verlangen."*[409]

> *„Darüber hinaus können Verstöße, die eine Verletzung der arbeitsvertraglichen Pflichten darstellen, zu Disziplinarmaßnahmen durch [das Unternehmen] führen."*[410]

Im Umfang der gesetzlich normierten und höchstrichterlich geprägten „klassischen" Reaktionsmöglichkeiten hat auch die Sanktionsklausel lediglich deklaratorischen Charakter und ist einseitig implementierbar.[411] Der Hinweis auf diese Sanktionen in der Klausel selbst, stellt keine Weisung des Arbeitgebers dar. Er konkretisiert keine geschuldeten Leistungspflichten des Arbeitnehmers und hat keine konstitutive Wirkung.

Wie *Rein*[412] richtig erkennt, weist der Arbeitgeber mit einer solcher Sanktionsklausel bloß auf die bestehende Rechtslage hin und gibt eine „Gestaltungserklärung" ab. *Rein* sieht eine solche Klausel daher nicht als Ausübung des Direktionsrechts an und stellt demnach auch keine weiteren Anforderungen an sie.[413] Da die Klausel in dieser Fallgruppe selbst nicht die Rechtsgrundlage oder Voraussetzung für die „klassischen" vorhersehbaren Maßnahmen ist und sie letztlich auch nicht notwendig

---

409 Beispiel einer „Sanktionsklausel" aus dem Verhaltenskodex der Merck KGaA, S. 34.

410 Beispiel einer „Sanktionsklausel" aus dem Verhaltenskodex der Allianz SE, S. 6, Nr. 21. Ebenfalls sehr allgemein gehalten: „[Das Unternehmen] *duldet kein nicht-regelkonformes Verhalten. Mitarbeitende und Linienvorgesetzte, die gegen den Verhaltenskodex* [des Unternehmens] *verstoßen, werden zur Rechenschaft gezogen. (...) Für die Festlegung angemessener Korrekturmaßnahmen und Sanktionen ist (...) verantwortlich.*" Beispiel aus dem Verhaltenskodex der F. Hoffmann-La Roche AG, S. 55.

411 Für die einseitige Implementierbarkeit, allerdings als direkt vom Direktionsrecht umfasst und nicht genauer differenzierend: *Mengel*, Compliance und Arbeitsrecht, S. 77; *Schuster/Darsow*, NZA 2005, 273 (277); *Vogt*, NJOZ 2009, 4206 (4209); *Wagner*, Ethikrichtlinien, S. 138.

412 *Rein*, Die individualrechtliche Implementierung einer Ethikrichtlinie mit vorweggenommener Abmahnung, S. 182; auch: *Müller-Bonanni/Sagan*, BB 2008 Spezial Nr. 5, 28 (30); *Schneider*, Die arbeitsrechtliche Implementierung von Compliance- und Ethikrichtlinien, S. 113.

413 *Rein* vertritt sogar, dass selbst eine unwirksame Sanktion bzw. eine unwirksame Sanktionsandrohung die Wirksamkeit der Klausel nicht beeinträchtigt: *Rein*, Die individualrechtliche Implementierung einer Ethikrichtlinie mit vorweggenommener Abmahnung, S. 182; auch *Müller-Bonanni/Sagan*, BB 2008 Spezial Nr. 5, 28 (30) sehen kein Bedürfnis nach einer rechtlichen Grundlage für eine solche Klausel.

ist, um die in ihr beschriebenen Sanktionen vorzunehmen, sind an die Zulässigkeit solcher Klauseln keine weiteren Anforderungen zu stellen.

Finden sie sich allerdings aus Gründen der Klarstellung in einem Compliance- oder Ethikkodex mit formularvertraglichem Charakter wieder, müssen sie sich trotz Ausschluss von der Inhaltskontrolle nach § 307 III BGB an den formalen Regeln der Transparenz nach § 307 I S. 2 BGB messen lassen und im Rahmen der gesetzlichen Grundlage der angedrohten Maßnahmen halten. Sie dürfen daher nicht zwingende Sanktionen ohne Einschränkung für jeden Fall eines Verstoßes androhen. Ausgenommen bleiben müssen Bagatellverstöße, bei denen eine Sanktion nicht verhältnismäßig wäre. Die Androhung zivilrechtlicher Haftung oder „klassischer" arbeitsrechtlicher Konsequenzen in einem Compliance- oder Ethikkodex unterfällt keinem Mitbestimmungsrecht nach § 87 I Hs. 1 BetrVG.[414]

Gehen die angedrohten Sanktionen jedoch über das hinaus, was der Arbeitnehmer im Rahmen der *Vorhersehbarkeit*[415] klassischerweise auf einen Pflichtverstoß erwarten kann und muss, sind andere Anforderungen an die Zulässigkeit der dies androhenden Sanktionsklauseln zu stellen, da die Voraussetzungen nicht gesetzlich oder höchstrichterlich fest vorgegeben sind.

II. Sanktionsklauseln mit den für den Arbeitnehmer *nicht vorhersehbaren* weiteren Reaktionsmöglichkeiten des Arbeitgebers

Die zweite Gruppe der Sanktionsklauseln erfasst solche Klauseln, die Reaktionsmöglichkeiten abseits der „klassischen" arbeits- und zivilrechtlichen Maßnahmen (Abmahnung, Kündigung und Schadensersatz) androhen und innerhalb derer der Arbeitgeber einen weiten Gestaltungsspielraum hat. Diese sind für den Arbeitnehmer grundsätzlich *nicht vorhersehbar*. Daher ist es für deren Wirksamkeit erforderlich, dass in einem Compliance- und Ethikkodex, der auch Sanktionen außerhalb der „klassischen" Sanktionen zulässt, auf diese hingewiesen wird.[416]

Beispiele:

> *„Je nach den Umständen eines Verstoßes kann* [das Unternehmen] *z.B. (soweit rechtlich zulässig) eine erneute Schulung, eine Herabstufung in der Leistungsbeurteilung oder*

---

414 Da durch die Androhung keine Verhaltenspflichten aufgestellt werden, scheidet hier das Mitbestimmungsrecht aus. Vgl. *Wagner*, Ethikrichtlinien: Inhalte – Implementierung – Mitbestimmung, in: Maschmann, Corporate Compliance und Arbeitsrecht, S. 93; *Willemsen*, Einführung und Inhaltskontrolle von Ethikrichtlinien, S. 258 f.

415 Die Umschreibung dessen, was „vorhersehbar" ist, ist eine dynamische Umschreibung der zurzeit wohl noch gängigsten Sanktionsformen und kann damit generell einer Wandlung unterfallen.

416 So wohl auch: *Schneider*, Die arbeitsrechtliche Implementierung von Compliance- und Ethikrichtlinien, S. 89.

sonstige arbeitsrechtliche Konsequenzen beschließen, einschließlich Disziplinarmaßnahmen bis hin zur Beendigung des Arbeitsverhältnisses."[417]

„*Die Nichteinhaltung der Standards* [des Unternehmens] *oder geltender Gesetze und Vorschriften kann entsprechende Konsequenzen bis hin zur Beendigung des Arbeitsverhältnisses und/oder der Entziehung von Ansprüchen auf Entgeltumwandlung nach sich ziehen, sofern dies eine zulässige Sanktion nach den jeweils lokal anwendbaren Gesetzen und Vorschriften ist.*"[418]

„*Jeder unserer Mitarbeiter, der sich nicht regelkonform verhält, muss mit angemessenen Konsequenzen im Rahmen der betrieblichen und gesetzlichen Regelungen rechnen, die bis zur Kündigung des Arbeitsverhältnisses und zu Schadensersatzforderungen reichen können.*"[419]

Die angemessene Ahndung und Sanktionierung eines Haupt- oder Nebenpflichtverstoßes durch solche vertraglich vorbehaltenen oder kollektivrechtlich durch Betriebsvereinbarung eingeführten Reaktionsmöglichkeiten bedürfen somit als Rechtsgrundlage einer Klausel, die die dem Arbeitgeber zulässigerweise zur Auswahl stehenden Sanktionen nennt. Existiert eine Betriebsbußenordnung, muss die Sanktionsklausel auf diese verweisen, sodass dem Arbeitnehmer verdeutlicht wird, welche Folgen sein Verhalten haben kann. Gleiches gilt für Sanktionen aus dem Tarifvertrag. Sanktionsklauseln, die Vertragsstrafabreden zum Inhalt haben und damit auch über den rein deklaratorischen Hinweis auf arbeitsrechtliche Sanktionen hinausgehen, unterfallen einer umfassenden Inhaltskontrolle und den strengen formalen Anforderungen des Formularvertragsrechts nach §§ 305 ff. BGB[420], sodass auch hier eine klare Nennung und Zuordnung der möglichen Sanktionen im Vertragstext für die Zulässigkeit einer solchen Vertragsstrafe erforderlich ist.

Es lässt sich also feststellen, dass diese zweite Gruppe der Sanktionsklauseln hinsichtlich ihres Inhalts und ihrer Zulässigkeitsanforderungen im erheblichen Umfang von der ersten Gruppe abweicht. Zum einen erfüllen diese Klauseln eine eigene Funktion; sie sind Voraussetzung oder sogar Rechtsgrundlage für die angewandten Sanktionen. Ohne sie wäre eine Vornahme disziplinarischer Maßnahmen außerhalb der „klassischen" Sanktionsmöglichkeiten nicht zulässig, da diese dann für den Arbeitnehmer nicht vorhersehbar wären und er somit die Konsequenzen

---

417 Beispiel einer „Sanktionsklausel" aus dem Verhaltenskodex der Adidas Gruppe, S. 8.

418 Beispiel einer „Sanktionsklausel" aus dem Verhaltenskodex der Deutschen Bank AG, S.7.

419 Beispiel einer „Sanktionsklausel" aus dem Verhaltenskodex der Volkswagen AG, S. 22, welche zusätzlich zu den klassischen gesetzlichen Maßnahmen auf betriebliche Maßnahmen verweist. Damit bezieht sich die Klausel auch auf die im VW Konzern geltende kollektivrechtliche Arbeitsordnung.

420 Siehe zu den Anforderungen an die formularvertragliche Implementierung: S. 79 ff.

seines Verhaltens nicht abschätzen kann. Aus dem das Arbeitsrecht durchziehenden Gedanken des Arbeitnehmerschutzes, der aus dem Kräfteungleichgewicht zwischen Arbeitgeber und Arbeitnehmer folgt und sich in den Bemühungen um eine sozialverträgliche Arbeitsordnung, Schutz bei der Vertragsgestaltung bis hin zur Anerkennung von Kollektivvereinbarungen niederschlägt, ergibt sich, dass bei für den Arbeitnehmer negativen Maßnahmen des Arbeitgebers eine konkrete Nennung und Warnung vor diesen erforderlich ist. Der Arbeitnehmer muss wissen, welche Konsequenzen sein Verhalten und insbesondere ein Pflichtverstoß auslösen können. Eine Sanktionsklausel muss sich an diesen Anforderungen messen lassen: Sie muss klar und verständlich erklären, welches Verhalten zu welchen Sanktionen führen kann.

III. Wirksamkeit und Verhältnismäßigkeit der Sanktionsklauseln

Für eine Sanktionsklausel mit Gestaltungswirkung, also eine Klausel, die auf die *nicht vorhersehbaren* Sanktionen verweist, gilt aufgrund ihrer konstitutiven Wirkung das allgemeine Gebot der Verhältnismäßigkeit, welches bereits aus den Anforderungen an die jeweilige Implementierungsmethode folgt. Eine solche Sanktionsklausel muss, ebenso wie die Vornahme der Sanktion selbst, verhältnismäßig sein und billigem Ermessen entsprechen.[421] Bereits der Sachverhalt, an den

---

421 Je nach Form der Implementierung folgt die Billigkeitskontrolle aus § 106 S. 1 GewO, § 315 BGB (Einseitige Implementierung i.R.d. Weisungsrechts, siehe dazu S. 73 ff.) oder die Inhaltskontrolle aus § 307 III, I, II BGB (Einvernehmliche Implementierung über Vertragsgestaltung, siehe dazu S. 79 ff.). Für eine Implementierung durch Betriebsvereinbarung war die Möglichkeit zur gerichtlichen Billigkeitskontrolle lange Zeit umstritten. Nach nunmehr herrschender Ansicht in Rechtsprechung und Literatur unterfällt die Betriebsvereinbarung keiner gerichtlichen Billigkeitskontrolle in Form einer Inhaltskontrolle. Dies zeigt schon die gesetzliche Regelung in § 310 IV S. 1 BGB. Die Überprüfung der Billigkeit zielt auf eine Verwirklichung der Gerechtigkeit im Einzelfall und passt daher nicht zu kollektiven Tatbeständen. Die Überprüfung der Betriebsvereinbarung auf Vereinbarkeit mit höherrangigem Recht, dem Gleichheitssatz und dem Grundsatz der Verhältnismäßigkeit nach § 75 I, II BetrVG ist eine reine Rechtskontrolle. Das BAG erkennt den Betriebsparteien ebenso wie andere Normgeber einen Beurteilungsspielraum und eine Einschätzungsprärogative hinsichtlich der tatsächlichen Voraussetzungen und Folgen der von ihnen gesetzten Regeln zu. So: BAG, Urt. v. 22.03.2005 – 1 AZR 49/04, NZA 2005, 773 (774); BAG, Urt. v. 12.11.2002 – 1 AZR 58/02, NZA 2003, 1287 (1288). Zur Rechtskontrolle nach § 75 BetrVG: *Reichold* in: HWK, Arbeitsrecht Kommentar, § 75 BetrVG, Rn. 2; *Richardi*, in: Richardi, BetrVG Kommentar, § 75, Rn. 118, 122; ausführliche Darstellung des Streitstandes bei *Kreutz*, in: GK-BetrVG, § 75, Rn. 35, § 77, Rn. 323 ff, 330; Fitting, BetrVG Kommentar, § 77, Rn. 231 ff.

die Androhung anknüpft, muss geeignet sein, disziplinarische Maßnahmen zu rechtfertigen.[422] Dies muss auch die Klausel kenntlich machen.

So wäre eine Androhung von zwingenden und schweren Sanktionen bei jedem noch so kleinen und unbedeutenden Bagatellverstoß unverhältnismäßig und eine dies statuierende Klausel wäre daher unzulässig. Eine Klausel dagegen, die nach ihrem Wortlaut nicht bei jedem Verstoß zwingend eine disziplinarische Maßnahme androht und die Sanktion vielmehr bloß als mögliche Folge eines Fehlverhaltens festhält („kann"), entspricht in der Regel billigem Arbeitgeberermessen und beachtet das Gebot der Verhältnismäßigkeit.[423] Auf die Wirksamkeit der Sanktionsklausel, die auf die *nicht vorhersehbaren* Sanktionen verweist, kommt es insofern an, als dass sie für die Vornahme der Sanktion im konkreten Fall die Rechtsgrundlage darstellt.

Eine Sanktionsklausel dagegen, die auf die *vorhersehbaren* Sanktionen verweist, damit keine Weisung im Sinne des § 106 S. 1 GewO darstellt und nach § 307 III BGB nicht der Inhaltskontrolle unterfällt, muss sich nicht am Grundsatz der Verhältnismäßigkeit messen lassen und auch nicht dem billigen Ermessen entsprechen.[424] Diese Widersprüchlichkeit folgt aus dem (fehlenden) Rechtscharakter der Klausel. Der Gesetzgeber hat durch die Normierung der entsprechenden Sanktion bereits die Frage der grundsätzlichen Verhältnismäßigkeit der Sanktionsmöglichkeit beantwortet. Da eine solche Klausel keine konstitutive Wirkung hat, würde es sich lediglich um eine falsche Darstellung der Rechtslage handeln. Dieses kann jedoch keine Auswirkung auf die Vornahme der Maßnahme als solche haben. Jedoch muss auch eine nicht kontrollfähige Sanktionsklausel nach § 307 III S. 2 BGB das Transparenzgebot (§ 307 I S. 2 BGB) bei formularvertraglicher Implementierung beachten. Es ist daher in verständlicher und klarer Weise auf die drohenden Sanktionen bei Kodexverstößen hinzuweisen.

IV. Pflicht zur Sanktionierung von Verstößen gegen Compliance- oder Ethikrichtlinien?

Eine weitere zentrale Fragestellung, die im Zusammenhang mit den Reaktions- und Sanktionsmöglichkeiten bei Verstößen gegen Compliance- und Ethikrichtlinien aufkommt, ist, ob und wie der Arbeitgeber bei Feststellung von solchen Verstößen zu arbeitsrechtlichen Maßnahmen und deren Durchsetzung gegenüber dem Arbeitnehmer *verpflichtet* ist.

Dazu lässt sich zunächst anführen, dass zur Bestätigung ihrer Verbindlichkeit betriebliche, ebenso wie auch alle anderen Normen, grundsätzlich der Durchsetzung bedürfen. Blieben solche Verstöße folgenlos, wären das gesamte Compliance-System

---

422 *Schuster/Darsow*, NZA 2005, 273 (277).

423 Vgl. *Schuster/Darsow*, NZA 2005, 273 (277); *Vogt*, NJOZ 2009, 4206 (4209).

424 *Rein*, Die individualrechtliche Implementierung einer Ethikrichtlinie mit vorweggenommener Abmahnung, S. 182; anders dagegen: *Willemsen*, Einführung und Inhaltskontrolle von Ethikrichtlinien, S. 155 ff.; *Fahrig*, Die Einführung eines Verhaltenskodexes und das Whistleblowing, S. 83; *Schuster/Darsow*, NZA 2005, 273 (277).

und die daran anknüpfende Verhaltensregulierung wirkungslos und in seiner Ernsthaftigkeit in Frage gestellt. Teilweise wird im Rahmen einer diesem drohenden Effekt entgegenwirkenden „zero tolerance" Politik daher angenommen, Unternehmen stünden in der Pflicht, bei solchen Verstößen „Sanktionen" im Rahmen des Zumutbaren und der Verhältnismäßigkeit anzudrohen und dann auch durchzusetzen.[425]

Auch die Frage nach einer Pflicht zur Sanktionierung eines Verstoßes ist nicht losgelöst von der Art des Verstoßes zu beantworten. Bei Verstößen gegen gesetzliche Vorschriften kommen zunächst strafrechtliche Konsequenzen in Betracht. Die Verfolgung solcher Verstöße steht allerdings nicht zur Disposition des Arbeitgebers, sondern unterliegt dem staatlichen Strafmonopol. Es stellt sich für den Arbeitgeber in diesem Zusammenhang also nur die Frage, ob er einen solchen Verstoß zur Anzeige bringt bzw. vielleicht sogar bringen muss. Das deutsche Strafgesetzbuch sieht in § 138 StGB nur eine Anzeigepflicht für wenige, in dieser Fallkonstellation nicht einschlägige Straftatbestände vor.[426] Es gibt allerdings einige wenige spezialgesetzliche Straftatbestände oder Verdachtsfälle, die gemeldet werden müssen und für die eine Anzeigepflicht besteht, wie z.B. bei §§ 10, 14 WpHG. Zudem ist zu berücksichtigen, dass bei selbstständiger Meldung von Verstößen beispielsweise Bußgelder für den Arbeitgeber gesenkt und im Ermittlungsverfahren weitere Vorteile, wie Kronzeugenregelungen der Kartellbehörden[427], eingeräumt werden können. Hinsichtlich einer möglichen Anzeigepflicht ist ein weiterer zu beachtender Aspekt, dass sich im Rahmen der allgemeinen Leitungs- und Organisationspflicht (z.B. eines Vorstandes einer Aktiengesellschaft nach § 93 I S. 1 AktG oder im Rahmen der Sorgfaltspflichten eines ordentlichen Geschäftsmanns für den Geschäftsführer einer GmbH nach § 43 I GmbHG sowie auch generell aus der Aufsichtspflicht nach § 130 I OWiG) die Pflicht zur Meldung solcher Verstöße bei der zuständigen Aufsichtsbehörde ergeben kann. Im Rahmen der allgemeinen Leitungs- und Organisationspflicht hat der Vorstand bzw. Geschäftsführer dann die Vor- und Nachteile einer Geltendmachung der oder eines Verzichts auf die Ansprüche mit den Interessen der Gesellschaft abzuwägen.[428]

---

425 *Klahold/Lochen* in: Hauschka, Corporate Compliance, § 37, Rn. 8, 57; in Bezug auf die Ahndung von Kartellverstößen: *Tessin*, BB 1987, 984 (988).

426 Dies ist bei Auslandssachverhalten teilweise anders. Es gibt Rechtsordnungen, in denen die Nichtanzeige von Wirtschaftsstraftaten wie Korruption oder Betrug vorgeschrieben und mit Strafe bedroht ist bzw. bei Nichtanzeige gravierende vergaberechtliche Nachteile folgen können. So z.B. in Südafrika, Section 34 des „Preventing and Combating of Corrupt Activities Act" von 2004. Auch in den USA sind alle Vertragspartner von Bundesbehörden zur Selbstanzeige verpflichtet, sofern es hinreichende Beweise für eine Verletzung des US-Bundesstrafrechts gibt.

427 Siehe dazu etwa die Bonusregelung des Bundeskartellamtes vom 7. März 2006: Bekanntmachung Nr. 9/2006 über den Erlass und die Reduktion von Geldbußen in Kartellsachen.

428 Kursorische Auflistung der Vor- und Nachteile einer Strafanzeige aus Unternehmensperspektive bei *Gercke/Richter*, in: Gercke/Kraft/Richter, Arbeitsstrafrecht, S. 407 f., Rn. 137 ff.

Dagegen müssen zivilrechtliche Schadensersatzansprüche grundsätzlich nicht geltend gemacht werden. Der Arbeitgeber kann darauf verzichten. Dies ist Ausfluss des im Zivilrecht vorherrschenden Grundsatzes der Privatautonomie. Es gibt jedoch auch hier einige zu beachtende Sonderkonstellationen. Nach der BGH-Rechtsprechung kann der Aufsichtsrat einer Aktiengesellschaft nicht darauf verzichten, zugunsten der Gesellschaft durchsetzbare Schadensersatzansprüche gegen Vorstandsmitglieder geltend zu machen, falls Ansprüche der Gesellschaft wegen Pflichtverletzung der Vorstandsmitglieder Erfolg versprechend erscheinen und dem Gesellschaftswohl entsprechen.[429] Es stellt sich die Frage, ob dieser Gedanke auf die Geltendmachung von Ansprüchen gegen den Arbeitnehmer übertragbar ist.

Grundsätzlich besteht aus arbeitsrechtlicher Sicht keine Pflicht zum Tätigwerden.[430] Der Arbeitgeber muss eine Vertragspflichtverletzung des Arbeitnehmers nicht mit Sanktionen verfolgen oder vor einem Arbeitsgericht durchsetzen.[431] Das Arbeitsrecht ist in erster Linie Arbeitnehmerschutzrecht und befasst sich daher nicht mit der Frage, ob eine Beendigung des Arbeitsverhältnisses aus unternehmerischer Sicht geboten ist. Hier kann es allerdings Ausnahmen von diesem Grundsatz geben, insbesondere wenn mehrere schutzwürdige Interessen zum Ausgleich gebracht werden müssen.

Mengel erkennt daher eine Obliegenheit des Arbeitgebers an, die Tatbeiträge mehrerer Arbeitnehmer bei einem Compliance- oder Ethikrichtlinienverstoß zusammenhängend und interdependent zu behandeln:[432] Eine willkürliche Bestrafung nur einzelner Arbeitnehmer, ein Nichttätigwerden in ausgewählten Einzelfällen oder Strafen in unterschiedlicher Höhe könnten zur Unwirksamkeit der getroffenen Maßnahmen, insbesondere zur Unwirksamkeit einer Kündigung[433] als schwerwiegendste Sanktion, führen.[434]

Eine allgemeine und generelle Pflicht des Arbeitgebers zur Sanktionierung von Verstößen besteht jedoch nicht. Eine Handlungspflicht des Arbeitgebers im

---

429 ARAG/Garmenbeck-Entscheidung des BGH, Urt. v. 21.04.1997 – II ZR 175/95, NJW 1997, 1926 ff.

430 *Mengel*, CCZ 2008, 85 (88); *Dendorfer-Ditges*, in: Moll, Münchener Anwaltshandbuch Arbeitsrecht, § 35, Rn. 278.

431 *Mengel*, CCZ 2008, 85 (88).

432 Diese Obliegenheit soll aus der Anwendung der Wertungen des Gleichbehandlungsgrundsatzes folgen.

433 Die Voraussetzungen einer wirksamen Kündigung könnten in diesem Fall nicht gegeben sein, da der Arbeitgeber mit „milderen" Strafen für andere Arbeitnehmer den Willküraspekt verdeutlicht und zudem hinsichtlich der Kündigung gegen den Ultima-Ratio-Grundsatz verstoßen könnte. Die Fortsetzung des Arbeitsverhältnisses scheint dann auch in diesem Fall möglich, da sie bei anderen Tatbeteiligten ja auch erfolgt. Die Darlegungs- und Beweislast in der Interessenabwägung liegt dann beim Arbeitgeber.

434 *Mengel*, CCZ 2008, 85 (88); *dies.*, Compliance und Arbeitsrecht, S. 150, Rn. 45 ff.

Einzelfall kann sich hingegen sowohl aus den Schutzpflichten gegenüber anderen Arbeitnehmern ergeben als auch aufgrund des Schutzes von Unternehmensinteressen.

1. *Pflicht zum Tätigwerden aufgrund von Schutzpflichten gegenüber anderen Arbeitnehmern*

Eine Konstellation, aus der sich eine Handlungspflicht des Arbeitgebers ergibt, können erhebliche Pflichtverletzungen eines Arbeitnehmers gegenüber anderen Arbeitnehmern sein. Denn auch das Verhalten der Arbeitnehmer untereinander ist möglicher und typischer Inhalt einer Ethikrichtlinie. Diese Handlungspflicht erfordert dann eine Sanktionierung des sich fehlverhaltenden Arbeitnehmers, bis hin zur Beendigung des Arbeitsverhältnisses.

Diese Handlungspflicht ist ein Ausfluss der Fürsorgepflichten des Arbeitgebers zum Schutz seiner Arbeitnehmer und bezeichnet damit eine rechtliche Gebundenheit aufgrund des Einzelfalls. Eine solche Handlungspflicht besteht z.B. bei schweren Auseinandersetzungen zwischen seinen Arbeitnehmern, Mobbing oder gravierenden Belästigungen.[435] Auch bei regelmäßiger Wiederholung von Verstößen durch einen Arbeitnehmer kann eine faktische Handlungspflicht des Arbeitgebers zur Sanktionierung entstehen, da das Verhalten ansonsten als Duldung der Pflichtverletzung und sogar als Einverständnis gewertet werden kann. Auch sich wiederholende Vermögensdelikte gegenüber anderen Arbeitnehmern oder Fälle von Gewalt unter den Arbeitnehmern können zu einer solchen faktischem Handlungspflicht führen. Verstößt ein Arbeitnehmer gegen das Benachteiligungsverbot des § 7 I AGG, besteht nach § 12 III AGG eine ausdrückliche Pflicht des Arbeitgebers zum Tätigwerden, bis hin zur Kündigung.

2. *Pflicht zum Tätigwerden aufgrund des Schutzes von Unternehmensinteressen*

Eine Pflicht zum Tätigwerden für die Unternehmensleitung kann sich auch dann ergeben, wenn das Unterlassen bzw. Untätigbleiben seinerseits pflichtwidrig wäre. Dies kann dann der Fall sein, wenn sich aus den gesellschaftsrechtlichen Organisations- und Schadensabwehrpflichten eine rechtliche Handlungspflicht für die Unternehmensleitung ergibt. Dies ist u.a. dann der Fall, wenn eine Sanktion des Arbeitnehmers eine Besserung hinsichtlich zukünftigen Verhaltens verspricht oder die Trennung von dem Arbeitnehmer diesen Schaden beheben kann.[436] Auch kann die Duldung des Fehlverhaltens eines Mitarbeiters, der in schwerer Weise Verstöße gegen Compliance- oder Ethikrichtlinien begangen hat, dem Unternehmen in rechtlicher, finanzieller oder reputativer Weise schaden.[437]

---

435 *Mengel*, Compliance und Arbeitsrecht, S. 132, Rn. 3.
436 *Mengel*, CCZ 2008, 85 (88); *dies.*, Compliance und Arbeitsrecht, S. 132.
437 *Pelz*, in: Hauschka, Corporate Compliance, § 5, Rn. 31.

Aus der ARAG/Garmenbeck-Entscheidung des BGH[438] folgt, dass der Aufsichtsrat einer AG sich pflichtwidrig verhält, wenn er auf eine Geltendmachung von Schadensersatzansprüchen gegen Vorstandsmitglieder generell verzichtet, wenn diese ihre Geschäftsführerpflichten verletzen. Bei der Beurteilung der Pflichtwidrigkeit ist allerdings auch der weite Handlungsspielraum des Vorstandes (business judgement rule[439]) zu berücksichtigen.

Daraus folgt, dass die Unternehmensführung sich selbst schadensersatzpflichtig machen kann, wenn sie ein Tätigwerden gegenüber dem pflichtwidrig handelnden Arbeitnehmer unterlässt, was aber im Rahmen der Unternehmensleitungs- und Geschäftsführerpflichten (vgl. §§ 76 I, 93 I AktG, § 43 GmbHG) im (Vermögens-)Interesse des Unternehmens geboten gewesen wäre.[440] Zu den Geschäftsführerpflichten der Unternehmensleitung kann auch die Durchsetzung der Regelungen eines Verhaltens- und Ethikkodex gehören, wenn dieser für das gesamte Unternehmen und seine Arbeitnehmer verbindliche Verhaltensvorschriften statuiert.[441]

In Anlehnung an die in der ARAG/Garmenbeck-Rechtsprechung entwickelten Kriterien zu einer Sanktionspflicht des Aufsichtsrates gegenüber dem Vorstand,[442] kann es auch zum Pflichtenkreis der Unternehmensleitung gehören, Schadensersatzansprüche gegen Arbeitnehmer geltend zu machen. Die Entscheidung des Vorstands, Ansprüche gegen den Arbeitnehmer geltend zu machen und einen möglichen Schaden beim schädigenden Arbeitnehmer zu liquidieren, liegt, wie auch in der ARAG/Garmenbeck-Entscheidung betont, jedoch im „Handlungsspielraum"

---

438 Grundsätzlich zur Verpflichtung des Aufsichtsrats zur Geltendmachung von Schadensersatzansprüchen gegenüber dem Vorstand: „ARAG/Garmenbeck-Entscheidung" des BGH, Urt. v. 21.04.1997 – II ZR 175/95, NJW 1997, 1926; nach *Weiße*, in: Moosmayer/Hartwig, Interne Untersuchungen, S. 57; *Kolbe*, NZA 2009, 228 (231) auch auf Schadensersatzansprüche gegenüber Arbeitnehmern übertragbar, da das Unternehmenswohl eine Kompensierung des Gesellschaftsvermögens anhand des Schadens verlange. Ausnahmen nur bei gewichtigen Unternehmensinteressen.

439 Siehe dazu schon: S. 3838.

440 Kriterien des pflichtwidrigen Vorstandshandelns: ARAG/Garmenbeck-Entscheidung des BGH, Urt. v. 21.04.1997 – II ZR 175/95, NJW 1997, 1926 (1928). Zur Sanktionierung eingetretener Verstöße gegen interne Vorschriften im Rahmen der Legalitätspflicht des Vorstandes: *Hüffer/Koch*, AktG Kommentar, § 76, Rn. 16, § 93, Rn. 6, 16; *Spindler*, in: MüKo AktG, § 91, Rn. 52, § 93, Rn. 98.

441 In diesem Sinne: *Hüffer/Koch*, AktG Kommentar, § 76, Rn. 11 ff.; *Zöller/Noack*, in: Baumbach/Hueck GmbHG Kommentar, § 35, Rn. 67, § 43, Rn. 17; *Spindler*, in: MüKo AktG, vor § 76, Rn. 52, § 76, Rn. 16.

442 Keine grundsätzliche Sanktionspflicht für die Unternehmensleitung „analog zur ARAG-Rechtsprechung", so: *Mengel*, CCZ 2008, 85 (88); Übertragung der in der Entscheidung erkannten Pflichten auf alle Organmitglieder: *Sieg/Zeidler*, in: Hauschka, Corporate Compliance, § 3, Rn. 8 ff.; „Wie im Verhältnis Aufsichtsrat zu Vorstand muss umgekehrt auch der Vorstand seiner Pflicht nachkommen, Schadensersatzansprüche geltend zu machen.", so: *Spindler*, in: Spindler/Stilz, AktG Kommentar, § 116, Rn. 58 f.

des Vorstandes. Ein ausnahmsweises Absehen von der Durchsetzung eines voraussichtlich aussichtsreichen Schadensersatzanspruchs ist nur innerhalb der von der Rechtsprechung gezogenen engen Grenzen des Entscheidungsermessens möglich. Die dabei zu berücksichtigenden Kriterien des finanziellen Interesses der Gesellschaft und das Erfordernis einer Abwägung aller hinzukommenden Umstände wie Prozesserfolgsaussichten, mögliche Reputationsschäden und Störung des Betriebsklimas[443] sind insoweit übertragbar.

Daraus ergibt sich aber auch, dass bei einem Compliance- oder Ethikrichtlinienverstoß, der nicht das Unternehmensinteresse als solches betrifft oder der keinen hohen, das Unternehmen bedrohenden finanziellen oder reputativen Schaden erreicht, keine Pflicht der Unternehmensleitung besteht, den Pflichtverstoß zu verfolgen. Die Verfolgung eines solchen Verstoßes liegt dann im Handlungsermessen der Verantwortlichen. Innerhalb dieses Ermessens sind die Folgen einer Sanktion für das Unternehmen (gerichtliche Auseinandersetzung, Imageschaden)[444] sowie mögliche Vorteile (z.B. straferleichternden Regelungen der SEC und der US Sentencing Commission[445] oder Kronzeugenregelungen der Kartellbehörden, die bei Anzeige und Ermöglichen der Ermittlung Bußgeldimmunität versprechen,[446]) zu berücksichtigen.

V. Fazit

Zusammenfassend lässt sich damit festhalten, dass bei Einführung eines Compliance- und Ethikkodex mit Verhaltenspflichten für den Arbeitnehmer auch Klauseln für die einzelnen möglichen Sanktionen mit aufgenommen werden sollten. Es existiert zwar keine allgemeine Pflicht, aus der sich ein Zwang zur Verfolgung von Verstößen gegen den Compliance- und Ethikkodex ergibt. Es bestehen aber einzelfallbezogene Konstellationen, in denen ein Tätigwerden nicht lediglich im Belieben des Arbeitgebers steht und sich sein Ermessen bei Unternehmensentscheidungen und Beeinträchtigungen der Fürsorgepflicht zu einer Handlungspflicht verdichtet. Aus den Erwägungen zu Sinn und Zweck eines Compliance- und Ethikkodex folgt, dass sowohl die Ernsthaftigkeit des Kodex als auch das Bekenntnis zu ethischem Handeln allein durch konsequente Durchsetzung der damit auferlegten Verhaltenspflichten vermittelt wird.

Eine Sanktionsklausel, die auf die „klassischen“ einseitigen Reaktionsmöglichkeiten des Arbeitgebers verweist und damit keinen eigenen normativen Inhalt hat, ist zulässig. Denn diese Sanktionen sind auch ohne einen entsprechenden Hinweis

---

443 ARAG/Garmenbeck-Entscheidung des BGH, Urt. v. 21.04.1997 – II ZR 175/95, NJW 1997, 1926 (1928).

444 Vgl. *Gropp-Stadler/Wolfgramm*, in: Moosmayer/Hartwig, Interne Untersuchungen, S. 18 ff.; *Mengel*, CCZ 2008, 85 (88).

445 Vgl. § 8 B2.1 (b) (6) (B) und (7) der Sentencing Guidelines.

446 Bonusregelung des Bundeskartellamtes, Bekanntmachung Nr.9/2006 vom 07.03.2007; Mitteilung der Europäischen Kommission über den Erlass und die Ermäßigung von Geldbußen in Kartellsachen, ABl. 2006 C 298/17.

in einer Klausel für den Arbeitnehmer *vorhersehbar*. Der Arbeitgeber könnte diese Sanktionen auch ohne eine entsprechende Klausel durchführen. Daher ist auch eine Klausel, die inhaltlich unrichtig auf die „klassischen" Reaktionsmöglichkeiten verweist zwar unwirksam, aber insofern unschädlich, als dass von der Wirksamkeit der Klausel nicht die Durchführung der Maßnahme abhängt. Lediglich bei der Sanktion von Bagatelldelikten sind im Rahmen der Verhältnismäßigkeit Einschränkungen zu machen.

Weist die Klausel dagegen auf Sanktionen hin, die vertraglich vorbehalten sind oder auf kollektivrechtlicher Grundlage beruhen, und damit für den Arbeitnehmer *nicht vorhersehbar* sind, so muss auch die Klausel den Anforderungen, die an die jeweilige Sanktion und die Form ihrer Implementierung gestellt werden, genügen. Sie muss insbesondere klar und verständlich formuliert sowie geeignet sein, dem Arbeitnehmer genau vor Augen zu führen, welche Konsequenzen ein bestimmter Verstoß haben kann, und dem Grundsatz der Verhältnismäßigkeit genügen. Dabei ist es möglich, dass eine Klausel, die eine bestimmte Sanktion androht, sich auch nur auf einzelne Pflichten bezieht, oder dass eine Klausel einzelne Verstöße als besonders schwerwiegend zusammenfasst und konkret bei diesen Verstößen eine bestimmte Sanktion androht.

C. Whistleblowing

Um die Effektivität eines Compliance- und Ethikkodex sicherzustellen, müssen Verstöße gegen die dort verbindlich aufgestellten Regeln sanktioniert werden. Zuvor ist es notwendig, solche Verstöße überhaupt zu erkennen. Eine äußerst wirksame Methode zur Aufdeckung von Verstößen ist die gegenseitige Kontrolle der Mitarbeiter.[447]

Haben diese den Verdacht, Hinweise oder sogar die sichere Kenntnis von Fehlverhalten anderer Arbeitnehmer, können sie dies dem Arbeitgeber bekannt machen. Das folgende Kapitel befasst sich daher nicht mit dem eigentlichen „Übeltäter", sondern mit der Person, die von dem Verstoß eines anderen Arbeitnehmers gegen die Compliance- und Ethikrichtlinien Kenntnis erlangt hat und dies meldet bzw. die Meldung unterlässt.

In der Praxis haben sich ganze Hinweisgebersysteme entwickelt, die ein solches „Hinweisgeben", auch bekannt unter dem Anglizismus „Whistleblowing", unterstützen sollen.[448] Erst durch das Bekanntwerden von (möglichen) Verstößen kann der Arbeitgeber eine konkrete unternehmensinterne Untersuchung des Sachverhalts anstellen, auf die dann, je nach den Ergebnissen der Untersuchung, Sanktionen gegenüber dem sich fehlverhaltenden Arbeitnehmer folgen können. Im Folgenden soll näher untersucht werden, ob es einen sanktionswürdigen Pflichtverstoß eines Arbeitnehmers darstellt, wenn er ein von ihm vermutetes oder erkanntes Fehlverhalten eines anderen Arbeitnehmers gegenüber dem Arbeitgeber *nicht* zur Anzeige bringt oder wenn der Arbeitnehmer ein Fehlverhalten des Arbeitgebers extern zur Anzeige bringt anstatt dies intern zu klären. Dazu ist zunächst zu klären, ob und wann eine Pflicht zum „Hinweisgeben" besteht.

I. Bedeutung des Whistleblowing

In der Regel enthält ein Compliance- und Ethikkodex eine sogenannte „Whistleblowing-Klausel", die sich auf Hinweise oder Berichtspflichten über Kodexverstöße bezieht.

Beispiele verschiedener Whistleblowing-Klauseln:

Nr. 1: *„Die Mitarbeiter sind verpflichtet, Verstöße gegen diesen Kodex, Bundes-, Landes- oder lokale Gesetze, Regeln und Vorschriften, die sich auf* [das Unternehmen] *oder eine Tätigkeit in oder für* [das Unternehmen] *beziehen, und interne Richtlinien (die über das*

---

447 *Mengel*, Compliance und Arbeitsrecht, S. 66, Rn. 121.

448 Für an der US-Börse gelistete Unternehmen besteht sogar eine Pflicht zur Einführung eines Verfahrens zur Entgegennahme, Speicherung und Bearbeitung von (auch anonymen) Beschwerden, insbesondere in Bezug auf die Rechnungslegung, interne Rechnungskontrollen und Wirtschaftsprüfungsfragen. Ebenso müssen Schutzvorschriften für die jeweiligen Whistleblower eingeführt werden, vgl. Abschnitte 301 IV, 406, 806 SOX. Zu den Whistleblowing Regeln nach dem amerikanischen Recht ausführlich: *Mahnhold*, NZA 2008, 737 (740 f.).

Intranet oder den jeweiligen Vorgesetzten vor Ort eingesehen werden können) unverzüglich an (...) zu melden.“[449]

Nr. 2: *„(...) Aber auch Hinweise auf Fehler und Fehlverhalten sind gewünscht und werden erwartet. Nur so können wir gemeinsam Schaden von unseren Beschäftigten und dem Unternehmen abwenden.“*[450]

Nr. 3: *„Alle Mitarbeiter werden ausdrücklich ermutigt, Compliance oder ihren Vorgesetzten anzusprechen, wenn sie feststellen, dass sich jemand nicht regelkonform verhalten hat.“*[451]

Unter „Whistleblowing“ versteht man im weitesten Sinne kritische Äußerungen, Beschwerden, Anzeigen oder allgemein die Weitergabe von Informationen durch Arbeitnehmer betreffend das Fehlverhalten von Kollegen oder Vorgesetzten, von Missständen oder rechtwidrigen Zuständen im Unternehmen oder sogar Norm- oder Gesetzesverstöße.[452] Die Übersetzung ins Deutsche, „verpfeifen“, hat einen sehr negativen Beiklang, der dem angedachten positiven Sinn nicht gerecht wird. Ein „Whistleblower“ sollte in der Regel als uneigennütziger unternehmensinterner Informant und nicht als Verräter oder Spitzel angesehen werden.

Ein Whistleblowing- oder Hinweisgebersystem stellt für den Arbeitgeber eine erfolgsversprechende Option dar, in Erfahrung zu bringen, ob gegen die unternehmensspezifischen Verhaltensvorgaben verstoßen wird.[453] Der Arbeitgeber kann auf diesem Wege an den Kenntnissen der Arbeitnehmer teilhaben, ohne selbst tätig werden zu müssen.[454] Auf einen erfolgten Hinweis und bei einem entsprechenden Verdacht kann dann ein unternehmensinternes Ermittlungsverfahren eingeleitet werden. Ein solches Hinweisgebersystem ist damit Bestandteil eines umfassenden investigativen Compliance-Systems. Es dient jedoch nicht nur der Aufklärung, sondern verfolgt zudem einen präventiven Zweck, da es der Erhöhung des Entdeckungsrisikos dient.[455]

Betreffen die kommunizierten Daten das persönliche Verhalten von bestimmten Mitarbeitern, handelt es sich um personenbezogene Daten im Sinne des Bundesdatenschutzgesetzes (BDSG).[456] Es sind dann spezielle datenschutzrechtliche Vorgaben zu beachten.[457]

---

449 Beispiel aus dem Verhaltenskodex der Deutschen Bank AG, S. 10.

450 Beispiel aus dem Verhaltenskodex von Daimler, S. 12. Dieser Klausel ähnlich ist auch die „Whistleblowing-Klausel“ aus dem Verhaltenskodex der Adidas Gruppe, S. 11: *„Wenn Verstöße entdeckt werden, wird von den Mitarbeitern erwartet, dass sie Einzelheiten über diese Vorfälle unverzüglich an Ihren Compliance-Beauftragten melden.“*

451 Beispiel aus dem Verhaltenskodex der Allianz SE, Nr. 20, S. 6

452 *Maschmann*, in: Dölling, Korruptionsprävention, S. 138 f., Rn. 125 f.

453 Vgl. *Göpfert/Merten/Siegrist*, NJW 2008, 1703 (1704).

454 *Fahrig*, Die Einführung eines Verhaltenskodexes und das Whistleblowing, S. 84.

455 *Bussmann/Matschke*, CCZ 2009, 132 (135).

456 *Behrendt/Kaufmann*, CR 2006, 642 (644).

457 Siehe dazu S. 155.

1. *Erscheinungsformen des Whistleblowing*

Hinsichtlich des Empfängers des Hinweises durch den Arbeitnehmer wird zwischen internem und externen Whistleblowing unterschieden.[458] Bei dem internen Whistleblowing werden die Informationen innerhalb des Unternehmens an eine dort eingerichtete zuständige Stelle kommuniziert. Unter externem Whistleblowing wird die Informationsweitergabe direkt an die Strafverfolgungs- und Aufsichtsbehörden verstanden. Während das interne Whistleblowing zur Einhaltung der selbstgesetzten Verhaltensregeln genutzt wird und dem Unternehmen zur Früherkennung möglicher Risiken und zur Einleitung einer unternehmensinternen Untersuchung dienen kann und aus Unternehmensperspektive somit auch erwünscht ist, liegt das externe Whistleblowing in der Regel nicht im Unternehmensinteresse. Durch das externe Whistleblowing wird Druck von außen auf das Unternehmen aufgebaut. Ein solches rufschädigende Aufdecken von Verstößen kann außerdem erheblichen Schaden hervorrufen.[459]

2. *Whistleblowing im Spannungsfeld zwischen Anzeige- und Verschwiegenheitspflicht*

Für den Arbeitgeber ist bei Formulierung einer Hinweisgeberklausel in einem Compliance- und Ethikkodex entscheidend, wie weitgehend er eine wirksame Hinweis- oder Anzeigepflicht für die Arbeitnehmer statuieren kann und wo es zu berücksichtigende Grenzen gibt.[460]

a) *Unterrichtungs- und Anzeigepflichten*

aa) Gesetzliche Unterrichtungspflichten

Der Arbeitnehmer, der seine geschuldete Arbeitsleistung erbringt, besorgt ein fremdes Geschäft im Sinne der §§ 662, 675 BGB. Für den Dienstverpflichteten können sich daher gesetzlich normierte Unterrichtungspflichten aus den Regelungen der §§ 666, 667 i.V.m. 675 BGB ergeben.[461] Davon umfasst sind Auskunfts-, Benachrichtigungs- und Rechnungslegungspflichten im Rahmen der konkreten Geschäftsbesorgung, unter die auch die Erbringung der Arbeitsleistung fällt, aber auch die Pflicht

---

458 *Bürkle*, DB 2004, 2158 (2158); *Fahrig*, Die Einführung eines Verhaltenskodexes und das Whistleblowing, S. 84 f.; *Koch*, ZIS 2008, 500 (500); *Müller*, NZA 2002, 424 (426).

459 Aus Unternehmensperspektive: *Fahrig*, Die Einführung eines Verhaltenskodexes und das Whistleblowing, S. 85; *Rein*, Die individualrechtliche Implementierung einer Ethikrichtlinie mit vorweggenommener Abmahnung, S. 31.

460 Ausführlich zu den „Problemen" des Whistleblowing und den daraus resultierenden Konflikten: *Bürkle*, DB 2004, 2158 ff.; *Müller*, NZA 2002, 424 ff.; *Wisskirchen/Jordan/Bissels*, DB 2005, 2190 (2193).

461 *Preis*, in: ErfK, § 611 BGB, Rn. 22 f.

zur Herausgabe von dabei erlangten Unterlagen.[462] Diese Unterrichtungspflichten beziehen sich lediglich auf Informationen aus dem tatsächlich übertragenen persönlichen Tätigkeitsbereich und den daraus resultierenden Arbeitsergebnissen. Der persönliche Tätigkeitsbereich bestimmt mithin den Inhalt und die Grenzen der Auskunftspflichten.[463]

bb) Vertragliche Nebenpflicht zur Auskunft

Geht es um weitergehende und den persönlichen Tätigkeitsbereich verlassende Hinweispflichten des Arbeitnehmers, ist ein Rückgriff auf die allgemeine arbeitsvertraglich geschuldete Auskunftspflicht möglich. Je weiter sich die in Frage stehende Pflicht von der Hauptleistungspflicht entfernt, umso zurückhaltender sind entsprechende ungeschriebene Nebenpflichten anzuerkennen.[464] Es gehört aber zu den vertraglich geschuldeten Nebenpflichten (Rücksichtnahme-, Treue- und Schutzpflicht) des Arbeitnehmers, die Interessen des Arbeitgebers zu wahren und Schäden für den Arbeitgeber im zumutbaren Rahmen zu verhindern. Dazu gehört das Unterlassen von schädigenden Handlungen, aber auch die Abwehr drohender Gefahren, z.B. durch Anzeige von betrieblichen Missständen, Rechtsverstößen oder Straftaten sowie das Fehlverhalten anderer Arbeitnehmer.[465] Damit geht es einher, dass gewisse Vorkommnisse beim Arbeitgeber anzuzeigen sind, wenn diese ein Schadenspotenzial für das Unternehmen aufweisen.[466] Eine solche Anzeige- oder Auskunftspflicht[467] besteht daher immer dann, wenn eine Abwägung zwischen den betroffenen Rechten und Interessen der Arbeitnehmer und dem Arbeitgebers ergibt, dass der Arbeitgeber ein berechtigtes Interesse an der Information hat und dem

---

462 Zur gesetzlichen Unterrichtungspflicht gemäß §§ 666, 667, 675 BGB: *Diller*, DB 2004, 313 (313); *Fritz/Nolden*, CCZ 2010, 170 (170 f.); *Preis*, in: ErfK, § 611 BGB, Rn. 23; zur Herausgabe von Unterlagen: BGH, Urt. v. 30.11.1989 – III ZR 112/88, NJW 1990, 510 (510 f., aus den Gründen II.).

463 BGH, Urt. v. 23.02.1989 – IX ZR 236/86, NJW-RR 1989, 614 (614 f.); *Fritz/Nolden*, CCZ 2010, 170 (171).

464 *Preis*, Grundfragen der Vertragsgestaltung im Arbeitsrecht, S. 518.

465 *Lützeler/Müller-Sartori*, CCZ 2011, 19 (19). Insbesondere hat das BAG eine solche weitergehende Meldepflicht angenommen, wenn den Arbeitnehmer aufgrund seiner hervorgehoben Stellung, z.B. als Führungskraft, sog. „aktualisierte Überwachungs- und Kontrollpflichten“ treffen, und er damit zur Leitung und Überwachung anderer Arbeitnehmer verpflichtet ist, BAG, Urt. v. 12.05.1958 – 2 AZR 539/56; NJW 1958, 1747 (1748).

466 *Mengel*, Compliance und Arbeitsrecht, S. 23, Rn. 25, S. 67, Rn. 122; *Preis*, in: ErfK, § 611 BGB, Rn. 744; *Reichold*, in: Münchener Hdb ArbR, Band 1, § 49, Rn. 8 f.; BGH, Urt. v. 23.02.1989 – IX ZR 236/86, NJW-RR 1989, 614 (615).

467 Besteht bereits eine Anzeigepflicht des Arbeitgebers, geht damit als „Minus“ auch eine Auskunftspflicht bei Nachfrage durch den Arbeitgeber einher, *Blomeyer*, in: Münchener Hdb ArbR, Band 1, § 54, Rn. 12.

Arbeitnehmer die Anzeige oder Auskunft zumutbar ist und zu keiner übermäßigen Belastung führt.[468]

Zur Interessenkollision und zu Fragen nach der Zumutbarkeit der Anzeige kommt es regelmäßig erst dann, wenn vertraglich in einem Compliance- und Ethikkodex eine umfassende und unbedingte Meldepflicht vereinbart wird, die über die allgemeine Pflicht zur Schadensabwendung hinausgeht, oder wenn in dem Kodex Melderechte des Arbeitnehmers an externe Stellen ausgeschlossen werden. Eine weitere höchst problematische Konstellation betrifft die Fälle, in denen der Arbeitnehmer sich selbst des Fehlverhaltens bezichtigen müsste und eine Anzeige selbstbelastend ist.

cc) Auskunftspflicht bei auch bei Selbstbelastung?

Es stellt sich dann die Frage, ob den Arbeitnehmer auch dann eine Meldepflicht treffen kann, wenn er sich durch die Meldung selbst belasten müsste. Für die gesetzlichen Unterrichtungspflichten aus §§ 666, 667, 675 BGB lässt sich eine solche Pflicht zur Meldung auch bei selbstbelastendem Inhalt wie folgt begründen:

Der Arbeitgeber hat per se einen gesetzlichen Anspruch auf umfassende Auskunft im Bereich des unmittelbaren persönlichen Tätigkeitsbereichs und der vertraglich geschuldeten Leistungspflicht. Es gehört zu den Pflichten des Geschäftsbesorgenden, bezüglich seiner Leistungspflicht und der konkreten Geschäftsbesorgung abzulegen.[469] Ein Auskunftsverweigerungsrecht wegen möglicher Selbstbelastung kann es bei der Geschäftsbesorgung nicht geben. Ein solches würde die Funktion der

---

468 In Bezug auf Treue-, Schutz- und Schadensabwendungspflichten des Arbeitnehmers im Rahmen der allgemeinen Nebenpflicht, *Eufinger*, BB 2016, 1973 (1976); *Fahrig*, Die Einführung eines Verhaltenskodexes und das Whistleblowing, S. 87 f.; *Fritz/Nolden*, CCZ 2010, 170 (172); *Göpfert/Merten/Siegrist*, NJW 2008, 1703 (1705); *Schürrle/Olbers*, CCZ 2010, 178 (178); BGH, Urt. v. 23.02.1989 – IX ZR 236/86, NJW-RR 1989, 614; *Preis*, in: ErfK, § 611 BGB, Rn. 744; *Blomeyer*, in: Münchener Hdb ArbR, Band 1, § 54, Rn. 6 ff.

469 *Seiler*, in: MüKo BGB, § 666 BGB, Rn. 1, 3; *K. P. Berger*, in: Erman, BGB Kommentar, § 666 BGB, Rn. 13; *Martinek*, in: Staudinger, BGB Kommentar, § 666 (2006), Rn. 10, 19; BGH, Urt. v. 16.06.2016 – III ZR 282/14, NJW-RR 2016, 1391 (1392 f., Rn. 24, 29): „*Der Anspruch aus § 666 BGB ist grundsätzlich abhängig von dem Auftrag bzw. Geschäftsbesorgungsvertrag, dessen Absicherung er dient.*" Der BGH schränkt die Auskunftspflicht also dahingehend ein, dass der Auskunftsanspruch sich an der konkreten Rechtsstellung des Auftraggebers und dem Auftragsverhältnis orientieren muss und sich zusätzlich am Maßstab der Erforderlichkeit und Zumutbarkeit messen lassen muss. So auch schon: BGH, Urt. v. 08.02.2007 – III ZR 148/06, NJW 2007, 1528 (1528 f., Rn. 8); BGH, Urt. v. 03.11.2011 – III ZR 105/11, NJW 2012, 58 (60, Rn. 21).

§§ 666, 675 BGB unterlaufen, da ein Auskunftsrecht gerade bei möglichen Unregelmäßigkeiten und der Leistungskontrolle von Bedeutung ist.[470]

Es können nach Sinn und Zweck dieser Normen damit grundsätzlich keine Zumutbarkeitserwägungen gelten, die diese Pflicht begrenzen würden.[471] Die Auskunftspflicht aus §§ 666, 667, 675 BGB gegenüber dem Arbeitgeber wird mithin nicht dadurch ausgeschlossen, dass der Arbeitnehmer sich durch seine Aussage selbst strafrechtlich oder wegen einer Ordnungswidrigkeit belasten würde oder wenn es um kündigungsrelevante Sachverhalte geht.

In den über den konkreten Tätigkeitsbereich hinausgehenden Fällen, wenn eine Anzeige- und Auskunftspflicht lediglich aus der allgemeinen arbeitsvertraglichen Nebenpflicht zur Treue, Schadensabwehr und Rücksichtnahme auf die Interessen des Vertragspartners hergeleitet werden kann, kommt es für die spezielle Frage, ob eine Anzeige- oder Auskunftspflicht auch bei Selbstbelastung des Arbeitnehmers bestehen kann, auf eine Interessenabwägung an. Die Selbstbelastung durch eine Anzeige oder Auskunft stellt dann lediglich einen weiteren Aspekt dar, der im Rahmen der Zumutbarkeit auf Interessenseite des Arbeitnehmers zu beachten ist.[472] Grenze der Zumutbarkeit in der Interessenabwägung ist allgemein die „übermäßige Belastung" des Arbeitnehmers. Dies ist einzelfallabhängig zu beurteilen; in der hier untersuchten Sonderkonstellation ist die Zumutbarkeitsgrenze spätestens dann erreicht, wenn die Gefahr des Verlustes des Arbeitsplatzes oder strafrechtlicher Verfolgung droht.[473] Die Rechtsprechung[474] zieht die Grenze der Zumutbarkeit einer Pflicht zur Schadensabwehr deutlich enger und beurteilt bereits den Zwang zur Selbstbelastung als unzumutbar, ohne auf die Folgen abzustellen. Mithin besteht in den über den unmittelbaren Tätigkeitsbereich hinausgehenden Fällen in der Regel keine vertragliche Pflicht zur Selbstanzeige oder Selbstbelastung.

---

470 „Das Auskunftsrecht des Auftraggebers gemäß dem § 666 BGB ist gerade dann besonders wichtig, wenn der Beauftragte gegen die ihm obliegenden Pflichten verstoßen hat.", so BGH, Urt. v. 30.11.1989 – III ZR 112/88, NJW 1990, 510 (511, aus den Gründen III., 1.), so auch: BGH, Urt. v. 03.11.2011 – III ZR 105/11, NJW 2012, 58 (59 f., Rn. 19). Zur Herausgabe von Akten eines Rechtsanwalts an seinen Auftraggeber aus §§ 666, 675 BGB, selbst wenn er dadurch der Gefahr ausgesetzt würde, sich selbst einer strafbaren Handlung bezichtigen zu müssen: *Diller*, DB 2004, 313 (314); *Fritz/Nolden*, CCZ 2010, 170 (175 f.); *Lützeler/Müller-Sartori*, CCZ 2011, 19 (20).

471 So auch *Diller*, DB 2004, 313 (314).

472 So auch bei *Göpfert/Merten/Siegrist*, NJW 2008, 1703 (1705); *Lützeler/Müller-Sartori*, CCZ 2011, 19 (20).

473 BAG, Urt. v. 03.07.2003 – 2 AZR 235/02, NJW 2004, 1547 (1550); BGH, Urt. v. 23.02.1989 – IX ZR 236/86, NJW-RR 1989, 614 (615).

474 BGH, Urt. v. 23.02.1989 – IX ZR 236/86, NJW-RR 1989, 614 (615); BAG, Urt. v. 18.06.1970 – 1 AZR 520/69, NJW 1970, 1861.

b) Arbeitsvertragliche Verschwiegenheitspflichten und Durchbrechung durch Anzeigerechte des Arbeitnehmers

Der Arbeitnehmer hat nicht nur die oben dargestellten Anzeigepflichten gegenüber dem Arbeitgeber hinsichtlich der Compliance- und Ethikrichtlinienverstöße anderer Arbeitnehmer. Verstößt der Arbeitgeber gegen ihm obliegende Pflichten, wird für den Arbeitnehmer die Frage relevant, inwieweit ihm auch Anzeigerechte zukommen können. Aus Arbeitgeberperspektive ist diese Frage ebenfalls relevant, denn wenn dem Arbeitnehmer ein solches Anzeigerecht gegenüber unternehmensexternen Stellen zukommt, wäre eine Klausel in einem Compliance- und Ethikkodex, die dies untersagt, unwirksam.

Aus dem in § 241 II BGB verankerten Gebot der Rücksichtnahme auf die berechtigten Interessen der anderen Vertragspartei und der bereits dargestellten Pflicht zur Abwehr von Schäden vom Arbeitgeber ergibt sich als Gegenpart zu der Auskunftspflicht gegenüber dem Arbeitgeber auch die Verschwiegenheitspflicht als arbeitsvertragliche Nebenpflicht des Arbeitnehmers. Danach ist der Arbeitnehmer grundsätzlich zur Verschwiegenheit gegenüber Dritten bezüglich betrieblicher Vorgänge und Geschäftsgeheimnissen etc. verpflichtet.[475] Unterstützt wird diese Pflicht zur Verschwiegenheit auch durch die dem Arbeitgeber verfassungsrechtlich garantierte Unternehmensfreiheit aus Art. 12 I GG, die das Interesse des Arbeitgebers anerkennt, nur mit Arbeitnehmern zusammenzuarbeiten, die das Unternehmensinteresse fördern und unterstützen sowie es vor Schäden bewahren.[476]

Allerdings wird die arbeitsvertragliche Nebenpflicht zur Verschwiegenheit gegenüber Dritten von einigen spezialgesetzlichen Normen, wie den § 13 I AGG, § 21 VI 1 GefStoffV, §§ 16 I und 17 II ArbSchG durchbrochen, in denen ausdrückliche Anzeige- und Beschwerderechte geregelt sind.[477] Eine allgemeine gesetzliche Regelung, die dem Arbeitnehmer weiterreichende Anzeigerechte gestattet, existiert jedoch nicht.[478] Eine Durchbrechung der Verschwiegenheitspflicht zugunsten eines externen Anzeigerechts des Arbeitnehmers ist daher nur innerhalb der immanenten Grenzen der arbeitsvertraglichen Verschwiegenheitspflicht möglich. Es gilt in dem Zusammenhang als anerkannt, dass der Arbeitgeber grundsätzlich nur soweit Verschwiegenheit verlangen kann, als sein berechtigtes Interesse reicht.[479] Es ist nach der Rechtsprechung weiterhin Voraussetzung[480], dass die Anzeige eine verhältnismäßige Reaktion auf das Verhalten des Arbeitgebers darstellt. Verkürzt dargestellt bedeutet dies, dass eine externe Anzeige grundsätzlich nur dann in Betracht zu

---

475 BAG, Urt. v. 03.07.2003 – 2 AZR 235/02, NJW 2004, 1547 (1548) m.w.N.

476 BAG, Urt. v. 03.07.2003 – 2 AZR 235/02, NJW 2004, 1547 (1548 f.); *Kock*, ArbRB 2006, 116 (117).

477 Zu den gesetzlichen Anzeigerechten und ihren Voraussetzungen: *Müller*, NZA 2002, 424 (431 ff.).

478 *Maschmann*, in: Dölling, Korruptionsprävention, S. 141, Rn. 130.

479 *Maschmann*, in: Dölling, Korruptionsprävention, S. 144, Rn. 138.

480 Genauer zu den Voraussetzungen nach der Rechtsprechung auf S. 138 f.

ziehen ist, wenn der Arbeitgeber objektiv gesetzeswidrig gehandelt hat oder ihm ein solches Handeln zugerechnet werden muss und bei dem Anzeigenden ein entsprechender Anfangsverdacht vorliegt. Denn der Arbeitgeber kann sich nicht auf die vertragliche Verschwiegenheitspflicht des Arbeitnehmers gegenüber Dritten berufen, wenn der Arbeitgeber selbst gegen geltendes Recht verstößt oder sich einen solchen Verstoß zurechnen lassen muss. Vertragstreue kann grundsätzlich nur der sich selbst rechts- und vertragstreu Verhaltende einfordern. Andernfalls kann der sich nicht rechts- und vertragstreu verhaltende Arbeitgeber nicht darauf vertrauen, dass der Arbeitnehmer zu rechtswidrigem Verhalten von Kollegen und Vorgesetzten schweigt.[481]

3. *Typen von Whistleblowingklauseln in Compliance- und Ethikkodizes*

In Compliance- und Ethikkodizes wird häufig ein Hinweis des Arbeitgebers auf die bestehenden Anzeigepflichten implementiert. Viele dieser Whistleblowingklauseln gehen in der Formulierung nicht weiter als ein reiner *Appell* zur Berichterstattung im Rahmen der Nebenpflichten aus § 241 II BGB.[482] Diese Art Klausel ist damit *deklaratorisch* und stellt keine konkreten neuen Verhaltenspflichten auf. Der Arbeitgeber kann sie ohne Probleme als Hinweis auf bestehendes Recht im Rahmen seines Weisungsrechts implementieren.[483]

Eine Whistleblowingklausel, die explizit auf die allgemeine arbeitsvertragliche Nebenpflicht, Schäden nach einer Interessenabwägung und im Rahmen des Zumutbaren anzuzeigen, hinweist, ist zwar sprachlich weitergehend als der reine Appell. Auf die arbeitsvertragliche Nebenpflicht zur Schadensabwehr, aus der nach Interessenabwägung Anzeigepflichten folgen können, kann der Arbeitgeber aber ohne weiteres hinweisen.[484] Die Klausel ist auch hier *deklaratorisch*. Durch das Direktionsrecht kann diese sogar noch weiter konkretisiert werden, z.B. dadurch, dass Verstöße an eine bestimmte dafür zuständige Stelle zu melden sind.[485] Auch eine ausdrücklichere Formulierung z.B. für bestimmte Arbeitsbereiche oder im Ablauf konkretisierend, sind im Rahmen des Weisungsrechts möglich, solange der Grundsatz der Verhältnismäßigkeit gewahrt wird. Die eingerichteten Meldesysteme stellen dann nur ein Medium zu sonst auch jederzeit möglichen internen Meldungen dar.

---

481 *Maschmann*, in: Dölling, Korruptionsprävention, S. 144, Rn. 138; *Wisskirchen/Jordan/Bissels*, DB 2005, 2190 (2193). Für den Fall, dass das strafbare Verhalten des Arbeitgebers die berechtigten Interessen des Arbeitnehmers verletzt: *Müller*, NZA 2002, 424 (435 f.).

482 Siehe: Beispielsklausel Nr. 3, S. 129 f..

483 Zur Implementierung über das Weisungsrecht: S. 73 ff.

484 In diesem Sinne ist wohl auch die Beispielsklausel Nr. 2, S. 129 f. zu verstehen, auch wenn diese Klausel keine Ausführungen zu Zumutbarkeitserwägungen enthält.

485 *Fahrig*, Die Einführung eines Verhaltenskodexes und das Whistleblowing, S. 92; *Mengel*, Compliance und Arbeitsrecht, S. 67; *Mengel/Hagemeister*, BB 2007, 1386 (1389), Rn. 122; *Schuster/Darsow*, NZA 2005, 273 (276).

Vielfach ist dem Arbeitgeber daran gelegen, diese Anzeigepflichten zu erweitern. Je umfassender die Anzeigepflichten ausgestaltet sind, desto effektiver kann der Arbeitgeber die Arbeitnehmer kontrollieren (lassen). Enthält die Klausel eine Anzeigepflicht, die im Umfang über die allgemeine Nebenpflicht zur Schadensabwehr hinausgeht und eine umfassende Pflicht zur Anzeige unabhängig von Schwere, Umständen und Verstoß beinhaltet, handelt es sich um eine *konstitutive* Klausel.[486] Eine solche Klausel begegnet vielfachen Zulässigkeitsbedenken.[487] Eine Einführung dieser Klausel über das Direktionsrecht ist nicht möglich, da sich Weisungen nur innerhalb der bestehenden Rechtslage und im Rahmen des Vertrages halten können. Bei der konstitutiven Klausel geht es aber gerade um die Erweiterung der vertraglichen Pflichten.[488] Die Begründung neuer Vertragspflichten ist aber grundsätzlich der zweiseitigen vertraglichen Regelung vorbehalten.[489] Für eine wirksame vertragliche Vereinbarung muss sich die Klausel außerdem an den §§ 307 ff. BGB sowie dem Gebot der Verhältnismäßigkeit und Transparenz messen lassen. Das Grundrecht auf informationelle Selbstbestimmung und das Allgemeine Persönlichkeitsrecht der Arbeitnehmer setzen mittelbar über die Generalklausel der Inhaltskontrolle auch einer vertraglichen Vereinbarung Grenzen.[490] Bei Einführung einer konstitutiven Klausel über eine Betriebsvereinbarung sind im Rahmen der Inhaltskontrolle ebenfalls die Grundrechte zu beachten.

Eine Klausel mit einer solchen konstitutiven Anzeigepflicht, die sich auf Verstöße jeder Schwere bezieht, Bagatellen nicht ausnimmt, z.B. auch wenn dem Arbeitgeber gar keine Schäden drohen,[491] ist als unverhältnismäßig anzusehen. Sollen jedoch Verstöße gemeldet werden, die der Arbeitgeber mit arbeitsrechtlichen Mitteln auch sanktionieren kann oder die dem Unternehmen einen Schaden zufügen, ist ein berechtigtes Interesse des Arbeitgebers hinsichtlich einer Meldung dieser Verstöße

---

486 Siehe: Beispielsklausel Nr. 1, S. 129 f.

487 Siehe dazu ausführlich: *Bürkle*, DB 2004, 2158 (2159); *Fahrig*, Die Einführung eines Verhaltenskodexes und das Whistleblowing, S. 91 ff.; *Mahnhold*, NZA 2008, 737 (738); *Müller*, NZA 2002, 424; *Rein*, Die individualrechtliche Implementierung einer Ethikrichtlinie mit vorweggenommener Abmahnung, S. 148 ff.; *Schuster/Darsow*, NZA 2005, 273 (276).

488 Dies übersieht *Fahrig*, Die Einführung eines Verhaltenskodexes und das Whistleblowing, S. 92 f. Er sieht eine Möglichkeit, eine konstitutive Klausel individualvertraglich zu implementieren bzw. auch eine entsprechende Betriebsvereinbarung zu schließen, wenn die Grenzen des Direktionsrechts (§ 106 S. 2 GewO) gewahrt werden, die Klausel nicht gegen Arbeitsvertrag, Betriebsvereinbarung oder anwendbaren Tarifvertrag verstößt, sie keine ungerechtfertigte Beeinträchtigung der Grundrechte des Arbeitnehmers auslöst und sich an gesetzliche Vorschriften und im Rahmen des billigen Ermessens hält und ein berechtigtes Interesse des Unternehmens an der Anzeige besteht.

489 Siehe dazu bereits im 2. Teil unter „Einvernehmliche Einbeziehung: Gestaltung von Standardarbeitsverträgen“, S. 79 ff.

490 *Mengel/Hagemeister*, BB 2007, 1386 (1390).

491 *Mengel*, Compliance und Arbeitsrecht, S. 23; *Schuster/Darsow*, NZA 2005, 273 (276).

anzuerkennen. Dies ist Ausfluss der grundrechtlich geschützten Unternehmerfreiheit, Art.12 I GG.[492]

II. Whistleblowing als Sanktionsgrund

Verstößt der Arbeitnehmer gegen die ihm im Rahmen der gesetzlichen Nebenpflichten oder aufgrund wirksamer vertraglicher Vereinbarung obliegenden Anzeigepflichten oder verstößt er bei Anzeige gegenüber Dritten gegen ihm obliegende Verschwiegenheitspflichten, kann dies durch den Arbeitgeber sanktioniert werden.

1. Externes Whistleblowing in der Rechtsprechung

Die Diskussion in Deutschland um arbeitsrechtliche Sanktionen nach erstatteter Strafanzeige gegen andere Unternehmensangehörige dreht sich aufgrund der dazu ergangenen Urteile der Rechtsprechung[493] um das externe Whistleblowing und dabei insbesondere um das sog. „Whistleblower-Urteil" des Bundesarbeitsgerichts[494], dem der Sachverhalt zugrunde lag, dass auf eine Strafanzeige durch einen Arbeitnehmer die Kündigung durch den Arbeitgeber folgte.

Zeigt der Arbeitnehmer bei externen Stellen Straftaten oder Pflichtverstöße des Arbeitgebers an, handelt es sich dabei grundsätzlich um die Wahrnehmung staatsbürgerlicher Rechte (wie Mitwirkung im Verfahren), die keine Verletzung der arbeitsvertraglichen Nebenpflicht darstellen und damit auch keinen hinreichenden Kündigungsgrund begründen.[495] Allerdings gilt dies nach dem zu dem genannten Sachverhalt ergangenen Beschluss des BVerfG[496] nicht, wenn die Anzeige

---

492 So auch schon *Rein,* Die individualrechtliche Implementierung einer Ethikrichtlinie mit vorweggenommener Abmahnung, S. 153. Auf Seiten des Arbeitgebers sind zudem eventuelle Verpflichtungen aus dem US-Recht, die Rufsicherung des Unternehmens und ein Interesse an Normkonformität des Unternehmens anzuführen.

493 Die wichtigste Rechtsprechung wird im Folgenden genannt. Eine weitere Auflistung der „frühen" Rechtsprechung zur Entwicklung des „Whistleblowing" in Deutschland findet sich bei *Müller,* NZA 2002, 424 (432 ff.).

494 BAG, Urt. v. 03.07.2003 – 2 AZR 235/02, NJW 2004, 1547. Das BAG hat unter Berücksichtigung der Rechtsprechung des BVerfG entschieden, dass eine Kündigung eines Arbeitnehmers nicht in Betracht komme, wenn die Anzeige des Arbeitgebers eine *verhältnismäßige* Reaktion des Arbeitnehmers darstelle.

495 BAG, Urt. v. 07.12.2006 – 2 AZR 400/05, NZA 2007, 502.

496 Stattgebender Kammerbeschluss des BVerfG v. 02.07.2001 – 1 BvR 2049/00, NJW 2001, 3474. Das BVerfG entschied, dass die Kündigung eines Arbeitnehmers gegen Art. 2 I GG i.V.m. Art. 20 III GG (Rechtstaatsprinzip) verstoße, wenn sie darauf beruht, dass der Arbeitnehmer gegen seinen Arbeitgeber in einem Ermittlungsverfahren staatsbürgerliche Rechte wahrgenommen hat und nicht wissentlich unwahre oder leichtfertig falsche Angaben gemacht hat. Dies wurde auch durch

wissentlich oder leichtfertig auf falschen Angaben beruht.[497] Das Bundesarbeitsgericht[498] hat darüber hinaus jedoch das allgemeine vertragliche Rücksichtnahmegebot aus § 241 II BGB so ausgelegt, dass die Melderechte des Arbeitnehmers zugunsten seiner Verschwiegenheitspflicht[499] stark eingeschränkt werden. Danach müssen die Arbeitnehmer in zumutbarem Rahmen die geschäftlichen Interessen des Arbeitgebers wahren. Mithin darf eine Strafanzeige nur erfolgen, wenn sie nach einer Verhältnismäßigkeitsprüfung und Interessenabwägung keine unangemessene Reaktion auf den Verstoß darstellt und auch unternehmensinterne Meldungen nicht möglich oder in Betracht zu ziehen sind.[500] Den anzeigenden Arbeitnehmer trifft keine Pflicht zur innerbetrieblichen Klärung, wenn Abhilfe berechtigterweise nicht zu erwarten ist oder wenn er sich durch Nichtanzeige strafbar machen würde. Ausnahmen gibt es entsprechend bei schwerwiegenden Straftaten oder vom Arbeitgeber selbst begangenen Straftaten. Dann kann bzw. muss die Pflicht des Arbeitnehmers zur Rücksichtnahme zurücktreten.[501]

Der Arbeitgeber darf im Rahmen der Treuepflicht des Arbeitnehmers erwarten, dass der Arbeitnehmer einen Verstoß selbst beseitigt oder ihn zumindest seinem Vorgesetzten anzeigt,[502] dies gilt insbesondere dann, wenn die strafbare Handlung oder Pflichtverletzung durch einen anderen Mitarbeiter begangen wird und nicht den Arbeitgeber oder einem seiner Vertreter zur Last gelegt wird. Dies bedeutet gleichsam, dass der Arbeitnehmer sich vor Anzeige bei einer externen Stelle um innerbetriebliche Abhilfe kümmern muss und die innerbetrieblich bestehenden Strukturen verfolgen muss. Dem Arbeitgeber muss die Möglichkeit zur Abschaffung des gesetzwidrigen Zustands gegeben werden, insbesondere, wenn er erst durch diesen Hinweis Kenntnis von der gesetzeswidrigen Lage erhält. Ansonsten wäre eine Anzeige nicht Ultima Ratio im Rahmen der Verhältnismäßigkeitsprüfung bei der Abwägung zwischen Verschwiegenheitspflicht und Anzeigerecht. Der

---

das BAG aufgegriffen: BAG, Urt. v. 14.12.2011 – 10 AZR 283/10, NZA 2012, 501 (503).

497 Indizien für eine unverhältnismäßige Reaktion des Arbeitnehmers können die Berechtigung der Anzeige, das Motiv oder innerbetriebliche Hinweise auf angezeigte Missstände sein, BAG, Urt. v. 03.07.2003 – 2 AZR 235/02, NJW 2004, 1547 (1549). Ebenso: BAG, Urt. v. 07.12.2006 – 2 AZR 400/05, NZA 2007, 502; EGMR, Urt. v. 21.07.2011 – 28274/08, NZA 2011, 1269 (1271, Rn. 69); BAG, Urt. v. 27.09.2012 – 2 AZR 646/11, NJOZ 2013, 1064 (1068, Rn. 37).

498 BAG, Urt. v. 31.07.2014 – 2 AZR 505/13, NZA 2015, 245 (249, Rn. 42, 43); BAG, Urt. v. 03.07.2003 – 2 AZR 235/02, NJW 2004, 1547 ff.

499 Siehe dazu bereits S. 135.

500 EGMR, Urt. v. 21.07.2011 – 28274/08, NZA 2011, 1269 (1271, Rn. 63 ff.); BAG, Urt. v. 31.07.2014 – 2 AZR 505/13, NZA 2015, 245 (251, Rn.63); BAG, Urt. v. 27.09.2012 – 2 AZR 646/11, NJOZ 2013, 1064 (1068, Rn. 37); BAG, Urt. v. 03.07.2003 – 2 AZR 235/02, NJW 2004, 1547 (1550).

501 Vgl. *Bürkle*, DB 2004, 2158 (2159).

502 *Wisskirchen/Jordan/Bissels*, DB 2005, 2190 (2193); zur Darstellung dieser Lösungsansätze in der Literatur auch: *Müller*, NZA 2002, 424 (434) m.w.N.

Arbeitnehmer darf zudem nicht rechtsmissbräuchlich mit dem Ziel der Bestrafung des Arbeitgebers handeln, es muss dem Arbeitnehmer darum gehen, einen rechtswidrigen Zustand abzustellen, der sich innerbetrieblich nicht abstellen lässt.

Diese Wertung wird durch die gesetzlichen Anzeigerechte unterstützt, die die externe Anzeige auch erst nach erfolglosen Versuchen der innerbetrieblichen Abhilfe zulassen, so z.B. auch § 17 UWG, § 21 VI S. 1 GefStoffVO, § 17 II ArbSchG.[503] Ein solcher Vorrang der innerbetrieblichen Abhilfe kann auch individual- oder kollektivvertraglich in der „Whistleblower-Klausel" geregelt sein.

Hat der Arbeitnehmer den Arbeitgeber nach diesen Voraussetzungen jedoch pflichtwidrig angezeigt, bedeutet dies eine Verletzung der vertraglichen Rücksichtnahme- und Verschwiegenheitspflichten. Eine solche Pflichtverletzung kann dann arbeitsrechtliche Sanktionen nach sich ziehen. Somit kann eine unzulässige Meldung an externe Stellen wie Medien oder auch eine Strafanzeige zu einer Kündigung des Arbeitnehmers führen, wenn dieser vorher eine notwendige und zumutbare innerbetriebliche Klärung unversucht gelassen hat.

2. *Internes Whistleblowing als Sanktionsgrund*

Beim internen Whistleblowing muss der Arbeitnehmer in aller Regel keine arbeitsrechtliche Sanktionierung fürchten[504], da er sich genauso verhält, wie es der Arbeitgeber nach der entsprechenden Whistleblowing-Klausel verlangt.[505] Auch bei Fehlen einer statuierten Meldepflicht im Compliance- und Ethikkodex und außerhalb der vertraglichen Nebenpflicht zur Schadensabwehr ist die darüberhinausgehende interne Meldung grundsätzlich erwünscht und im Interesse des Arbeitgebers. Dies unterstützt auch die Wertung der Rechtsprechung zu Sanktionen bei externem Whistleblowing, die die Möglichkeit der innerbetrieblichen Abhilfe als rechtmäßig

---

503 Dazu ausführlich: *Koch*, ZIS 2008, 500 (503), *Müller*, NZA 2002, 424 (431 f.). Zu den weiteren Folgen einer unzulässigen Strafanzeige eines Arbeitnehmers von anderen Arbeitnehmern oder des Arbeitgebers auf strafrechtlicher und zivilrechtlicher Ebene *Gercke/Richter*, in: Gercke/Kraft/Richter, Arbeitsstrafrecht, S. 406 f., Rn. 130 ff. Strafrechtlich drohen insbesondere die Konsequenzen des Vorwurfs der falschen Verdächtigung gemäß § 164 StGB, unter Umständen in Tateinheit mit einer Verleumdung gemäß § 187 StGB durch Vortrag wider besseren Wissens; bei Vortragen eines falschen Sachverhalts vor einer Strafverfolgungsbehörde kann auch eine Strafbarkeit nach § 145d StGB wegen Vortäuschen einer Straftat in Betracht kommen. Zivilrechtlich kann der zu Unrecht Verdächtigte bei Schäden ggf. Schadensersatz aus § 823 II BGB i.V.m. § 164 StGB oder § 826 BGB verlangen. Je nach den Umständen kann auch ein Anspruch auf Ersatz der immateriellen Schäden (Schmerzensgeld) in Betracht kommen.

504 *Koch*, ZIS 2008, 500 (502).

505 Die Sanktion einer rechtmäßigen Anzeige scheitert am Verbot widersprüchlichen Verhaltens aus § 242 BGB und dem Maßregelungsverbot des § 612a BGB, was zur Nichtigkeit des dagegen verstoßenden Rechtsgeschäfts nach § 134 BGB führt.

und als Voraussetzung für darüberhinausgehendes Tätigwerden ansieht.[506] Ein Anreiz zur internen Meldung wird in den gängigen Verhaltenskodizes großer Unternehmen dadurch geschaffen, dass diese eine Klausel oder Textpassage enthalten, in welcher der Schutz der (internen) Hinweisgeber geregelt ist.[507]

Eine Pflichtverletzung seitens des meldenden Arbeitnehmers und die Möglichkeit einer daran anknüpfenden Sanktion können sich in Ausnahmefällen nur dann ergeben, wenn diese Meldung rechtsmissbräuchlich ist. Dies ist der Fall, wenn die Meldung jeder Grundlage entbehrt und es dem Meldenden lediglich darum geht, einen anderen Arbeitnehmer in schlechtes Licht zu rücken und ihm Nachteile zuzufügen. Diese Ausnahme greifen auch die in Fußnote 507 genannten Klauseln auf, indem sie eine „redliche Absicht" der Meldung oder „guten Glauben" bei der Meldung voraussetzen. Wesentlich sanktionsrelevanter im Zusammenhang mit internem Whistleblowing ist dagegen ein Unterlassen. Voraussetzung für die Sanktion einer unterlassenen internen Meldung ist das Bestehen einer Anzeigepflicht und die Zumutbarkeit der Meldung im Einzelfall. Das Unterlassen einer von der Pflicht zur Schadensabwehr erfassten Anzeige des Arbeitnehmers begründet eine Nebenpflichtverletzung, an die ebenfalls Sanktionen geknüpft werden können.

III. Fazit

Berechtigtes internes Whistleblowing vermag weder straf- noch arbeitsrechtliche Sanktionen zu rechtfertigen. Arbeitsrechtlich stellt bereits § 84 III BetrVG klar, dass Beschwerden von Arbeitnehmern für diese nicht zu Nachteilen führen dürfen.[508] Die Informationen verlassen die betriebliche Sphäre nicht, sodass ein strafbarer Verrat von Geschäfts- und Betriebsgeheimnissen gemäß § 17 UWG auch ausscheidet.[509]

506 BAG, Urt. v. 31.07.2014 – 2 AZR 505/13, NZA 2015, 245 (251, Rn.63).

507 So z.B. die folgenden Ausschnitte aus den Verhaltenskodizes der Allianz SE, S. 6, Nr. 22: *„Kein Mitarbeiter, der in redlicher Absicht Mitteilung macht, muss Nachteile befürchten, auch dann nicht, wenn sich die Mitteilung als unbegründet herausstellen sollte."*; der Adidas Gruppe, S. 52: *„Jede Person, die in gutem Glauben einen vermuteten Verstoß gegen gesetzliche oder ethische Vorgaben bzw. einen Interessenkonflikt meldet – ungeachtet dessen, ob sich dieser Verdacht schließlich bewahrheitet oder nicht – erfährt keinerlei Vergeltungs- oder Disziplinarmaßnahmen oder sonstige nachteilige berufliche Konsequenzen."*; der Deutschen Bank, S. 12: *„Die Benachteiligung von Mitarbeitern, die in gutem Glauben einen mutmaßlich begangenen, anhaltenden oder zu erwartenden Verstoß durch andere melden, ist gemäß den Richtlinien der Deutschen Bank verboten."*; sinngemäß ebenso: Verhaltenskodex der BASF SE, S. 5; Verhaltenskodex der Siemens AG, S. 24; Verhaltenskodex der Volkswagen AG, S. 21.

508 Hier kann nur der Gedanke der Norm herangezogen werden. Denn § 84 BetrVG setzt eine Beschwerdebefugnis voraus. Er umfasst danach nicht die Fälle, in denen der Arbeitnehmer nicht in eigenen Rechten verletzt ist. Zudem kann aus einem Recht des Arbeitnehmers hier keine Pflicht zu seinen Lasten hergeleitet werden.

509 Vgl. *Koch*, ZIS 2008, 500 (502).

Vielmehr liegt ein internes Whistleblowing im Interesse des Unternehmens und wird durch die Einrichtung entsprechender organisatorischer Vorrichtungen (Hotlines, Organisationen, Officer etc.) vielfach gefördert. Die Möglichkeit und Erleichterung der internen Klärung kann zudem viel dazu beitragen, ein möglicherweise unerwünschtes externes Whistleblowing zu verhindern, mit dem Rufschädigungen, Störungen des Betriebsfriedens und hoher Aufwand einhergehen. Eine Sanktion ist allerdings dann denkbar, wenn der Arbeitnehmer es unterlässt, im Rahmen seiner Arbeitnehmerpflicht zur Schadensabwehr den Arbeitgeber über ihn schädigende Ereignisse zu informieren.

Beim externen Whistleblowing hat der Hinweisgeber dagegen nach höchstrichterlicher Rechtsprechung straf- und arbeitsrechtliche Sanktionen zu fürchten, selbst wenn er wahrheitsgemäße Tatsachen berichtet. Die Abwägung nach den Umständen des Einzelfalls bezüglich einer möglichen Pflichtwidrigkeit einer externen Meldung begegnet großen Unsicherheiten und führt zu „unkalkulierbare Sanktionsrisiken“[510], da den Arbeitnehmer mit arbeitsvertraglichen Sanktionsmaßnahmen, zivilrechtlichen Schadensersatzansprüchen oder auch mit der Verwirklichung des § 17 UWG, viele empfindliche Risiken treffen können.

Auch für das Unternehmen bietet externes Whistleblowing Nachteile und Risiken und ist daher aus Unternehmensperspektive zu vermeiden. Es kann zu einer Störung des Betriebsfriedens und der Arbeitsabläufe führen. Zudem kann eine extern erfolgte Meldung die Reputation des Unternehmens empfindlich beeinflussen.

510 *Koch*, ZIS 2008, 500 (503).

D. Unternehmensinterne Untersuchungen gegenüber den Arbeitnehmern

Bei Verdacht auf Verstöße gegen die Vorschriften eines Kodex werden häufig, unabhängig von möglichen Ermittlungen seitens staatlicher Stellen, auch unternehmensintern Ermittlungen und Untersuchungen durchgeführt (sog. Internal Investigations).[511] Diese Ermittlungen sind in funktionaler Hinsicht[512] ein wesentlicher Bestandteil eines effektiven Compliance-Systems und haben sowohl repressiven als auch präventiven Charakter. Sie erfolgen dabei primär im Interesse des Arbeitgebers.[513] Klauseln zu Investigationsregelungen in Ethik- und Compliancekodizes befassen sich mit den Ermittlungsmethoden, die bei Sachverhaltsaufklärungen zugestanden werden, und stellen dahingehend Befugnisnormen dar.[514]

Die hier zu betrachtenden Internal Investigations sind streng von allgemeinen routine- und regelmäßigen Kontrollen in Form des Monitorings zu unterscheiden, da der Untersuchung ein bestimmter Anlass in Form eines Anfangsverdachts zugrunde liegt. Besonders in den USA sind diese ein beliebtes Instrument der Unternehmensleitung, um Rechtsverstöße von Mitarbeitern und Managern aufzuklären. Sie sind inzwischen aber auch in Deutschland angekommen.[515] Schwerpunkt sind typischerweise bilanz-, aufsichts- und insiderrechtliche Fragen. Der Rahmen der Untersuchungen kann aber auch weiter reichen und eine umfassende Suche nach strukturell begründetem und/oder individuellem Fehlverhalten beinhalten.[516]

Diese Untersuchungen können von speziellen unternehmensinternen Abteilungen oder auch von externen Beratern, wie spezialisierten Anwaltskanzleien oder Wirtschaftsprüfungsgesellschaften mit entsprechender rechtlicher Expertise, durchgeführt werden. Vorteilhaft daran ist zudem, dass diese als Berufsgeheimnisträger eine strafrechtlich abgesicherte Verschwiegenheitspflicht haben (§ 203 StGB) und durch das Aussageverweigerungsrecht[517] bei möglicherweise folgenden staatlichen

---

511 Zur grundsätzlichen Zulässigkeit eigener Ermittlungsmaßnahmen im Unternehmen: BGH, Urt. v. 10.02.2000 – 4 StR 616/99, NJW 2000, 1277 (1278 unter 2, b)); *Jahn*, StV 2009, 41 (43); *Klengel/Mückenberger*, CCZ 2009, 81 (81); *Poppe*, in: Inderst/Bannenberg/Poppe, Compliance, Aufbau – Management – Risikobereiche, S. 581, Rn. 1 ff.; *Salvenmoser/Schreier*, in: Achenbach/Ransiek/Rönnau, Handbuch Wirtschaftsstrafrecht, 15. Teil, Rn. 20 ff.; *Wastl/Litzka/Pusch*, NStZ 2009, 68 (70).

512 Siehe dazu auch S. 58.

513 *Ignor*, CCZ 2011, 143 (143); *Poppe*, in: Inderst/Bannenberg/Poppe, Compliance, Aufbau – Management – Risikobereiche, S. 581, Rn. 1.

514 *Vogt*, NJOZ 2009, 4206 (4208).

515 *Mengel*, Compliance und Arbeitsrecht, S. 110; *Poppe*, in: Inderst/Bannenberg/Poppe, Compliance, Aufbau – Management – Risikobereiche, S. 581, Rn. 4; *Wagner*, CCZ 2009, 8 (11).

516 *Mengel/Ulrich*, NZA 2006, 240 (240).

517 Bei Rechtsanwälten aus dem Vorliegen eines Mandantschaftsverhältnisses: § 383 I Nr. 6 ZPO; Verschwiegenheitspflicht: § 43a II BRAO; Zeugnisverweigerungsrecht

Ermittlungen geschützt sind. Sie können als unabhängige und neutrale Ermittler einem Vertrauensverlust der Kunden und Reputationsschäden besser vorbeugen.

Ziel einer solchen Investigation ist es, festzustellen, ob der angezeigte Verstoß auch tatsächlich vorliegt und in welchem Umfang. Es ist also der behauptete Sachverhalt aufzuklären. Aus Sicht des Arbeitgebers wie auch des Arbeitnehmers ist dies ein kritischer Punkt, an dem viele rechtliche Fragen in Bezug auf Können, Dürfen und Müssen der einzelnen möglichen Maßnahmen, ihrer Grenzen und der Mitarbeit an diesen auftauchen. Kern der rechtlichen Problematik rund um die zulässigen Ermittlungsmaßnahmen ist, dass der Arbeitgeber bei der Sachverhaltsaufklärung im Grunde nicht unabhängig, sondern parteiisch ist.[518]

I. Pflicht zur Sachverhaltsaufklärung und Recht zur Kontrolle

Grundsätzlich hat der Arbeitgeber das Recht, die Leistung und das Verhalten des Arbeitnehmers am Arbeitsplatz zu kontrollieren.[519] Aus den allgemeinen Sorgfalts-, Organisations- und Leitungspflichten nach §§ 93 I, 76 I AktG lässt sich für den Vorstand von Aktiengesellschaften sogar eine Pflicht zur Überwachung und zur Durchführung einer internen Ermittlung zur Sachverhaltsaufklärung herleiten, wenn diese im Interesse des Unternehmens liegt.[520] Eine allgemeine Pflicht zur Sachverhaltsermittlung kann sich für den Unternehmensinhaber oder den Geschäftsführer aus § 130 I S. 1 OWiG ergeben, der von erforderlichen „Aufsichtsmaßnahmen" zur Verhinderung von Zuwiderhandlungen gegen Pflichten spricht.[521]

Weitere Kontrollbefugnisse des Arbeitgebers können sich aus dem Hausrecht[522] ergeben. Ferner können sich Kontrollbefugnisse in kollektiven Vereinbarungen oder

---

§ 53 StPO; zu dem Mandatsverhältnis auch *Ignor*, CCZ 2011, 143 ff.; *Jahn/Kirsch*, StV 2011, 151 (153 f.). Nach amerikanischem Recht ist auch das sog. attorney-client privilege relevant, nach dem die gesamte Kommunikation zwischen Unternehmen und Anwalt dem Mandatsgeheimnis unterliegt und somit weiter geht, als das Beschlagnahmeverbot im deutschen Recht, welches nur direkte Kommunikation, nicht aber die zu Dritten wie Zeugen etc. schützt. Dies kann allerdings nur im Rahmen des Mandantschaftsverhältnisses gelten, nicht aber zwischen Anwalt und befragtem Mitarbeiter, den dieses „Privileg" nicht schützt.

518 So auch *Poppe*, in: Inderst/Bannenberg/Poppe, Compliance, Aufbau – Management – Risikobereiche, S. 582, Rn. 9, S. 585, Rn. 30 ff.

519 Das Kontrollrecht des Arbeitgebers ist, „obwohl bislang nirgends spezialgesetzlich geregelt, im Grundsatz allgemein anerkannt.", so *Maschmann*, in: Dölling, Korruptionsprävention, S. 125, Rn. 87; zum berechtigten Interesse von Unternehmen an Kontrollen *Fritz/Nolden*, CCZ 2010, 170 (170).

520 Als Bestandteil der Leitungsaufgabe: *Hüffer/Koch*, AktG Kommentar, § 76 AktG, Rn. 16; *Poppe*, in: Inderst/Bannenberg/Poppe, Compliance, Aufbau – Management – Risikobereiche, S. 584, Rn. 22 ff.; ausführlich auch *Wagner*, CCZ 2009, 8 (12 ff.).

521 *Salvenmoser/Schreier*, in: Achenbach/Ransiek/Rönnau, Handbuch Wirtschaftsstrafrecht, 15. Teil, Rn. 36; *Wagner*, CCZ 2009, 8 (13).

522 Das Hausrecht hat seine rechtliche Grundlage im Eigentums- und Besitzschutz.

auch im Arbeitsvertrag finden. Grundsätzlich ist eine Befugnis des Arbeitgebers, Gesetzesverstößen vorzubeugen und diese nachhaltig zu bekämpfen sowie ein entsprechendes Sicherheits- und Aufklärungsinteresse anerkannt, auch wenn spezielle gesetzliche Regelungen dazu fehlen.[523]

Besteht ein Verdacht von Straftaten zu Lasten des Unternehmens und werden bereits Ermittlungsbehörden tätig, kann dies eine eigene Informationsgewinnung des Unternehmens nicht beschränken, solange diese die staatlichen Ermittlungen nicht beeinträchtigt. Häufig sind sogar eigene Aufklärungsbemühungen zur Vermeidung der Haftung der Unternehmensleitung erforderlich.[524] Diese Kontrollen, soweit sie angemessen und erforderlich sind, hat der Arbeitnehmer im Rahmen seiner arbeitsvertragliche Nebenpflicht aus § 241 II BGB auch zu dulden.[525]

Führen die Maßnahmen des Arbeitgebers jedoch zu Grundrechtseingriffen bei den Arbeitnehmern (z.B. Freiheitsbeschränkungen, Berührung des Allgemeinen Persönlichkeitsrechts), dann ist eine Befugnisnorm im Sinne eines Gesetzes erforderlich. Da auch der Arbeitgeber nach § 241 II BGB zur Rücksichtnahme auf Rechte, Rechtsgüter und sonstige berechtigte Interessen des Arbeitnehmers verpflichtet ist, müssen seine Maßnahmen zudem jeweils sachlich gerechtfertigt und verhältnismäßig sein.[526]

Eine Pflicht zur Offenlegung der Ermittlungsergebnisse der internen Untersuchung gegenüber staatlichen Ermittlungsbehörden besteht für Unternehmen nach deutschem Recht indes nicht.[527] Allerdings ist auf Seite der Unternehmensleitung zu beachten, dass die Ergebnisse der internen Untersuchungen von Ermittlungsbehörden eingesehen werden können. Es besteht kein grundsätzlicher Beschlagnahmeschutz.[528] So können auch als höchst vertraulich klassifizierte Informationen Gegenstand der behördlichen Ermittlungsakten werden, die dann von dem Beschuldigten und dessen Verteidiger eingesehen werden können.

---

523 Für die Korruptionsbekämpfung: *Maschmann*, in: Dölling, Korruptionsprävention, S. 94, Rn. 3 f.; allgemein: S. 125, Rn. 87 m.w.N; *Fritz/Nolden*, CCZ 2010, 170 (174); *Salvenmoser/Schreier*, in: Achenbach/Ransiek/Rönnau, Handbuch Wirtschaftsstrafrecht, 15. Teil, Rn. 20 ff. erkennen in dem § 32 I BDSG eine gesetzliche Normierung der Ansicht des Gesetzgebers, dass private Ermittlungen zulässig seien (Rn. 38).

524 *Gercke/Richter*, in Gercke/Kraft/Richter, Arbeitsstrafrecht, S. 399, Rn. 103.

525 Vgl. *Mengel*, Compliance und Arbeitsrecht, S. 109; *Maschmann*, in: Dölling, Korruptionsprävention, S. 94, Rn. 3 f.; *ders.*, Mitarbeiterkontrolle und private Ermittlung, in: Maschmann, Corporate Compliance und Arbeitsrecht, S. 152. Ist über die Nebenpflicht hinaus ein Einverständnis des Arbeitnehmers erforderlich oder werden Duldungspflichten über die allgemeine Nebenpflicht hinaus vereinbart, muss dies ausdrücklich erfolgen und sich an den Maßstäben der §§ 307 ff. BGB messen lassen.

526 *Maschmann*, in: Dölling, Korruptionsprävention, S. 94, Rn. 3.

527 *Lösler*, WM 2007, 676 (679).

528 LG Hamburg, Beschluss v. 15.10.2010 – 608 Qs 18/10, StV 2011, 148 ff.; dazu die ablehnende Anmerkung von *Jahn/Kirsch*, StV 2011, 151 ff.; auch kritisch: *Gerst*, CCZ 2012 1 (3) m.w.N.

II. Maßnahmen zur Sachverhaltsaufklärung und deren Zulässigkeitsvoraussetzungen

Die Anzahl und Auswahl von Maßnahmen zur Informationsgewinnung im Rahmen unternehmensinterner Untersuchungen sind vielfältig. Sie reichen von der Einsichtnahme in Unternehmensunterlagen, in Personalakten oder elektronische Dateien, über Mitarbeiterbefragungen (klassische „Internal Investigations") und -überwachungen bis zur Beauftragung externer Fachkräfte (Detektive, EDV-Spezialisten, Gutachter, Wirtschaftsprüfer usw.).[529] Ebenso vielfältig sind jedoch auch die Risiken, die mit unzulässigen Maßnahmen und damit einhergehenden Persönlichkeitsrechts- und Datenschutzverletzungen für das Unternehmen verbunden sind.[530] So verstieß die Deutsche Bahn AG mit ihren Maßnahmen zur Korruptionsbekämpfung gegen Datenschutzrecht.[531]

Ziel der folgenden Auseinandersetzung soll es nicht sein, alle denkbaren Maßnahmen einer unternehmensinternen Untersuchung darzustellen und ihre rechtlichen Voraussetzungen in allen Facetten zu beleuchten. Die Untersuchung beschränkt sich daher auf die gängigsten Maßnahmen und ihre Zulässigkeitsvoraussetzungen und Risiken. Außen vor bleiben müssen Fragen zur Verwertbarkeit der Ermittlungsergebnisse in einem (möglicherweise darauffolgenden) Gerichtsverfahren.[532] Diese Fragen betreffen nicht mehr das unmittelbare Verhältnis zwischen Arbeitnehmer

---

529 *Mengel/Ulrich*, NZA 2006, 240 (241 ff.); *Vogt*, NJOZ 2009, 4206 ff.

530 Beim Aufdecken von Rechtsverstößen kann der Arbeitgeber sich auf unterschiedlichste Art und Weise strafbar machen, z.B. wenn er heimlich Telefongespräche aufzeichnet (§ 201 StGB) oder videoüberwacht (§ 201a StGB), private E-Mails abfängt (§ 206 StGB) oder gegen den Datenschutz verstößt (§ 44 BDSG). Auch bei Verletzung der Rechte bezüglich der Personalakte des Arbeitnehmers kann sich der Arbeitgeber schmerzensgeld- und schadensersatzpflichtig machen. Weitere Verstöße gegen die Datenerhebung und Datenverwendung können als Ordnungswidrigkeiten nach § 43 BDSG, § 149 TKG und § 16 TMG sanktioniert werden. Umfassend zu den spezifisch strafrechtlichen Fragestellungen bei der Arbeitnehmerüberwachung *Eisele*, Compliance und Datenschutzstrafrecht, 2012; *Maschmann*, AuA 2009, 72 (73); *Salvenmoser/Schreier*, in: Achenbach/Ransiek/Rönnau, Handbuch Wirtschaftsstrafrecht, 15. Teil, Rn. 40 ff.; ausführlich zu den Rechtsfolgen *Thüsing/Pötter*, in: Thüsing, Beschäftigtendatenschutz und Compliance, 2014, § 21, Rn. 5–34.

531 Für alle im Rahmen der Compliance-Untersuchungen bekannt gewordenen Datenschutzverstöße (z.B. den heimlichen systematischen Datenabgleich zwischen Arbeitnehmern, Angehörigen und Lieferanten) verhängte der Berliner Datenschutzbeauftragte gegen die Deutsche Bahn AG ein Bußgeld in Höhe von über 1,12 Mio. Euro. Dazu und insbesondere den rechtlichen Folgen: *Kock/Francke*, NZA 2009, 646 (651).

532 Zu Beweisverwertungsverboten aufgrund rechtswidriger Beweiserhebung: BAG, Urt. v. 29.10.1997 – 5 AZR 508/96, NZA 1998, 307; *Bergwitz*, NZA 2012, 353; *Maschmann*, in: Dölling, Korruptionsprävention, S. 99, Rn. 15; *Rotsch*, in: Achenbach/Ransiek/Rönnau, Handbuch Wirtschaftsstrafrecht, Teil 1, Kapitel 4, Rn. 57 ff.; *Vogt*, NJOZ 2009, 4206 (4216); zur Frage der Verwertbarkeit von mitbestimmungswidrig

und Arbeitgeber im Unternehmen, welches bei Verstößen gegen Pflichten aus einem Compliance- und Ethikkodex zu einer unternehmensinternen Sanktion führen kann und hier im Vordergrund der Betrachtung steht.

1. *Maßnahmenübergreifende Grundsätze und Grenzen einer unternehmensinternen Untersuchung*

Die Zulässigkeit einzelner Kontrollmaßnahmen ist insbesondere an den Grundrechten des Arbeitnehmers zu messen. Geraten die Kontrollen mit diesen in Konflikt, ist die Rechtfertigung des Eingriffs durch berechtigte schutzwürdige Interessen des Arbeitgebers zu prüfen und es hat eine umfassende Interessen- und Güterabwägung zu erfolgen.[533]

Im Vergleich zum staatlichen Strafverfahren wird die Zulässigkeitsgrenze privater Ermittlungsverfahren dort gezogen, wo die Maßnahme *„das aus dem Legalitätsprinzip fließende Ermittlungsmonopol der Staatsanwaltschaft im ganzen [sic] ernsthaft herausfordert.“*[534] Infolgedessen haben auch strafprozessuale Grundsätze Auswirkungen auf die Zulässigkeit einzelner Maßnahmen. Hier kommt insbesondere der „nemo tenetur“ Grundsatz in Betracht.

a) Grundrechtsbezug der Ermittlungsmaßnahmen

Bei der Frage nach der Zulässigkeit bzw. nach den Grenzen einer Maßnahme zur Sachverhaltsaufklärung im Rahmen einer unternehmensinternen Untersuchung ist der jeweilige Grundrechtsbezug zu prüfen und gegebenenfalls die Rechtfertigung eines Eingriffs mit Interessenabwägung im Einzelfall zu untersuchen. Die wichtigste Grenze für die einzelnen Maßnahmen ist zugunsten des Arbeitnehmers sein Allgemeines Persönlichkeitsrecht aus Art. 2 I i.V.m. 1 I GG. Dieses schützt nicht nur vor staatlichen Kontrollen, sondern auch vor Kontrollen durch Private.[535] Mit seinen Ausprägungen der Einzelverbürgungen des Rechts am eigenen Bild, der

---

gewonnenen Beweismitteln: *Maschmann*, in: Dölling, Korruptionsprävention, S. 102 f., Rn. 23 f.; *Preis*, Kollektivarbeitsrecht, § 153, II, 6.

533 Zulässigkeit von Videoüberwachung am Arbeitsplatz BAG, Beschluss v. 26.08.2008 – 1 ABR 16/07, NJW 2008, 659; BAG, Beschluss v. 29.06.2004 – 1 ABR 21/03, NZA 2004, 1278.

534 *Jahn*, StV 2009, 41 (43, 46).

535 Die Schutzpflicht des Staates aus Art. 2 I i.V.m. 1 I GG kann über einfachgesetzliche Regelungen (z.B. BDSG), aber auch z.B. über § 242 BGB als Eingangstor des Schutzgedankens im Zivilrecht Bedeutung erlangen. Bei der Anwendung der diesem Schutz dienenden zivilrechtlichen Normen haben die Gerichte die grundrechtlichen Maßgaben zu beachten, z.B. im Rahmen der Verhältnismäßigkeitsprüfung, vgl. BVerfG, Beschluss v. 25.10.2005 – 1 BvR 1696/98, NJW 2006, 207 (zu B, I, 1, b)): *„Der grundrechtliche Schutz des Persönlichkeitsrechts in Art. 2 I i.V. mit Art. 1 I GG bewirkt, dass der Staat gehalten ist, den Einzelnen vor Gefährdungen dieses Rechts durch Dritte zu schützen.“*

Vertraulichkeit des Wortes, des Schutzes der persönlichen Ehre und des Rechts auf informationelle Selbstbestimmung[536] ist es für die Zulässigkeit so gut wie jeder Kontrollmaßnahme im Rahmen der Interessenabwägung entscheidend, wobei die *„Abwägung nicht nur von akademischer Bedeutung ist, sondern immer wieder eine streitentscheidende Rolle in arbeitsgerichtlichen Verfahren spielt."*[537]

Keine dieser Ausprägungen des Freiheitsgrundrechts besteht jedoch unbeschränkt. Eingriffe in das Persönlichkeitsrecht können durch überwiegende Interessen des Arbeitgebers gerechtfertigt sein, sodass seine schutzwürdigen Interessen in der Güter- und Interessenabwägung überwiegen.[538] Entscheidend sind letztlich die Gesamtumstände des Einzelfalls, in dem die gegenläufigen Interessen jeweils zum Ausgleich gebracht werden müssen.[539] Zudem müssen die Maßnahmen sich am Grundsatz der Verhältnismäßigkeit messen lassen, sowohl bezüglich des „Ob" als auch des „Wie" der Maßnahme.[540] Insbesondere notwehrähnliche Situationen[541] können im Rahmen einer umfassenden Güter- und Rechtsabwägung berücksichtigt werden.[542]

Auch aus der dem Arbeitsverhältnis immanenten Fürsorgepflicht des Arbeitgebers folgt die Pflicht zum Schutz der Persönlichkeit des Arbeitnehmers. Dazu

---

536 Zum Recht am eigenen Bild: BVerfG, Urt. v. 15.12.1999 – 1 BvR 653/96, NJW 2000, 1021; zum Recht der persönliche Ehre und das Recht am eigenen Wort: BVerfG, Beschluss v. 03.06.1980 – 1 BvR 797/78, NJW 1980, 2072; zum Recht am gesprochenen Wort: BVerfG, Beschluss v. 09.10.2002 – 1 BvR 1611/96, 1 BvR 805/98, NJW 2002, 3619; zum Recht auf informationelle Selbstbestimmung: BVerfG, Urt. v. 15.12.1983 – 1 BvR 209/83, 1 BvR 269/83, 1 BvR 362/83, 1 BvR 420/83, 1 BvR 440/83, 1 BvR 484/83, NJW 1984, 419; BVerfG, Beschluss v. 14.09.1989 – 2 BvR 1062/87, NJW 1990, 563; BVerfG, Beschluss v. 05.07.1995 – 1 BvR 2226/94, NJW 1996, 114; allgemein dazu: *Maschmann*, Mitarbeiterkontrolle und private Ermittlung, in: Maschmann, Corporate Compliance und Arbeitsrecht, S. 150; *ders.*, in: Dölling, Korruptionsprävention, S. 95, Rn. 5.

537 *Dendorfer-Ditges*, in: Moll, Münchener Anwaltshandbuch Arbeitsrecht, § 35, Rn. 75.

538 Zu den grundrechtlich geschützten Interessen des Arbeitgebers: *Dendorfer-Ditges*, in: Moll, Münchener Anwaltshandbuch Arbeitsrecht, § 35, Rn. 85 ff.; insbesondere in Bezug auf die Berufsfreiheit aus Art. 12 I GG, den Schutz des Eigentums aus Art. 14 I GG und ergänzend die unternehmerische Handlungsfreiheit aus Art. 2 I GG.

539 BAG, Beschluss v. 29.06.2004 – 1 ABR 21/03, NZA 2004, 1278 (1280).

540 *Maschmann*, Mitarbeiterkontrolle und private Ermittlung, in: Maschmann, Corporate Compliance und Arbeitsrecht, S. 153.

541 Gemeint sind damit (und auch im Folgenden) Situationen, in denen es keine andere geeignete Möglichkeit gibt, einen Sachverhalt aufzuklären, der die Rechte und Rechtsgüter des Arbeitgebers beeinträchtigt. Die konkrete Maßnahme scheint dann das letzte bzw. einzige Mittel zur Sachverhaltsaufklärung zu sein. So auch: *Bergwitz*, NZA 2012, 353 (354).

542 Vgl. *Klengel/Mückenberger*, CCZ 2009, 81 (82).

gehört, dass der Arbeitgeber bei allen seinen Maßnahmen die Persönlichkeitsrechte des Arbeitnehmers respektiert. Verletzt er diese, liegt darin zugleich ein Verstoß gegen seine Fürsorgepflicht.[543] Erkenntnisse, die durch grundrechtsverletzenden Ermittlungsmaßnahmen des Arbeitgebers und damit unter Verletzung seiner Fürsorgepflicht gewonnen wurden, können nicht gegen den Arbeitnehmer im Rahmen arbeitsrechtlicher Sanktionen verwendet werden.

b) Anwendbarkeit strafprozessualer Grundsätze bei unternehmensinternen Untersuchungen

Unternehmensinterne Untersuchungen müssen sich generell im Rahmen der allgemeinen (Straf-)Gesetze halten und dürfen nicht in die Grundrechte der Betroffenen eingreifen (s.o.). Sollen die Ergebnisse der Untersuchungen später in einem Strafverfahren verwendet werden, müssen sie sich zudem an die rechtsstaatlichen Mindeststandards halten. Zwar sind die strafprozessualen Verfahrensregeln auf die internen Ermittlungen nicht unmittelbar anwendbar, mit ihrer Einhaltung kann aber sichergestellt werden, dass Beweismittel in ihrer Qualität und Verwertbarkeit für ein weiteres strafprozessuales Verfahren nicht beeinträchtigt werden.[544] Viele der grundlegenden strafprozessualen Verfahrensregeln schützen Grundrechte der Beteiligten, insbesondere die Menschenwürde aus Art. 1 I GG[545], sodass sie auch in einer verfahrensähnlichen Situation, wie z.B. einer Mitarbeiterbefragung im Rahmen einer unternehmensinternen Untersuchung, zu beachten sind. Insbesondere die Anwendung des strafprozessualen „nemo tenetur“ Grundsatzes[546] wird bei internen Ermittlungen in der Literatur kontrovers diskutiert.[547]

---

543 *Dendorfer-Ditges*, in: Moll, Münchener Anwaltshandbuch Arbeitsrecht, § 35, Rn. 83 f.

544 *Ignor*, CCZ 2011, 143 (145).

545 Z.B. § 136a StPO (im Strafverfahren unzulässige Methoden). Die Norm ist zwar nicht direkt auf interne Maßnahmen dieser Art anwendbar, ihr Inhalt und die dort getroffene Wertung schützen die verfassungsrechtliche Garantie der Menschenwürde, Art. 1 I GG.

546 Voll ausformuliert heißt der Grundsatz: „Nemo tenetur se ipsum accusare“ und bedeutet übersetzt, dass niemand verpflichtet ist, sich selbst anzuklagen. Dies bedeutet im Strafprozess, dass jeder Beschuldigte, jeder Angeklagte, jeder Zeuge das Recht hat, zu den gegen ihn erhobenen Vorwürfen zu schweigen. Seine Grundlage hat der „nemo tenetur“ Grundsatz im Allgemeinen Persönlichkeitsrecht (Art. 2 I GG) und der vom Staat zu schützenden Menschenwürde (Art. 1 I GG). Er soll davor schützen, in einer Konfrontationssituation mit der staatlichen Gewalt Zwang zu empfinden und sich selbst zu belasten. Dazu: *Kühne/Gössel/Lüderssen/Jahn*, in: Löwe-Rosenberg, StPO Kommentar, Einleitung, Kapitel J, Rn. 87 ff.; in der Rechtsprechung zuletzt: BVerfG, Nichtannahmebeschluss v. 06.09.2016 – 2 BvR 890/16, NJOZ 2016, 1879 (1883, Rn. 35 f.).

547 Für den Fall Siemens/SEC: *Jahn*, StV 2009, 41 (43 ff.).

aa) Problemaufriss

Für den einzelnen Arbeitnehmer besteht die Pflicht, an den internen Untersuchungen mitzuwirken.[548] Diese Pflicht resultiert bei Arbeits- und Ordnungsverhaltensbezug aus dem Arbeitsvertrag direkt, aus einer Weisung des Arbeitgebers oder aus entsprechenden (kollektiv) vertraglichen Vereinbarungen. Kommt der Arbeitnehmer dieser Pflicht nicht nach, kann dieser Verstoß vom Arbeitgeber mit arbeitsrechtlichen Sanktionen geahndet werden. So kann ein Arbeitnehmer verpflichtet sein, sich bei internen Untersuchungen zu bestimmten und möglicherweise auch selbstbelastenden Sachverhalten zu äußern und diese aufzuklären.[549] Damit entsteht aber eine „faktische Zwangswirkung"[550] zur Aussage. Es stellt sich dann die Frage, ob ein Arbeitnehmer aus arbeitsrechtlicher Sicht bei internen Untersuchungen auch dann mitwirken muss, wenn ihn dies selbst belasten würde, oder, ob dies gegen den möglicherweise auch auf diesen Fall anwendbaren strafprozessualen Grundsatz der Selbstbelastungsfreiheit („nemo tenetur" Grundsatz)[551] verstößt. Als Folge der Anwendung dieses Grundsatzes könnte der Arbeitnehmer die entsprechende Auskunft sanktionsfrei verweigern.

Die Relevanz dieser Fragestellung lässt sich insbesondere dann erwägen, wenn die selbstbelastende Mitwirkungshandlung des Arbeitnehmers an einer internen Untersuchung die Sphäre des Arbeitsverhältnisses verlassen hat und z.B. das Ergebnis an externe Ermittlungsbehörden weitergegeben oder gar von diesen beschlagnahmt wird. Inhaltlich hätte das selbstbelastende Mitwirkungsergebnis dann Eingang in ein Strafverfahren gefunden und könnte in einem strafprozessualen Verfahren verwendet werden. In einem Strafverfahren muss der Beschuldigte sich jedoch nicht selbst belasten, er hat ein Zeugnisverweigerungsrecht nach § 55 StPO (des Zeugen) und Aussageverweigerungsrecht nach § 136 I S. 2 StPO (des Beschuldigten) als einfachgesetzliche Ausprägungen des Grundsatzes „nemo tenetur". Auch im Zivilprozess[552] braucht der Zeuge nach § 384 ZPO nicht auszusagen, wenn er

548 Siehe dazu die Duldungs- und Mitwirkungspflicht des Arbeitnehmers S. 144 ff.

549 Siehe dazu bereits S. 133133.

550 *Wastl/Litzka/Pusch*, NStZ 2009, 68 (71).

551 Konkretisierung des Inhalts und Feststellung des Verfassungsrangs des Grundsatzes: „Gemeinschuldnerbeschluss" des BVerfG, Beschluss v. 13.01.1981 – 1 BvR 116/77, NJW 1981, 1431 (1431); zuletzt BVerfG, Urt. v. 19.03.2013 – 2 BvR 2628/10, 2 BvR 2883/10 und 2 BvR 2155/11, NJW 2013, 1058 (1061, Rz. 60).

552 Im Zivilprozessrecht gilt der Grundsatz bereits nur unter Einschränkungen, die sich aus der Stellung als Privatrechtssubjekt ergeben. Beweismittel sind im Zivilprozess nur dann unverwertbar, wenn die Norm (hier das Allgemeine Persönlichkeitsrecht), die bei der Beweiserhebung verletzt wurde, eine solche prozessuale Sanktion gebietet. Grundsätzlich gilt für die Parteien nach § 138 I ZPO die Wahrheitspflicht, unabhängig von materiell-rechtlichen Auskunftspflichten. Wird die Auskunft verweigert, besteht mangels Auskunftsverweigerungsrechts kein Schutz davor, dass das Schweigen nicht zu prozessualen Nachteilen führt, wie es im Strafprozess wäre; dazu *Fritz/Nolden*, CCZ 2010, 170 (173); so auch LG Karlsruhe,

sich damit in Gefahr der Strafverfolgung, der Verfolgung wegen einer Ordnungswidrigkeit oder der Gefahr eines drohenden Vermögensschadens begibt.[553] Mit der Weitergabe von Gesprächsprotokollen und der Verlesung dieser vor Gericht könnte die Aussage eines Arbeitnehmers aus einer internen Ermittlung jedoch mittelbar Eingang in ein Strafverfahren finden und der strafprozessuale Grundsatz „nemo tenetur" damit umgangen werden.[554]

bb) Anwendbarkeit des strafprozessualen Grundsatzes „nemo tenetur" als Schweigerecht im Privatrechtsverhältnis?

Es stellt sich also die Frage, ob der Grundsatz „nemo tenetur" auch im Privatrechtsverhältnis zwischen Arbeitgeber und Arbeitnehmer gelten kann bzw. sogar muss, um vor einer solchen Umgehungsmöglichkeit strafprozessualer Grundsätze im Strafverfahren zu Lasten des Arbeitnehmers zu schützen. Die Anwendbarkeit des „nemo tenetur" Grundsatzes würde bei Selbstbelastung zu einem Schweige- oder Aussageverweigerungsrecht trotz Auskunftspflicht des Arbeitnehmers gegenüber dem Arbeitgeber führen.

Die Frage, ob der Grundsatz „nemo tenetur" eine Anzeige- und Auskunftspflicht im Privatrechtsverhältnis wegen Umgehungsgefahr begrenzen kann, stellt sich nur da, wo eine solche Pflicht grundsätzlich auch besteht.[555] Wie bereits bei der Untersuchung der Unterrichtungs- und Anzeigepflichten des Arbeitnehmers herausgearbeitet,[556] besteht in der Sonderkonstellation der möglichen Selbstbelastung nur im konkreten persönlichen Tätigkeitsbereich eine gesetzliche Unterrichtungspflicht aus §§ 666, 667, 675 BGB. Auskunftspflichten, die aus der Nebenpflicht zur Treue

---

Urt. v. 14.11.2008 – 6 O 36/05, BeckRS 2010, 10943: „Insbesondere ist der strafprozessuale Grundsatz „nemo tenetur se ipsum accusare" durch § 138 ZPO nicht verletzt. Noch so zentrale strafprozessuale Grundsätze dispensieren selbst bei Zeitgleichheit des Straf- und Zivilprozesses nicht von der Beachtung zentraler zivilprozessualer Grundsätze."

553 Es sind allerdings die Einschränkungen der § 384 Nr. 1 und 2 ZPO durch § 385 Nr. 1 und 4 ZPO zu beachten.

554 *Jahn*, StV 2009, 41 (43 ff.); *Maschmann*, Mitarbeiterkontrolle und private Ermittlung, in: Maschmann, Corporate Compliance und Arbeitsrecht, S. 174: Gegen solche Umgehungsmöglichkeiten spreche auch schon die Stasi-Fragebogenentscheidung (BAG, Urt. v. 07.09.1995 – 8 AZR 828/93, NZA 1996, 637), nach der eine Darlegungs- und Beweissituation nicht durch materiell-rechtliche Auskunftsansprüche unzulässig verändert werden dürfe. *Maschmann* sieht einen vergleichbar gelagerten Fall bei der Geltendmachung von Schadensersatzansprüchen, in dem die Beweislastregel nach § 619a BGB bewusst in Abkehr vom § 280 I BGB geregelt sei und durch ein unbedingtes Fragerecht umgangen würde.

555 In diesem Sinne auch schon: *Stürner*, NJW 1981, 1757 (1759 ff.).

556 Siehe dazu S. 133.

und Schadensabwehr folgen, bestehen nur im Rahmen des Zumutbaren. Ist die Selbstbelastung im Einzelfall nicht zumutbar, besteht auch keine vertragliche Nebenpflicht zur Auskunft.

Dies sieht auch die herrschende Literaturansicht[557] so, die hinsichtlich der Frage des Bestehens eines Schweigerechts bei möglicher Selbstbelastung nach der Rechtsgrundlage des Auskunftsbegehrens des Arbeitgebers unterscheidet: Danach bestehe bei Fragen bezüglich der unmittelbaren Leistungspflicht und bei vertraglichen Berichtspflichten kein Schweigerecht. Kann der Arbeitgeber dagegen Auskunft nur aufgrund der gesetzlichen Nebenpflichten, wie der Treuepflicht (§ 241 II BGB), fordern, bestehe ein Schweigerecht bei Selbstbelastungsmöglichkeit.

Die Frage, ob der Arbeitnehmer im Falle einer möglichen Selbstbelastung seine Aussage nach dem Grundsatz „nemo tenetur" verweigern darf, konzentriert sich daher allein auf den Kreis seiner gesetzlichen Auskunftspflichten aus §§ 666, 667, 675 BGB. *Maschmann* unterscheidet hinsichtlich des Bestehens eines Schweigerechts des Arbeitnehmers weiterhin nach dem Zweck der Befragung:[558] Erfolge diese präventiv, komme ein Schweigerecht nach dem Grundsatz „nemo tenetur" nicht in Betracht. Durch die präventive Zweckrichtung bestehe aber auch keine Gefahr der Umgehung als Prozessgrundsatz. Besteht jedoch die Möglichkeit einer Verwertbarkeit der Aussage im Strafprozess, erfolge die Befragung mit repressivem Zweck, sodass eine Umgehung verhindert werden und dem Befragten auch bei der unternehmensinternen Untersuchung ein Schweigerecht zuerkannt werden müsse.

Dieser Ansicht kann jedoch nicht gefolgt werden. Gegen diese am Zweck der Befragung orientierte Ansicht spricht bereits, dass sie wenig praktikabel ist[559] und daher zu keiner sinnvollen Differenzierung führt. Selbst bei einer präventiven Befragung können Vorfälle ans Licht kommen, die anschließend straf-, zivil- und/oder arbeitsrechtliche Sanktionen nach sich ziehen oder möglicherweise sogar zu einem gerichtlichen Verfahren führen. Die präventive Befragung dient der Sachverhaltsaufklärung, an die sich erst eine Entscheidung über weiteres Vorgehen anschließen kann. Mithin ist diese Unterscheidung nicht geeignet, die Umgehungsfälle zu verhindern.

Gegen die Anwendbarkeit des „nemo tenetur" Grundsatzes im Privatrechtsverhältnis, insbesondere bei einer internen Ermittlung, wird weiterhin angeführt, dass es dort an sich keinen Bedarf für die Anwendbarkeit des Grundsatzes gebe, da es den Parteien nicht um eine Bestrafung der anderen Seite, sondern um die Wahrung

---

557 *Diller*, DB 2004, 313 (313 ff.); *Fritz/Nolden*, CCZ 2010, 170 (172); *Lützeler/Müller-Sartori*, CCZ 2011, 19 (20); *Vogt*, NJOZ 2009, 4206 (4212 f.).

558 *Maschmann*, Mitarbeiterkontrolle und private Ermittlung, in: Maschmann, Corporate Compliance und Arbeitsrecht, S. 175; *ders.*, AuA 2009, 72 (76); *ders.* NZA-Beil. 2012, 50 (56).

559 Vgl. dazu auch: *Fritz/Nolden*, CCZ 2010, 170 (176).

der eigenen Rechtsposition gehe.[560] Auch dieses Argument kann jedoch nicht überzeugen, da der Arbeitnehmer durch seine selbstbelastende Aussage arbeits- und strafrechtliche Konsequenzen fürchten muss und weiteren Nachteilen ausgesetzt sein kann. Auf der anderen Seite ist aber zu beachten, dass der Arbeitnehmer durch eigenes, oftmals schuldhaftes, Verhalten in die Lage geraten ist, aus der sich nun die Konfliktstellung ergibt. Auf seine Interessen kann daher nicht pauschal mehr Rücksicht genommen werden, als auf die berechtigten Auskunftsinteressen des Arbeitgebers.

Entscheidend gegen die Anwendbarkeit des „nemo tenetur" Grundsatzes im Privatrechtsverhältnis streitet, dass Sinn und Zweck des prozessualen „nemo tenetur" Grundsatzes nicht zu der bestehenden materiell-rechtlichen Konfliktlage im Privatrechtsverhältnis passen.[561] Die Entwicklung des „nemo tenetur" Grundsatzes beruht auf der Konfliktlage, die für den Strafverfolgten bei Aussetzung von staatlichem Zwang besteht.[562] Arbeitgeber und Arbeitnehmer stehen sich hingegen in der Regel frei von staatlichem Zwang gegenüber, sie sind Parteien eines schuldrechtlichen Arbeitsvertragsverhältnisses aus dem ein materiell rechtlicher Auskunftsanspruch entspringt.[563] Auch wenn zwischen Arbeitgeber und Arbeitnehmer von einem Über- und Unterordnungsverhältnis ausgegangen wird, hat der Arbeitgeber nicht die Eingriffsrechte und die daraus resultierenden strafprozessualen Zwangsmaßnahmen staatlicher Ermittlungsbehörden auf seiner Seite.[564] Auch aus diesem Grund ist der Arbeitgeber auf eine entsprechende Auskunft durch den Arbeitnehmer angewiesen.[565]

---

560 Darstellung der Problematik: *Maschmann*, Mitarbeiterkontrolle und private Ermittlung, in: Maschmann, Corporate Compliance und Arbeitsrecht, S. 171 f.; auch bei *Fritz/Nolden*, CCZ 2010, 170 (174 f.).

561 So auch: *Fritz/Nolden*, CCZ 2010, 170 (174 f.); LG Hamburg, Beschluss v. 15.10.2010 – 608 Qs 18/10, NJW 2011, 942 (944); LAG Hamm, Urt. v. 03.03.2009 – 14 SA 1689/08, BeckRS 2009, 74015.

562 „Gemeinschuldnerbeschluss" des BVerfG, Beschluss v. 13.01.1981- 1 BvR 116/77, NJW 1981, 1431 (1431 f.).

563 A.A. *Gerst*, CCZ 2012 1 (3) unter dem Hinweis darauf, dass der Auskunftsanspruch nach § 888 ZPO durch Zwangsgeld oder Zwangshaft vollstreckt wird, mithin durch staatliche Hilfe; a.A. auch *Wastl/Litzka/Pusch*, NStZ 2009, 68 (73 f.) für staatlich veranlasste Ermittlungen Privater. Allerdings ist diese Konstellation bei einem eiligen Auskunftsbegehren des Arbeitgebers in einer Ermittlung eher praxisfern.

564 Keine Maßnahmen wie Durchsuchung (§§ 102 ff. StPO), Beschlagnahme (§§ 96 ff. StPO), Überwachung der Telekommunikation (§§ 100a ff. StPO), Entnahme von Blutproben und Untersuchungen (§§ 81a ff. StPO).

565 Dieses als Argument ablehnend *Jahn*, StV 2009, 41 (44): eine faktische Zwangslage rechtfertige nicht den rechtlichen Zwang.

Dies entspricht auch der Rechtsansicht des BGH in seiner Entscheidung vom 30. April 1964.[566] Der BGH hat dort im Rahmen der Auskunftspflichten nach §§ 666, 675 BGB keinen übergeordneten Rechtssatz anerkannt, der es verbieten würde, von einem Schuldner solche Auskünfte zu verlangen, durch die er sich einer strafbaren Handlung bezichtigen müsste. Einen lückenlosen Schutz vor Selbstbezichtigung gebe es nicht. Auch das LG Hamburg sieht in einer neueren Entscheidung vom 15. Oktober 2010[567] in dieser Konstellation im arbeitsrechtlichen Privatrechtsverhältnis keine Aushöhlung des „nemo tenetur" Grundsatzes, da der betroffene Arbeitnehmer die vertragliche Verpflichtung zur möglichen Selbstbelastung gegenüber seinem Arbeitgeber freiwillig eingegangen[568] sei. Das strafprozessuale Aussageverweigerungsrecht des Beschuldigten könne außerhalb des Strafprozesses nicht in gleicher Weise Personen zugebilligt werden, *„die aus besonderen Rechtsgründen rechtsgeschäftlich oder gesetzlich verpflichtet sind, einem anderen [...] die für diesen notwendigen Informationen zu erteilen.*"[569]

Zudem erscheint es dogmatisch verfehlt, die Umgehungsproblematik der Verwertbarkeit einer Aussage des Arbeitnehmers gegenüber dem Arbeitgeber nicht auf prozessualer Ebene zu lösen, wo sie sich stellt, sondern die prozessuale Problematik der Verwendung und Beweiswürdigung durch eine Verweigerung eines materiell rechtlichen Anspruchs geradezu „hinzubiegen". Es handelt sich dabei um zwei voneinander getrennt zu betrachtende Ebenen. Auch wenn der Arbeitnehmer vertraglich zu selbstbelastenden Aussagen in einem gewissen Rahmen verpflichtet werden kann, stellt sich die Frage der Selbstbelastung vor

566 „Architekten-Fall" des BGH, Urt. v. 30.04.1964 – VIII ZR 225/62, NJW 1964, 1469 (1470 f.); ebenso BGH, Urt. v. 30.11.1989 – III ZR 112/88, NJW 1990, 510 (511, aus den Gründen III. 1.) für die Herausgabe von Akten eines Rechtsanwalts an seinen Auftraggeber aus §§ 666, 675 BGB, selbst wenn er dadurch der Gefahr ausgesetzt würde, sich selbst einer strafbaren Handlung bezichtigen zu müssen.

567 „Es besteht kein strafprozessuales Verwertungsverbot für Aussagen von Mitarbeitern im Rahmen von unternehmensinternen Ermittlungen trotz des Grundsatzes „nemo tenetur se ipsum accusare" (Leitsatz der Einsenderin); LG Hamburg, Beschluss v. 15.10.2010 – 608 Qs 18/10, NJW 2011, 942 (944, Rz. 83): „Dabei kommt es nicht entscheidend darauf an, dass auch der Einhaltung arbeitsvertraglicher Pflichten für den Betroffenen durchaus erhebliche, mitunter existenzielle Bedeutung zukommen kann, sondern vielmehr darauf, dass die entstehende Konfliktlage in diesen Fällen nicht von einer im Widerspruch zum Nemo-tenetur-Grundsatz stehenden gesetzlichen Auskunftsverpflichtung, sondern von einer vom Betroffenen freiwillig eingegangenen vertraglichen Verpflichtung zur möglichen Selbstbelastung ausgeht."

568 So auch schon *Stürner*, NJW 1981, 1757 (1760) zu § 666 BGB: „Informationspflichten als Folge freiwilliger Übernahme eines besonderen Pflichtenkreises".

569 So das LAG Hamm, Urt. v. 03.03.2009 – 14 SA 1689/08, BeckRS 2009, 74015 (Rz. 28 bei juris) zum Bestehen einer rechtlich begründeten Auskunftspflicht trotz Selbstbelastung.

Gericht, insbesondere dem Strafgericht, mit vollkommen neuer Wertung und muss dort gelöst werden.

Damit kann sich der Arbeitnehmer auch im Falle einer möglichen Selbstbelastung nicht seiner Auskunftspflicht aus §§ 666, 667, 675 BGB entziehen und die Aussage gegenüber dem Arbeitgeber nicht nach dem strafprozessualen Grundsatz „nemo tenetur" verweigern.[570]

cc) Fazit

Der „nemo tenetur" Grundsatz kann im Privatrechtsverhältnis bei unternehmensinternen Untersuchungen des Arbeitgebers bei Verstößen der Arbeitnehmer gegen Compliance- und Ethikrichtlinien keine Anwendung auf ein materiell-rechtliches Auskunftsbegehren des Arbeitgebers finden. Im Rahmen des tatsächlich übertragenen persönlichen Tätigkeitsbereichs ist der Arbeitnehmer gegenüber dem Arbeitgeber nach §§ 666, 667, 675 BGB voll auskunftspflichtig und bei diesbezüglichen Ermittlungen des Arbeitgebers zur Mitarbeit verpflichtet, auch wenn er sich durch seine Aussagen oder Mitarbeit selbst belastet. Die Auskunft und Mitarbeit ist Teil seiner unmittelbar vertraglich geschuldeten Dienstleistung. Eine entsprechende Klausel in einem Compliance- und Ethikkodex ist demnach auch zulässig. Die Verweigerung einer an sich geschuldeten Auskunft ist damit eine Verletzung der arbeitsvertraglichen Pflichten. Sie kann daher arbeitsrechtliche Sanktionen rechtfertigen.

c) Datenschutzrecht im Beschäftigungsverhältnis

Bei vielen der Kontroll-, Überwachungs- und Untersuchungsmaßnahmen des Arbeitgebers im Rahmen einer unternehmensinternen Untersuchung werden personenbezogene Daten[571] des Arbeitnehmers erhoben und verarbeitet. Es entstehen

---

570 Eine Aussage zur Behandlung einer selbstbelastenden Auskunft des Arbeitnehmers gegenüber dem Arbeitgeber im Strafprozess soll damit nicht getroffen werden. Zur Behandlung der selbstbelastenden Auskunft im Strafprozess und zu ihrer Verwertbarkeit: *Bergwitz*, NZA 2012, 353; *Diller*, DB 2004, 313 (319); *Gerst*, CCZ 2012, 1 (3); *Haefcke*, CCZ 2014, 39 (41 f.); *Rotsch*, in: Achenbach/Ransiek/Rönnau, Handbuch Wirtschaftsstrafrecht, Teil 1, Kapitel 4, Rn. 57 ff., m.w.N; *Wastl/Litzka/Pusch*, NStZ 2009, 68 (73 f.); zur Verwertbarkeit von Aussagen nach § 252 StPO, die im internen Ermittlungsverfahren gegenüber einer nicht amtlichen Stelle gemacht wurden, wenn sich der Beschuldigte oder Zeuge im Strafprozess auf sein Aussage- oder Zeugnisverweigerungsrecht beruft: BGH, Urt. v. 10.02.2000 – 4 StR 616/99, NJW 2000, 1277 (1278): § 252 StPO betrifft zwar nur amtliche Vernehmungen, es muss aber ein Verwertungsverbot entsprechend dem Rechtsgedanken des § 252 StPO für eine vor dem verfahrensbeteiligten Verteidiger des Angeklagten gemachte Aussage angenommen werden.

571 Legaldefinition des § 3 I BDSG: *„Personenbezogene Daten sind Einzelangaben über persönliche oder sachliche Verhältnisse einer bestimmten oder bestimmbaren natürlichen Person (Betroffener)."*

umfangreiche Datenbestände, wesentliche Geschäftsprozesse werden elektronisch abgebildet, Kommunikation und Zusammenarbeit erfolgen elektronisch, sodass sich, zieht man diese Daten zu einer Auswertung zusammen, einzelne Vorgänge ohne große Schwierigkeiten nachvollziehen lassen. Dabei kann, je nach Tiefe, Art und Betreff der gewonnenen Einblicke, das verfassungsrechtlich geschützte Recht des Arbeitnehmers auf informationelle Selbstbestimmung aus Art. 1 I, 2 I GG[572] signifikant beeinträchtigt werden. Auch das Recht am eigenen Wort[573] und das Grundrecht auf das Fernmeldegeheimnis aus Art. 10 I GG[574] können betroffen sein. Diese sind spezialgesetzlich durch die Vorschriften des Datenschutzrechts und bei *erlaubter* Privatnutzung von Telekommunikationseinrichtungen durch das Telekommunikationsrecht geschützt.[575] Die Zulässigkeit einer Überwachung personenbezogener Daten richtet sich daher grundsätzlich nach dem Bundesdatenschutzgesetz (BDSG), in Spezialfällen dem Telekommunikationsgesetz (TKG) und mittelbar nach den Grundrechten des Arbeitnehmers.[576]

Für die Unternehmen ergibt sich daraus die Notwendigkeit, bei ihren Ermittlungsmaßnahmen im Rahmen unternehmensinterner Untersuchungen von Compliance- und Ethikrichtlinienverstößen, die Einhaltung der entsprechenden Regelungen sicherzustellen. Im Falle von Rechtsverstößen drohen den Unternehmen hohe Bußgelder, § 43 III BDSG. Bei unzulässiger Kontrolle der Telekommunikation können, neben empfindlichen zivil- und strafrechtlichen Folgen, auch Beweisverwertungsverbote der gefundenen Ergebnisse entstehen.[577]

Die Erhebung, Verarbeitung und Nutzung personenbezogener Daten ist grundsätzlich unzulässig. Sie ist gemäß § 4 I BDSG nur zulässig, soweit das

---

572 „Das Grundrecht gewährleistet insoweit die Befugnis des Einzelnen, grundsätzlich selbst über die Preisgabe und Verwendung seiner persönlichen Daten zu bestimmen." (Ls 1): BVerfG, Urt. v. 15.12.1983 – 1 BvR 209/83, 1 BvR 269/83, 1 BvR 362/83, 1 BvR 420/83, 1 BvR 440/83, 1 BvR 484/83, NJW 1984, 419 (421). Es erfasst den Schutz aller persönlichen Daten.

573 BVerfG, Beschluss v. 19.12.1991 – 1 BvR 382/85, NZA 1992, 307.

574 Art. 10 I GG benennt das Brief-, Post-, und Fernmeldegeheimnis als Grundrechte gegenüber dem Staat. Heute werden nicht mehr nur die klassischen Schrift- und Kommunikationsformen davon erfasst, sondern auch die modernen, wie E-Mail-Verkehr und Internetkommunikation. Der Schutz des Art. 10 I GG erstreckt sich auch auf die von Privaten betriebenen Telekommunikationsanlagen. Damit wird ein Abwehrrecht gegen die Kenntnisnahme des Inhalts und der näheren Umstände der Telekommunikation auch im Verhältnis zu privaten Dritten geschaffen, vgl. BVerfG, Beschluss v. 09.10.2002 – 1 BvR 1611/96, 1 BvR 805/98, NJW 2002, 3619 (3620); BAG, Beschluss v. 27.05.1986 – 1 ABR 48/84, NZA 1986, 643 (644 f. zu B. II. 2.).

575 *Weiße*, in: Moosmayer/Hartwig, Interne Untersuchungen, S. 81 ff.

576 *Mengel*, BB 2004, 2014 (2015); *dies.* BB 2004, 1445 (1447 ff.).

577 *Bergwitz*, NZA 2012, 353; *Mengel*, BB 2004, 1335 (1451); *dies.*, BB 2004, 2014 (2021).

Bundesdatenschutzgesetz oder eine andere Rechtsvorschrift[578, 579] dies erlaubt oder der betroffene Arbeitnehmer darin nach § 4a BDSG eingewilligt[580] hat. Verarbeitung, Erhebung und Nutzung stehen damit rechtstechnisch unter einem Verbot mit Erlaubnisvorbehalt.[581] Dies soll den Schutz vor einem zweckwidrigen und missbräuchlichen Umgang mit personenbezogenen Daten gewährleisten.

Der Arbeitgeber unterliegt der Pflicht, den Schutz der Daten durch entsprechende technische und organisatorische Maßnahmen sicherzustellen, § 9 BDSG, wie z.B. durch Meldesysteme und er hat gegebenenfalls nach §§ 4f, g BDSG einen betrieblichen Datenschutzbeauftragten zu bestellen, der auf die Einhaltung des Datenschutzrechts hinwirkt.[582]

---

578 Als eine „andere Rechtsvorschrift" i.S.d. § 4 BDSG kann auch eine Betriebsvereinbarung angesehen werden. Auf Grundlage einer Betriebsvereinbarung kann damit eine Konkretisierung der Regelungen des Bundesdatenschutzgesetzes vorgenommen werden, es kann aber auch vom Schutzstandard des Bundesdatenschutzgesetzes zu Lasten der Arbeitnehmer abgewichen werden. Jedoch kann auch die Betriebsvereinbarung keine beliebigen datenschutzrechtlichen Vorgaben setzen. Die Regelungsautonomie der Parteien ist durch zwingendes Gesetzesrecht, die Wertungen des Grundgesetzes und die allgemeinen Grundsätze des Arbeitsrechts beschränkt. Insbesondere haben die Betriebsparteien gemäß § 75 II BetrVG die freie Entfaltung der Persönlichkeit der im Betrieb beschäftigten Arbeitnehmer zu schützen und zu fördern. Sie können daher nicht viel weitergehen als nach dem Bundesdatenschutzgesetz, vgl. *Stamer/Kuhnke*, in: Plath, BDSG, § 32 BDSG, Rn. 85 ff. Dennoch ist durch Regelung in einer Betriebsvereinbarung die Rechtfertigung weitergehender Möglichkeiten der Überwachung und die Kontrollen denkbar, *Maschmann*, NZA-Beil. 2012, 50 (53).

579 Gesetzliche Anordnungen stellen eine Durchbrechung des Grundsatzes des § 4 I BDSG dar. Spezielle und spezifische Regeln können das allgemeine Verbot des Eingriffs in das Persönlichkeitsrecht durchbrechen, wenn die Erhebung, Verarbeitung oder Nutzung der personenbezogenen Daten erforderlich ist, z.B. damit der Arbeitgeber weiß, an welche Stelle er den Kirchensteuerabzug zu zahlen hat. Gesetzliche Anordnungen finden sich im Steuer-, Sozialversicherungs-, Strafprozess-, Polizei- und Ordnungsrecht.

580 Die Einwilligung nach § 4a BDSG als Ausübung des freien Selbstbestimmungsrechts begegnet im Arbeitsverhältnis aufgrund dessen Charakters als Über-/Unterordnungsverhältnis aber auch der Möglichkeit ggf. unzulässigen Druck auszuüben, vielfach Bedenken in der Zulässigkeit. Sie ist somit insgesamt wenig verlässlich, weshalb die gesetzlichen Erlaubnisse geeigneter erscheinen.

581 *Dendorfer-Ditges*, in: Moll, Münchener Anwaltshandbuch Arbeitsrecht, § 35, Rn. 235; *Thoma*, in: Moosmayer/Hartwig, Interne Untersuchungen, S. 82, 84 ff.

582 § 4f BDSG, ab mind. 9 Mitarbeitern in nichtöffentlichen Stellen, die mit der automatisierten Verarbeitung personenbezogener Daten befasst sind.

aa) Datenerhebung, -verarbeitung und -nutzung im Beschäftigungsverhältnis

Nach § 32 I BDSG kann die Datenerhebung, -verarbeitung und -nutzung durch den Arbeitgeber im Rahmen des Beschäftigungsverhältnisses erlaubt sein (Erlaubnisvorbehalt des § 4 I BDSG), soweit dies *„für die Entscheidung über die Begründung eines Beschäftigungsverhältnisses oder nach Begründung des Beschäftigungsverhältnisses für dessen Durchführung oder Beendigung erforderlich ist“*[583], also der Zweckbestimmung des Beschäftigungsverhältnisses dient. Eine Erhebung, Verarbeitung oder Nutzung durch den Arbeitgeber kann zur Durchführung des Arbeitsverhältnisses z.B. dann erforderlich sein, wenn die Maßnahme dem sicheren Betrieb einer Anlage, einer effizienten Organisation der Arbeitsabläufe, der Verhinderung der Verbreitung von Betriebsgeheimnissen und der Durchsetzung allgemeiner betriebsorganisatorischer Regelungen dient.[584] Nimmt der Arbeitgeber durch Kontrollen der Leistung oder des Verhaltens der Beschäftigten seine bestehenden Rechte wahr, fällt dies unter § 32 I BDSG.[585]

§ 32 I S. 2 BDSG ermöglicht unter strengeren Voraussetzung auch präventive Maßnahmen: Das ist dann der Fall, wenn der Verdacht einer Straftat (im oder mit Bezug zum Beschäftigungsverhältnis, wie typischerweise Diebstahl, Korruption und Untreue) besteht und *„die Erhebung, Verarbeitung oder Nutzung zur Aufdeckung erforderlich ist und das schutzwürdige Interesse des Beschäftigten (...) nicht überwiegt, insbesondere Art und Ausmaß im Hinblick auf den Anlass nicht unverhältnismäßig sind.“*

Das 2009 in das Gesetz aufgenommene Erforderlichkeitskriterium[586] setzt jeweils ein berechtigtes, billigenswertes und schutzwürdiges Interesse des Arbeitgebers an einer Information voraus. Dieses Interesse des Arbeitgebers muss geeignet sein, den Schutz des Persönlichkeitsrechts des Beschäftigten in der Abwägung zurücktreten zu lassen.[587] Der § 32 BDSG kodifiziert damit nichts anderes, als den Grundsatz der Verhältnismäßigkeit.[588]

---

583 § 32 I 1 BDSG.

584 *Stamer/Kuhnke*, in: Plath, BDSG, § 32 BDSG, Rn. 83.

585 BT-Drucks. 16/13657, S. 21 zu dem Gesetzentwurf der Bundesregierung (BT-Drucksache 16/12011) Entwurf eines Gesetzes zur Regelung des Datenschutzaudits und zur Änderung datenschutzrechtlicher Vorschriften.

586 Durch das Gesetz zur Änderung datenschutzrechtlicher Vorschriften vom 14. August 2009 (zum 1. September 2009 in Kraft getreten) ist der § 32 BDSG zwar neu in den Gesetzestext aufgenommen wurden, er entspricht aber den von der Rechtsprechung erarbeiteten Grundsätzen des Datenschutzes im Beschäftigungsverhältnis. BT-Drucks. 16/13657, S. 20: *„§ 32 enthält eine allgemeine Regelung zum Schutz personenbezogener Daten von Beschäftigten, die die von der Rechtsprechung erarbeiteten Grundsätze des Datenschutzes im Beschäftigungsverhältnis nicht ändern, sondern lediglich zusammenfassen und ein Arbeitnehmerdatenschutzgesetz weder entbehrlich machen noch inhaltlich präjudizieren soll.“*

587 *Stamer/Kuhnke*, in: Plath, BDSG, § 32 BDSG, Rn. 16 f.

588 *Maschmann*, NZA-Beil. 2012, 50 (51).

Ein berechtigtes Interesse des Arbeitgebers wird bei unternehmensinternen Ermittlungen bei Verdacht eines Verstoßes gegen die Regelungen des Compliance- und Ethikkodex häufig anzunehmen sein, da es darum geht, die Reputation des Unternehmens zu schützen, Wirtschaftskriminalität zu bekämpfen und eine eventuelle Haftung des Unternehmens oder Geldbußen abzuwenden.

Beziehen sich die Maßnahmen der unternehmensinternen Untersuchung auf die Erfassung, Speicherung und Nutzung von Verbindungsdaten (Datum, Uhrzeit, Datenvolumen, Gebühreneinheiten) sind das Recht auf informationelle Selbstbestimmung und das Fernmeldegeheimnis berührt. Sind zusätzlich Kommunikationsinhalte erfasst, ist das Recht am eigenen Wort betroffen.[589] Ein solcher Eingriff kann unter Annahme eines berechtigten Interesses und unter Abwägung der beidseitigen Interessen nach § 32 I S. 1 BDSG gerechtfertigt sein. In der Regel wird die Kontrolle von Verbindungsdaten im Rahmen des Bundesdatenschutzgesetzes als zulässig angesehen. Der sachliche Anwendungsbereich des Arbeitnehmerdatenschutzes erstreckt sich nach § 32 II BDSG zusätzlich auf sämtliche Beschäftigungsdaten, nicht nur das Dateien im Sinne des § 27 I 2 BDSG.[590]

Auch im Rahmen des Whistleblowing sind die datenschutzrechtlichen Vorgaben einzuhalten.[591] Die im Rahmen des Whistleblowing kommunizierten Informationen betreffen typischerweise das persönliche Verhalten der Arbeitnehmer und sind somit personenbezogene Daten i. S. d. § 3 I BDSG.[592] Der anschließende Gebrauch dieser Daten stellt eine Datennutzung i. S. d. § 3 III-IV BDSG dar. Wird durch die Kommunikation der Daten beim Whistleblowing lediglich die arbeitsvertragliche Treuepflicht als Nebenpflicht zur Schadensabwehr erfüllt oder besteht ein eindeutiger Bezug zum Arbeitsverhalten, ist die Datenverarbeitung als zulässig nach § 32 I S.1 BDSG anzusehen.[593]

bb) Sonderdatenschutzrecht des Telekommunikationsgesetzes

Besonders problematisch sind die Kontrollen des Arbeitgebers hinsichtlich der Internetnutzung der Arbeitnehmer. Hat der Arbeitgeber die private Nutzung des Internets erlaubt, finden die Sonderdatenschutznormen des Telekommunikationsgesetzes

---

589 *Mengel*, BB 2004, 2014 (2016).

590 Für die Zwecke eines früheren, bestehenden oder zukünftigen Beschäftigtenverhältnisses gelten dann die Voraussetzungen des § 32 I BDSG bei der Erhebung, Verarbeitung und Nutzung von Beschäftigtendaten durch den Arbeitgeber, auch wenn die Daten aus nichtdigitalisierte Akten und handschriftlichen Notizen herrühren, §§ 1 II Nr. 3; 3 II S. 2 BDSG.

591 Dazu ausführlich *Behrendt/Kaufmann*, CR 2006, 642 (644 f.); *Fahrig*, Die Einführung eines Verhaltenskodexes und das Whistleblowing, S. 2 ff.; *Schneider*, Die arbeitsrechtliche Implementierung von Compliance- und Ethikrichtlinien, S. 66 ff.

592 *Behrendt/Kaufmann*, CR 2006, 642 (644); *Dendorfer-Ditges*, in: Moll, Münchener Anwaltshandbuch Arbeitsrecht, § 35, Rn. 254 ff.

593 So auch *Fahrig*, Die Einführung eines Verhaltenskodexes und das Whistleblowing, S. 103; *Schürrle/Olbers*, CCZ 2009, 178 (181).

Anwendung. Diese Normen schützen das Fernmeldegeheimnis gemäß § 88 TKG bei privater (geduldeter) Nutzung der Telekommunikationseinrichtungen eines Unternehmens durch die Arbeitnehmer.[594]

Der Arbeitgeber, der seinen Arbeitnehmern die private Nutzung gestattet, wird nach (noch) herrschender Literaturmeinung[595], unterstützt durch die Regierungsbegründung zum TKG[596], auch bei Unentgeltlichkeit zum Anbieter für Telekommunikationsdienste nach § 3 Nr. 6 TKG. Folge dieser Einordnung ist, dass der Arbeitgeber im Verhältnis zum Arbeitnehmer an das Fernmeldegeheimnis, § 88 TKG; gebunden

594 Der Staat kommt damit seiner Verpflichtung aus Art. 10 GG nach, *Mengel*, BB 2004, 2014 (2018); *Thüsing/Traut*, in: Thüsing, Beschäftigtendatenschutz und Compliance, § 9, Rn. 94, 112.

595 Nunmehr zeichnet sich in der neueren Rechtsprechung eine deutliche Tendenz dahingehend ab, dass auch ein Arbeitgeber *nicht* als Dienstanbieter i.S.d. TKG anzusehen sei. So hat das LAG Berlin-Brandenburg (Urt. v. 16.02.2011 – 4 Sa 2132/10, NZA-RR 2011, 342) entschieden, dass ein Arbeitgeber nicht allein dadurch zum Dienstanbieter i.S.d. TKG wird, dass er seinen Beschäftigten die private Nutzung des dienstlichen E-Mail-Account gestattet. Dies wird damit begründet, dass ein solcher Arbeitgeber nicht „geschäftsmäßig" Telekommunikationsleistungen erbringt, wie dies § 3 Nr. 6 TKG aber voraussetze. Damit folgt das LAG Berlin-Brandenburg dem LAG Niedersachsen (Urt. v. 31.5.2010 – 12 Sa 875/09, NZA-RR 2010, 406). Die neuste Rechtsprechung greift diese beiden Urteile und ihre Wertung in VG Karlsruhe, Urt. v. 27.05.2013 – 2 K 3249/12, sog. „Fall Mappus", NVwZ-RR 2013, 797 (801), Rz. 63 ff. und in diesem Sinne auch das Hessische LArbG Frankfurt, Urt. v. 05.08.2013 – 7 Sa 1060/10, Rz. 63, RDV 2014, 167 auf und stimmt ihr zu. Diese neue Entwicklung in der Rechtsprechung vollzieht sich zu Recht. Es entspricht nicht dem Sinn und Zweck des auf kommerzielle Telekommunikationsanbieter abzielenden TKG, auch den Arbeitgeber zu erfassen. Die Interessenlage im Verhältnis Arbeitgeber zu Arbeitnehmer ist nicht mit der eines kommerziellen TK-Anbieters zu seinen Kunden vergleichbar. Es besteht zudem kein Bedürfnis für den Schutz über das Fernmeldegeheimnis, da der Arbeitnehmer die Wahl hat, diese Einrichtung zu nutzen. Weiterhin genügt der hinreichende Schutz durch das subsidiär anzuwendende BDSG, sodass keine unbegrenzte Kontrolle zu befürchten ist. Die Anwendbarkeit des TKG beeinträchtigt den Arbeitgeber dagegen ganz empfindlich, da die gesamte, nicht eindeutig dienstliche, E-Mail-Kommunikation des Arbeitnehmers dem Fernmeldegeheimnis unterliegt. Folge dieser Meinung ist, dass die Kontrollmöglichkeiten des Arbeitgebers am Maßstab des BDSG zu messen sind. Auch in der Literatur wird teilweise diese Ansicht zur (Nicht-)Anwendbarkeit des TKG vertreten. Eine umfassende Darstellung dieser abweichenden Meinung findet sich auch bei *Schuster*, CR 2014, 21; *Stamer/Kuhnke*, in: Plath, BDSG, § 32 BDSG, Rn. 98 ff. und *Thüsing*, in: Thüsing, Beschäftigtendatenschutz und Compliance, § 3, Rn. 74 ff.

596 Entwurf eines Telekommunikationsgesetzes (TKG) 30.01.1996, BT-Drucks. 13/3609, S. 53: Zu § 82 (Fernmeldegeheimnis) „Auch ein ohne Gewinnerzielungsabsicht erfolgendes, auf Dauer angelegtes Angebot von Telekommunikationsdiensten verpflichtet zur Wahrung des Fernmeldegeheimnisses."

ist, dessen Verletzung, z.B. durch unbefugten Zugriff auf die E-Mails der Arbeitnehmer, den Straftatbestand des § 206 StGB erfüllt.

Dem Fernmeldegeheimnis unterfallen zunächst der Inhalt, aber auch die näheren Umstände (z.B. die Verbindungsdaten) der Telekommunikation, insbesondere die Tatsache, ob jemand an einem Telekommunikationsvorgang beteiligt ist oder war.[597] Das Telekommunikationsgesetz enthält keine generelle Kontrollbefugnis, sondern statuiert lediglich spezielle Eingriffsrechte für den Arbeitgeber, die an bestimmte Daten oder Umstände anknüpfen.[598] Eine inhaltliche Kontrolle scheidet damit so gut wie immer aus. Der zulässigen Kontrolle unterfallen lediglich äußere Maßnahmen (sog. Verkehrsdaten), wie Anzahl, Uhrzeit und Datenmenge der E-Mails.[599] Verkehrsdaten dürfen dabei auch nur in den engen Grenzen der Missbrauchskontrolle geprüft werden und Inhalte lediglich in absoluten Ausnahmefällen.[600] Der Arbeitgeber darf nur stichprobenartig bei einem konkreten Verdacht einer Straftat oder einer schweren Arbeitspflichtverletzung kontrollieren[601] oder mit dem individuellen schriftlichen Einverständnis des Arbeitnehmers, an das strenge Anforderungen gestellt werden.[602] Selbst dann, wenn ein solcher Ausnahmezustand vorliegt und eine Einzelfallkontrolle zulässig ist, muss die Kontrolle selbst verhältnismäßig sein. Befasst sich eine E-Mail mit rein privaten Themen und hat erkennbar nichts mit der Investigation zu tun, muss sichergestellt sein, dass sie sofort wieder geschlossen wird. Lassen sich mangels ausdrücklicher Kennzeichnung dienstliche nicht von privaten E-Mails unterscheiden, scheidet konsequenterweise eine Kontrolle insgesamt aus, da sie zu hohe strafrechtliche Risiken wegen Verletzung des Telekommunikationsgeheimnisses (§ 206 StGB) birgt.

cc) Datenschutz im internationalen Datenverkehr

Das Unternehmen muss den Datenschutz auch bei internationalem Bezug sicherzustellen. Dies ist insbesondere dann von Bedeutung, wenn es in einem internationalen

---

597 *Mengel*, BB 2004, 2014 (2018); *dies.*, BB 2004, 1445 (1450). Geschützt sind der E-Mail-Verkehr, die Übermittlung und die Speicherung auf dem Server: *Maschmann*, Mitarbeiterkontrolle und private Ermittlung, in: Maschmann, Corporate Compliance und Arbeitsrecht, S. 163.

598 Z.B. Verkehrsdaten, § 96 TKG, können zur Beseitigung technischer Störungen, § 100 TKG, und zur Ermittlung der Gebühren, § 97 TKG, gespeichert werden, vgl. *Maschmann*, Mitarbeiterkontrolle und private Ermittlung, in: Maschmann, Corporate Compliance und Arbeitsrecht, S. 163 f.; *Mengel*, BB 2004, 2014 (2018).

599 Vgl. *Klengel/Mückenberger*, CCZ 2009, 81 (84).

600 *von Saenger/Vinnen*, in: Inderst/Bannenberg/Poppe, Compliance, Aufbau – Management – Risikobereiche, S. 309, Rn. 219.

601 *Maschmann*, Mitarbeiterkontrolle und private Ermittlung, in: Maschmann, Corporate Compliance und Arbeitsrecht, S. 164; *Mengel*, BB 2004, 2014 (2018 f.); sehr kritisch *Klengel/Mückenberger*, CCZ 2009, 81 (84).

602 Dazu *Maschmann*, Mitarbeiterkontrolle und private Ermittlung, in: Maschmann, Corporate Compliance und Arbeitsrecht, S. 164; *Mengel*, BB 2004, 2014 (2021).

Unternehmen unternehmensweite Ermittlungen gibt und Daten dazu auch unternehmensweit vermittelt werden. Durch die EU-Datenschutzrichtlinie[603], die mit dem Bundesdatenschutzgesetz in deutsches Recht umgesetzt wurde, besteht in der EU inzwischen ein einheitliches Mindestniveau an Datenschutz, sodass ein Datentransfer innerhalb einer Unternehmensgruppe in der EU zulässig ist. Sollen die Informationen im Rahmen von internationalen Ermittlungen an Empfänger außerhalb der EU übermittelt werden, muss das EU-adäquate Datenschutzniveau i.S.v. §§ 4b, 4c BDSG hergestellt und nachgewiesen werden.[604] Nach Ansicht der EU-Kommission[605] können Drittstaaten, insbesondere die USA, diesen Mindeststandard jedoch oft nicht einhalten, da das US-amerikanische Recht keine umfassenden gesetzlichen Regelungen kennt, die den Standards der EU insoweit entsprechen würden. Erforderlich ist dann entweder ein individueller Nachweis des Schutzes beim Datenempfänger durch entsprechende vertragliche Vereinbarung (z.B. nach den Standardvertragsklauseln der EU) oder durch Teilnahme der US-Unternehmen am „EU-US Privacy Shield“[606], einem Abkommen auf dem Gebiet des Datenschutzrechts zwischen der EU und den USA, oder durch schriftliche Einwilligungserklärung des Arbeitnehmers, um ein entsprechendes Datenschutzniveau sicherzustellen.

dd) Fazit

Bei den meisten der Kontroll-, Überwachungs- und Untersuchungsmaßnahmen des Arbeitgebers im Rahmen einer unternehmensinternen Untersuchung werden

---

603 EU-Datenschutzrichtlinie 95/46/EG, dadurch Neufassung des BDSG, die am 23.05.2001 in Kraft getreten ist.

604 *Behrendt/Kaufmann*, CR 2006, 642 (647 f.); *Dendorfer-Ditges*, in: Moll, Münchener Anwaltshandbuch Arbeitsrecht, § 35, Rn. 101.

605 Ergibt sich im Umkehrschluss aus den Erwägungsgründen der Entscheidung der Kommission vom 26. Juli 2000 gemäß der Richtlinie 95/46/EG des Europäischen Parlaments und des Rates über die Angemessenheit des von den Grundsätzen des „sicheren Hafens“ und der diesbezüglichen „Häufig gestellten Fragen“ (FAQ) gewährleisteten Schutzes, vorgelegt vom Handelsministerium der USA (Bekannt gegeben unter Aktenzeichen K(2000) 2441).

606 Das „EU-US Privacy Shield“- Abkommen ersetzt die frühere „Safe-Harbor-Entscheidung“ der Europäischen Kommission aus dem Jahr 2000. Diese ist vom Europäischen Gerichtshof am 06.10.2015 für ungültig erklärt worden (EuGH, Urteil in der Rs. C-362/14, Maximillian Schrems/Data Protection Commissioner („Schrems“), EU:C:2015:650, Rn. 39). Am 02.02.2016 hat die Europäische Kommission sich mit der amerikanischen Regierung auf eine Nachfolgeregelung geeinigt, die den Namen „EU-US Privacy Shield“ trägt. Im Juli 2016 hat die Kommission beschlossen, dass durch das neue Abkommen ein dem der Europäischen Union vergleichbares Datenschutzniveau hergestellt wird, vgl.: Durchführungsbeschluss (EU) 2016/1250 der Kommission vom 12.07.2016 gemäß der Richtlinie 95/46/EG des Europäischen Parlaments und des Rates über die Angemessenheit des vom EU-US-Datenschutzschild gebotenen Schutzes, Aktenzeichen C(2016) 4176.

personenbezogene Daten des Arbeitnehmers erhoben und verarbeitet. Die dadurch möglichen Einblicke in die personenbezogenen Daten der Arbeitnehmer greifen in die Grundrechte dieser ein, die durch das Bundesdatenschutzgesetz und das Telekommunikationsgesetz einfachgesetzlich geschützt sind. Die Rechtfertigung eines solchen Eingriffs muss sich in den meisten Fällen anhand der dargestellten Voraussetzungen des § 32 I S. 1 und S. 2 BDSG messen lassen, wobei die Verhältnismäßigkeitsprüfung die entscheidende Rolle spielt. Nach der noch herrschenden Lehre ist bei erlaubter Privatnutzung der Telekommunikationseinrichtungen der speziellere § 88 TKG maßgeblich, was eine zulässige Kontrolle durch den Arbeitgeber so gut wie immer ausscheiden lässt. Verneint man mit einer überzeugenden neuen Entwicklung in instanzgerichtlicher Rechtsprechung und Lehre[607] eine Telekommunikationsanbietereigenschaft des Arbeitgebers und damit die Anwendbarkeit des Telekommunikationsgesetzes in diesem Verhältnis, richtet sich die Beurteilung der Zulässigkeit der Kontrollen auch bei erlaubter Privatnutzung nach § 32 BDSG.

2. *Ausgewählte Maßnahmen unternehmensinterner Untersuchungen*

a) *Aufsuchen am Arbeitsplatz und Einsehen der Personalakte*

Ein spontanes Aufsuchen des Arbeitnehmers am Arbeitsplatz ist als einfachste aller Maßnahmen dem Arbeitgeber aufgrund seines Hausrechts unzweifelhaft erlaubt. Es kann sogar zu seinen Überwachungspflichten als Vorgesetzter gehören. Der Arbeitgeber kann das Büro in Augenschein nehmen, die Anwesenheit kontrollieren, zum Stand der Arbeit befragen und entsprechende Weisungen erteilen.[608]

Eine weitere Maßnahme im Rahmen einer unternehmensinternen Untersuchung, die jedoch kaum als solche empfunden wird, kann ein Zugriff auf die Personalakten bestimmter Mitarbeiter sein. Dabei ist das Persönlichkeitsrecht des Arbeitnehmers zu beachten, ebenso wie das Recht auf informationelle Selbstbestimmung, welche vor einer zu weitgehenden Kontrolle und Ausforschung der Persönlichkeit und der Offenlegung personenbezogener Daten schützen.[609] Dem Arbeitgeber kommt dabei immer ein Einsichtsrecht zu. Ein Einsichtsrecht für einen beschränkten Personenkreis, z.B. mit der Aufklärung betraute Arbeitnehmer, kann bei berechtigtem Arbeitgeberinteresse an der Prüfung angenommen werden, sofern diese Einsicht

---

607 Siehe dazu unter S. 159159.

608 Solange sich die Maßnahme im Rahmen des Verhältnismäßigen bewegt, vgl. *Klengel/Mückenberger*, CCZ 2009, 81 (85); *Maschmann*, Mitarbeiterkontrolle und private Ermittlung, in: Maschmann, Corporate Compliance und Arbeitsrecht, S. 153 f.

609 BAG, Urt. v. 12.09.2006 – 9 AZR 271/06, NZA 2007, 269 (271 f.); BAG, Urt. v. 04.04.1990 – 5 AZR 299/89, NZA 1990, 933 (933, aus den Gründen III. 2.); BAG, Urt. v. 15.07.1987 – 5 AZR 215/86, NZA 1988, 53 (54).

auch wirklich erforderlich ist und es im Rahmen der Ermittlung gerade auf die Erkenntnisse aus der Personalakte ankommt.[610]

b) Zugriff auf Unterlagen in Papierform

Zur weitergehenden Sachverhaltsermittlung ist es regelmäßig notwendig, auf Unterlagen des Unternehmens zuzugreifen. Unterlagen sind dienstliche Dokumente (z.B. Akten, Geschäftsbriefe), in die der Arbeitgeber uneingeschränkt einsehen darf.[611] Der Arbeitnehmer, der diese Unterlagen angelegt hat, ist lediglich Besitzdiener (§ 855 BGB) und darf daher die Herausgabe nicht verweigern (Verpflichtung zur Herausgabe aus § 667 BGB) ebenso wenig wie er die Unterlagen zerstören darf.[612]

Besonderheiten ergeben sich erst dann, wenn es sich um private, persönliche oder personenbezogene Dokumente handelt, dann ist das Zugriffsrecht des Arbeitgebers gegen das Briefgeheimnis und das Persönlichkeitsrecht des Arbeitnehmers abzuwägen. Das Öffnen von Privatpost stellt eine Verletzung des Briefgeheimnisses dar, welches strafrechtlich durch § 202 StGB geschützt ist. Sind Beschäftigtendaten betroffen, sind über § 32 II BDSG auch die Vorgaben des § 32 I BDSG zu beachten.

c) Zugriff auf Unterlagen in elektronischer Form (Dateien)

Liegen die Akten und Dokumente nicht in Papier, sondern in elektronischer Form vor, ändert sich an dem Einsichtsrecht des Arbeitgebers grundsätzlich nichts.[613] Handelt es sich um dienstliche Unterlagen oder ist eine private Nutzung der dienstlichen Einrichtungen nicht gestattet, kann der Arbeitgeber die vertragsgerechte Nutzung unterstellen. Die gesamten Unterlagen gelten dann als dienstlich veranlasst und sind damit auch der Kontrolle des Arbeitsgebers zugänglich.[614] Allerdings gelten bei der Auswertung elektronischer Unterlagen die datenschutzrechtlichen Vorschriften, zumindest soweit personenbezogene Daten nach § 3 I BDSG betroffen sind. Diese richtet sich dann nach den Voraussetzungen des § 32 I S. 1, S. 2 BDSG.

---

610 BAG, Urt. v. 04.04.1990 – 5 AZR 299/89, NZA 1990, 933; *Mengel*, Compliance und Arbeitsrecht, S. 114 ff.; keine Erforderlichkeit der Einsicht in verschlossene Umschläge z.B. bei Gesundheitsdaten einzelner Mitarbeiter, wenn die Investigation sich mit wirtschaftskriminellen Verstöße befasst oder bei Privatpost, BAG, Urt. v. 12.09.2006 – 9 AZR 271/06, NZA 2007, 269 (272).

611 *Göpfert/Merten/Siegrist*, NJW 2008, 1703, (1705); *Mengel/Ulrich*, NZA 2006, 240 (241).

612 BAG, Urt. v. 17.09.1998 – 8 AZR 175/97, NZA 1999, 141.

613 *Dendorfer-Ditges*, in: Moll, Münchener Anwaltshandbuch Arbeitsrecht, § 35, Rn. 101; *Eufinger*, BB 2016, 1973 (1975); *Göpfert/Merten/Siegrist*, NJW 2008, 1703 (1705); *Klengel/Mückenberger*, CCZ 2009, 81 (85).

614 *Poppe*, in: Inderst/Bannenberg/Poppe, Compliance, Aufbau – Management – Risikobereiche, S. 587, Rn. 44.

Anders ist die Lage zu beurteilen, wenn es um den Zugriff auf private Unterlagen in elektronischer Form geht. Ist eine private Nutzung der dienstlichen Einrichtungen gestattet, ist das verfassungsrechtlich nach Art. 1, 2 I GG gewährleistete Persönlichkeitsrecht des Arbeitnehmers und das davon umfasste Recht auf Schutz der Privatsphäre und das Briefgeheimnis zu beachten. Daher ist dem Arbeitgeber grundsätzlich der Zugriff verwehrt.[615] Ausnahmen zugunsten einer zulässigen Kontrolle können sich allerdings bei konkreten Verdachtsmomenten auf unzulässige massive Privatnutzung oder Missbrauch ergeben.[616]

d) Auswertung von elektronischer Kommunikation (E-Mails) und Internetnutzung

Von enormer Bedeutung während einer unternehmensinternen Untersuchung ist die Auswertung des elektronischen Schriftverkehrs. Dem Arbeitgeber kann es dabei, mit in der Regel berechtigtem Interesse, um den Schutz seines Eigentums, die Aufdeckung unzulässiger Privatnutzung oder auch um die Verhinderung eines arbeitszeitlichen oder inhaltlichen Missbrauchs gehen.[617]

Ist lediglich die rein dienstliche Nutzung des Internets und der E-Mails erlaubt, ist die gesamte Korrespondenz der Kontrolle des Arbeitsgebers zugänglich.[618] Es gilt dann das bereits zu den Zugriffsrechten auf dienstliche elektronische Unterlagen Gesagte, der Arbeitgeber hat umfassende Zugriffs- und Kontrollrechte im Rahmen des Erforderlichen und Verhältnismäßigen nach § 32 I BDSG.[619] Bezüglich der inhaltlichen Kontrolle dienstlicher E-Mails ist auf die zum dienstlichen Schriftverkehr gemachten Ausführungen zu verweisen.[620] Besonderheiten ergeben sich für den Fall, dass auch eine private Nutzung gestattet wird und dadurch die Zuordnung der

---

615 *Eufinger*, BB 2016, 1973 (1975).

616 *Mengel*, BB 2004, 2014 (2019 f.).

617 *Mengel*, BB 2007, 2014 (2015); zum Thema „Documentreview/Documentresearch" auch: *Eufinger*, BB 2016, 1973 (1975 f.).

618 Siehe dazu bereits auf S. 165165.

619 *Mengel*, BB 2007, 2014 (2015); *Stamer/Kuhnke*, in: Plath, BDSG, § 32 BDSG, Rn. 83 ff.; *Von Saenger/Vinnen*, in: Inderst/Bannenberg/Poppe, Compliance, Aufbau – Management – Risikobereiche, S. 308, Rn. 218.

620 Teilweise wird eine Anwendung der Rechtsprechung zur inhaltlichen Kontrolle von Diensttelefonaten befürwortet. Nach herrschender Literaturansicht wird dies aber richtigerweise verneint. Aufgrund der Schriftlichkeit der E-Mail ist dem Arbeitnehmer bewusst, dass diese später für Dritte abrufbar ist. Die Flüchtigkeit des gesprochenen Worts (so das Argument bei Telefonaten) besteht bei einer E-Mail gerade nicht. Aufgrund der Schriftlichkeit kann der Sender weniger als beim Telefonat darauf vertrauen, dass der Inhalt nur dem Empfänger bekannt wird. Darstellung bei *Maschmann*, Mitarbeiterkontrolle und private Ermittlung, in: Maschmann, Corporate Compliance und Arbeitsrecht, S. 161; *Stamer/Kuhnke*, in: Plath, BDSG, § 32 BDSG, Rn. 84; *Mengel*, BB 2007, 2014 (2017).

E-Mails schwierig ist. Bei erlaubter Privatnutzung finden die Sondervorschriften des Telekommunikationsgesetzes Anwendung, das der Kontrolle dieser Telekommunikation sehr enge Grenzen setzt.[621]

Auch bei Mischnutzung oder wenn eine klare Trennung zwischen dienstlichen und privaten E-Mail nicht möglich ist, scheidet eine Kontrolle weitgehend aus. Eine Möglichkeit zur gesetzeskonformen E-Mail Kontrolle könnte dann die kostenträchtige Aufbereitung der Datenbestände im Wege der Anonymisierung oder Pseudonymisierung sein.[622]

e) Telefonüberwachung

Eine weitere Möglichkeit zur Sachverhaltsaufklärung bei vermuteten Compliance- und Ethikrichtlinienverstößen besteht in der Überwachung der Telefonate des Arbeitnehmers. Daten über von Arbeitnehmern geführte Telefongespräche sind personenbezogene Daten des Arbeitnehmers im Sinne des Bundesdatenschutzgesetzes.[623] Zur Bestimmung des rechtlichen Zulässigkeitsrahmens der Überwachung ist auch hier zwischen erlaubter privater Nutzung und rein dienstlicher Nutzung zu unterscheiden.

Ist lediglich die rein dienstliche Nutzung gestattet, ergeben sich die Grenzen der Zulässigkeit von Überwachungsmaßnahmen aus dem Bundesdatenschutzgesetz sowie mittelbar aus den Grundrechten des Arbeitnehmers, sodass auf das bereits dazu Ausgeführte verwiesen wird.[624] Ein Abhören, Mithören oder Aufzeichnen des Inhalts eines Diensttelefonats ist aufgrund dessen Mündlichkeit und der damit einhergehenden sog. „Flüchtigkeit des gesprochenen Wortes" in der Regel ein unzulässiger Eingriff in das Recht des Arbeitnehmers am eigenen Wort als Teil des allgemeinen Persönlichkeitsrechts und in das Fernmeldegeheimnis.[625] Den Kontrollinteressen des

621 Siehe dazu S. 159.

622 Siehe dazu: *von Saenger/Vinnen*, in: Inderst/Bannenberg/Poppe, Compliance, Aufbau – Management – Risikobereiche, S. 308, Rn. 220.

623 BAG, Beschluss v. 27.05.1986 – 1 ABR 48/84, NZA 1986, 643 (Ls. 2).

624 Siehe dazu S. 158158 f.

625 BVerfG, Beschluss v. 09.10.2002 – 1 BvR 1611/96, 1 BvR 805/98, NJW 2002, 3619 (3621 ff.). Nicht betroffen ist nach dem Beschluss des BVerfG allerdings der Schutzbereich des Art. 10 I GG, da dieser die Vertraulichkeit der Nutzung des zur Nachrichtenübermittlung eingesetzten technischen Mediums schützt, nicht aber das Vertrauen der Kommunikationspartner zueinander. Ermöglicht ein Gesprächspartner in seinem Einfluss- und Verantwortungsbereich einem privaten Dritten den Zugriff auf die Telekommunikationseinrichtung, wird der Schutzbereich des Art. 10 I GG nicht berührt. In diesem Fall ist aber das Recht am eigenen Wort betroffen, welches auch davor schützt, dass ein Kommunikationspartner ohne Kenntnis des anderen eine dritte Person als Zuhörer in das Gespräch mit einbezieht oder die unmittelbare Kommunikationsteilhabe durch den Dritten gestattet. Dazu ebenfalls: *Dendorfer-Ditges*, in: Moll, Münchener Anwaltshandbuch Arbeitsrecht, § 35, Rn. 191; *Fischer*, StGB Kommentar, § 201 StGB, Rn. 5 ff.

Arbeitgebers an der Erfassung des Gesprächsinhalts kann in absoluten Ausnahmefällen Genüge getan werden. Dies ist der Fall, wenn eine notwehrähnliche Lage vorliegt[626] und es gilt, die Funktionsfähigkeit des Unternehmens zu erhalten oder beim konkreten Verdacht strafbarer dienstlicher Gesprächsinhalte,[627] wie Verrat von Geschäftsgeheimnissen.[628] Werden diese Grenzen überschritten, kommt für den Arbeitgeber neben den Konsequenzen des Bundesdatenschutzgesetzes beim Abhören von Telefongesprächen auch eine Verletzung der Vertraulichkeit des gesprochenen Wortes nach § 201 StGB in Betracht.

Ist dagegen auch die private Nutzung des Telefons gestattet und eine Trennung zwischen dienstlichen und privaten Telefonaten nicht möglich, verdrängt nach herrschender Ansicht das Telekommunikationsgesetz das Bundesdatenschutzgesetz als Sonderrecht. Der Arbeitgeber ist dann bei den Kontrollmaßnahmen an das Fernmeldegeheimnis nach § 88 I 1 TKG gebunden. Dies führt dazu, dass Verkehrsdaten i.S.d. §§ 3 Nr. 30, 96 TKG nicht erhoben werden dürfen (§ 88 III S. 1, 2 TKG), sofern keine gesetzlichen Ausnahmen bestehen.[629] Ein Abhören des Inhalts der Telefonate ist nicht zulässig, bei Aufnahme würde der Arbeitgeber sogar den Straftatbestand des § 201 I Nr.1 StGB verwirklichen.

f) Mitarbeiterinterviews

Klassische Maßnahme einer „Internal Investigation" ist die direkte Mitarbeiterbefragung zur Sachverhaltsaufklärung. Dazu sind die generellen Auskunfts- und Berichtspflichten des Arbeitnehmers, aber auch die Anforderungen an eine solche Befragung zu klären.

Die Befragung ist für den Arbeitnehmer nicht freiwillig. Solange sich das Gespräch auf Inhalt, Ort und Zeit der Arbeitsleistung sowie auf Ordnung und Verhalten des Arbeitnehmers im Betrieb bezieht, was bei Anhörungen zur Aufklärung von Straftaten und Pflichtverstößen im Zusammenhang mit Compliance- und Ethikrichtlinien regelmäßig der Fall ist, ist der Arbeitnehmer zur Teilnahme am Personalgespräch verpflichtet. Die Rechtsgrundlage für die Teilnahmepflicht ist im Arbeitsverhältnis selbst zu finden. Es gelten darüber hinaus die allgemeinen Grenzen des Weisungsrechts des Arbeitgebers aus § 106 S. 1 GewO (billiges Ermessen), die Gespräche mit „schikanösem Charakter"[630] verbieten. Eine Verweigerung der Teilnahme an dem Personalgespräch ohne Grund ist eine Form der Arbeitsverweigerung und kann damit eigene disziplinarische Konsequenzen nach sich ziehen.

---

626 Zur Rechtfertigung des Abhörens durch Notwehr, *Maschmann*, in: Dölling, Korruptionsprävention, S. 129, Rn. 97; auch bei *Mengel*, BB 2004, 1445 (1449).

627 *Klengel/Mückenberger*, CCZ 2009, 81 (84).

628 Diese Ansicht wird nunmehr auch durch § 32 I S. 2 BDSG bestätigt.

629 Vgl. *von Saenger/Vinnen*, in: Inderst/Bannenberg/Poppe, Compliance, Aufbau – Management – Risikobereiche, S. 309, Rn. 224.

630 z.B. durch Form der Gesprächsführung oder Zeitpunkt der Befragung, *Lützeler/Müller-Sartori*, CCZ 2011, 19 (22).

Eine allgemeine Berichtspflicht im Arbeitsverhältnis existiert dagegen nicht. Aus den arbeitsvertraglichen Neben- und Treuepflichten kann sich allerdings eine Anzeigepflicht bei drohenden Schäden oder Missständen für das Unternehmen ergeben.[631] Auf arbeitsvertraglicher Grundlage ist der Arbeitnehmer damit verpflichtet bzw. kann die wirksame Weisung erhalten, an einer internen Untersuchung nicht nur mitzuwirken, sondern auch Auskünfte zu erteilen, soweit sein Arbeits- und Leistungsbereich davon betroffen ist. Er hat, wenn dazu angewiesen, wahrheitsgemäß und vollständig Auskunft zu erteilen über Art und Weise seiner Arbeitsleistung, über wesentliche Vorkommnisse im Unternehmen und über Wahrnehmungen im Zusammenhang mit Arbeitsleistung und -bereich. An den Fragen muss ein schutzwürdiges Arbeitgeberinteresse bestehen und sie dürfen nicht unverhältnismäßig belasten.[632] Es dürfen in diesem Rahmen auch Fragen mit möglicher schwerer disziplinarischer oder strafrechtlicher Konsequenz für den Arbeitnehmer gestellt werden; diese muss er beantworten.[633]

Im Zusammenhang mit Mitarbeiterinterviews stellt sich die Frage, ob ein Rechtsanwalt oder Betriebsratsmitglied anwesend sein darf oder sogar muss. Bei einer Anhörung als investigativer Maßnahme besteht jedoch kein Recht des Arbeitnehmers aus § 82 II BetrVG darauf, ein Betriebsratsmitglied zu der Anhörung hinzuzuziehen. Zwar darf zu einem Beratungs- oder Führungsgespräch, in dem die Leistungen und Möglichkeiten der beruflichen Entwicklung erörtert werden, der Arbeitnehmer nach § 82 II S. 2 BetrVG ein Betriebsratsmitglied hinzuziehen. Um einen solchen Fall geht es aber bei einer Mitarbeiterbefragung zur Sachverhaltsermittlung nicht. Gegenstand ist selten das Leistungsverhalten des Einzelnen, es geht vielmehr um organisatorische und strukturelle Missstände. Auch auf den Beistand eines Anwalts beim Gespräch mit einem Arbeitgebervertreter besteht kein Rechtsanspruch.[634] Dennoch kann bei einer entsprechenden Bitte des Arbeitnehmers dieser nach Abwägung des Einzelfalls entsprochen werden. Aus dem Grundsatz des Kräftegleichgewichts ergibt sich ein Anspruch auf anwaltlichen Beistand, wenn sich der Arbeitgeber bei der Befragung selbst durch einen externen Anwalt vertreten lässt und damit die rein persönliche Beziehung zwischen Arbeitgeber und Arbeitnehmer verlässt.[635]

---

631 Siehe zu den Unterrichtungs- und Anzeigepflichten: S. 131131 ff.

632 Vgl. *Mengel*, Compliance und Arbeitsrecht, S. 119; *Moosmayer*, Compliance, Rn. 327; *Poppe*, in: Inderst/Bannenberg/Poppe, Compliance, Aufbau – Management – Risikobereiche, S. 590, Rn. 65; *Vogt*, NJOZ 2009, 4206 (4212); *Eufinger*, BB 2016, 1973 (1976).

633 BAG, Urt. v. 18.01.1996 – 6 AZR 314/95, NZA 1997, 41; *Burgard*, in: Moosmayer/Hartwig, Interne Untersuchungen, S. 163.

634 LAG Hamm, Urt. v. 23.05.2001 – 14 Sa 497/01, MDR 2001, 1361; vgl. *Gercke/Richter*, in: Gercke/Kraft/Richter, Arbeitsstrafrecht, S. 401, Rn. 110.

635 *Dendorfer-Ditges*, in: Moll, Münchener Anwaltshandbuch Arbeitsrecht, § 35, Rn. 124; *Lützeler/ Müller-Sartori*, CCZ 2011, 19 (22).

Der die Befragung leitende Ermittler sollte bestrebt sein, ungeachtet der arbeitsrechtlichen Anforderungen, Auskünfte zu erzielen, die auch im staatlichen Ermittlungsverfahren verwertbar sind und den strafrechtlichen Verfahrensregeln genügen, damit es nicht zu einem Beweisverwertungsverbot kommt. Dabei hat er insbesondere auch auf die sich § 136a StPO ergebenden Beschränkungen[636] zu achten und darf dem Aussagenden zu keinem Zeitpunkt mit arbeitsrechtlichen Konsequenzen drohen, um eine Aussage zu erzwingen. Auch ist der Arbeitnehmer darüber zu belehren, dass Aufzeichnungen der Befragung gegebenenfalls an Behörden übermittelt werden können.[637]

g) *Videoüberwachung*

Die (offene) Videoüberwachung des Arbeitsplatzes als Aufklärungsmaßnahme des Arbeitgebers ist nur unter äußerst strengen Voraussetzungen zulässig.[638] Auch durch diese Maßnahme wird in das grundrechtlich geschützte allgemeine Persönlichkeitsrecht Art. 2 I i.V.m. Art. 1 I GG eingegriffen, welches die Einzelverbürgung des Rechts am eigenen Bild[639] beinhaltet. Ebenso wie beim gesprochenen Wort gehört es zum Selbstbestimmungsrecht jedes Menschen, darüber zu entscheiden, ob Filmaufnahmen von ihm gemacht und möglicherweise gegen ihn verwendet werden dürfen, unabhängig von der Örtlichkeit. Bereits durch eine offene Videoüberwachung wird damit in schwerwiegender Weise in das allgemeine Persönlichkeitsrecht der Arbeitnehmer eingegriffen.

Es gilt aber auch: „*Das Persönlichkeitsrecht wird allerdings nicht schrankenlos gewährleistet. Eingriffe in das Persönlichkeitsrecht des Arbeitnehmers können durch die Wahrnehmung überwiegender schutzwürdiger Interessen des Arbeitgebers gerechtfertigt sein. Bei einer Kollision des allgemeinen Persönlichkeitsrechts mit den Interessen des Arbeitgebers ist somit durch eine Güterabwägung im Einzelfall zu ermitteln, ob das allgemeine Persönlichkeitsrecht den Vorrang verdient.*“[640]

Die Arbeitnehmer werden durch die Videoüberwachung einem ständigen Überwachungsdruck ausgesetzt und müssen fortlaufend damit rechnen, gefilmt zu werden. Dies kann nur dann zulässig sein, wenn ein beachtenswertes Kontrollinteresse des Arbeitgebers besteht, z.B. durch konkreten Anlass und Anhaltspunkte

---

636 Beispiele unzulässiger Methoden: Einschüchtern, Täuschen, Bedrohen und Zwang.

637 Vgl. *Ignor*, CCZ 2011, 143 (146).

638 Die Zulässigkeit kann sich auch aus § 32 I S. 1 BDSG ergeben. Danach ist aber nur die Verfolgung von im Beschäftigungsverhältnis begangenen Straftaten erfasst und sie muss den weiteren Voraussetzungen der Norm genügen. Auch dieses richtet sich aber nach der im Folgenden dargestellten Rechtsprechung des BAG, sodass sich keine anderen Voraussetzungen ergeben, *Gercke*, in: Gercke/Kraft/Richter, Arbeitsstrafrecht, S. 294, Rn. 1127 f.

639 Dazu grundlegend BVerfG, Urt. v. 15.12.1999 – 1 BvR 653/96, NJW 2000, 1021.

640 BAG, Urt. v. 27.03.2003 – 2 AZR 51/02, BB 2003, 2578 (2579); so auch BAG, Beschluss v. 29.06.2004 – 1 ABR 21/03, NZA 2004, 1278 (1280); bestätigt durch BAG, Beschluss v. 26.08.2008 – 1 ABR 16/07, NZA 2008, 1187 (1191).

auf ein Fehlverhalten, welches die rechtlich geschützten Güter des Arbeitgebers beeinträchtigt. Die Maßnahme muss zudem verhältnismäßig sein. Im Rahmen der Rechtfertigung des Eingriffs sind nach der Rechtsprechung die Verhältnismäßigkeit der Art der Anbringung, Dauer, Art und Grund der Aufzeichnung (z.B. nur bei konkretem Verdacht, Speicherung der Daten etc.) sowie die betroffenen Personen zu berücksichtigen. Die Videoüberwachung zur schlichten Überprüfung, ob der Arbeitnehmer seiner Arbeitspflicht nachkommt, scheidet damit in der Regel aus.[641] Auch eine konstante und systematische Videoüberwachung ist danach grundsätzlich unzulässig.[642]

Für eine heimliche Überwachung am Arbeitsplatz sind die Zulässigkeitsanforderungen ungleich strenger. Es muss zumindest ein konkreter Verdacht eines erheblichen Fehlverhaltens oder einer Straftat vorliegen und eine anderweitige Aufklärung durch weniger einschneidende Mittel aussichtslos erscheinen. Zudem muss die Überwachung auch hier wieder verhältnismäßig sein.[643] Häufig wird aufgrund dieser Zulässigkeitsvoraussetzungen ein Vergleich zu einer notwehrähnlichen Lage des Arbeitgebers gezogen.[644]

§ 6b I BDSG regelt die Videoüberwachung öffentlich zugänglicher Räume, wenn diese zur Wahrnehmung berechtigter Interessen für festgelegte Zwecke erforderlich ist. § 6b II BDSG schreibt zudem den Hinweis auf die Überwachung vor, sodass eine heimliche Überwachung durch diese Norm gerade nicht gerechtfertigt werden kann. § 6b BDSG findet allerdings auf die Videoüberwachung am Arbeitsplatz keine Anwendung, wenn dieser nicht öffentlich zugänglich ist.[645]

h) Detektiveinsatz

Bei dem konkreten Verdacht einer strafbaren Handlung oder einer sehr schweren Vertragsverletzung kann die Überwachung des Arbeitnehmers durch den Einsatz eines (externen) Detektivs oder eines internen Ermittlers gerechtfertigt sein. Der Einsatz von Detektiven bedeutet einen schwerwiegenden Eingriff in das Allgemeine Persönlichkeitsrecht des Beschatteten. Dies ist nur gerechtfertigt, wenn der Verdacht nicht durch mildere, betriebsinterne Maßnahmen zu klären ist. Zudem muss die Überwachung selbst verhältnismäßig und auf das Erforderliche beschränkt

---

641 *Maschmann*, in: Dölling, Korruptionsprävention, S. 127, Rn. 92.

642 Vgl. dazu *Vogt*, NJOZ 2009, 4206 (4211); BAG, Beschluss v. 29.06.2004 – 1 ABR 21/03, NZA 2004, 1278.

643 BAG, Beschluss v. 29.06.2004 – 1 ABR 21/03, NZA 2004, 1278; BAG, Urt. v. 27.03.2003 – 2 AZR 51/02, BB 2003, 2578 (2579).

644 So auch *Bergwitz*, NZA 2012, 353 (354); *Poppe*, in: Inderst/Bannenberg/Poppe, Compliance, Aufbau – Management – Risikobereiche, S. 589, Rn. 58; *Vogt*, NJOZ 2009, 4206 (4211).

645 Öffentlich zugänglich sind nur solche Räume, die ihrem Zweck nach dazu bestimmt sind, von einer unbestimmten Zahl oder nach nur allgemeinen Merkmalen bestimmten Personen betreten und genützt zu werden, z.B. Verkaufsräume.

sein.[646] Stellt sich der Verdacht als begründet heraus und wird der Arbeitnehmer einer vorsätzlichen Vertragspflichtverletzung überführt, hat der Arbeitnehmer die Kosten für diese Maßnahme zu tragen.[647]

III. Mitbestimmungsrechte

Die Regelungen in einem Compliance- und Ethikkodex zu den Maßnahmen einer unternehmensinternen Ermittlung unterfallen einer Vielzahl von Mitbestimmungsrechten. Diese sind sowohl bei deren Ein- als auch bei der Durchführung zu beachten.

Solange sich, z.B. bei Mitarbeiterbefragungen, die Kontrollen nur auf die Leistungspflicht beziehen oder die Herausgabe von dienstlichen Akten gefordert wird, besteht kein Mitbestimmungsrecht. Allerdings hat der Betriebsrat nach § 80 I Nr.1 BetrVG darüber zu wachen, dass Gesetze wie das Bundesdatenschutzgesetz zum Schutz und zugunsten des Arbeitnehmers eingehalten werden. Sobald jedoch auch verhaltensbezogene Themen angeschnitten werden und das Ordnungsverhalten betroffen ist, besteht ein Mitbestimmungsrecht nach § 87 I Nr.1 BetrVG. Insofern kommt häufig ein partielles Mitbestimmungsrecht in Betracht.[648] Auch die Einführung und Anwendung technischer Einrichtungen (Installation einer Videoüberwachung, Anlagen zur Telefondatenerfassung, Abhöranlagen etc.), die zur Überwachung der Leistung oder des Verhaltens des Arbeitnehmers bestimmt sind, sind nach § 87 I Nr. 6 BetrVG mitbestimmungspflichtig.[649]

IV. Sanktion bei fehlender Mitwirkung

Sind die Mitarbeiter zur Mitwirkung an den Untersuchungen, z.B. durch Bereitstellung von Unterlagen oder zur Auskunft bei Befragungen, verpflichtet, stellt ein Unterlassen dieser Mitwirkung einen arbeitsvertraglichen Pflichtverstoß dar, der grundsätzlich mit Sanktionen geahndet werden kann. Das Zurückbehaltungsrecht aus § 273 BGB ist dann ein typisches Sicherungsmittel des Schuldners zur Druckausübung und Durchsetzung des Gegenanspruchs.[650] Kommt der Arbeitnehmer

646 *Maschmann*, in: Dölling, Korruptionsprävention, S. 136, Rn. 120.

647 Der Arbeitnehmer hat wegen der Verletzung arbeitsvertraglicher Pflichten (§ 280 I BGB) dem Arbeitgeber die durch das Tätigwerden eines Detektivs entstandenen notwendigen Kosten zu ersetzen. Die Schadensersatzpflicht bezieht sich auf die Aufwendungen des Geschädigten, soweit diese nach den Umständen des Falls als notwendig anzusehen waren, BAG, Urt. v. 28.10.2010 – 8 AZR 547/09, DB 2011, 305 (305); BAG, Urt. v. 17.09.1998 – 8 AZR 5/97, NJW 1999, 308 (310).

648 *Vogt*, NJOZ 2009, 4206 (4218).

649 So schon BAG, Beschluss v. 14.05.1974 – 1 ABR 45/73, NJW 1974, 2053; BAG, Urt. v. 27.03.2003 – 2 AZR 51/02, BB 2003, 2578 (2580); BAG, Beschluss v. 29.06.2004 – 1 ABR 21/03, NZA 2004, 1278.

650 Für fällige Ansprüche im Gegenseitigkeitsverhältnis, *Grüneberg*, in: Palandt BGB Kommentar, § 273 BGB, Rn. 1 ff.

seiner Herausgabe-, Auskunfts- oder Mitwirkungspflicht nicht nach, berechtigt die Vorschrift des § 273 I BGB den Arbeitgeber, unter Berücksichtigung seiner Fürsorgepflicht, Vergütungszahlungen zurückzubehalten.[651] Die Mitwirkungspflicht als Nebenpflicht zum Arbeitsverhältnis und der Anspruch auf Lohnzahlung, der ebenfalls aus dem Arbeitsverhältnis folgt, beruhen auf demselben rechtlichen Verhältnis, wie es § 273 BGB voraussetzt. Allerdings besteht für den Arbeitgeber das Risiko sich schadensersatzpflichtig zu machen, wenn sich herausstellt, dass der Arbeitnehmer ein Recht zur Verweigerung hatte, oder der Arbeitgeber im Rahmen seiner Fürsorgepflicht die Auswirkungen einer Gehaltskürzung für den Lebensunterhalt des Arbeitnehmers und die Pfändungsfreigrenzen nicht ausreichend beachtet.[652]

Verweigert der Arbeitnehmer die Mitwirkung an einer unternehmensinternen Untersuchung, kommt eine Abmahnung wegen Verletzung einer Nebenpflicht in Betracht. Verweigert der Arbeitnehmer auch daraufhin noch immer seine Mitwirkung, kann unter Berücksichtigung des Ultima-Ratio-Grundsatzes auch eine verhaltensbedingte Kündigung in Betracht kommen. Die Kündigung bezieht sich dann nicht auf die aufzuklärende Pflichtverletzung, sondern auf die Verweigerung der Mitwirkung bei der Aufklärung.[653]

Allerdings befreit weder der Ausspruch der Kündigung noch die Beendigung des Arbeitsverhältnisses den Arbeitnehmer von der Mitwirkungspflicht. Diese besteht als nachvertragliche Pflicht fort. Andernfalls könnte sich der Arbeitnehmer selbst durch Kündigung von seiner Pflicht befreien.[654] Die materielle Auskunftspflicht des Arbeitnehmers wird auch nicht durch die prozessuale Beweislast des Arbeitgebers hinsichtlich eines Kündigungsgrundes beeinflusst, andernfalls könnte der Arbeitgeber nie eine Mitarbeit erzwingen.[655]

Eine weitere Möglichkeit, den Arbeitnehmer zur Mitwirkung zu zwingen, bietet die Auskunftsklage des Arbeitgebers vor dem Arbeitsgericht. Nach Titulierung kann der Arbeitnehmer dann durch Festsetzung von Zwangsgeld oder Zwangshaft gemäß § 888 ZPO zur Aussage angehalten werden.[656] Der Sinn einer solchen erzwungenen Aussage ist jedoch mehr als fraglich. Auch die Dauer eines solchen Verfahrens wird dem meist dringenden Auskunftsbegehren des Arbeitgebers nicht gerecht.

---

651 *Göpfert/Merten/Siegrist*, NJW 2008, 1703 (1706).

652 So *Göpfert/Merten/Siegrist*, NJW 2008, 1703 (1707); *Lützeler/Müller-Sartori*, CCZ 2011, 19 (24).

653 *Lützeler/Müller-Sartori*, CCZ 2011, 19 (24).

654 Vgl. *Göpfert/Merten/Siegrist*, NJW 2008, 1703 (1707 f.); a.A. *Dendorfer-Ditges*, in: Moll, Münchener Anwaltshandbuch Arbeitsrecht, § 35, Rn. 263, wenn es um „eigene" Verfehlungen geht, unter Berufung auf den „nemo tenetur" Grundsatz. Der Arbeitnehmer sei nicht verpflichtet, dem Arbeitgeber Material für seinen Prozesssieg zu verschaffen. Eine vorprozessuale Auskunftspflicht stünde mit der Beweislast des Arbeitgebers im Widerspruch, dies müsse erst recht für eine nachprozessuale Auskunftspflicht gelten.

655 Überzeugend *Göpfert/Merten/Siegrist*, NJW 2008, 1703 (1708).

656 *Lützeler/Müller-Sartori*, CCZ 2011, 19 (24).

V. Kronzeugen- oder Amnestieregelungen als Reaktion auf nicht aufgeklärte Verstöße gegen Compliance- und Ethikrichtlinien

Im Zuge einer internen Ermittlung kommt es für die Aufklärung entscheidend auf die schnelle und vollständige Mitarbeit der Arbeitnehmer an.[657] Angesichts der für den einzelnen Arbeitnehmer kaum rechtssicher oder risikofrei vorzunehmenden Bestimmung, wann eine Mitwirkung oder Auskunft aus der Treuepflicht zu erfolgen hat oder wann sie für ihn nicht mehr zumutbar ist, ebenso wie die diesbezüglich sehr allgemein bleibende Rechtsprechung, wird der Arbeitnehmer bei direktem Fehlverhalten oder Involvierung in fragwürdige Handlungen aus Furcht vor den Konsequenzen lieber schweigen. Der Arbeitnehmer bewegt sich in dieser Situation „auf dem schmalen Grat zwischen Mitwisser und Täter"[658]. Es erscheint vielfach als zu riskant, die Aufmerksamkeit der Ermittler auf sich selbst zu lenken und sich durch eine Auskunft möglicherweise selbst zu belasten, weil für den Arbeitnehmer zivil- und arbeitsrechtliche Disziplinarmaßnahmen und Sanktionen drohen.[659] Die fehlende Mitwirkung stellt zwar einen Verstoß gegen die Schadensabwehrpflicht und die Aufklärungspflicht aus dem Arbeitsverhältnis dar. Jedoch wird auch die Androhung von Sanktionen bei fehlender Mitwirkung den aussageunwilligen Arbeitnehmer nicht immer zur Kooperation bewegen.

Der Erhöhung der Kooperationsbereitschaft und damit dem Erfolg der Sachverhaltsaufklärung kann es daher dienen, wenn den Arbeitnehmern als Gegenleistung für eine zügige, vollständige und wahrheitsgemäße Mitarbeit zugesichert wird, dass durch den Arbeitgeber auf eine Geltendmachung zivilrechtlicher Schadensersatzansprüche und arbeitsrechtliche Konsequenzen verzichtet wird.[660] Eine solche sog. „Kronzeugen- oder Amnestieregelung" hat mit dem Verzicht auf einen staatlichen Strafanspruch zur Schaffung eines Aufklärungsanreizes ihren gedanklichen Ursprung im Strafprozessrecht.[661] Im geschriebenen Zivilrecht gibt es keine derartige Regelung. Allerdings stehen die Vorschriften des Zivil- und Arbeitsrechts einer solchen Kronzeugen- oder Amnestieregelung, die einen Forderungs- oder

657 Zur Bedeutung der Befragung der betroffenen Mitarbeiter bei Compliance-Untersuchungen *Kahlenberg/Schwinn*, CCZ 2012, 81 (81).

658 So *Göpfert/Merten/Siegrist*, NJW 2008, 1703 (1704).

659 *Göpfert/Merten/Siegrist*, NJW 2008, 1703 (1704); *Kahlenberg/Schwinn*, CCZ 2012, 81 (81); *Schürrle/Olbers*, CCZ 2010, 178 (181); *Weiße*, in: Moosmayer/Hartwig, Interne Untersuchungen, S. 58 ff.

660 *Poppe*, in: Inderst/Bannenberg/Poppe, Compliance, Aufbau – Management – Risikobereiche, S. 593, Rn. 78.

661 Vorausgesetzt der Kronzeuge trägt zu einem konkreten Aufklärungserfolg bei, bewirkt eine solche Regelung einen Strafnachlass für aussagebereite (Mit-)Täter und den Verzicht des Staates auf den Strafanspruch, vgl. §§ 129 VI, 261 IX StGB, § 153e I S. 2 StPO, § 31 BtMG.

Kündigungsverzicht unter Privaten beinhaltet, auch nicht entgegen.[662] Es ist grundsätzlich im Rahmen der Privatautonomie erlaubt, auf Ansprüche zu verzichten.

Aussagewilligen kann im Gegenzug für einen nachhaltigen Aufklärungsbeitrag und umfassende Zusammenarbeit im Rahmen der internen Untersuchungen in Aussicht gestellt werden, dass ihre Hinweise vertraulich behandelt werden, dass eine Strafanzeige oder die Geltendmachung von Schadensersatzansprüchen nicht erfolgt und dass keine oder nur milde Sanktionen auf arbeitsrechtlicher Ebene verhängt werden.[663] Möglich ist sogar eine (bedingte) Zusage der Übernahme eventueller Verfahrens- und Anwaltskosten, sollte die Staatsanwaltschaft gegen den Arbeitnehmer wegen einer Straftat ermitteln.[664] Ein solches Vorgehen bietet sich vor allem dann an, wenn das Wissen des Arbeitnehmers essentiell für den Aufklärungserfolg ist und die Aufklärung des Verstoßes gegen den Compliance- und Ethikkodex einen sehr hohen Stellenwert für das Unternehmen hat.[665]

Dabei ist im Vorfeld solcher Zusicherungen durch die Geschäftsleitung sorgfältig abzuwägen, ob im Einzelfall ein solcher Verzicht auf Schadenersatzforderungen angemessen und mit dem Unternehmensinteresse und dem Handeln in der gebotenen kaufmännischen Sorgfalt zu vereinbaren ist. Erst dann steht ein Verzicht überhaupt zur Disposition der Unternehmensleitung.[666] Es ist dazu zwischen Aufklärungs- und

---

662 § 276 III BGB steht lediglich dem Vorausverzicht auf die Geltendmachung von Schadensersatzansprüche bei Vorsatz entgegen, nicht jedoch dem nachträglichen Verzicht.

663 Zur inhaltlichen Gestaltung und den Möglichkeiten ausführlich *Kahlenberg/Schwinn*, CCZ 2012, 81 (83); auch *Maschmann*, Mitarbeiterkontrolle und private Ermittlung, in: Maschmann, Corporate Compliance und Arbeitsrecht, S. 179; *Weiße*, in: Moosmayer/Hartwig, Interne Untersuchungen, S. 57, 58 ff.

664 BGH, Urt. v. 07.11.1990 – 2 STR 439/90, NJW 1991, 990 (991 f.) auch mit Aussagen zur Übernahme von Geldstrafen, -bußen oder -auflagen. Es ist danach einzelfallabhängig zu prüfen, ob die Übernahme der Geldbuße oder -strafe als Untreue gemäß § 266 StGB zu qualifizieren ist. Die Qualifikation als Straftatbestand und die Verletzung einer Vermögensbetreuungspflicht hängen maßgeblich davon ab, ob die Übernahme der Geldbuße dazu notwendig ist, den Mitarbeiter zur Kooperation zu bewegen.

665 Wie z.B. bei schweren Wirtschaftsdelikten, systematischem Zusammenarbeiten mehrerer Arbeitnehmer, Verletzung von Buchführungsvorschriften und generell bei Fehlverhalten, das potentiell schwerwiegende und wirtschaftlich bedeutende Auswirkungen auf das Unternehmen haben kann.

666 Die Geschäftsleitung ist verpflichtet, zum Wohl des Unternehmens zu handeln, § 93 AktG, § 43 GmbHG; *Göpfert/Merten/Siegrist*, NJW 2008, 1703 (1704); *Lützeler/Müller-Sartori*, CCZ 2011, 19 (25). Nach den aus der ARAG/Garmenbeck-Entscheidung gewonnenen Erkenntnissen kann der Aufsichtsrat (übertragen: die Geschäftsleitung einer Kapitalgesellschaft) nur dann auf die Geltendmachung von Schadensersatzansprüchen verzichten, wenn gewichtige Unternehmensinteressen im Vordergrund stehen. Anders beurteilt sich die Lage dann, wenn eine Prozessrisikoanalyse bereits davor ergeben hat, dass die Geltendmachung wenig Aussicht

Sanktionsinteresse abzuwägen[667] und der Verzicht muss der Bedeutung der Aussage angemessen sein.[668] Dies ist schwierig abzuschätzen, da zu Beginn der Untersuchungen selten das gesamte Ausmaß und der entstandene Schaden abzusehen sind und die Bedeutung und der Inhalt der Aussage im Vorhinein noch nicht klar sind.

Zudem empfiehlt es sich, Amnestieprogramme nur ausgewählt, vereinzelt und als letztmögliche Maßnahme anzuwenden, wenn anders nicht an die benötigten Informationen heranzukommen ist, damit nicht der Eindruck entsteht, dass Verstöße folgenlos blieben oder geduldet würden.[669] Auch ein zeitlich befristeter Einsatz ist zu empfehlen, damit durch die Aussagebereiten nicht erst abgewartet werden kann, ob ihr Fehlverhalten überhaupt entdeckt wird.[670] Denn ein Anspruch des Arbeitnehmers auf Amnestiegewährung bei Mitarbeit besteht nicht.[671]

Es stehen jedoch nicht sämtliche den Arbeitnehmer möglicherweise treffende „Sanktionen" zur Disposition der Unternehmensverantwortlichen. Die Amnestie wirkt nicht gegenüber Dritten wie den Strafverfolgungsbehörden oder bei Schadensersatzansprüchen Dritter. Darauf hat der Arbeitgeber keinen Einfluss. Eine mögliche Strafbarkeit oder ein Belangen des Arbeitnehmers in Straf- und Bußgeldverfahren kann daher durch eine Amnestieregelung des Arbeitgebers nicht ausgeschlossen werden.

---

auf Erfolg hat, wirtschaftlich nicht sinnvoll ist und somit der Vermögensbetreuungspflicht generell widerspricht.

667 *Poppe*, in: Inderst/Bannenberg/Poppe, Compliance, Aufbau – Management – Risikobereiche, S. 593, Rn. 78.

668 Die Aussage muss zur Aufklärung erforderlich sein; *Schürrle/Olbers*, CCZ 2010, 178 (181).

669 *Kahlenberg/Schwinn*, CCZ 2012, 81 (82); *Schürrle/Olbers*, CCZ 2010, 178 (182).

670 *Kahlenberg/Schwinn*, CCZ 2012, 81 (82).

671 Lediglich bei willkürlicher Ausnahme eines Einzelnen von der Amnestiegewährung kann ein Anspruch aus dem arbeitsrechtlichen Gleichbehandlungsgrundsatz bestehen, vgl. *Maschmann*, Mitarbeiterkontrolle und private Ermittlung, in: Maschmann, Corporate Compliance und Arbeitsrecht, S. 180 f.

E. „Klassische" auf Beendigung gerichtete individualvertragliche Reaktionsmöglichkeiten des Arbeitgebers

Hat sich der Verdacht des Verstoßes eines Arbeitnehmers gegen Compliance- und Ethikrichtlinien erhärtet oder sogar erwiesen, sind in Anbetracht der gewünschten Effektivität und Ersthaftigkeit eines Compliance- und Ethikkodex die entsprechenden Konsequenzen aus dem Verstoß zu ziehen. Reaktionsmöglichkeiten des Arbeitgebers auf solche festgestellten vertraglichen Verstöße sind zunächst im klassischen Arbeitsrecht zu finden. Je nach Schwere des Verstoßes und unter Beachtung der Umstände des Einzelfalls können dabei unterschiedliche Reaktionsmöglichkeiten des Arbeitgebers in Betracht kommen.

Der Verstoß kann so schwer sein, dass es im Interesse des Arbeitgebers liegt, das Arbeitsverhältnis zu beenden. In Frage kommen bei Verstoß gegen Compliance- und Ethikrichtlinien in erster Linie die verhaltensbedingte ordentliche Kündigung sowie die fristlose außerordentliche Kündigung. Beide setzen durch ihren Bezug auf das Verhalten des Arbeitnehmers grundsätzlich eine Abmahnung voraus. Diese ist in Bezug auf Verstöße gegen Compliance- und Ethikrichtlinien genauer zu betrachten. Besondere Relevanz erlangt dabei die umstrittene Frage, ob eine Sanktionsklausel in einem Compliance- und Ethikkodex die Funktion einer sog. „vorweggenommene Abmahnung" erfüllen kann. Denn wäre dies der Fall, könnte der Arbeitgeber unmittelbar nach einem erstmalen Verstoß mit einer verhaltensbedingten Kündigung reagieren.

Bei vorgeworfenen Pflichtverstößen und Fehlverhalten werden viele Arbeitnehmer aus Furcht vor Selbstbelastung trotz entsprechender Sanktionen bei den unternehmensinternen Untersuchungen zur Sachverhaltsermittlung nicht mitarbeiten. Dies kann dazu führen, dass der Sachverhalt nicht aufgeklärt wird. Ist dies der Fall, muss der Arbeitgeber auf das Instrument der Verdachtskündigung zurückgreifen.[672] Eine weitere Gestaltungsmöglichkeit zur Beendigung des Arbeitsverhältnisses stellt die einvernehmliche Vertragsaufhebung dar.

Der Arbeitgeber sollte sich spätestens bei dem ersten Auftreten eines Verstoßes gegen eine bestimmte Regelung eines Compliance- und Ethikkodex gut überlegt haben, wie er darauf grundsätzlich reagieren will und dies sogar schriftlich festhalten. Seine Entscheidung zu einem bestimmten Sachverhalt kann bei jeder weiteren Entscheidung in gleichgelagerten späteren Fällen im Rahmen der Interessenabwägung als Argument zu seinen Ungunsten herangezogen werden.[673] Wurde z.B. einmal bei einem bestimmten Verstoß auf die Beendigung des Arbeitsverhältnisses verzichtet,

---

672 Oder auf eine Kündigung wegen unterlassener Mitarbeit an den Untersuchungen. Die Verdachtskündigung ist nur bei den Arbeitnehmern möglich, gegenüber denen ein auf objektive Tatsachen begründeter dringender Tatverdacht mit überwiegender Wahrscheinlichkeit der Tatbegehung besteht.

673 So auch: *Bencke/Groß*, BB 2015, 693 (696).

kann dieser Fall im Folgenden ein Argument sein, warum ein Festhalten am Arbeitsverhältnis bei Verstoß eines anderen Arbeitnehmers gegen dieselbe Regelung zumutbar sein könnte. Andernfalls sind jeweils die Gründe für das Abweichen der Entscheidung detailliert darzulegen. Zwar ist der Gleichbehandlungsgrundsatz im Kündigungsrecht nicht unmittelbar heranzuziehen, da er mit dem Gebot der umfassenden Abwägung der Einzelfallumstände kollidiert, dennoch bilden bereits entschiedene Fälle einen Vergleichsmaßstab. Auch im Rahmen einer einzelfallbezogenen Ermessensentscheidung ist also zu überlegen, ob sich daraus eine faktische (nicht rechtliche) Selbstbindung für spätere gleichgelagerte Fälle ergeben kann.[674]

I. Compliance-indizierte Besonderheiten bei einer Kündigung wegen Verstoßes gegen Compliance- und Ethikrichtlinien

Angesichts der rechtlichen Komplexität von Kündigungen sollen hier nur die Besonderheiten dargestellt werden, die sich bei einer Kündigung wegen Verstoßes gegen Compliance- und Ethikrichtlinien ergeben können. In Betracht kommen insbesondere verhaltensbedingte Kündigungsgründe im Rahmen der ordentlichen und, je nach Schwere des Verstoßes, auch im Rahmen der außerordentlichen (fristlosen) Kündigung.

1. *Vertragsverletzung: Keine Vereinbarung absoluter Kündigungsgründe in einer Sanktionsklausel*

Das Vorliegen einer rechtswidrigen Vertragspflichtverletzung ist als Kündigungsgrund allgemein Voraussetzung einer wirksamen verhaltensbedingten Kündigung, soweit sie zu einer Störung des Arbeitsverhältnisses geführt hat und diese auch in Zukunft zu befürchten ist. Ansonsten müssen die weiteren Voraussetzungen für eine wirksame Kündigung berücksichtigt werden.

Die bloße Zusammenfassung von Verhaltensregeln in einem Compliance- und Ethikkodex oder der explizite Hinweis in einer Sanktionsklausel auf „Sanktionen" kann noch keine Fixierung oder Konkretisierung von Kündigungsgründen darstellen, deren Verletzung eine Kündigung ohne weiteres rechtfertigt. Eine solche Festlegung von absoluten Kündigungsgründen liegt dem deutschen Arbeitsrecht grundsätzlich fern.[675] Aufgrund des zwingenden Charakters des § 1 KSchG und des § 626 BGB ist eine Vereinbarung „absoluter" Kündigungsgründe unzulässig, da stets eine Berücksichtigung und Abwägung der Einzelfallumstände vorzunehmen ist.[676]

---

674 *Dendorfer-Ditges*, in: Moll, Münchener Anwaltshandbuch Arbeitsrecht, § 35, Rn. 280 f.

675 *Preis*, DB 1990, 630 (631).

676 *D. W. Belling*, in: Erman BGB, Kommentar, § 626 BGB, Rn. 29; *Preis*, in: Staudinger, BGB Kommentar, § 626 (2016), Rn. 50; *Sandmann*, in: HWK, Arbeitsrecht Kommentar, § 626 BGB, Rn. 60.

Die Definition von Verhaltenspflichten als Konkretisierung der allgemeinen Nebenpflichten im Arbeitsverhältnis dient der Transparenz hinsichtlich der Erwartungen an den Arbeitnehmer. Verstöße gegen solche konkret formulierte Pflichten in einem Compliance- und Ethikkodex sind wesentlich leichter festzustellen und zu ahnden, als solche gegen abstrakte und generalklauselartige Nebenpflichten, da um ihr Bestehen aufgrund der verbindlichen Regelung nicht mehr gestritten werden muss.

2. *Einordung der Kündigung: Sanktion oder Reaktion?*

Zweck einer Kündigung ist nicht die Bestrafung des Arbeitnehmers durch Sanktion seiner Vertragspflichtverletzung. Vielmehr soll mit der Kündigung zukunftsbezogen dem Risiko weiterer Vertragsverletzungen entgegengewirkt werden.[677] Aus diesem Grund gilt für eine verhaltensbedingte Kündigung das Prognoseprinzip. Dieses fordert eine negative Prognose dahingehend, dass die eingetretene Pflichtverletzung sich auch zukünftig noch belastend auswirken wird. Die vor einer verhaltensbedingten Kündigung erforderliche Abmahnung dient dann der Objektivierung der Prognose. Wegen dieser künftigen Auswirkungen soll es dem Kündigenden ermöglicht werden, sich vom Vertrag zu lösen. Die Kündigung hat damit keinen Sanktions- oder Strafcharakter,[678] obgleich sie den Arbeitnehmer in seinem Ansehen beeinträchtigen kann und einen finanziellen Nachteil für den Arbeitnehmer darstellen kann.[679]

3. *Abmahnung des Fehlverhaltens als Voraussetzung der verhaltensbedingten Kündigung*

Die mildeste der klassischen Reaktionsmöglichkeiten des Arbeitgebers auf Verstöße des Arbeitnehmers gegen den Compliance- und Ethikkodex ist die Abmahnung des Fehlverhaltens. Zugleich ist sie Voraussetzung für die Reaktion mit einer (verhaltensbedingten) Kündigung.

Das Erfordernis der Abmahnung als Kündigungsvoraussetzung wurde aus dem Grundsatz der Verhältnismäßigkeit und dem Ultima-Ratio-Prinzip abgeleitet.[680] Es ist eine Entwicklung der Arbeitsgerichtsbarkeit und damit typisches Richterrecht. Ihre Rechtsgrundlage findet die Abmahnung im allgemeinen vertraglichen Rügerecht, das aus der Gläubigerstellung des Arbeitgebers folgt. Diese Auffassung ist

---

677 *Preis*, DB 1990, 630 (634); *Schneider*, Die arbeitsrechtliche Implementierung von Compliance- und Ethikrichtlinien, S. 89, 229; vgl. st. Rspr. des BAG: BAG, Urt. v. 11.07.2013 – 2 AZR 994/12, NZA 2014, 250 (251, Rz. 20 f.); BAG, Urt. v. 19.02.2009 – 2 AZR 603/07, NZA 2009, 894 (895, Rz. 19).

678 *Müller-Glöge/Niemann*, in: ErfK, § 626 BGB, Rn. 1; BAG, Urt. v. 21.11.1996 – 2 AZR 357/95, NJW 1997, 2195 (2197); BAG, Urt. v. 12.01.2006 – 2 AZR 21/05, NZA 2006, 917 (Ls. 3; 921).

679 BVerfG, Beschluss v. 02.07.2001 – 1 BvR 2049/0, NZA 2001, 888 (889, II. 1. a)).

680 Vgl.: *Preis*, in: Staudinger BGB Kommentar, § 626 BGB (2016), Rn. 105.

nunmehr durch die allgemeine Regelung der Kündigung von Dauerschuldverhältnissen in § 314 BGB bestätigt worden.[681] Dort heißt es in Abs. 2 S. 1, dass bei Vertragspflichtverletzungen die Kündigung erst nach erfolglosem Ablauf einer zur Abhilfe bestimmten Frist oder nach erfolgloser Abmahnung zulässig ist.

Seit der ersten Erwähnung in einer Entscheidung des Bundesarbeitsgerichts[682] hat sich zu der Abmahnung ein umfangreiches Fallrecht gebildet. Das Bundesarbeitsgericht hat in einer grundlegenden Entscheidung von 1980 erstmals den noch heute gültigen Begriff der Abmahnung definiert: *„Eine Abmahnung liegt vor, wenn der Arbeitgeber in einer für den Arbeitnehmer hinreichend deutlich erkennbaren Art und Weise Leistungsmängel beanstandet und damit den Hinweis verbindet, daß im Wiederholungsfalle der Inhalt oder der Bestand des Arbeitsverhältnisses gefährdet sei.“*[683]

a) Funktion der Abmahnung

Da die Abmahnung keine unmittelbaren Rechtsfolgen auslöst, ist sie die mildeste Reaktionsmöglichkeit des Arbeitgebers. Sie kommt insbesondere als Disziplinarmaßnahme mit Warnfunktion bei leichten Verstößen und Ersttätern in Betracht[684], wenn der Arbeitgeber noch keine Kündigung erklären will und eine Fortsetzung des Arbeitsverhältnisses als zumutbar oder sogar wünschenswert betrachtet.[685] Denn Primärzweck der Abmahnung ist die Besserung des Arbeitnehmers im Sinne eines vertragsgerechten Verhaltens. Dazu soll die Abmahnung an die vertraglichen Pflichten zu erinnern um weitere Vertragspflichtverletzungen in der Zukunft zu vermeiden, aber auch bei erneutem Verstoß kündigungsrechtliche Folgen anzudrohen.[686] Dementsprechend werden bei der Abmahnung Dokumentations-, Hinweis- und Warn- oder Androhungsfunktion unterschieden.[687] Erfüllt die Abmahnung ihre Funktionen, ist sie zur Kündigungsvorbereitung geeignet.

---

681 *Preis*, in: Staudinger BGB Kommentar, § 626 BGB (2016), Rn. 105. Im Gesetzentwurf zur Modernisierung des Schuldrechts wird in der Begründung zu § 314 BGB erwähnt, dass in der Regel der Kündigung (aus wichtigem Grund) eine Abmahnung vorauszugehen hat, BT-Drucks 14/6040, Zu § 314, Vorbemerkung, S. 177.

682 BAG, Urt. v. 02.05.1958 – 1 AZR 92/56, AP BetrVG § 66 Nr. 16.

683 BAG, Urt. v. 18.01.1980 – 7 AZR 75/78, AP 1969 KSchG § 1 Verhaltensbedingte Kündigung Nr. 3.

684 *Maschmann*, in: Dölling, Korruptionsprävention, S. 150, Rn. 155.

685 Ansonsten könnte er auch lediglich mit einer Ermahnung oder einem Verweis reagieren. An diese knüpfen sich ebenfalls keine weiteren Rechtsfolgen, zudem entfallen die Warn- und Hinweisfunktion der Abmahnung.

686 BAG, Urt. v. 12.01.2006 – 2 AZR 21/05, NZA 2006, 917 (921).

687 *Koffka*, Die arbeitsrechtliche Abmahnung als Rechtsinstitut, S. 53 ff.; *Müller-Glöge/Niemann*, in: ErfK, § 626 BGB, Rn. 29a; *Richter*, in: Gercke/Kraft/Richter, Arbeitsstrafrecht, S. 336, Rn. 71; *Sandmann*, in: HWK, Arbeitsrecht Kommentar, § 626 BGB, Rn. 97 ff; *Rein*, Die individualrechtliche Implementierung einer Ethikrichtlinie mit vorweggenommener Abmahnung, S. 215 f., m.w.N.; *Schiefer*, DB 2013,

aa) Abmahnung als Voraussetzung der Kündigung

Nach dem kündigungsrechtlichen Verhältnismäßigkeitsgrundsatz und der Maßgabe des auch in § 314 II S 1 i.V.m. § 323 II BGB zum Ausdruck kommenden Verhältnismäßigkeitsgrundsatzes, ist eine einschlägige Abmahnung in der Regel Voraussetzung für eine wirksame Kündigung (Ultima Ratio; milderes Mittel).[688] Denn es wird davon ausgegangen, dass willensgesteuertes Verhalten auch änderbar ist. Nach der Abmahnung könnte der Arbeitnehmer sein Verhalten entsprechend ändern und sich in Zukunft kodexgetreu verhalten. Erst bei erneutem Fehlverhalten[689] nach erfolgter Abmahnung kann von der für die Kündigung notwenigen negativen Verhaltensprognose ausgegangen und gekündigt werden. Eine zuvor erfolgte Abmahnung dient damit der Objektivierung der negativen Prognoseentscheidung der Kündigung.[690]

Auch die Abmahnung selbst muss verhältnismäßig im engeren Sinne sein. So ist sie ungerechtfertigt, wenn sie unwahre Behauptungen oder falsche Bewertungen enthält oder wenn sie eine unangemessene Reaktion auf eine nur geringfügige Pflichtverletzung darstellt. In diesem Fall kann der Arbeitnehmer die Entfernung der Abmahnung aus der Personalakte verlangen.[691]

bb) Abmahnung mit eigenem Sanktionscharakter?

Es stellt sich die Frage, ob die Abmahnung, außerhalb ihrer Funktion als notwendige Voraussetzung einer Kündigung, auch einen eigenen Sanktionscharakter hat. Schon das Bundesarbeitsgericht hat in frühen Entscheidungen[692] betont, dass eine individualrechtliche Abmahnung des Arbeitgebers keinen über den Warnzweck hinausgehenden Sanktionscharakter und kein darüber hinausgehendes Unwerturteil über

---

1785 (1787 f.); *v. Hoyningen-Huene*, RdA 1990, 193 (198); vgl. auch BAG, Urt. v. 18.01.1980 – 7 AZR 75/78, AP 1969 KSchG § 1 Verhaltensbedingte Kündigung Nr. 3; BAG, Urt. v. 17.02.1994 – 2 AZR 616/93, NZA 1994, 656 (656).

688 Ständige Rechtsprechung zu der Voraussetzung der Abmahnung vgl. BAG, Urt. v. 11.07.2013 – 2 AZR 994/12, NZA 2014, 250 (251, Rn. 21); BAG, Urt. v. 09.06.2011 – 2 AZR 381/10, NZA 2011, 1027 (Ls. 4, 1029); BAG, Urt. v. 23.06.2009 – 2 AZR 283/08, NZA 2009, 1168; BAG, Urt. v. 12.01.2006 – 2 AZR 21/05, NZA 2006, 917 (Ls. 4); BAG, Urt. v. 17.02.1994 – 2 AZR 616/93, NZA 1994, 656; BAG, Urt. v. 18.01.1980 – 7 AZR 75/78, AP 1969 KSchG § 1 Verhaltensbedingte Kündigung Nr. 3. Ebenso: Gesetzentwurf zur Modernisierung des Schuldrechts, BT-Drucks 14/6040, Zu § 314, Vorbemerkung, S. 177.

689 Eine Kündigung kann grundsätzlich nicht mehr auf den gleichen Sachverhalt gestützt werden, es sei denn, es kommen weitere Umstände hinzu, die den Sachverhalt anders qualifizieren. Mithin schließt eine Abmahnung über einen bestimmten Vorfall eine Kündigung aufgrund des gleichen Vorfalls aus.

690 BAG, Urt. v. 12.01.2006 – 2 AZR 21/05, NZA 2006, 917 (Ls. 3, 921).

691 Dazu *Kraft*, NZA 1989, 777 (781).

692 BAG, Urt. v. 30.01.1979 – 1 AZR 342/76, AP BetrVG 1972 § 87 Betriebsbuße Nr. 2; BAG, Urt. v. 07.11.1979 – 5 AZR 962/77, AP BetrVG 1972 § 87 Betriebsbuße Nr. 3.

die Person des Arbeitnehmers enthalten darf. Für eine Sanktion ist charakteristisch, dass sie wegen des begangen Fehlverhaltens Nachteile zufügen soll. Dies ist bei der Abmahnung nicht der Fall. Sie wird wegen eines Pflichtverstoßes ausgesprochen. Nur dann handelt es sich um eine mitbestimmungsfreie Maßnahme. Geht dagegen die Erklärung des Arbeitgebers über die Geltendmachung seines Gläubigerrechts auf vertragsgemäßes Verhalten des Arbeitnehmers und die Androhung individualrechtlicher Konsequenzen für den Wiederholungsfall hinaus, nimmt die Abmahnung eigenen Sanktionscharakter an und es liegt eine mitbestimmungspflichtige Betriebsbuße vor. Der individualvertraglichen Abmahnung kommt dagegen keine Sanktionswirkung zu, die über eine Rüge der Vertragsverletzung hinausgeht.

Diese Rechtsprechung unterstützend lässt sich anführen, dass das Recht des Arbeitgebers abzumahnen und zu vertragstreuem Verhalten aufzufordern aus seiner Stellung als Gläubiger der Arbeitsleistung folgt. Eine Abmahnung mit Strafcharakter, die also begangenes Unrecht sanktionieren soll und damit ein Werturteil enthält, bedarf dagegen einer besonderen Befugnis.[693] Aus den Gläubigerrechten zur Abmahnung oder Rüge folgt diese Befugnis nicht. Ob es sich im Einzelfall um eine bloße Abmahnung vertragswidrigen Verhaltens oder um eine eigene Sanktion (Betriebsbuße) handelt, bedarf im Zweifel der Auslegung der Erklärung des Arbeitgebers unter Berücksichtigung ihres Wortlauts, ihres Gesamtzusammenhangs und ihrer Begleitumstände.[694]

Eine nachteilige Beeinflussung der Rechtsstellung des Arbeitnehmers könne aber durch Abmahnung und Eintragung der Abmahnung in die Personalakte erfolgen, so das Bundesarbeitsgericht.[695] Es sei nicht auszuschließen, dass eine formelle Rüge, sofern sie unberechtigt ist, später die Grundlage für eine falsche Beurteilung des Arbeitnehmers abgeben und dadurch sein berufliches Fortkommen behindern oder andere seine Rechtsstellung beeinträchtigende arbeitsrechtliche Maßnahmen zur Folge haben könne.[696] Die mögliche nachteilige Beeinflussung durch Eintrag in die Personalakte kann dennoch keinen eigenen Sanktionscharakter begründen. Es handelt sich dabei lediglich um die Form, in der der vertragliche Pflichtverstoß festgehalten wird. Dazu ist der Arbeitgeber als Gläubiger der Arbeitsleistung berechtigt. Zudem ist es eine der Funktionen der Abmahnung, das Fehlverhalten zu dokumentieren. Ist der Eintrag unberechtigt, hat der Arbeitnehmer einen Anspruch auf Entfernung, den er gerichtlich auch durchsetzen kann.

Es ließe sich die These aufstellen, dass die in die Personalakte eingetragene Abmahnung ein nach dem Bundesarbeitsgericht nicht zulässiges Unwerturteil enthält. Dies würde jedoch die Rechtsprechung falsch interpretieren. Nur solche

---

693 Vgl. auch *v. Hoyningen-Huene*, RdA 1990, 193 (199); *Koffka*, Die arbeitsrechtliche Abmahnung als Rechtsinstitut, S. 57.

694 Siehe dazu auf S. 265265.

695 Vgl. BAG, Urt. v. 22.02.1978 – 5 AZR 801/76, AP BGB § 611 Fürsorgepflicht Nr. 84 (zu II 1 der Gründe); BAG, Urt. v. 30.01.1979 – 1 AZR 342/76, AP BetrVG 1972 § 87 Betriebsbuße Nr. 2 (zu II. der Gründe).

696 So auch *Meyer*, Betriebliche Rügen und ihre Folgen, S. 31.

Unwerturteile sind abmahnungsfremd, die über das mit einem Tadel notwendig verbundene Maß hinausgehen: „*Mit einer Abmahnung ist aber ein begrenztes Unwerturteil stets verbunden, weil mit ihr ein Vertragsverstoß gerügt wird: Diese Rüge ist für sie geradezu konstitutiv.*“[697] Die Abmahnung muss danach das benennen können, „*was sie erst zur Abmahnung macht.*“[698] Dies muss dann konsequent auch in eine Personalakte eingetragen werden dürfen.

Die individualrechtliche Abmahnung hat damit keinen eigenen Sanktionscharakter, auch nicht ihre Eintragung in die Personalakte. Individualrechtliche Abmahnung und Sanktion sind grundsätzlich verschieden und schließen sich aus.

b) Entbehrlichkeit der Abmahnung

Da mit der Abmahnung ein bestimmter Zweck erfüllt werden soll, ist sie entbehrlich, wenn sie ihren Zweck und ihre Funktion nicht erfüllen kann.[699] Eine mögliche Entbehrlichkeit ist anhand aller Umstände des Einzelfalls zu prüfen. Dies kann z.B. dann der Fall sein, wenn der Arbeitnehmer nicht gewillt ist, sein Verhalten zu ändern oder eine Verhaltensänderung in der Zukunft generell nicht zu erwarten ist. Ebenfalls ist eine Entbehrlichkeit der Abmahnung für die Fälle anerkannt, bei denen der Arbeitnehmer so gravierende Pflichtverstöße begeht, das er billigerweise nicht mit einem Tolerieren des Arbeitgebers rechnen kann.[700] Bei derart schweren Verstößen gegen die Compliance- und Ethikrichtlinien, dass dem Arbeitnehmer die Rechtswidrigkeit ohne weiteres selbst erkennbar ist und er sich daher bewusst sein muss, dass er seinen Arbeitsplatz riskiert (wie z.B. bei Straftaten) ist eine Abmahnung daher entbehrlich. In Frage kommen hier besonders die compliance-relevanten Delikte, wie Schmiergeldannahme, Bestechlichkeit, Untreue, Bilanz- und Kartellstraftaten, Insiderhandel, aber auch schwere zivilrechtliche Pflichtverstöße, wie Konkurrenztätigkeit, Verstoß gegen Wettbewerbsverbote oder riskantes Missmanagement.[701]

Auch wenn die für die Fortsetzung des Arbeitsverhältnisses erforderliche Vertrauensbasis nachhaltig gestört und zerrüttet ist, kann die Notwendigkeit der Abmahnung entfallen.[702] Ein solcher Fall des schwerwiegenden Vertrauensverstoßes kann ebenfalls bei der Begehung von Straftaten gegenüber dem Arbeitgeber bestehen, wie z.B. Diebstahl, Betrug und auch die oben genannten compliance-relevanten Straftaten. Ist die Vertrauensgrundlage für eine Fortsetzung der Zusammenarbeit

---

697 LAG Köln, Urt. v.12.05.1995 – 13 Sa 137/95, NZA-RR 1996, 204 (205).

698 LAG Köln, Urt. v.12.05.1995 – 13 Sa 137/95, NZA-RR 1996, 204 (205).

699 Dazu auch *v. Hoyningen-Huene*, RdA 1990, 193 (201 f.) für die Fälle der fehlenden Erfolgsaussicht und Unzumutbarkeit.

700 BAG, Urt. v. 11.07.2013 – 2 AZR 994/12, NZA 2014, 250 (251, Rz. 21); BAG, Urt. v. 09.06.2011 – 2 AZR 381/10, NZA 2011, 1027 (Ls. 4, 1029); BAG, Urt. v. 12.01.2006 – 2 AZR 21/05, NZA 2006, 917 (Ls. 5, 921).

701 *Mengel*, Compliance und Arbeitsrecht, S. 134, Rn. 11.

702 *Müller-Glöge/Niemann*, in: ErfK, § 626 BGB, Rn. 29c; *Schiefer*, DB 2013, 1785 (1786).

entzogen, sodass diese auch nicht durch zukünftiges pflichtgemäßes Verhalten wieder hergestellt werden kann, kann eine Fortsetzung des Arbeitsverhältnisses sogar unzumutbar i.S.d. § 626 BGB sein. Auch hier gilt allerdings der Grundsatz, dass es keine absoluten Kündigungsgründe gibt, sodass die Zukunftsprognose der Möglichkeit vertragsgetreuen Verhaltens weiterhin in jedem Einzelfall zu prüfen ist.[703]

c) Möglichkeit einer „vorweggenommenen Abmahnung" in der Sanktionsklausel einer Compliance- und Ethikrichtlinie?

Vielfach wurde die Frage aufgeworfen, ob eine Compliance- und Ethikrichtlinie vorsehen kann, dass der Arbeitgeber bei Verstoß gegen die dort festgehaltenen Verhaltensregeln ohne weitere Abmahnung kündigen kann.[704] Nach Ansicht einiger soll der Sanktionsklausel einer Ethikrichtlinie die Wirkung einer „vorweggenommenen Abmahnung" zukommen.[705] Folgte man dieser Auffassung, wäre vor der Kündigung des Arbeitnehmers eine vorherige Abmahnung wegen eines Verstoßes gegen die Compliance- und Ethikrichtlinie nicht mehr notwendig. Der Arbeitgeber hat dann bereits vor dem konkreten Verstoß mit der Sanktionsklausel der Ethikrichtlinie über die Konsequenzen informiert und abgemahnt, sodass arbeitsrechtliche Sanktionen nach Verstoß sofort eingeleitet werden könnten. Es lassen sich bei der Diskussion um die Zulässigkeit der Konstruktion einer solchen „vorweggenommenen Abmahnung" in einer Sanktionsklausel zwei Konstellationen unterscheiden, deren Trennung in der Literatur jedoch nicht konsequent vorgenommen wird.[706]

aa) 1. Konstellation: Entbehrliche Abmahnung

Die erste Konstellation erfasst die Fälle, in denen die Abmahnung ausnahmsweise entbehrlich ist. Die Voraussetzungen dieser Ausnahme wurden bereits aufgezeigt.[707] Auch im Zusammenhang mit Verstößen gegen Compliance- und Ethikrichtlinien gilt für die Entbehrlichkeit der Abmahnung nichts anderes. Dieser Sonderfall gilt jedoch unabhängig von dem Vorhandensein einer Sanktionsklausel und deren Inhalt in einer Ethikrichtlinie.[708]

---

703 Vgl. nur sog. „Emmely-Entscheidung" des BAG, Urt. v.10.06.2010 – 2 AZR 541/09, NZA 2010, 1227 (1231).

704 Ausführlich dazu *Rein*, Die individualrechtliche Implementierung einer Ethikrichtlinie mit vorweggenommener Abmahnung, S. 216 ff; *Schneider*, Die arbeitsrechtliche Implementierung von Compliance- und Ethikrichtlinien, S. 257 ff.

705 So *Schuster/Darsow*, NZA 2005, 273 (277); *Mengel/Hagemeister*, BB 2007, 1386 (1392); *Bissels/Lützeler*, BB 2012, 189 (191); a.A. (ablehnend) *Eisenbeis/Nießen*, FS Leinemann, S. 697 (719 f.); *Triskatis*, Ethikrichtlinien, S. 227.

706 So fälschlicherweise *Dendorfer-Ditges*, in: Moll, Münchener Anwaltshandbuch Arbeitsrecht, § 35, Rn. 264 ff.; *Mengel*, Compliance und Arbeitsrecht, S. 134, Rn. 9.

707 Siehe dazu S. 182182.

708 *Triskatis*, Ethikrichtlinien, S. 227.

Noch einmal zusammengefasst: Entscheidend für die Entbehrlichkeit der Abmahnung ist das Gewicht der Pflichtverletzung oder die Zerrüttung der Vertrauensbasis. Der Verstoß gegen einen Compliance- und Ethikkodex ist von sich aus nicht bereits schwer genug, dass der Arbeitnehmer damit bewusst seinen Arbeitsplatz riskiert und eine Abmahnung damit entbehrlich macht. Es kommt auf die dort getroffene Regelung und die Schwere des Verstoßes an.[709] Enthält eine Sanktionsklausel eines Compliance- und Ethikkodex eine „vorweggenommene Abmahnung", begegnet diese in den Fällen keinen Zulässigkeitsbedenken, in denen die Abmahnung sowieso entbehrlich ist und die Klausel daher nur deklaratorischen Charakter hat. Die „vorweggenommene Abmahnung" muss dann nicht die Anforderungen einer Abmahnung im kündigungsrechtlichen Sinn erfüllen.

Da die Abmahnung in dieser Konstellation entbehrlich ist, können deren Fallgruppen nicht zur entscheidenden Klärung der Frage der Zulässigkeit einer „vorweggenommenen Abmahnung" herangezogen werden.[710] Auch die Feststellung, dass in den Fällen der entbehrlichen Abmahnung eine „vorweggenommene Abmahnung" möglich ist, stellt daher keinen rechtlich verwertbaren Gehalt dar.

bb) 2. Konstellation: Notwendige Abmahnung

In der zweiten Konstellation, in der die Abmahnung nicht bereits entbehrlich ist, ist zu untersuchen, ob eine „vorweggenommene Abmahnung" in der Sanktionsklausel[711] einer Ethikrichtlinie möglich und zulässig ist. Ist dies der Fall, wäre eine weitere Abmahnung nach einem Verstoß für die Verhältnismäßigkeit der Kündigung nicht mehr notwendig. Lediglich in dieser zweiten Konstellation ergeben sich in Bezug auf Compliance- und Ethikrichtlinien Besonderheiten. Für die Zulässigkeit einer solchen Konstruktion ist entscheidend, ob der Zweck der kündigungsrechtlichen Abmahnung durch das Institut der „vorweggenommenen Abmahnung" in einem Compliance- und Ethikkodex erfüllt werden kann. In der Landesgerichtsrechtsprechung zeichnet sich kein einheitliches Bild zur Beurteilung der grundsätzlichen Zulässigkeit einer „vorweggenommenen Abmahnung" ab.[712] Auch in der Literatur ist diese Frage umstritten.

---

709 *Eisenbeis/Nießen*, FS Leinemann, S. 697 (719 f.); *Mengel/Hagemeister*, BB 2007, 1386 (1392).

710 So aber: *Rein*, Die individualrechtliche Implementierung einer Ethikrichtlinie mit vorweggenommener Abmahnung, S. 217, der versucht aus dieser Konstellation Erkenntnisse für die Zulässigkeit einer vorweggenommenen Abmahnung zu gewinnen. In der Argumentation beide Konstellationen vermischend *Dendorfer-Ditges*, in: Moll, Münchener Anwaltshandbuch Arbeitsrecht, § 35, Rn. 264; *Mengel*, Compliance und Arbeitsrecht, S. 134, Rn. 9.

711 Siehe Beispiele zu Sanktionsklauseln: S. 117, 119.

712 Darstellung auch bei *Schiefer*, DB 2013, 1785 (1787).

(1) Erfüllen der Hinweis- und Warnfunktion?

Die Abmahnung erfolgt, nachdem der Arbeitnehmer sich vertragswidrig verhalten hat, sodass sie sich konkret auf den Verstoß bezieht und den Arbeitnehmer auf sein Fehlverhalten hinweist. So ist ein berechtigter Kritikpunkt an dem Institut der „vorweggenommenen Abmahnung", dass die Sanktionsklausel einer Ethikrichtlinie nicht in gleicher Deutlichkeit die Hinweis- und Warnfunktion einer Abmahnung erfülle.[713] Eine Abmahnung erfordere eine *„hinreichend deutliche Kennzeichnung der beanstandeten Vertragsverletzung"*[714], mithin eine konkrete Bezugnahme auf den Verstoß und den zugrundeliegenden Lebenssachverhalt. Dies sei im Vorhinein nicht möglich.[715]

Dem kann jedoch entgegnet werden, dass die Abmahnung ein auf vertragsgemäßes Verhalten in der Zukunft gerichtetes Rechtsinstitut ist. Dass ein konkretes Fehlverhalten in der Vergangenheit nicht genannt werden kann, liegt in der Natur einer präventiven Androhung. Dies ist in Anschauung der Hinweisfunktion jedoch unschädlich, sind die im Kodex formulierten Verpflichtungen bzw. die kündigungsrechtlich relevanten Pflichtverletzungen und die konnexen Sanktionen in dem Compliance- und Ethikkodex hinreichend deutlich formuliert.[716] Die Androhungs- und Warnfunktion erfordert eine konkrete Androhung der Kündigung. Zwar kann durch eine lediglich pauschale Androhung arbeitsrechtlicher Konsequenzen in einer Ethikrichtlinie diese Funktion der Abmahnung nicht erfüllt werden.[717] Insofern muss die Sanktionsklausel auch hinsichtlich der Androhung inhaltlich bestimmt sein und auf eine konkrete Konsequenz hinweisen. Es muss sich also um eine konkrete Sanktionsklausel mit für den Arbeitnehmer nicht vorhersehbaren Reaktionsmöglichkeiten

---

713 So auch *Koffka*, Die arbeitsrechtliche Abmahnung als Rechtsinstitut, S. 116 für die antizipierte Abmahnung.

714 BAG, Urt. v. 23.06.2009 – 2 AZR 283/08, NZA 2009, 1168.

715 *Koffka*, Die arbeitsrechtliche Abmahnung als Rechtsinstitut, S. 116; so auch: LAG Berlin-Brandenburg, Urt. v. 30.03.2012 – 10 Sa 2272/11, juris Rn. 69.

716 Zum Kriterium der Deutlichkeit des Hinweises auf eine Kündigung bei erneuter Pflichtverletzung in Bezug auf einen durch die Arbeitnehmerin unterschriebenen Belehrungszettel: LAG Schleswig-Holstein, Urt. v. 18.12.2013 – 6 Sa 203/13, juris Rn. 41; zur notwendigen Sanktionsandrohung bei einer „vorweggenommenen Abmahnung" in Bezug auf ein betriebliches Alkoholverbot: LAG Mecklenburg-Vorpommern, Urt. v. 22.10.2013 – 5 Sa 122/13, juris Rn. 61; vgl. auch *Rein*, Die individualrechtliche Implementierung einer Ethikrichtlinie mit vorweggenommener Abmahnung, S. 217.

717 Vgl. *Fahrig*, Die Einführung eines Verhaltenskodexes und das Whistleblowing, S. 60; *Eisenbeis/Nießen*, FS Leinemann, S. 697 (720); *Koffka*, Die arbeitsrechtliche Abmahnung als Rechtsinstitut, S. 116; *Mengel*, Compliance und Arbeitsrecht, S. 134, Rn. 9; *Mengel/Hagemeister*, BB 2007, 1386 (1392); *Schneider*, Die arbeitsrechtliche Implementierung von Compliance- und Ethikrichtlinien, S. 263; *Vogt*, NJOZ 2009, 4206 (4210).

handeln.[718] Dann kann von einer auf den Einzelfall bezogenen Androhung gesprochen werden.

Daraus folgt, dass das Institut der „vorweggenommenen Abmahnung" in bestimmten Einzelfällen unter den folgenden Voraussetzungen die Hinweis- und Warnfunktion erfüllt: Enthalten die normierten Regeln eines Compliance- und Ethikkodex konkrete Verhaltenspflichten, bei deren Verletzung auch ausdrücklich konkrete Sanktionen angedroht werden, so ist der Hinweis- und Warnfunktion auch im Vorhinein Genüge getan und die Sanktionsandrohung in den Richtlinien kann als zulässige „vorweggenommene Abmahnung" angesehen werden.[719]

Dazu folgendes Beispiel einer Klausel, deren Funktion als „vorweggenommene Abmahnung" in der Rechtsprechung hinsichtlich ihrer Warnfunktion diskutiert wurde:[720]

> *„Dem Fahrbediensteten ist untersagt, während des Dienstes und der Dienstbereitschaft alkoholische Getränke oder andere die dienstliche Tätigkeit beeinträchtigenden Mittel zu sich zu nehmen oder den Dienst anzutreten, wenn er unter der Wirkung solcher Getränke oder Mittel steht. Der Fahrbedienstete, bei dem der Verdacht auf Alkoholgenuss besteht, hat sich auf Anordnung des Betriebsleiters oder dessen Beauftragten einem Alkoholtest zu unterziehen. Durch den Genuss alkoholischer Getränke oder anderer berauschender Mittel beeinträchtigte Fahrbedienstete werden vom Dienst ausgeschlossen, nötigenfalls vom Fahrzeug oder aus den Betriebs- und Arbeitsstätten entfernt."*

Bei dieser Klausel entschied das LAG, dass sie die Funktion einer „vorweggenommenen Abmahnung" nicht erfüllen könne, da jedenfalls die Sanktionsandrohung einer Kündigung fehle. Zur Erfüllung der Warnfunktion einer Abmahnung hätte die Klausel wie folgt formuliert werden können:

> Durch den Genuss alkoholischer Getränke oder anderer berauschender Mittel beeinträchtigte Fahrbedienstete werden vom Dienst ausgeschlossen, nötigenfalls vom Fahrzeug oder aus den Betriebs- und Arbeitsstätten entfernt, *und müssen bereits bei erstmaligem Verstoß mit einer Kündigung ihres Arbeitsverhältnisses rechnen.*

---

718 Siehe dazu: S. 119 f.

719 Dies bestätigend *Mengel/Hagemeister*, BB 2007, 1386 (1392); *Rein*, Die individualrechtliche Implementierung einer Ethikrichtlinie mit vorweggenommener Abmahnung, S. 250 f.; *Vogt*, NJOZ 2009, 4206 (4210); zur vorweggenommenen Abmahnung in einem Schreiben des Arbeitgebers: BAG, Urt. v. 05.04.2001 – 2 AZR 580/99, NZA 2001, 893 (898, aus den Gründen II. 3. b)); zu Schulungen als Verdeutlichung der Verhaltensanforderungen: LAG Köln, Urt. 19.03.2008 – 7 Sa 1369/07, BeckRS 2009, 50573; zum Ausnahmecharakter einer „vorweggenommenen Abmahnung" und dem Erfordernis besonderer Anhaltspunkte, dass im Fall eines erstmaligen Pflichtverstoß eine negative Prognose gegeben ist: LAG Düsseldorf, im Urt. v. 15.08.2012 – 12 Sa 697/12, juris Rn. 53.

720 So ein Auszug aus der streitgegenständlichen „Allgemeinen Dienstanweisung für den Fahrdienst mit Straßenbahnen" der Beklagten, LAG Mecklenburg-Vorpommern, Urt. v. 22.10.2013 – 5 Sa 122/13, juris Rn. 6, 61.

Die Verhaltenspflicht ist in dieser Klausel hinreichend deutlich und bestimmt genug formuliert. Es besteht ein absolutes Alkohol- und Drogenverbot für Fahrbedienstete im Zusammenhang mit der Dienstausübung. Ein Verstoß dagegen kann durch einen Alkoholtest überprüft werden. Durch Androhung kündigungsrechtlicher Folgen bei einem Verstoß gegen das Alkoholverbot wird die Klausel zudem der Warn- und Androhungsfunktion gerecht.

(2) Notwendige Individualität der Abmahnung?

Als weiteres Argument gegen eine kollektive „vorweggenommene Abmahnung" in einer Sanktionsklausel als Voraussetzung einer verhältnismäßigen Kündigung wird die fehlende „Individualität" der Abmahnung angeführt.[721] Dies kann jedoch nicht entscheidend gegen das Institut der „vorweggenommenen Abmahnung" sprechen. Denn dieses Erfordernis dient der inhaltlichen Bestimmtheit und Hinweisfunktion einer Abmahnung. Dem Arbeitnehmer soll dadurch mitgeteilt werden, welches Verhalten als sanktionswürdige Vertragsverletzung angesehen wird und in Zukunft nicht mehr erfolgen sollte. Durch eine Sanktionsregelung in einem Compliance- und Ethikkodex muss sich aber jeder Arbeitnehmer auch individuell angesprochen fühlen. Auch eine formularvertraglich oder kollektivvertraglich eingeführte Regelung beansprucht selbstverständlich für den Einzelnen Geltung.

(3) Verhältnismäßigkeit der „vorweggenommenen Abmahnung"

Zu den Anforderungen an eine „vorweggenommene Abmahnung" in einer Sanktionsklausel gehört auch, dass die konkrete Pflichtverletzung grundsätzlich geeignet sein muss, eine Abmahnung zu rechtfertigen. Da eine Abmahnung eine nachteilige Beeinflussung der Rechtsstellung des Arbeitnehmers bedeutet,[722] und bei weiterem Fehlverhalten die Möglichkeit einer Kündigung eröffnet, muss ein solcher Eingriff in die Rechtsposition des Arbeitnehmers gerechtfertigt sein. „Bagatellverstöße" bleiben daher ausgenommen, da sie in der Regel auch keine Kündigung rechtfertigen. Der Arbeitgeber hat die Möglichkeit, diese z.B. mit dem milderen Mittel der Ermahnung[723] zu rügen. Insofern sind hier nur erhebliche Verstöße in Betracht zu ziehen.[724]

Auch ist es nicht möglich, in der Sanktionsklausel neue Kündigungsgründe festzulegen, oder weichere Anforderungen an die anerkannten Kündigungsgründe zu

---

721 Dazu *Schneider,* Die arbeitsrechtliche Implementierung von Compliance- und Ethikrichtlinien, S. 261; in diesem Sinne wohl auch: LAG Hamm, Urt. v. 17.03.2011 – 8 Sa 1854/10, juris Rn. 36.

722 Vgl. dazu S. 178.

723 Vgl. dazu S. 205.

724 Die Möglichkeit einer wirksamen „vorweggenommenen Abmahnung" bei gravierenden Verstößen zieht auch das LAG Düsseldorf, im Urt. v. 15.08.2012 – 12 Sa 697/12, juris Rn. 53 in Betracht.

stellen.[725] Das LAG Köln hat dazu angeführt, dass der Hinweis in einem Arbeitsvertrag, ein bestimmtes erhebliches Verhalten ziehe eine fristlose Kündigung nach sich, nicht die gesetzlichen Kündigungsmöglichkeiten erweitere, aber durch Erfüllung der Warnfunktion eine weitere Abmahnung als Voraussetzung einer Kündigung entbehrlich mache.[726] Diese allgemein zur Abmahnung getroffene Aussage lässt sich auf die „vorweggenommene Abmahnung" übertragen, die über eine Sanktionsklausel in einem Compliance- und Ethikkodex zum Bestandteil des Arbeitsvertrags wird.

Betrachtet man das dargestellte Telos der Abmahnung und ihre Einordnung im Rahmen des Kündigungsrechts, ergibt sich, dass eine Abmahnung aufgrund erfolgter Pflichtverletzung *nur im Ausnahmefall* entbehrlich sein kann oder durch eine „vorweggenommene Abmahnung" in dem Compliance- und Ethikkodex ersetzt werden kann. Ansonsten entstünde eine Umgehungsmöglichkeit der nach dem Verhältnismäßigkeitsgrundsatz notwendigen Abmahnung für den Arbeitgeber,[727] da er alle denkbaren Pflichtverletzungen mit Androhung konkreter arbeitsrechtlicher Konsequenzen katalogartig auflisten könnte und dem Arbeitnehmer so zur Kenntnis brächte.[728] Angesichts der Masse von Pflichtverletzungen, die dann aufgenommen werden könnten, würde das Institut der Abmahnung quasi überflüssig.[729] Dies würde jedoch der Funktion der Abmahnung nicht gerecht, das Regel-Ausnahme-Prinzip[730] umkehren[731] und den kündigungsrechtlichen Grundsatz der Verhältnismäßigkeit abbedingen.

cc) Fazit

Die Entbehrlichkeit einer Abmahnung im Einzelfall und die Annahme einer präventiven „vorweggenommenen Abmahnung" anstatt einer nachträglichen Abmahnung sind als rechtlich verschiedene Konstellationen zu behandeln. Bei der Konstellation der Entbehrlichkeit der Abmahnung handelt es sich um eine Ausnahme von dem Grundsatz, dass eine Abmahnung für die Verhältnismäßigkeit einer Kündigung erforderlich ist. Dieses Verhältnis und die Anforderungen an eine Entbehrlichkeit werden durch eine Sanktionsklausel mit „vorweggenommener Abmahnung" in einem Compliance- und Ethikkodex nicht beeinflusst.

---

725 Vgl. *Mengel*, Compliance und Arbeitsrecht, S. 134, Rn. 10.

726 LAG Köln, Urt. v. 12.11.1993 – 13 Sa 726/93, LAGE § 1 KSchG Verhaltensbedingte Kündigung Nr. 40.

727 *Eisenbeis/Nießen*, FS Leinemann, S. 697 (720); *Triskatis*, Ethikrichtlinien, S. 227.

728 *Koffka*, Die arbeitsrechtliche Abmahnung als Rechtsinstitut, S. 116.

729 *Rein*, Die individualrechtliche Implementierung einer Ethikrichtlinie mit vorweggenommener Abmahnung, S. 241.

730 In der Regel ist eine Abmahnung vor der Kündigung erforderlich. Nur ausnahmsweise kann sie entbehrlich sein oder durch eine vorweggenommene Abmahnung ersetzt werden.

731 *Eisenbeis/Nießen*, FS Leinemann, S. 697 (720); *Schneider*, Die arbeitsrechtliche Implementierung von Compliance- und Ethikrichtlinien, S. 263.

Der Annahme, eine Sanktionsklausel in einem Compliance- und Ethikkodex sei generell als „vorweggenommene Abmahnung“ zu betrachten, kann nicht gefolgt werden. Jedoch kann auch ihre ausnahmsweise Zulässigkeit durch die aufgeführten Argumente nicht ausgeschlossen werden. Soll einer Sanktionsklausel eines Compliance- und Ethikkodex die Funktion einer „vorweggenommenen Abmahnung“ zukommen, muss sie die im Kodex formulierten Verpflichtungen bzw. die kündigungsrechtlich relevanten Pflichtverletzungen hinreichend deutlich formulieren und die konnexe Folge der Verstöße, die Kündigung, ausdrücklich androhen, um der Hinweis- und Warnfunktion Genüge zu tun. Dabei müssen die Verstöße gegen die Compliance- und Ethikrichtlinien von erheblichem Gewicht sein, sodass sie sowohl eine Abmahnung als auch eine Kündigung im Rahmen der Verhältnismäßigkeit zu rechtfertigen vermögen.

Damit handelt es sich bei der „vorweggenommenen Abmahnung“ freilich um kein neues Rechtsinstitut. Es beschreibt unter neuem Namen die geltende Rechtslage und stellt damit auch keine Erweiterung der Rechte des Arbeitgebers dar. Es müssen die gleichen Voraussetzungen vorliegen, die auch bei einer „normalen“ Abmahnung vorliegen müssen, es bedarf nur eines größeren Formulierungsaufwands.

4. *Rückgriff auf kollektivrechtliche Sanktionsmaßnahmen als „milderes Mittel“ zur Beendigung?*

Aus dem im Kündigungsrecht geltenden Ultima-Ratio-Prinzip folgt, dass eine Kündigung nur dann in Betracht kommt, wenn keine milderen Mittel und Reaktionsmöglichkeiten in Frage kommen. Im Rahmen des Verhältnismäßigkeitsprinzips muss der Arbeitgeber also prüfen, ob es im Vergleich zur Beendigung des Arbeitsverhältnisses andere Maßnahmen gibt, die aus seiner Sicht gleich effektiv und geeignet sind, Vertragsverstöße in Zukunft zu vermeiden. Nach allgemeiner Auffassung[732] kommen neben der Abmahnung als Ausprägung dieses Gedankens auch Reaktionsmöglichkeiten wie Ver- oder Umsetzung auf einen anderen freien Arbeitsplatz[733] oder die einverständliche Vertragsänderung in Betracht.

Es stellt sich allerdings die Frage, ob auch Sanktionen aufgrund eines Verstoßes gegen Compliance- und Ethikrichtlinien mit einer Rechtsgrundlage abseits des Direktionsrechts des Arbeitgebers von diesem Vergleichsmaßstab erfasst sind. In Betracht kämen z.B. Betriebsbußen oder vertraglich vorbehaltene Reaktionsmöglichkeiten, die nicht auf Beendigung des Arbeitsverhältnisses gerichtet sind. Diese wären in der Folge in den Verhältnismäßigkeitsabwägungen des Arbeitgebers immer mit zu berücksichtigen, da die Beendigung des Arbeitsverhältnisses aus vertraglicher Perspektive als „härteste“ Reaktion betrachtet werden muss.

Es ist allerdings als systemwidrig anzusehen, den Verhältnismäßigkeitsgrundsatz im Rahmen einer Kündigung auch auf kollektivrechtliche Sanktionsmaßnahmen zu

732 *Preis*, DB 1990, 685 (685).

733 Siehe dazu S. 210 ff.

erstrecken.[734] Denn: „*Die Vorschaltung derartiger kollektivrechtlicher Maßnahmen würde im Ergebnis zu einer ungerechtfertigten und systemwidrigen Kündigungserschwerung führen.*“[735] Das Ultima-Ratio-Prinzip gebietet diese rechtsformübergreifende Erstreckung nicht. Zudem handelt es sich bei der individualrechtlichen Kündigung als Wahrnehmung der dem Arbeitgeber zustehenden Gläubigerrechte und der mitbestimmungspflichtigen kollektivrechtlichen Sanktion eines Verstoßes gegen die betriebliche Ordnung um grundsätzlich Verschiedenes mit unterschiedlicher Zweckrichtung. Die Betriebsbuße ist Sanktion vergangenen Unrechts, die Kündigung Mittel zur Verhinderung zukünftiger Beeinträchtigungen des Arbeitsverhältnisses. Die Betriebsbuße steht in einem unvereinbaren Gegensatz zum Grundgedanken der Kündigung.[736]

Auch die folgende hypothetische Erwägung zeigt die Ungeeignetheit der Einbeziehung der Betriebsbuße in das Stufenverhältnis zwischen Abmahnung und Kündigung: Wäre eine kollektivrechtliche Sanktionsmaßnahme wie die Betriebsbuße eine vorrangig zu nutzende mildere Maßnahme gegenüber der Kündigung, hätte dies weitreichende Folgen für Sinn und Zweck der Abmahnung. Das zweistufige Verhältnis zwischen Abmahnung und Kündigung würde zu Lasten der Rechtssicherheit aufgelöst.[737] Die Warnfunktion der Abmahnung würde deutlich relativiert, da einer Abmahnung mit Kündigungsandrohung bei Bestehen einer kollektiven Arbeitsordnung vor der Kündigung eine weitere Vorstufe in Form kollektivrechtlicher Maßnahmen folgen müsste. Systemfremd wäre dann auch, dass die Betriebsbuße der Mitbestimmung des Betriebsrats bedürfte, die Kündigung als „schärfstes“ Mittel dagegen nicht.[738]

Dies zeigt, dass eine Vergleichbarkeit im Sinne einer gestuften Verhältnismäßigkeit nicht gegeben ist. Die Betriebsbußen sind auch bei einem Verstoß gegen den Compliance- und Ethikkodex nicht als milderes Mittel gegenüber der Kündigung anzusehen.

---

734 *Müller-Glöge/Niemann*, in: ErfK, § 626 BGB, Rn. 26; *Preis*, DB 1990, 685 (686); a.A. *Schneider*, Die arbeitsrechtliche Implementierung von Compliance- und Ethikrichtlinien, S. 229; *Leßmann*, DB 1989, 1769 (1772 f.) für Ordnungsverstöße mit primär kollektivem Bezug; wohl auch LAG Bremen, Urt. v. 18.11.2004 – 3 Sa 170/04, BeckRS 2004, 42669 (aus den Entscheidungsgründen: II. 2. c) aa)).

735 BAG, Urt. v. 17.01.1991 – 2 AZR 375/90, NJW 1991, 1906 (1908).

736 Vgl. *Preis*, DB 1990, 685 (686).

737 Der einschlägig abgemahnte Arbeitnehmer wüsste nicht sicher, ob ihm bei einem erneuten Verstoß zunächst eine Betriebsbuße droht, oder ob gekündigt werden kann. Das von Rechtsprechung und Literatur differenziert ausgearbeitete Zwei-Stufen-System zwischen Abmahnung und Kündigung schafft dagegen klare Verhältnisse.

738 *Preis*, DB 1990, 685 (686); LAG Hessen, Beschluss v. 01.09.2011 – 5 TaBV 47/11, BeckRS 2012, 70749 (aus den Gründen B. II. 4. a) bb) (2) (aa)).

5. *Relevanz der Compliance- und Ethikrichtlinien für die Interessenabwägung*

Auch im Rahmen der Interessenabwägung bei einer Kündigung erlangen die Compliance- und Ethikrichtlinien maßgebliche Bedeutung. Es gehört zu ihrer Funktion, den Arbeitnehmer auf einzelne Verhaltenspflichten aufmerksam zu machen und damit zugleich die Unternehmenskultur zu fixieren und den Arbeitnehmer auf die Bedeutung bestimmter Werte für das Unternehmen hinzuweisen. Zwar kann der Arbeitgeber keine absoluten Kündigungsgründe festsetzen. Zählt der Arbeitgeber in einem Compliance- und Ethikkodex aber auf, welche Verstöße und welches Fehlverhalten für ihn so gewichtig sind, dass sie als Kündigungsgründe in Betracht kommen, kann dies kann dann im Rahmen der Interessenabwägung berücksichtigt werden. Die Compliance- und Ethikrichtlinien zeigen damit an, worauf die Parteien des Arbeitsvertrages besonderen Wert gelegt haben. Deshalb sind im Rahmen der Gesamtwürdigung und der Abwägung der Interessen der Beteiligten die Compliance- und Ethikrichtlinien als Ausdruck des Parteiwillens mit zu berücksichtigen.[739]

6. *Verstoß gegen Compliance- und Ethikrichtlinien als wichtiger Grund im Sinne des § 626 I BGB?*

Es stellt sich die Frage, ob der Arbeitgeber den Arbeitnehmer bei Verstoß gegen die Compliance- und Ethikrichtlinien auch fristlos aus wichtigem Grund kündigen kann. Dazu müsste ein Verstoß gegen die Richtlinien als wichtiger Grund im Sinne des § 626 I BGB qualifizierbar sein. Dies kann nicht pauschal beurteilt werden, da es keine absoluten Kündigungsgründe gibt (s.o.), sondern muss je nach Verstoß im Einzelfall geprüft werden. Dennoch soll eine generelle Eignung eines solchen Verstoßes gegen eine Compliance- und Ethikrichtlinie als Kündigungsgrund aus wichtigem Grund „an sich" untersucht werden.[740]

Allgemein liegt ein wichtiger Grund im Sinne des § 626 I BGB vor, wenn objektiv Tatsachen vorliegen, aufgrund derer dem Kündigenden unter Berücksichtigung aller Umstände des Einzelfalls und unter Abwägung der Interessen beider Seiten die Fortsetzung des Arbeitsverhältnisses bis zum Ablauf der Kündigungsfrist nicht zugemutet werden kann. Dies kann in der Regel bei einem erheblichen, vorwerfbaren Verstoß gegen die Pflichten aus dem Arbeitsverhältnis (z.B. konkretisiert in Compliance- und Ethikrichtlinien) angenommen werden, beispielsweise, wenn der

---

739 *Preis*, in: Staudinger, BGB Kommentar, § 626 (2016), Rn. 45; *Sandmann*, in: HWK, Arbeitsrecht Kommentar, § 626 BGB, Rn. 53.

740 *Maschmann*, in: Dölling, Korruptionsprävention, S. 151 f., Rn. 157 ff.; *Müller-Glöge/Niemann*, in: ErfK, § 626 BGB, Rn. 14 ff.; *Sandmann*, in: HWK, Arbeitsrecht Kommentar, § 626 BGB, Rn. 58. Die Autoren beziehen sich jeweils auf das 2-stufige Prüfungsschema der außerordentlichen Kündigung: zuerst die Eignung als Kündigungsgrund „an sich" und als zweite Stufe eine umfassende Interessenabwägung im Einzelfall.

Verstoß gegen die Richtlinien zugleich eine Straftat gegen den Arbeitgeber oder mit Bezug zum Arbeitsverhältnis darstellt.[741] Solche compliance-relevanten schweren Pflichtverletzungen können insbesondere die Straftaten Bestechung, Untreue, Insiderhandel, Bilanz- und Kartellstraftaten, Schmiergeldannahme oder riskantes Missmanagement darstellen.[742] Dagegen kommt es nicht darauf an, dass die Pflichtverletzung zu einem mehr als geringfügigen Schaden des Arbeitgebers führt.[743]

Selbst wenn ein „an sich" geeigneter wichtiger Kündigungsgrund vorliegt, kann es dem Arbeitgeber noch zumutbar sein, am Arbeitsvertrag festgehalten zu werden. Denn die Unzumutbarkeit ist anhand aller Umstände des Einzelfalls in einer umfassenden Interessenabwägung festzustellen. Dabei sind der Ultima-Ratio-Grundsatz, das Prognoseprinzip und das Übermaßverbot zu beachten.[744]

Häufig stellt der Verstoß gegen die Compliance- und Ethikrichtlinien aber lediglich einen Nebenpflichtverstoß dar. Die Lage beurteilt sich dann wesentlich schwieriger als z.B. bei Straftaten mit Compliancebezug. *Rein* erkennt eine besondere Bedeutung von Nebenpflichten für den Bestand des Arbeitsverhältnisses, wenn ihre Verletzung das Vertrauen des Arbeitgebers in die Loyalität der Arbeitnehmer derart erschüttert, dass ihm die Fortsetzung des Arbeitsverhältnisses nicht mehr zumutbar ist.[745] Dies betrifft die Fälle, in denen die Loyalität[746] der Arbeitnehmer für den Verlauf des Arbeitsverhältnisses von grundlegender Bedeutung ist und den Kernbereich des Vertrauensverhältnisses zwischen Arbeitgeber und Arbeitnehmer betrifft, z.B. wenn es um Vermögensbetreuungspflichten geht oder der Arbeitnehmer in Kontakt mit wettbewerbsrelevanten Produktdaten kommt. Ist durch den

---

741 Zu den Fallgruppen der „an sich" geeigneten Kündigungsgründe *Müller-Glöge/Niemann*, in: ErfK, § 626 BGB, Rn. 60 ff.; *Sandmann*, in: HWK, Arbeitsrecht Kommentar, § 626 BGB, Rn. 125 ff.; *Maschmann,* in: Dölling, Korruptionsprävention, S. 152 f., Rn. 159 ff. speziell für Korruption als wichtiger Grund und mit Nachweisen aus der Rechtsprechung.

742 *Mengel,* Compliance und Arbeitsrecht, S. 134, Rn. 11.

743 Statt vieler BAG, Urt. v. 17.05.1984 – 2 AZR 3/83, NJW 1985, 284, „Bienenstich-Urteil"; BAG, Urt. v. 10.06.2010 – 2 AZR 541/09, NZA 2010, 1227, „Emmely"; *Sandmann*, in: HWK, Arbeitsrecht Kommentar, § 626 BGB, Rn. 246.

744 *Bencke/Groß*, BB 2015, 693 (695); *Maschmann,* in: Dölling, Korruptionsprävention, S. 155, Rn. 166 ff.; *Preis*, in: Staudinger BGB Kommentar, § 626 (2016), Rn. 75 ff., 86, 89; *Sandmann*, in: HWK, Arbeitsrecht Kommentar, § 626 BGB, Rn. 63 ff., 71 ff., 88 ff.

745 *Rein*, Die individualrechtliche Implementierung einer Ethikrichtlinie mit vorweggenommener Abmahnung, S. 248 f.

746 BAG, Urt. v. 23.10.2014 – 2 AZR 644/13, BB 2015, 761 (763, Rz. 27): Ein Arbeitnehmer, der während des bestehenden Arbeitsverhältnisses Konkurrenztätigkeiten unternimmt, verstößt gegen seine Pflicht zur Rücksichtnahme auf die Interessen des Arbeitgebers aus § 241 II BGB. Es handelt sich in der Regel um eine erhebliche Pflichtverletzung, die „an sich" geeignet, eine außerordentliche Kündigung zu rechtfertigen, m.w.N. in Rz. 22: BAG, Urt. v. 28.01.2010 – 2 AZR 1008/08, NZA-RR 2010, 461.

Pflichtverstoß der Kernbereich des Vertrauens dermaßen erschüttert,[747] kann eine Fortsetzung des Arbeitsverhältnisses unzumutbar sein und mithin ein wichtiger Grund i.S.d. § 626 I BGB vorliegen.

7. Bestimmung des Beginns der Kündigungserklärungsfrist des § 626 II BGB im Zusammenhang mit Compliance-Verstößen

Die außerordentliche Kündigung ist nach § 626 II BGB nur wirksam, wenn sie dem zu kündigenden Arbeitnehmer innerhalb von zwei Wochen zugeht. Diese Kündigungserklärungsfrist beginnt, wenn der Kündigungsberechtigte von den für die Kündigung maßgeblichen Tatsachen Kenntnis erlangt. Darunter ist generell nicht nur das Erfahren des Sachverhalts mit der objektiven Pflichtverletzung zu verstehen, sondern sind vielmehr alle für und gegen die Kündigung sprechenden Tatsachen und Einzelfallumstände, die eine zuverlässige und möglichst vollständige Beurteilung der Lage ermöglichen, zu verstehen.[748]

Die Bestimmung dieses Zeitpunkts kann bei compliance-relevanten Pflichtverstößen schwierig sein, insbesondere wenn es sich um systematisches Fehlverhalten im gesamten Unternehmen oder Konzern handelt, Verschleierungshandlungen vorgenommen wurden oder es sich um „ein undurchsichtiges Netz vielfältiger und verknüpfter Pflichtverletzungen durch verschiedene Mitarbeiter auf unterschiedlicher Unternehmensebene“[749] handelt.

Die Frage, wann in einem solchen Fall von einer „Kenntnis“ des Arbeitgebers im Sinne des § 626 II S. 1 BGB bezüglich des Pflichtverstoßes einzelner Mitarbeiter gesprochen werden kann, wird bislang unterschiedlich beantwortet.[750] Weitgehende Einigkeit besteht noch dahingehend, dass die zweiwöchige Kündigungserklärungsfrist erst dann zu laufen beginnt, wenn die unternehmensinternen Ermittlungen zur Sachverhaltsaufklärung in der gebotenen Eile und Vollständigkeit *abgeschlossen* sind.[751] Der zeitliche Rahmen des § 626 II BGB soll den Kündigungsberechtigten weder zu hektischer Eile bei der Kündigung antreiben, noch ihn veranlassen, ohne eine genügende Prüfung des Sachverhalts oder vorhandener Beweismittel voreilig

747 In der Regel ist in diesen Fällen zudem eine Abmahnung entbehrlich, *Rein*, Die individualrechtliche Implementierung einer Ethikrichtlinie mit vorweggenommener Abmahnung, S. 248.

748 *Müller-Glöge/Niemann*, in: ErfK, § 626 BGB, Rn. 209.

749 *Göpfert/Drägert*, CCZ 2011, 25 (25).

750 Zu der Diskussion ausführlich *Bencke/Groß*, BB 2015, 693 (696); *Göpfert/Drägert*, CCZ 2011, 25 (26); *Maschmann*, in: Dölling, Korruptionsprävention, S. 157, Rn. 172 f. für Korruptionsfälle aber wohl in diesem Sinne; *Sandmann*, in: HWK, Arbeitsrecht Kommentar, § 626 BGB, Rn. 357 ff.

751 Zur Zulässigkeit und Notwendigkeit eigener Ermittlungen BAG, Urt. v. 28.11.2007 – 5 AZR 952/06, NZA-RR 2008, 344 (346, Rz. 24); BAG, Urt. v. 02.03.2006 – 2 AZR 46/05, NZA 2006, 1211 (Ls. 4 und 5); *Maschmann*, in: Dölling, Korruptionsprävention, S.157, Rn. 172 f.

zu kündigen.[752] Der Arbeitgeber muss zumindest in der Lage sein, aufgrund seiner Tatsachenkenntnis seine Berechtigung zum Ausspruch einer außerordentlichen (Tat-)Kündigung zu kennen. Dies erfordert Detailkenntnis.[753]

Es ließe sich daher die Ansicht vertreten, dass der Zeitpunkt der fristbeginnenden „Kenntnis" mit dem Zeitpunkt der vollständigen Aufklärung des Netzes von Compliance-Verstößen beginnt.[754] Erst nach vollständiger Aufklärung könne auch der einzelne Pflichtverstoß, seine Art und sein Umfang, seine Folgen und alles Weitere für die Interessenabwägung Bedeutende angemessen beurteilt werden.[755] Folgt man dieser Ansicht, kann zwischen dem ersten Verdacht und dem Fristbeginn des § 626 II BGB mitunter ein sehr langer Zeitraum liegen. Für eine solche Ausdehnung spreche nach der Überzeugung der Vertreter dieser Ansicht aber auch das berechtigte und schutzwürdiges Interesse des Arbeitgebers, die Compliance-Verstöße vollständig und lückenlos aufzuklären, damit sie in Zukunft verhindert werden können, und sich zudem vor den Sanktionen internationaler Behörden wie der SEC zu schützen.[756]

Dieses Interesse des Arbeitgebers an einer vollumfänglichen Aufklärung ist zwar anzuerkennen, kann aber nach Ansicht der Verfasserin nicht dazu führen, dass der Sinn und Zweck des § 626 II BGB, der dem Gebot der Rechtssicherheit dient,[757] verloren geht.[758] Die Ausschlussfrist soll dem Arbeitnehmer die Rechtssicherheit

---

752 BAG, Urt. v. 01.02.2007 – 2 AZR 333/06, NZA 2007, 744 (Ls. 5; 746, Rz. 19).

753 Vgl. *Göpfert/Drägert*, CCZ 2011, 25 (27).

754 So: *Göpfert/Drägert*, CCZ 2011, 25 (26); sich dem wohl anschließend: *Bencke/Groß*, BB 2015, 693 (697); a.A. *Bissels/Lützeler*, BB, 2012, 189 (192); *Schimmelpfennig*, CCZ 2008, 161 (163), der sich nur auf die Maßnahmen zur Aufklärung des Kündigungssachverhalts im engeren Sinne bezieht. Weitere Aufklärungsmaßnahmen könnten die Kündigungserklärungsfrist jedoch nicht verlängern. *„Die Kündigungsfrist ist nur für einen Zeitraum gehemmt, innerhalb dessen der zur Kündigung berechtigte Arbeitgeber die zur Aufklärung des Kündigungssachverhalts nach pflichtgemäßem Ermessen notwendig erscheinenden Maßnahmen zügig durchführt."*

755 *Göpfert/Drägert*, CCZ 2011, 25 (26). Gedeckt werde diese These nach Ansicht der Autoren von Wortlaut, Gesetzeszweck und -systematik.

756 Dem steht kein schutzwürdiges Interesse des Arbeitnehmers an einer frühen und möglicherweise übereilten Entscheidung des Arbeitgebers zur außerordentlichen Kündigung gegenüber, welches das Arbeitgeberinteresse wieder relativieren könnte. Einen Anspruch auf Rechtssicherheit hat der Arbeitnehmer erst, wenn der Arbeitgeber die Möglichkeit hatte, sein Kündigungsrecht vollständig zu überprüfen, solange der Arbeitgeber sich im Informationsdefizit befindet besteht kein gleichwertiges schutzwürdiges Interesse, insbesondere nicht, wenn der Arbeitnehmer durch Verweigerung der Aufklärung das Informationsdefizit verschuldet hat, *Göpfert/Drägert*, CCZ 2011, 25 (27 f.).

757 *Müller-Glöge/Niemann*, in: ErfK, § 626 BGB, Rn. 200 ff., zum Charakter des § 626 II BGB als gesetzlich konkretisierter Verwirkungstatbestand.

758 In diesem Sinne hat auch das LAG Hamm bei einer groß angelegten unternehmensinternen Untersuchung durch die Obergesellschaft in einem Konzern

gewähren, nach einem bestimmten Zeitraum nicht mehr mit einer außerordentlichen Kündigung rechnen zu müssen. Für die Bestimmung der Kündigungserklärungsfrist darf kein sachfremder Bezugspunkt herangezogen werden. Es kann bei der Bestimmung der individuellen Kündigungserklärungsfrist nicht darum gehen, alles Fehlverhalten im gesamten Unternehmen aufzuklären. Die zuvor dargestellte Ansicht zugunsten einer vollständigen Aufklärung der Compliance-Verstöße, ist daher abzulehnen.

Bezugspunkt für die Kündigungserklärungsfrist muss vielmehr das individuelle Fehlverhalten des zu Kündigenden bleiben.[759] Die Frist beginnt daher dann zu laufen, wenn der *kündigungsrelevante Sachverhalt* in gebotener Eile und Vollständigkeit aufgeklärt ist, sodass der Arbeitgeber alle für die *individuelle* Kündigung relevanten Informationen hat.[760] Dies kann schon dann der Fall sein, wenn nicht die Compliance-Verstöße aller beteiligten Personen im Unternehmen (vollständig) aufgeklärt sind. Hat der einzelne Arbeitnehmer mit diesen direkt nichts mehr zu tun, kann seine Rechtsunsicherheit hinsichtlich des Fortbestands seines Arbeitsverhältnisses nicht zugunsten einer Informationsschöpfung des Arbeitgebers ausgedehnt werden.

II. Verdachtskündigung als Beendigungsinstrument bei nicht aufklärbaren Verstößen

Lassen sich bei einer unternehmensinternen Untersuchung nicht alle Vorwürfe oder jedes Fehlverhalten aufklären, insbesondere, weil der Arbeitnehmer die Mitarbeit verweigert, kann eine Kündigung auch auf bestimmte Verdachtsmomente gestützt werden. Zudem können die Komplexität, lange Zeitabläufe und zahlreiche Beteiligte bei Compliance-Verstößen dazu führen, dass nicht alle Einzelheiten beweisbar sind, sodass die Möglichkeit einer Verdachtskündigung in diesem Zusammenhang besondere Bedeutung für den Arbeitgeber erlangt.

Die Verdachtskündigung rechtfertigt sich aus der Annahme, dass bereits aufgrund von Verdachtsmomenten das für ein intaktes Arbeitsverhältnis unabdingbare Vertrauen in die Loyalität des Arbeitnehmers so zerstört werden kann, dass die

---

entschieden: „*Die Prüfung der Beklagten unter dem Gesichtspunkt konzernweiter Relevanzen führte nicht zu einer weiteren Hemmung der Frist des § 626 Abs. 2 BGB.*", so: LAG Hamm, Urt. v. 15.07.2014 – 7 Sa 94/14, juris Rn. 140.

759 Auf das Kriterium der Individualität stellt bei Bestimmung des Fristbeginns des § 626 II BGB auch das LAG Hamm ab. Dies begründet das LAG damit, dass § 626 II BGB wörtlich auf die Kenntnis des „Kündigungsberechtigten" von den die Kündigung im wesentlichen tragenden Tatsachen abstellt. Dabei handele es sich nach dem LAG um einen ganz speziellen, auf einen einzelnen Arbeitnehmer fokussierten Bezug, hinsichtlich dessen die Kündigungserklärungsfrist stets – und zwar in jeder Lage der internen Ermittlungen – bedacht werden müsse. Vgl.: LAG Hamm, Urt. v. 15.07.2014 – 7 Sa 94/14, juris Rn. 140.

760 So auch für komplexe Sachverhalte: *Heinemeyer/Thomas*, BB 2012, 1218 (1219); *Preis*, in: Staudinger, BGB Kommentar, § 626 BGB (2016), Rn. 289 f.

Vertrauensgrundlage für eine weitere vertragsgemäße Zusammenarbeit entfällt. Da die Verdachtskündigung gerade nicht an ein erwiesenes Verhalten anknüpft, sondern das Vertrauen in die Eignung der Person fehlt, der Verdacht quasi einen eigenen Kündigungsgrund darstellt,[761] handelt es sich um eine personenbezogene Kündigung.

Auch die Verdachtskündigung muss den Grundsatz der Verhältnismäßigkeit wahren. Daher ist durch den Arbeitgeber zu prüfen, ob als milderes Mittel eine Versetzung auf einen Arbeitsplatz ohne besondere Vertrauensbeziehung möglich ist, was allerdings wegen der grundlegenden Zerstörung des Vertrauens selten der Fall ist.[762] Eine (Compliance-)Straftat oder schwere Vertragsverletzung kann die Vertrauensgrundlage für die Fortsetzung des Arbeitsverhältnisses so zerstören, dass eine Weiterbeschäftigung generell nicht zumutbar ist.

1. Verdacht

An den Verdacht stellt die Rechtsprechung[763] hohe Anforderungen: Die Verdachtskündigung kommt nur dann in Betracht, wenn dringende, auf objektiven Tatsachen beruhende schwerwiegende Verdachtsmomente für das Vorliegen eines Kündigungsgrundes bestehen. Die strafbare Handlung oder schwere Vertragsverletzung durch den Arbeitnehmer müssen überwiegend wahrscheinlich sein, damit ein dringender Tatverdacht angenommen werden kann. Zudem müssen die Umstände auch geeignet sein, das für die Fortsetzung des Arbeitsverhältnisses erforderliche Vertrauen des Arbeitgebers nach verständiger und gerechter Abwägung zu zerstören. Der Arbeitgeber muss weiterhin alle ihm zumutbaren Anstrengungen unternommen haben den Sachverhalt aufzuklären (Ultima-Ratio-Prinzip). Die Anhörung des Arbeitnehmers wird dabei als unverzichtbare Wirksamkeitsvoraussetzung angesehen, da immer die Gefahr bestehet, einen „Unschuldigen“ zu kündigen.[764]

2. Anhörung

Zweck dieser Anhörung ist es, dem Arbeitnehmer die Möglichkeit der Stellungnahme zu den Vorwürfen und Gelegenheit zur Äußerung und Vorbringung entkräftender Beweise zu bieten.[765] Gleichzeitig kann damit das Risiko minimiert werden,

---

761 *Mengel*, Compliance und Arbeitsrecht, S. 144.

762 *Mengel*, Compliance und Arbeitsrecht, S. 144 f.

763 St. Rspr.: BAG, Urt. v. 13.03.2008 – 2 AZR 961/06, NZA 2008, 809 (810, Rz. 14); BAG, Urt. v. 06.12.2001 – 2 AZR 496/00, NZA 2002, 847 (849); BAG, Urt. v. 14.09.1994 – 2 AZR 164/94, NZA 1995, 269.

764 BAG, Urt. v. 28.11.2007 – 5 AZR 952/06, NZA-RR 2008, 344 (346, Rz. 19); *Bissels/ Lützeler*, BB 2012, 189 (192); *Lützeler/ Müller-Sartori*, CCZ 2011, 19 (20 f.); *Müller-Glöge/Niemann*, in: ErfK, § 626 BGB, Rn. 211.

765 Es geht dabei nicht um die Informationsbeschaffung des Arbeitgebers. Diese ist im Idealfall bereits durch die Mitarbeiterinterviews im Rahmen der

dass der Arbeitnehmer in einem Prozess Umstände vorträgt, welche die Rechtmäßigkeit einer Abmahnung oder der darauffolgenden Kündigung ausschließen und der Arbeitgeber im Prozess unterliegt.

Der notwendige Umfang der Anhörung richtet sich nach den Umständen des Einzelfalls.[766] Zumindest hat der Arbeitgeber dem Arbeitnehmer den Ermittlungsstand aufzuzeigen und ihm Gelegenheit zur Stellungnahme zu den ihm gegenüber erhobenen Vorwürfen und zum Vorbringen von Entlastungsbeweisen zu geben.[767] Dies ist dem Arbeitnehmer nur nach substantiierter Mitteilung über Grund und Gegenstand der Anhörung im Vorhinein möglich. Daher muss sich die Anhörung auf einen greifbaren Sachverhalt beziehen.[768] Dann kann der Arbeitnehmer zu bestimmten, zeitlich und räumlich eingegrenzten Tatsachen Stellung nehmen, diese bestreiten oder den Verdacht entkräftende Tatsachen benennen. Nach den Ermittlungen und der Anhörung ist der Arbeitnehmer dann im Rahmen eine Verdachtskündigung nicht verpflichtet, zu einer Sachverhaltsaufklärung beizutragen.[769]

Eine Ausnahme von der Notwendigkeit der Anhörung besteht nur dann, wenn der Arbeitnehmer von Anfang an nicht bereit ist, sich auf die gegen ihn erhobenen Vorwürfe einzulassen und an der Aufklärung mitzuwirken. Die Anhörung ist dann überflüssig.[770]

Die Anhörung kann durch weitere darauffolgende Ermittlung und damit einhergehendem Zeitaufwand dazu führen, dass der Ablauf der zwingend einzuhaltenden Kündigungserklärungsfrist aus § 626 II BGB schwer einzuhalten wird. Soweit die Anhörung jedoch zügig innerhalb einer kurz bemessenen Frist erfolgt, beginnt die Kündigungserklärungsfrist des § 626 II BGB erst nach Abschluss der Anhörung.[771]

---

unternehmensinternen Ermittlungen erfolgt; siehe zu den Mitarbeiterinterviews: S. 167 f.

766 BAG, Urt. v. 13.03.2008 – 2 AZR 961/06, NZA 2008, 809 (810, Rz. 15).

767 BAG, Urt. v. 13.03.2008 – 2 AZR 961/06, NZA 2008, 809; *Gercke/Richter*, in: Gercke/Kraft/Richter, Arbeitsstrafrecht, S. 401, Rn. 114; *Maschmann*, in: Dölling, Korruptionsprävention, S. 161, Rn. 181.

768 BAG, Urt. v. 13.03.2008 – 2 AZR 961/06, NZA 2008, 809; BAG, Urt. v. 28.11.2007 – 5 AZR 952/06, NZA-RR 2008, 344 (346, Rz. 19); *Müller-Glöge/Niemann*, in: ErfK, § 626 BGB, Rn. 47.

769 *Müller-Glöge/Niemann*, in: ErfK, § 626 BGB, Rn. 178 ff.

770 BAG, Urt. v. 13.03.2008 – 2 AZR 961/06, NZA 2008, 809 (810 f., Rz. 16); BAG, Urt. v. 28.11.2007 – 5 AZR 952/06, NZA-RR 2008, 344 (346, Rz. 20).

771 Die Frist des § 626 II BGB wird grundsätzlich erst dann in Lauf gesetzt, sobald der Kündigungsberechtigte eine zuverlässige und möglichst vollständige Kenntnis der kündigungsrelevanten Tatsachen hat. Die Anhörung des Arbeitnehmers gehört dabei regelmäßig zur Aufklärung des Kündigungssachverhalts; so: *Sandmann*, in: HWK, Arbeitsrecht Kommentar, § 626 BGB, Rn. 360; *Preis*, in: Staudinger BGB Kommentar, § 626 BGB (2016), Rn. 291.

III. Der Aufhebungsvertrag als Alternative zur Kündigung

Die Arbeitsvertragsparteien können bei einem Verstoß gegen Compliance- und Ethikrichtlinien auch den Weg der einvernehmlichen Vertragsbeendigung wählen und einen Aufhebungsvertrag (zur Schriftform: § 623 BGB) zur Beendigung des Arbeitsverhältnisses schließen. Dieser hat für beide Seiten beachtenswerte Vorteile. Der Arbeitnehmer scheidet ungekündigt aus und der Arbeitgeber muss keine Beweisschwierigkeiten im Rahmen eines Kündigungsschutzprozesses befürchten. Es gibt in Bezug auf Compliance-Verstöße allerdings kaum Besonderheiten.[772]

Der Aufhebungsvertrag darf dem Arbeitnehmer nicht unter Androhung strafrechtlicher Konsequenzen oder sonstiger Nachteile aufgezwungen werden. Je nach Interessenlage der Vertragspartner kann es im Einzelfall auch möglich sein, den Arbeitnehmer von der nachvertraglichen Mitarbeit bei der Aufklärung von Compliance-Verstößen zu befreien. Bei Compliance- und Ethikrichtlinien-Verstößen bietet die einvernehmliche Vertragsauflösung den Vorteil, dass weiteres Aufsehen vermieden wird und so der Ruf des Unternehmens keinen potentiellen Schaden nimmt. Zudem werden mögliche Unternehmensinterna nicht in einem staatlichen Gerichtsverfahren nach außen getragen.

IV. Fazit

Wiegt der Pflichtverstoß des Arbeitnehmers so schwer, dass der Arbeitgeber das Arbeitsverhältnis beenden will, stehen ihm dazu auf individualvertraglicher Ebene mehrere Reaktionsmöglichkeiten zur Verfügung.

Bei Verstoß des Arbeitnehmers gegen die Regelungen des Compliance- und Ethikkodex kann der Arbeitgeber das Arbeitsverhältnis nach den allgemeinen kündigungsrechtlichen Voraussetzungen beenden. In der Regel kommt eine verhaltensbedingte Kündigung wegen Vertragsverletzung in Betracht. Der Compliance- und Ethikkodex mit seinen einzelnen Verhaltensrichtlinien kann dabei insbesondere nebenpflichtkonkretisierend wirken, sodass ein Pflichtverstoß leichter festzustellen ist, ohne dass erst über das Bestehen oder Nichtbestehen einer bestimmten Nebenpflicht gestritten werden muss. Absolute Kündigungsgründe können in einem Compliance- und Ethikkodex allerdings nicht festgelegt werden. Eine Interessenabwägung hat in jedem Einzelfall zu erfolgen. Die Kündigung hat dabei keine Sanktionsfunktion und stellt keine Strafe für begangenes Unrecht dar. Sie reagiert vielmehr zukunftsbezogen auf die negative Prognose weiterer Vertragspflichtverletzungen. Allerdings wirkt sie abschreckend für Andere und verdeutlicht den Ernst der Pflichtverletzung für den Arbeitgeber so eindrücklich, wie es keine andere Maßnahme vermag.

Das Kündigungsrecht ist entscheidend von dem Verhältnismäßigkeitsgrundsatz geprägt. Konsequenz davon ist, dass eine Beendigung des Arbeitsverhältnisses immer nur als letztes Mittel in Betracht kommt. Daraus hat sich das Grundprinzip

772 *Mengel*, Compliance und Arbeitsrecht, S. 149.

entwickelt, dass der Arbeitgeber vor einer Kündigung in der Regel abzumahnen ist. Der Abmahnung kommen aber durch die Dokumentation des Pflichtverstoßes in der Personalakte selbst sanktionierende Nebeneffekte zu, wodurch sie selbst auch eine geeignete Reaktionsmaßnahme darstellen kann. Die Abmahnung ist als Reaktionsmaßnahme insbesondere bei Verletzung von Rücksichtnahmepflichten und Nebenpflichten geeignet, wenn der Verstoß nicht gravierend oder der Schaden zu hoch ist und durch die Präventivwirkung der Abmahnung in Zukunft nicht mit weiteren Verstößen gerechnet werden muss.

Ansonsten ist die Abmahnung Voraussetzung einer verhaltensbedingten Kündigung. Lediglich bei besonders schwerwiegenden Pflichtverletzungen oder einer gravierenden Zerrüttung der Vertrauensbasis kann die Abmahnung vor einer Kündigung ausnahmsweise sogar entbehrlich sein. Eine weitere Möglichkeit der Kündigung bei erstem Pflichtverstoß stellt die Aufnahme einer „vorweggenommenen Abmahnung" in den Compliance- und Ethikkodex dar. Zu deren Wirksamkeit muss die Klausel mit der „vorweggenommener Abmahnung" jedoch die Funktionen einer Abmahnung erfüllen und hohen Anforderungen genügen: Die Klausel muss konkret und bestimmt hinsichtlich der Pflicht, dem gravierenden Verstoß dagegen und der konnexen Folge sein.

Aus dem kündigungsrechtlichen Verhältnismäßigkeitsgrundsatz folgt auch, dass vor einer Kündigung jeweils mögliche, gleich effektive aber mildere Mittel auszuschöpfen sind. Vergleichsmaßstab können jedoch nur individualrechtliche Maßnahmen, wie Abmahnung und Versetzung, sein. Kollektivrechtliche Maßnahmen bilden aufgrund anderer Rechtsgrundlage und Zweckrichtung keinen Vergleichsmaßstab.

Die Verstöße gegen die Richtlinien können je nach ihrer Schwere sogar eine außerordentliche Kündigung aus wichtigem Grund nach § 626 I BGB rechtfertigen. Bei einer Kündigung aus wichtigem Grund ist die Ausschlussfrist des § 626 II BGB zu beachten, deren Beginn bei komplexen Compliance-Verstößen mitunter schwer zu bestimmen sein kann. In der Regel beginnt sie dann, wenn der für den zu kündigenden Arbeitnehmer individuelle kündigungsrelevante Sachverhalt aufgeklärt ist, auch wenn noch nicht alle Compliance-Verstöße vollumfänglich aufgeklärt sind.

Kommt eine Tatkündigung mangels Aufklärung des Sachverhalts durch die unternehmensinterne Untersuchung nicht in Betracht, kann der Arbeitgeber auch eine Verdachtskündigung aussprechen. Grundlage der Verdachtskündigung ist der durch den Verdacht bedingte Verlust des Vertrauens in den Arbeitnehmer. Dies stellt einen personenbezogenen Kündigungsgrund dar. Zwingend ist zudem eine Anhörung des Arbeitnehmers zu dem kündigungsrelevanten Verdacht, sodass ihm die Möglichkeit zur Entkräftung des Verdachts gegeben wird. Bei komplexen und vielschichtigen Compliance-Verstößen erlangt diese Reaktions- und Beendigungsmöglichkeit des Arbeitgebers enorme Bedeutung, da häufig keine komplette Aufklärung in allen Bereichen erfolgen kann, insbesondere dann nicht, wenn der Betroffene die Mitarbeit verweigert, sodass eine Tatkündigung ausscheidet. Bei solchen Beweisschwierigkeiten oder wenn ein möglicher Kündigungsschutzprozess vermieden werden soll, steht dem Arbeitgeber zusammen mit dem Arbeitnehmer auch der Weg des Aufhebungsvertrags als Beendigungsinstrument zur Verfügung.

F. Weitere individualrechtliche Reaktionsmöglichkeiten des Arbeitgebers mit Auswirkung auf den Inhalt des Arbeitsverhältnisses

Erfüllt der Arbeitnehmer seine vertraglichen Pflichten aus wirksam implementierten Compliance- und Ethikrichtlinien nicht ordnungsgemäß, hat der Arbeitgeber aus seiner Gläubigerstellung heraus das Recht, die ordnungsgemäße Vertragserfüllung durchzusetzen. Aus dem kündigungsrechtlichen Verhältnismäßigkeitsgrundsatz ergibt sich jedoch, dass der Arbeitgeber nicht bei jedem Nebenpflichtverstoß durch Kündigung in den Bestand des Arbeitsverhältnisses eingreifen darf. Ein abgestuftes System von Reaktionsmöglichkeiten und Disziplinarmaßnahmen ist erforderlich. Dies erkennt schon *Meyer*[773] als notwendig an, um sachgerecht, angemessen und in einer der Gewichtung des Fehlverhaltens des Arbeitnehmers entsprechenden Art und Weise das zu beanstanden, was beanstandenswert ist.

Der Arbeitgeber kann bei Pflichtverstößen zur Kompensation des damit verbundenen Schadens seinen Schadensersatzanspruch geltend machen. Dies stellt zwar keine direkte Disziplinar- oder Sanktionsmaßnahme im engeren Sinne dar, ist aber mit einem wirtschaftlichen Nachteil für den schädigenden Arbeitnehmer verbunden.

Die weiteren individualrechtlichen Reaktionsmöglichkeiten mit disziplinierendem Charakter beruhen auf unterschiedlichen Rechtsgrundlagen des Arbeitsverhältnisses. Einige folgen aus der Gläubigerstellung im Rahmen des Direktionsrechts und konkretisieren bestehende arbeitsvertragliche Pflichten. Andere gehen darüber hinaus und bedürfen einer gesonderten vertraglichen Vereinbarung.

I. Zulässigkeit weiterer Reaktionsmaßnahmen auf Compliance- und Ethikrichtlinienverstöße

Soweit die Sanktionsklausel eines Compliance- und Ethikkodex die klassischen und vorhersehbaren Reaktionsmöglichkeiten des Arbeitgebers (Abmahnung und Kündigung) beinhaltet, handelt es sich um einen rein deklaratorischen Verweis auf bestehende Rechte des Arbeitgebers. Verweist die Sanktionsklausel eines Compliance- und Ethikkodex jedoch auf darüber hinausgehende Reaktionsmöglichkeiten, die durch zusätzliche vertragliche Vereinbarung eingeführt wurden, muss ihre Zulässigkeit neu beurteilt werden.

Zunächst ist zu klären, ob eine Compliance- und Ethikrichtlinie überhaupt noch andere Reaktions- und Sanktionsmöglichkeiten vorsehen darf, oder ob nicht vielleicht sogar die gesetzlich vorgesehenen Reaktionsmöglichkeiten als abschließend anzusehen sind.

Die Regelungen zur einseitigen Beendigung des Arbeitsverhältnisses sind durch das Kündigungsschutzrecht abschließend und zwingend geregelt und können

773 Vgl. *Meyer*, Betriebliche Rügen und ihre Folgen, S. 9.

vertraglich nicht erweitert werden. Regelungen zu einvernehmlichen Beendigung könnten dagegen getroffen werden.[774]

Bezüglich anderweitiger vertraglicher Reaktions- und Sanktionsregelungen besteht jedoch keine abschließende Regelung. Halten sich diese Regelungen, die sich nicht auf den Bestand, sondern den Inhalt des Arbeitsverhältnisses beziehen, im Rahmen des geltenden Rechts, steht ihnen auch nichts entgegen. Der Grundsatz der Vertragsfreiheit führt dazu, dass grundsätzlich jede Pflicht durch eine vertragliche Vereinbarung gesichert oder begründet werden kann. Daher können für nahezu alle Pflichtverletzungen Sanktionen, wie z.B. die Vertragsstrafe, nach dem Grundsatz der Vertragsfreiheit vereinbart werden.[775] Aber auch andere Reaktionsmaßnahmen mit disziplinierendem Charakter können als Folge vereinbart werden. Diese müssen die allgemeinen Grenzen, die sich Maßnahmen im Arbeitsverhältnis stellen, beachten.

1. *Verstoß gegen das allgemeine Maßregelungsverbot des § 612 a BGB*

Eine solche Grenze stellt das allgemeine Maßregelungsverbot des § 612a BGB[776] dar, gegen das die geplanten oder ausgesprochenen Reaktions- und Sanktionsmaßnahmen nicht verstoßen dürfen. Es enthält ein Differenzierungs- und Diskriminierungsverbot. Danach darf der Arbeitgeber den Arbeitnehmer bei einer Vereinbarung oder einer Maßnahme nicht benachteiligen, nur, weil er in zulässiger Weise seine Rechte ausübt und diese dem Arbeitgeber missfallen.[777] Das Maßregelungsverbot soll die Willensfreiheit des Arbeitnehmers schützen, von seinen Rechten auch Gebrauch zu machen. Daher führt ein Verstoß gegen § 612a BGB zur Nichtigkeit der arbeitgeberseitigen Maßnahme.

Bei einem erwiesenen Verstoß gegen die wirksam implementierten Regelungen eines Compliance- und Ethikkodex handelt es sich allerdings nicht um eine zulässige Rechtsausübung des Arbeitnehmers. Reaktionsmaßnahmen des Arbeitgebers darauf verstoßen also dann nicht gegen die Vorschrift des § 612a BGB, wenn sie unrechtmäßiges Verhalten des Arbeitnehmers ahnden. Für die hier betrachteten Reaktionsmaßnahmen auf Pflichtverletzungen des Arbeitnehmers ist § 612a BGB in aller Regel keine beschränkende Grenze. Anwendungsfälle sind allenfalls bei berechtigtem internen oder externen Whistleblowing des Arbeitnehmers denkbar, welches der Arbeitgeber jedoch als Anlass für nachteilige Maßnahmen nimmt.[778]

---

774 Zum Aufhebungsvertrag, siehe S. 198.

775 *Rieble*, in: Staudinger, BGB Kommentar, Vorbem zu §§ 339 ff. (2015), Rn. 5.

776 Spezielle Maßregelungsgebote sind u.a. normiert in §§ 17 II S. 2 ArbSchG, 16 I AGG, 5 TzBfG.

777 Vgl. *Junker*, Grundkurs Arbeitsrecht, S. 149 f., Rn. 269.

778 Vorstellbar ist dies beim berechtigten internen Whistleblowing durch „Vergeltungsmaßnahmen" des Arbeitgebers. Um die Furcht von Arbeitnehmern vor solchen maßregelnden Reaktionen zu mindern, enthalten viele Verhaltenskodizes Klauseln, die ausdrücklich Schutz vor nachteiligen Maßnahmen bei internen

§ 612a BGB schließt auch selbstständige Vertragsstrafen, die ein an sich erlaubtes Verhalten sanktionieren, nicht aus. Soweit sich der Arbeitnehmer zu einem bestimmten Verhalten verpflichten kann, kann er erst recht auch eine selbstständige Strafe versprechen.[779]

2. Verbot der „Anprangerung"

Mit dem Persönlichkeitsrecht und der Würde des Arbeitnehmers ist es nicht zu vereinbaren, wenn eine Ahndung seiner Pflichtverletzung aus generalpräventiven Gründen zur „Abschreckung" im Unternehmen bekannt gemacht wird. Eine solche „Anprangerung" ist nicht zulässig.[780] Synonym wird auch der Begriff des „Shaming" verwand. Darunter wird das bewusste Erzeugen einer verletzenden Wirkung im unmittelbaren sozialen Umfeld des „Täters" verstanden. Aus kriminologischer Perspektive steigt damit zwar die Effektivität der Maßnahmen. Sie wirken abschreckender als externe Sanktionen und staatlich Strafen, da sie den Täter in einem persönlichen Bereich treffen und einer Ächtung im Betrieb als unmittelbares soziales Umfeld bezwecken. Die allgemeine Schutz- und Fürsorgepflicht des Arbeitgebers aus §§ 611, 241 II BGB fordert von ihm aber die Achtung und Wahrung des allgemeinen Persönlichkeitsrechts des Arbeitnehmers, insbesondere betroffen in der Ausprägung des Rechts auf informationelle Selbstbestimmung. Eine solche „Prangerwirkung" oder „Shaming" verletzen aber das Persönlichkeitsrecht der betroffenen Mitarbeiter und sind auch nicht zu rechtfertigen. Insofern verbietet sich jede Form des „Anprangerns" als Reaktion.

II. Schadensersatzansprüche des Arbeitgebers gegen den Arbeitnehmer

Durch die Einbeziehung von Ethik- und Compliancerichtlinien in den Arbeitsvertrag werden vertragliche Neben- und Rücksichtnahmepflichten aus dem Arbeitsverhältnis begründet, deren Verletzung Schadensersatzansprüche des Arbeitgebers gegen den Arbeitnehmer auslösen können.[781] So kommen im Falle des Verstoßes gegen verbindlich in einem Ethikkodex festgehaltene Regeln primär Schadensersatzansprüche des Arbeitgebers wegen Vertragsverletzung nach §§ 280 I S. 1, 611, 241 II BGB in

Meldungen in gutem Glauben zusichern. Siehe dazu: S. 140. Siehe zum ausnahmsweise berechtigten externen Whistleblowing: S. 138 ff.

779 *Rieble*, in: Staudinger, BGB Kommentar, § 339 (2015), Rn. 194.

780 *Matthes*, in: Münchener Hdb ArbR Band 2, § 243, Rn. 28; BAG, Urt. v. 21.02.1979 – 5 AZR 568/77, NJW 1979, 2532 (aus den Gründen: II, 2, b)); *Fitting*, BetrVG Kommentar, § 87, Rn. 90; *Wiese*, in: GK-BetrVG, § 87, Rn. 260; die Zulässigkeit anzweifelnd: OLG Frankfurt, Beschluss v. 21.09.1992 – 6 Ws (Kart) 12/91, NJW-RR 1993, 231 (231).

781 So auch *Gilch/Pelz*, CCZ 2008, 131 (136); *Böhm*, Non-Compliance und Arbeitsrecht, S. 269 ff.

Betracht. Je nach Art der festgestellten Pflichtverletzung kommt bei schuldhafter Verletzung eines geschützten Rechtsgutes des Arbeitgebers ebenfalls ein Schadensersatzanspruch aus unerlaubter Handlung nach § 823 I BGB oder § 826 BGB[782] in Betracht. Bei einer Straftat des Arbeitnehmers kommt eine Haftung nach § 823 II BGB i.V.m. einem Schutzgesetz (z.B. §§ 230, 263, 264, 266, 266a, 283 ff, 299 StGB) in Betracht. Die Bedeutung der deliktischen Haftung hält sich jedoch in Grenzen, da bei Verstoß gegen Compliance- und Ethikrichtlinien zugleich eine arbeitsvertragliche Pflichtverletzung vorliegt und die vertragliche Haftung, anders als die deliktische, auch Vermögensschäden abdeckt.

Rechtsfolge des § 280 I S. 1 BGB wäre die volle Haftung des Arbeitnehmers. Dies wird aufgrund der Besonderheiten des Arbeitsverhältnisses grundsätzlich als zu streng empfunden.[783] Es erfolgt daher eine Modifizierung des zivilrechtlichen Haftungsrechts[784] zugunsten des Arbeitnehmers (sog. privilegierte Arbeitnehmerhaftung) durch die Figur des innerbetrieblichen Schadensausgleichs,[785] welches einseitig zwingendes Arbeitnehmerschutzrecht darstellt.[786] Dies ist somit auch bei Schadensersatzansprüchen des Arbeitgebers gegen den Arbeitnehmer aufgrund eines Compliance- und Ethikrichtlinienverstoßes zu beachten.[787]

---

782 Z.B. beim Missbrauch von Vertretungsmacht zum Nachteil des Arbeitgebers durch Abschluss ungünstiger Verträge, wie beim kollusiven Zusammenwirken von bestechendem und bestochenem Arbeitnehmer, der seine Vertretungsmacht dazu missbraucht.

783 *Giesen*, CCZ 2009, 102 (103).

784 Nach den Grundsätzen der privilegierten Arbeitnehmerhaftung haftet der Arbeitnehmer bei leichter Fahrlässigkeit in der Regel nicht, während bei mittlerer Fahrlässigkeit der Schaden zwischen Arbeitnehmer und Arbeitgeber analog § 254 BGB anhand einer Abwägung der Gesamtumstände zu verteilen ist. Bei Vorsatz und grober Fahrlässigkeit bezüglich der (Mit-)Verursachung des Schadens hat er in aller Regel den gesamten Schaden zu tragen, BAG, Beschluss v. 27.09.1994, GS 1/89 (A), NZA 1994, 1083 (1084 ff), Ziff. II und Ziff. III. Ausführlich dazu auch *Schumacher*, Die privilegierte Haftung des Arbeitnehmers, S. 47 ff., 59 f.

785 Durchbrechungen der strengen Verschuldenshaftung des Schadens- und Deliktsrechts des BGB zugunsten des Arbeitnehmers gegenüber dem Arbeitgeber aus Billigkeitsgründen bereits: BAG, Beschluss v. 25.09.1957 – GS 4 (5)/56, NJW 1958, 235; BAG, Urt. v. 19.03.1959 – 2 AZR 402/55, NJW 1959, 1796 (mit der Voraussetzung der gefahr- bzw. schadensgeneigten Tätigkeit als Anknüpfungspunkt für die Haftungserleichterung); seit BAG, Beschluss v. 27.09.1994, GS 1/89 (A), NZA 1994, 1083 stellt die „betrieblich veranlasste“ Tätigkeit den Anknüpfungspunkt für die Haftungserleichterung dar. Darstellung der Entwicklung der Rechtsfigur des innerbetrieblichen Schadensausgleichs bei *Giesen*, CCZ 2009, 102 (103); *Preis*, in: ErfK § 619a BGB, Rn. 9 ff.

786 BAG, Urt. v. 05.02.2004 – 8 AZR 91/03, NZA 2004, 649.

787 Das Merkmal der „betrieblich veranlassten“ Tätigkeit liegt bei Straftaten zulasten des Arbeitgebers zwar nicht vor. Rechts- oder weisungswidriges Verhalten der Arbeitnehmer bei Ausführung einer vertraglich geschuldeten Tätigkeit gehören

Ethik- und Compliancerichtlinien enthalten teilweise abstrakt gehaltene Verhaltensanforderungen. Da durch solche „abstrakten Pflichtenkataloge" die Haftung des Arbeitnehmers entgegen dem Zweck der Haftungsbegrenzung nicht verschärft werden soll, sondern nur abstrakte Nebenpflichten konkretisiert werden sollen, besteht im Arbeitsrecht die Besonderheit, dass sich das Verschulden des Arbeitnehmers auch auf den Schadenseintritt und -umfang beziehen muss.[788]

Schwierigkeiten bei der Prüfung eines Schadensersatzanspruchs des Arbeitgebers aus einer Rücksichtnahme- oder Nebenpflichtverletzungen durch Verstoß gegen Compliance- und Ethikrichtlinien verursachen zum einen die Feststellung der Schadenshöhe,[789] welche durch den Arbeitgeber beziffert werden muss, aber auch

---

jedoch innerhalb der beschrieben Haftungsgrenzen zum Risiko des Arbeitgebers. Dies kennzeichnet gerade die Figur des innerbetrieblichen Schadensausgleichs.

788 *Richardi/Fischinger*, in: Staudinger, BGB Kommentar, § 619a (2016), Rn. 77 ff.; *Preis*, in: ErfK, § 619a, Rn. 14; *„Die Gründe, die eine privilegierte Haftung des Arbeitnehmers rechtfertigen, tragen aber nicht nur eine Differenzierung des Verschuldensmaßstabes, sondern darüber hinaus eine Erstreckung des Verschuldens auf den Schaden"*, so BAG, Urt. v. 18.04.2002 – 8 AZR 348/01, NZA 2003, 37 (41), weiter: *„Ferner entspräche es nicht dem Schutzzweck der Haftungsbeschränkung, wenn man es dem Arbeitgeber weitgehend überließe, die Haftung des Arbeitnehmers dadurch zu verschärfen, dass durch die Weisung bereits abstrakte Gefahren zu vermeiden sind. Ein deshalb vom Arbeitgeber aufgestellter umfassender Pflichtenkatalog zur Meidung von Gefahren widerspräche außerdem letztlich auch dessen Interesse, denn ein solcher könnte bei den Arbeitnehmern eine lähmende, einem effektiven Betriebsergebnis entgegenstehende Vorsicht bewirken."*

789 Zur Feststellung der genauen Schadenshöhe beim Arbeitgeber kommt es entscheidend auf die Definition des Schadensbegriffs an. Nach dem wirtschaftlichen Schadensbegriff und der Differenzhypothese kann die Bestimmung des Schadens schwierig werden. Denn danach bestünde der Schaden in der Differenz von zwei Güterlagen, der durch das Ereignis geschaffenen und der unter Ausschaltung des Schadensereignisses gedachten Güterlage. Zudem müsste der Betrag, der z.B. aus dem Unternehmen herausgeschleust wurde, mit dem Betrag der wirtschaftlichen Vorteile für das Unternehmen, die adäquat kausal aus dem Fehlverhalten erlangt wurden, ins Verhältnis gesetzt werden, sodass unter Umständen kein Schaden mehr vorhanden sein könnte. Eine Schadensersatzforderung gegen den Arbeitnehmer würde dann mit dem Bereicherungsverbot der Differenzhypothese kollidieren. Ersatzfähig wäre auch der entgangene Gewinn nach § 252 BGB, z.B. wenn das Unternehmen durch Pflichtverstoß des Arbeitgebers von laufenden Vergabeverfahren ausgeschlossen wird oder wenn Kunden daher die Geschäftsbeziehungen kündigen. Auch die Kosten der erforderlichen unternehmensinternen Untersuchung können einen ersatzfähigen Schaden darstellen, wenn der Arbeitnehmer durch sein Fehlverhalten Anlass zu diesen gegeben hat, siehe z.B. zum Einsatz eines Detektivs im Unternehmen. Zieht man zur Schadensberechnung korrigierend normative Wertungen hinzu, kommt es auch auf den Zweck der verletzten Gesetzesnorm an. Ein Schaden könnte dann in Höhe des Betrags entstanden sein, den der Arbeitnehmer z.B. aus dem Unternehmen herausgeschleust

die Frage der individuellen Vorwerfbarkeit bzw. des Verschuldens des Arbeitnehmers.[790] Diese Fragen der Feststellung der Schadenshöhe und des Verschuldens des Arbeitnehmers lassen sich befriedigend nur am konkreten Fall lösen und begegnen insbesondere auch tatsächlichen und beweisrechtlichen Schwierigkeiten. Eine abstrakte tiefergehende Behandlung erscheint an dieser Stelle wenig weiterführend.

Die Geltendmachung eines Schadensersatzanspruchs des Arbeitgebers gegen den Arbeitnehmer bei positiver Vertragsverletzung aus §§ 280 I S. 1, 611, 241 II BGB in Höhe des durch die Vertragsverletzung entstandenen Schadens, stellt eine Möglichkeit des Arbeitgebers dar, seine durch den Compliance- und Ethikrichtlinienverstoß entstandenen wirtschaftlichen Nachteile zu kompensieren. Eine volle Kompensation der möglicherweise immensen finanziellen Schäden ist dabei jedoch aufgrund der begrenzten wirtschaftlichen Leistungsfähigkeit des Arbeitnehmers in der Regel ausgeschlossen.[791] Die Geltendmachung eines Schadensersatzanspruchs ist als Ausübung vertraglicher Rechte ohne disziplinarischen Bezug zu klassifizieren.

III. Die Ermahnung

Dem Gläubiger der Arbeitsleistung steht das Recht zu, seinen Arbeitnehmer als Schuldner auf eine Vertragsverletzung hinzuweisen. Dieses Rügerecht des Arbeitgebers folgt direkt aus seiner Gläubigerstellung.[792] Dies kann er nicht nur mit der bereits beschriebenen kündigungsrelevanten Abmahnung, sondern auch mit der Ermahnung als arbeitsrechtliche Disziplinarmaßnahme tun.

---

hat. Hinzu kämen auch eventuelle Bußgelder, die das Unternehmen aufgrund dieses rechtswidrigen/strafbaren Mitarbeiterverhaltens treffen, soweit nicht die Geldbuße gerade das Vermögen des Unternehmens belasten soll und der Schaden damit aus dem Schutzbereich der belastenden Norm fällt. So bei *Grüneberg*, in: Palandt BGB Kommentar, Vorb. v. § 249, Rn. 10, 13 f; ausführlich auch *Böhm*, Non-Compliance und Arbeitsrecht, S. 272 ff.

790 Beruft sich der Arbeitnehmer auf ein direktes oder indirektes Verlangen oder Dulden solchen Verhaltens durch den Arbeitgeber, kann die Feststellung der individuellen Vorwerfbarkeit problematisch werden. Dem Arbeitgeber könnte einerseits ein erhebliches Mitverschulden nach § 254 BGB zurechnen zu sein (zusätzlich zu den Regelungen des innerbetrieblichen Schadensausgleichs). Er könnte sich andererseits aber auch erfolgreich darauf berufen, dass sich der Arbeitnehmer nicht auf nichtige Weisungen stützen kann oder er in seinen Compliance- und Ethikrichtlinien ausdrücklich ein Nichtdulden solchen Verhaltens normiert hat, sodass eine Zurechnung ausscheidet. *Kolbe*, NZA 2009, 228 (230 f.); *Weiße*, in: Moosmayer/Hartwig, Interne Untersuchungen, S. 55 f.

791 Aus dieser Erwägung heraus lassen sich insbesondere auch Kronzeugenregelungen mit Verzicht des Arbeitgebers auf Schadensersatzansprüche bei unbedingter Mitarbeit des Arbeitnehmers an der vollständigen Aufklärung struktureller Verstöße im Rahmen einer unternehmensinternen Untersuchung erklären.

792 *Müller-Glöge/Niemann*, in: ErfK, § 626 BGB, Rn. 30; *Richter*, in: Gercke/Kraft/Richter, Arbeitsstrafrecht, S. 336, Rn. 72 ff.

Bei der Ermahnung handelt es sich um eine mündliche oder schriftliche Rüge der Pflichtverletzung, die dem Arbeitnehmer deutlich die Missbilligung des gerügten Verhaltens aufzeigen soll. Die Ermahnung ist, wie die Abmahnung, ebenfalls eine tatsächliche Erklärung des Arbeitgebers ohne unmittelbare Rechtsfolgen. Sie kann in die Personalakte aufgenommen werden, was neben der Rüge an sich disziplinierend wirkt. Die Ermahnung selbst hat keine Sanktionsfunktion und bedroht auch nicht die Existenz des Arbeitsverhältnisses.[793] Einer daraus folgenden Einordnung als „grundsätzlich rechtlich irrelevant"[794] kann jedoch nicht gefolgt werden. In Abgrenzung zur Abmahnung fehlt der Ermahnung zwar die Warn- und Androhungsfunktion. Gemeinsam haben beide Erklärungen aber die Dokumentations- und Hinweisfunktion. Darüber hinaus verhindert die Ermahnung, dass durch ein Stillschweigen des Arbeitgebers der Eindruck entsteht, dass das Fehlverhalten geduldet würde.[795]

Gegenüber der Abmahnung ist die Ermahnung im Rahmen der Verhältnismäßigkeit als milderes Mittel anzusehen.[796] Denn die Ermahnung steht nicht im Zusammenhang mit der Beendigung des Arbeitsverhältnisses. In einem Stufensystem der möglichen Reaktionen wäre sie demnach auf unterster Stufe anzusiedeln. Die Ermahnung kommt insbesondere dann in Betracht, wenn eine Abmahnung unverhältnismäßig wäre, wie bei Bagatell- und Leichtverstößen und ist damit Ausdruck des Übermaßverbotes. Aber auch in den Fällen, in denen eine Kündigung des Arbeitnehmers nicht im Interesse des Arbeitgebers liegt, z.B., weil es sich um eine Fachkraft oder einen Leistungsträger handelt, kann zunächst eine Ermahnung als Rüge des Pflichtverstoßes ausgesprochen werden, sodass ein nächster einschlägiger Pflichtverstoß nicht bereits zu einer Kündigung führen muss. Innerhalb eines Stufensystems erfüllt sie damit durchaus eine Funktion.

Bei Überlegungen, die zu einer Reaktion mit einer Ermahnung führen, hat der Arbeitgeber zweierlei zu bedenken und bei seiner Entscheidung zu berücksichtigen. Zum einen darf durch ein solches Verhalten nicht der Eindruck entstehen, Verstöße gegen Compliance- und Ethikrichtlinien seien nicht ernst zu nehmen oder der Kodex werde nicht „gelebt". Zum anderen besteht die Möglichkeit, dass ein anderer Arbeitnehmer sich bei gleichem Verstoß auf die „milde" Reaktion des Arbeitgebers mit einer Ermahnung „berufen" kann[797] und eine strengere Reaktion auf den gleichen Verstoß dann unzulässig ist, da mildere Mittel möglich sind.

Für den ermahnten oder gerügten Arbeitnehmer hat die Ermahnung dahingehend Bedeutung, als sie eine negative Zukunftswirkung entfalten und das berufliche

793 *Koffka,* Die arbeitsrechtliche Abmahnung als Rechtsinstitut, S. 195; *Richter,* in: Gercke/Kraft/Richter, Arbeitsstrafrecht, S. 341, Rn. 95.

794 So *Richter,* in: Gercke/Kraft/Richter, Arbeitsstrafrecht, S. 341, Rn. 98.

795 In diesem Sinne BAG, Urt. v. 13.11.1991 – 5 AZR 74/91, DB 1992, 843.

796 Vgl. *Rein,* Die individualrechtliche Implementierung einer Ethikrichtlinie mit vorweggenommener Abmahnung, S. 255.

797 Der Arbeitnehmer kann dies als Argument für eine fehlende Verhältnismäßigkeit im Rahmen seines Kündigungsschutzprozesses anführen.

Fortkommen beeinträchtigen kann. Daher kann der Arbeitnehmer auch gegen eine unrichtige oder ungerechtfertigte Ermahnung vorgehen und ihre Entfernung aus der Personalakte verlangen. Der Arbeitnehmer empfindet eine Ermahnung und ihren Eintrag in die Personalakte darüber hinaus als nachteilig, wodurch sie disziplinierend wirkt.

IV. Vermögenswirksame Nachteile

Als besonders wirksam und disziplinierend werden Reaktionen angesehen, die sich unmittelbar auf das Vermögen des Betroffenen auswirken. Der Arbeitgeber hat alleine nicht die einseitige Befugnis, Strafen auszusprechen und Geldbußen zu verhängen, dazu bedarf es einer kollektivrechtlichen Vereinbarung, einer Betriebsbußenordnung. Allerdings kann sich der Arbeitgeber vertraglich gewisse Reaktionsmöglichkeiten vorbehalten. Diese direkt und nachteilig auf das Vermögen einwirkenden Reaktionen können das „Wohlverhalten" absichern und haben hohen disziplinierenden und sanktionierenden Charakter.

1. Verlust von freiwilligen oder variablen Entgeltbestandteilen

Naheliegend erscheint zunächst die Möglichkeit, bei Verstößen des Arbeitnehmers gegen die Compliance- und Ethikrichtlinien einen Teil seines Entgelts einzubehalten. Minderungen der Entgeltzahlungspflicht bei Schlechtleistungen kommen im Kauf- und Werkvertragsrecht (§§ 441, 638 BGB) explizit in Betracht. Unter Schlechtleistung im weitesten Sinne sind alle Verletzungen arbeitsvertraglicher Pflichten zu verstehen, die weder Verzug noch Unmöglichkeit der Arbeitsleistung zur Folge haben.[798] Von der Schlechtleistung können auch Nebenpflichtverstöße des Arbeitnehmers, wie Verstöße gegen Compliance- und Ethikrichtlinien erfasst sein. Eine solche Minderung der Entgeltzahlungspflicht des Arbeitgebers bei Schlechtleistung der Arbeit ist im Dienstvertragsrecht jedoch gerade nicht vorgesehen. Daraus wird gefolgert, dass bei Pflichtverletzungen des Arbeitnehmers eine Lohnminderung nicht in Frage kommt.[799]

In Betracht könnte allenfalls ein Widerruf oder eine Kürzung der (soweit vorhandenen) Sonderleistungen des Arbeitgebers als entgeltbezogene Reaktion kommen. Auch einmaligen anlassbedingten Sondervergütungen, die der Arbeitgeber freiwillig[800] gewährt, kommt Entgeltcharakter zu. Der Arbeitgeber kann Pflichtverletzungen

---

798 *Kraft*, NZA 1989, 777 (780).

799 Möglich ist dann lediglich eine Aufrechnung von Schadensersatzansprüchen des Arbeitgebers wegen Schlechtleistung des Arbeitnehmers mit dessen Lohnforderungen innerhalb der Pfändungsgrenzen, so *Böhm*, Non-Compliance und Arbeitsrecht, S. 240 f.; *Kraft*, NZA 1989, 777 (781); *Thüsing*, in: HWK Arbeitsrecht Kommentar, § 611, Rn. 412.

800 Im Sinne einer freiwilligen Entscheidung diese gewähren zu wollen, nicht im Sinne eines Freiwilligkeitsvorbehalts.

des Arbeitnehmers zum Anlass nehmen, solche Sonderleistungen (oder Teile davon) zu widerrufen.[801] Ein Widerrufsrecht muss sich der Arbeitgeber allerdings für diese Fälle auch wirksam vorbehalten haben. Die Gewährung und auch der Widerruf von Sonderleistungen werden häufig über eine formularvertragliche Klausel geregelt, die sich an den §§ 305 ff. BGB messen lassen muss und sich danach einer Angemessenheits- und einer Ausübungskontrolle unterziehen muss.[802] So kann z.B. eine Sonderleistung gewährt werden, die einen Widerrufsgrund bei Verstößen gegen den Compliance- und Ethikkodex vorsieht. Der Vertragsgestaltung und Zwecksetzung der Sonderzahlungen sind innerhalb der Transparenzregeln des § 307 I 2 BGB und bei Änderung des Arbeitsentgelts des § 308 Nr. 4 BGB kaum Grenzen gesetzt.[803] Eine Zustimmung des Betriebsrats ist dafür nicht erforderlich.[804] Der Arbeitgeber kann die Sonderleistung aber auch unter der aufschiebenden oder auflösenden Bedingung gewähren, dass in einem bestimmten Zeitabschnitt keine Verstöße gegen den Compliance- und Ethikkodex begangen werden. Dies setzt Anreize die Compliance- und Ethikrichtlinien einzuhalten.

Der Arbeitgeber muss, auch bei freiwilliger Gewährung einer Sonderzahlung, den allgemeinen Gleichbehandlungsgrundsatz beachten.[805] Danach können bei der Gewährung einer Sonderleistung nach generalisierenden und abstrakten Kriterien einzelne Arbeitnehmer nur dann ausgenommen werden, wenn dies sachlichen

801 Es ist darauf zu achten, in der Klauselformulierung nicht zugleich von einer freiwillig gewährten Leistung und einem jederzeit möglichen Widerruf zu sprechen. Derartige Kombinationen von Freiwilligkeitsvorbehalt und Widerrufsvorbehalt sind nach der Rechtsprechung des BAG intransparent und widersprüchlich, BAG, Urt. v. 08.12.2010 – 10 AZR 671/09, NZA 2011, 628 (Orientierungssatz 4, 631). Auch die klare Zusage einer Sonderzahlung, die einen Rechtsanspruch auf diese Zahlung entstehen lässt, und eine Ergänzung der Klausel um einen Freiwilligkeitsvorbehalt hinsichtlich der Zahlung stellen eine intransparente und widersprüchliche Aushöhlung des Leistungsversprechens dar, die zudem unangemessen benachteiligen ist, §§ 307 I S. 1 und 2 BGB, BAG, Urt. v. 30.07.2008 – 10 AZR 606/07, NZA 2008, 1173 (Orientierungssatz 4, 1178); vgl. zum Freiwilligkeitsvorbehalt und dem Widerrufsvorbehalt insgesamt: *Preis,* in: ErfK, §§ 305–310 BGB, Rn. 57 ff. und 68 ff.

802 Dazu bereits S. 79 ff. Zur Auslegung und Inhaltskontrolle von Entgeltabreden auch ausführlich *Preis,* in: Preis, Der Arbeitsvertrag, II. S. 40, Rn. 5 ff.

803 *Preis,* in: Preis, Der Arbeitsvertrag, II. S. 40, Rn. 2, 7; BAG, Urt. v. 28.03.2007 – 10 AZR 261/06, NZA 2007, 687 (688): der Arbeitgeber ist auf Grund eines Freiwilligkeitsvorbehalts in seiner Entscheidung frei, ob und unter welchen Voraussetzungen er seinen Arbeitnehmern eine zusätzliche Leistung gewährt.

804 Dabei ist jedoch zu beachten, dass es sich bei den Voraussetzungen der Gewährung und dem Widerruf von freiwilligen Leistungen um Fragen der Lohngestaltung handelt, deren Regelung nach § 87 I Nr.10 BetrVG der Mitbestimmung unterfallen. Daraus ergibt sich jedoch kein Mitbestimmungsrecht im Einzelfall, vgl. BAG, Beschluss v. 22.10.1985 – 1 ABR 38/83, NZA 1986, 299 (Ls. 1, unter B. II. 3.).

805 BAG, Urt. v. 28.03.2007 – 10 AZR 261/06, NZA 2007, 687 (688).

Kriterien entspricht.[806] Die Einhaltung von unternehmensinternen Ethik- und Compliancerichtlinien genügt bei klarer und transparenter Regelung diesen Anforderungen und kann als sachlich gerechtfertigtes Kriterium für einen Widerruf angesehen werden. Der Widerrufsgrund ergibt sich damit inzident aus dem Zweck der Sonderzulage.

2. Entzug von Vorteilen

Eine weitere Reaktionsmöglichkeit des Arbeitgebers auf Pflichtverstöße des Arbeitnehmers kann im Entzug von Vorteilen liegen. Gemeint sind damit Vorteile wie Zulagen, Flugpreisermäßigungen[807] und verbilligter Warenbezug, Personalrabatte o.ä., die nicht im synallagmatischen Gegenseitigkeitsverhältnis des Arbeitsvertrags stehen. Dennoch handelt es sich dabei um Entgeltbestandteile.[808] Ebenfalls in Betracht kommt die Entziehung von Ansprüchen auf Entgeltumwandlung, welche zugunsten des Arbeitnehmers als Versorgungsberechtigtem über dem gesetzlich abgesicherten Entgeltumwandlungsanspruch liegen, §§ 1a I, 17 III S. 3 BetrAVG.[809]

Es kommt für die Zulässigkeit einer solchen Reaktion darauf an, ob der Arbeitgeber dadurch in eine bestandsgeschützte Rechtsposition des Arbeitnehmers eingreift. Dann ist er verpflichtet im Rahmen der Verhältnismäßigkeit zunächst mildere Mittel, wie z.B. eine Abmahnung, zur Herstellung künftiger Vertragstreue vorzunehmen.[810] Eine solche bestandsgeschützte Rechtsposition des Arbeitnehmers liegt vor, wenn die Gewährung der Vergünstigung bindend festgelegt ist. Eine solche Rechtsposition liegt dagegen nicht vor, wenn sie unter dem Vorbehalt der Freiwilligkeit oder des begründeten Widerrufs gewährt wird, da es sich dann nicht um eine bestehende Rechtsposition des Arbeitnehmers handelt, in die er ein schutzwürdiges unbedingtes Vertrauen entwickeln durfte.

Der Entzug von solchen Vorteilen kann grundsätzlich nur mit entsprechender wirksamer Klausel (s.o.) und im Rahmen des billigen Ermessens erfolgen, § 315 BGB. Eine Ausübungskontrolle mit Abwägung der wesentlichen Umstände des Einzelfalls und Berücksichtigung der beiderseitigen Interessen ist auch im Einzelfall notwendig. Erfüllt der Arbeitnehmer die Voraussetzungen für die Leistungsgewährung nicht, wird der wirksam vereinbarte Widerrufsgrund verwirklicht oder ist es dem Arbeitgeber absolut nicht zuzumuten ein derartiges Fehlverhalten hinzunehmen,

---

806 BAG, Urt. v. 28.03.2007 – 10 AZR 261/06, NZA 2007, 687 (Orientierungssatz 1, 688); *Preis,* in: ErfK, § 611 BGB, Rn. 576, 579 ff.

807 BAG, Beschluss v. 22.10.1985 – 1 ABR 38/83, NZA 1986, 299 ff.; BAG, Urt. v. 13.12.2006 – 10 AZR 792/05, NZA 2007, 325 (326 f.).

808 Zum Anspruch auf Teilnahme am Personaleinkauf als Entgeltbestandteil BAG, Urt. v. 07.09.2004 – 9 AZR 631/03, NZA 2005, 941 (942 f.).

809 So geregelt z.B. in der Sanktionsklausel der Deutschen Bank AG, vgl. dazu S. 119.

810 So *v. Hoyningen-Huene,* RdA 1990, 193 (205 f.); *Koffka,* Die arbeitsrechtliche Abmahnung als Rechtsinstitut, S. 82 f.

kann der Widerruf oder das Vorenthalten billigem Ermessen nach § 315 BGB entsprechen.[811]

Bei diesen Konstruktionen eines Anspruchs auf Sonderleistung unter der Bedingung der Vertragstreue handelt es sich nicht um eine disziplinierende Reaktion auf Pflichtverstöße, sondern um einen positiven Anreiz zur Vertragstreue.

3. Fazit

Der vertraglich vereinbarte Widerruf von Sonderleistungen, die Kürzung freiwillig gewährter Leistungen und der Entzug von Vorteilen haben hohen disziplinierenden Charakter, da der Grund für die Maßnahme direkt im Verstoß gegen den Compliance- und Ethikkodex liegt. Sie machen sich durch Einbußen unmittelbar in der Vermögenslage des Betroffenen bemerkbar. Dies macht die Maßnahmen sehr effektiv. Sie haben einen sanktionierenden Charakter, der über den der Abmahnung hinausgeht.

Es muss zur Wirksamkeit solcher Maßnahmen nach den §§ 305 ff. BGB allerdings streng auf die Formulierung entsprechender Klauseln und Vorbehalte geachtet werden. Einer die Compliancetreue belohnenden Sonderzahlung kommt eine hohe positive Anreizlage zugute, Complianceverstößen vorzubeugen und sie zu verhindern. Auf individualrechtlicher Grundlage kann der Arbeitgeber damit auf arbeitsvertragliche Pflichtverstöße reagieren. Will er dagegen die betriebliche Ordnung durchsetzen, sind ähnliche Maßnahmen möglich, es handelt sich dann aber um mitbestimmungspflichtige Betriebsbußen.[812]

V. Versetzung des Arbeitnehmers

Eine weitere Reaktionsmöglichkeit des Arbeitgebers auf Compliance- und Ethikrichtlinienverstöße kann in der Versetzung des Arbeitnehmers liegen.

1. Zulässigkeit einer Versetzung

Im Arbeitsvertragsrecht wird unter dem Begriff der Versetzung allgemein die Änderung der Vertragsbedingungen hinsichtlich des Aufgabenbereichs des Arbeitnehmers nach Zeit, Art, Ort und Umfang der geschuldeten Tätigkeit verstanden. Der Begriff der Versetzung ist deskriptiv[813] und beschreibt den tatsächlichen Vorgang der Zuweisung eines anderen sachlichen und/oder örtlichen Tätigkeitsbereichs. Entscheidend für deren Zulässigkeit ist, ob die Änderung einseitig oder einvernehmlich erfolgen kann.

---

811 *Koffka*, Die arbeitsrechtliche Abmahnung als Rechtsinstitut, S. 83.

812 BAG, Beschluss v. 22.10.1985 – 1 ABR 38/83, NZA 1986, 299 (300). Siehe dazu S. 267267.

813 Vgl. *Reichold*, in: Münchener Handbuch zum Arbeitsrecht, § 36, Rn. 33.

Die Versetzung ist für das Betriebsverfassungsrecht in § 95 III BetrVG legaldefiniert und liegt bei der tatsächlichen Zuweisung eines neuen Arbeitsplatzes für eine gewisse Dauer vor, unabhängig davon, ob dem Arbeitgeber ein Versetzungsrecht zusteht. Sie bedarf nach § 99 I S. 1 BetrVG der Zustimmung des Betriebsrates.

Rechtsgrundlage der Versetzung, also der Änderung des Aufgabenbereichs des Arbeitnehmers, können einseitig das Weisungsrecht des Arbeitgebers und die Änderungskündigung[814] sein oder sie erfolgt einvernehmlich durch Vertragsänderung als Änderungsvertrag (§ 311 I BGB).[815] Die individualrechtliche Zulässigkeit der Aufgabenveränderung beurteilt sich nach der zugrundeliegenden Rechtsgrundlage. Im Vordergrund der Betrachtung der Reaktionsmöglichkeiten auf Verstöße des Arbeitnehmers gegen Compliance- und Ethikrichtlinien steht die Versetzung durch einseitige Rechtsgeschäfte.

a) Versetzung im Rahmen des Weisungsrechts

Gemäß § 106 S. 1 GewO kann der Arbeitgeber grundsätzlich die Einzelheiten der Arbeitsleistung (Inhalt, Ort und Zeit) nach billigem Ermessen näher bestimmen,[816] mithin auch eine Um- oder Versetzung anordnen, sofern diese vertraglich nicht ausgeschlossen ist. Entscheidend für die Zulässigkeit der Versetzung im Rahmen des Weisungsrechts des Arbeitgebers ist die Aufgabenbeschreibung und -zuweisung im Arbeitsvertrag.[817] Bei einer Umsetzung ändert sich dagegen der Tätigkeitsbereich nicht, der Arbeitnehmer wird innerhalb des Betriebes lediglich umgesetzt.[818] Dies ist regelmäßig von der Weisungsbefugnis nach § 106 S. 1 BGB erfasst.

Ist die Regelung im Arbeitsvertrag hinsichtlich des Ortes und der Arbeit sehr konkret, besteht das aus dem Direktionsrecht abgeleitete Recht zur Ver-/Umsetzung nur noch eingeschränkt oder ist sogar ausgeschlossen. Ist die dahingehende Beschreibung im Arbeitsvertrag dagegen sehr allgemein, hat dies auch ein weites Direktionsrecht zur Folge.[819] Der Umfang des Weisungsrechts hinsichtlich einer möglichen Ver-/Umsetzung hängt also von der konkreten Formulierung der Vertragsbestimmungen ab. Erlaubt das Weisungsrecht des Arbeitgebers eine Versetzung, kann er diese als gezielte Reaktion auf Compliance- und Ethikrichtlinienverstöße

---

814 Siehe dazu schon S. 94.

815 Dazu *Reichold*, in: Münchener Hdb ArbR, Band 1, § 36, Rn. 33 ff.

816 Siehe dazu genauer S. 88.

817 Arbeitsvertrag, Bestimmungen einer Betriebsvereinbarung, eines anwendbaren Tarifvertrags oder gesetzliche Vorschriften sind vorrangig auf eine direkte Regelung zu untersuchen.

818 Die Umsetzung ist in der Praxis ein geläufiges Mittel bei Spannungen zwischen den Arbeitnehmern. Sie kann anstatt einer Abmahnung vorgenommen werden. Zur Mitbestimmung bei Um- und Versetzungen und zum Begriff der Versetzung BAG, Beschluss v. 26.05.1988 – 1 ABR 18/87, NZA 1989, 438 (439).

819 *Preis*, in: Preis, Der Arbeitsvertrag, II. D. 30, Rn. 15.

einsetzen.[820] Die Versetzung als Reaktion auf das Fehlverhalten des Arbeitnehmers unterliegt der Ausübungskontrolle. Sie muss also nach § 106 S.1 GewO billigem Ermessen (§ 315 BGB) entsprechen und dem Arbeitnehmer zumutbar sein.[821]

Eignet sich die Versetzung dazu, in Zukunft wiederholte Verstöße auszuschließen oder deren Wahrscheinlichkeit zu reduzieren, liegt sie innerhalb des billigen Ermessens. Soll sie dagegen als Strafe erfolgen oder hat schikanösen Charakter, ist sie mangels Disziplinargewalt des Arbeitgebers unwirksam und liegt nicht im billigen Ermessen.[822] So umfasst das Weisungsrecht des Arbeitgebers nicht die Befugnis, den Arbeitnehmer auf eine geringerwertige Tätigkeit zu versetzen, selbst wenn der Lohn weitergezahlt würde.[823] Auch müssen soziale Belange des Arbeitnehmers ausreichend beachtet werden.

Kann eine Versetzung im Rahmen des Weisungsrechts und nach billigem Ermessen wirksam angeordnet werden, handelt es sich um die Ausübung vertraglicher Rechte.[824] Die gezielte Reaktion mit einer Versetzung auf einen Compliance- oder Ethikrichtlinienverstoß kann für den Arbeitnehmer allerdings, trotz Berücksichtigung seiner Interessen, eine tatsächliche Belastung bedeuten. Er wird aus seiner gewohnten Umgebung herausgerissen und er muss sich gegebenenfalls in neue Aufgaben und Anforderungen einarbeiten. Damit entfaltet eine solche Versetzung als Reaktion für den Einzelnen in der Regel sanktionsähnliche Wirkung und hat als Androhung präventiven Charakter. Gleiches gilt für die Umsetzung.

b) Erhaltung und Erweiterung des Rechts zur Versetzung

Will der Arbeitgeber sein Direktionsrecht hinsichtlich Versetzungsmöglichkeiten erweitern oder bei konkreter vertraglicher Festlegung eines Tätigkeitsortes sein dahingehendes Direktionsrecht erhalten, muss er im Arbeitsvertrag oder in dem Compliance- und Ethikkodex einen entsprechenden Versetzungsvorbehalt[825]

---

820 So auch BAG, Urt. v. 24.04.1996 – 5 AZR 1031/94, NZA 1996, 1088 (1089); teilweise wird in diesen Fällen zuvor eine Abmahnung gefordert BAG, Urt. v. 30.10.1985 – 7 AZR 216/83, NZA 1986, 713.

821 Siehe dazu genauer S. 7474 ff.

822 *Böhm*, Non-Compliance und Arbeitsrecht, S. 237; *Preis*, in: Preis, Der Arbeitsvertrag, II. D. 30, Rn. 24 f.

823 BAG, Urt. v. 19.11.2002 – 3 AZR 591/01, NJOZ 2003, 1878 (1882); BAG, Urt. v. 24.04.1996 – 5 AZR 1031/94, NZA 1996, 1088 (1089); BAG, Urt. v. 30.08.1995 – 1 AZR 47/95, NZA 1996, 440 (442); *Preis*, in: Preis, Der Arbeitsvertrag, II. D. 30, Rn. 56.

824 So auch *Meyer*, Betriebliche Rügen und ihre Folgen, S. 12 f.

825 Der Versetzungsvorbehalt kann übergeordnet als Änderungsvorbehalt verstanden werden. Der Änderungsvorbehalt kann eine Art antizipierte Weisungskompetenz des Arbeitgebers vorsehen, *Reichold*, in: Münchener Handbuch zum Arbeitsrecht, § 36, Rn. 33. Der Versetzungsvorbehalt darf sich nicht nur nach Bedarf (i.S.v. Bedarf an Arbeitskraft) richten, sondern muss als Reaktionsform ausdrücklich mit vereinbart werden.

vereinbaren. Bei wirksam implementierter Versetzungsklausel kann der Arbeitgeber als Reaktion auf ein Fehlverhalten des Arbeitnehmers mit einer disziplinierend empfundenen Versetzung reagieren und dabei lediglich seine vertraglicher Rechte wahrnehmen.

Es stellt sich daher die Frage, wie ein solcher das Weisungsrecht erweiternder Versetzungsvorbehalt zulässig vereinbart werden kann. Wiederholt die Vertragsklausel lediglich die Regelung des § 106 GewO, ist sie deklaratorisch und unterliegt nach § 307 III S. 1 BGB nicht der Inhaltskontrolle. Sie wirkt dann aber auch nicht erweiternd.[826] Soll die Versetzungsklausel das einseitige Weisungsrecht bezüglich der Zuweisung des Arbeitsortes erhalten, auch wenn im Vertrag ein konkreter Ort vereinbart wurde, unterliegt sie der Inhaltskontrolle nach § 307 I BGB.[827] Allgemein lassen sich die AGB-rechtlichen Anforderungen an Versetzungsklauseln so zusammenfassen, dass solche Regelungen zulässig sind, die transparente, klare und nachvollziehbare Änderungsgründe enthalten und die dem Arbeitgeber das Recht geben dem Arbeitnehmer zwar eine andere, aber inhaltlich gleichwertige Tätigkeit im Vergleich zu der geschuldeten zu übertragen.[828] Geringerwertige Tätigkeiten können ausnahmsweise zugewiesen werden, wenn sie den strengen Transparenz- und Angemessenheitserfordernissen von Änderungsvorbehalten genügen, sowie ein gewichtiger Änderungsgrund vorliegt.[829] Zudem darf die Vergütung nicht geringer ausfallen, da eine einseitige Änderung der Hauptvertragspflichten nicht zulässig ist.[830] Die tatsächliche negative Folge einer zulässigen Versetzung ist lediglich der Ortswechsel, finanzielle Einbußen des Arbeitnehmers sind dagegen nicht das Ziel.

Selbst bei einer zulässig vereinbarten Versetzungsklausel im Compliance- und Ethikkodex muss sich die Weisung auch im Einzelfall an § 106 S. 1 GewO messen lassen und billigem Ermessen i.S.d. § 315 BGB entsprechen. Dabei ist der Versetzung durch Zahl der Arbeitsplätze, fachliche Eignung des Arbeitnehmers und letztendlich deren Zumutbarkeit eine Grenze gesetzt.[831]

---

826 Z.B. eine Klausel, die den Arbeitgeber berechtigt, dem Arbeitnehmer im gleichen Betrieb eine andere gleichwertige Arbeit zuzuweisen, die seinen Kenntnissen und Fähigkeiten entspricht und die nicht mit Entgelteinbußen verbunden ist. Dies gibt nur die Reichweite des § 106 GewO wieder.

827 Soweit die Erweiterung sich auf gleichwertige Tätigkeiten erstreckt und die Interessen des Arbeitnehmers angemessen berücksichtigt, wird sie als unproblematisch angesehen, BAG, Urt. v. 25.08.2010 – 10 AZR 275/09, NZA 2010, 1355 (Rz. 26); BAG, Urt. v. 13.04.2010 – 9 AZR 36/09, NJOZ 2010, 2625 (2626 ff.); BAG, Urt. v. 11.04.2006 – 9 AZR 557/05, NZA 2006, 1149.

828 BAG, Urt. v. 09.05.2006 – 9 AZR 424/05, NZA 2007, 145; BAG, Urt. v. 11.04.2006 – 9 AZR 557/05, NZA 2006, 1149 (Ls. 5).

829 *Preis*, in: ErfK, §§ 305–310 BGB, Rn. 51, 55, 55a; *ders.*, in: Preis, Der Arbeitsvertrag, II. D. 30, Rn. 149 f.; BAG, Urt. v. 25.08.2010 – 10 AZR 275/09, NZA 2010, 1355.

830 *Lakies*, Vertragsgestaltung, S. 109.

831 BAG, Urt. v. 13.04.2010 – 9 AZR 36/09, NJOZ 2010, 2625 (2628); BAG, Urt. v. 11.04.2006 – 9 AZR 557/05, NZA 2006, 1149 (1153).

Damit kommt die Versetzung des Arbeitnehmers auf einen anderen Arbeitsplatz gemäß einer vertraglich verabredeten Rechtsgrundlage als Reaktionsmaßnahme nicht bei allen Verstößen in Betracht. Versetzungen machen vor allem dann Sinn und entsprechen billigem Ermessen, wenn es darauf ankommt einen Arbeitgeber aus einer bestimmten Umgebung (örtlich, personell oder informationell) herauszuholen. Damit ist die Versetzung ein geeignetes Mittel, wenn es zu Problemen, Tätlichkeiten[832], Beleidigungen unter Kollegen oder Interessenkonflikten und Informationsmissbrauch gekommen ist. Im Falle eines Diebstahls oder bei generell arbeitnehmerbezogenem Fehlverhalten ist die Versetzung dagegen wenig geeignet. Die Versetzung kann dann als gezielte individualrechtliche Reaktion auf einen Compliance- und Ethikrichtlinienverstoß im Bewusstsein ihrer sanktionsähnlich empfundenen Wirkung auf den Betroffenen erfolgen.

2. *Die Versetzung als milderes Mittel vor Ausspruch einer verhaltensbedingten Kündigung?*

Die Maßnahme der Versetzung erlangt zudem bei der Frage Bedeutung, ob eine Versetzung eine vorrangige mildere Sanktion im Sinne der Verhältnismäßigkeit zur verhaltensbedingten Kündigung darstellt. Eine solche Kündigung ist nach § 1 II S. 1 KSchG sozial ungerechtfertigt und unverhältnismäßig, wenn es dem Arbeitgeber zumutbar ist, den Arbeitnehmer auf einem anderen freien Arbeitsplatz zu beschäftigen. Eine Versetzung kann aber nur dann ein geeignetes milderes Mittel sein, wenn es sich um einen *arbeitsplatz*bezogenen Kündigungsgrund handelt. Die Versetzung muss geeignet sein, weitere gleichartige Störungen des Vertragsverhältnisses zu verhindern. Nur dann wird der mit der verhaltensbedingten Kündigung angestrebte Zweck erreicht. Handelt es sich dagegen um *arbeitnehmer*bezogene Verstöße, wird ein Risiko weiterer Vertragsverletzung in der Regel nicht bereits durch einen Wechsel des Arbeitsorts beseitigt. Die Ethik- und Compliancerichtlinien gelten größtenteils arbeitsplatzunabhängig im gesamten Unternehmen.[833] Bei Verstößen gegen Verhaltenspflichten aus Compliance- und Ethikrichtlinien handelt es sich daher zumeist um *arbeitnehmer*bezogene Verstöße, die nichts mit dem konkreten Arbeitsplatz zu tun haben. Eine Versetzung kann dann nicht die Möglichkeit eines zukünftigen erneuten Pflichtverstoßes ausschließen. Ausnahmen sind zwar denkbar, z.B. wenn der Arbeitnehmer an seinem Arbeitsplatz an bestimmte Informationen herankommt oder in seiner Position eine Vertrauensstellung innehat. Ein anderer Arbeitsplatz könnte dies gegebenenfalls ändern, die Versetzung wäre jedoch in der Regel dann nicht mehr im Rahmen des Weisungsrechts möglich.

---

832 Bei gewisser Schwere ist eine Versetzung sogar unzumutbar, es kann sofort gekündigt werden, BAG, Urt. v. 06.10.2005 – 2 AZR 280/04, NZA 2006, 431 (Leitsatz 3); BAG, Urt. v. 22.07.1982 – 2 AZR 30/8, NJW 1983, 700.

833 Vgl. *Preis,* DB 1990, 685 (685); *Rein,* Die individualrechtliche Implementierung einer Ethikrichtlinie mit vorweggenommener Abmahnung, S. 267.

Zudem beschreibt diese Konstellation Fälle, in denen in der Regel das grundlegende Vertrauen derart zerstört ist, dass auch eine Weiterbeschäftigung auf anderer vergleichbarer Stelle nicht mehr in Betracht kommt. Es kommt also entscheidend auf den mit der verhaltensbedingten Kündigung verfolgten Zweck an, ob eine Versetzung als milderes Mittel vor der Kündigung zu berücksichtigen ist.

Davon zu unterscheiden ist die zuvor dargestellte Versetzung als reine Disziplinarmaßnahme. Diese muss zwar als solche verhältnismäßig sein, muss jedoch nicht in Bezug zur Kündigung gesetzt werden. Es kommt dabei vielmehr auf die Art des Verstoßes an.

3. Rück- oder Umgruppierung verbunden mit einer Versetzung

Die Versetzung auf einen anderen Bereich mit gleichzeitiger Um- oder Rückgruppierung in eine andere (niedrigere) Lohn- oder Gehaltsgruppe ist nicht möglich. Eine solche „Strafversetzung" ist nicht zulässig.

Soll der Arbeitnehmer auf eine Stelle ohne Führungsverantwortung oder mit einem anderen Verantwortungsbereich versetzt werden, ist die Tätigkeit nicht mehr als gleichwertig anzusehen. Auch die Disziplinierung eines Arbeitnehmers nach Vertragspflichtverstoß durch eine Versetzung auf einen Arbeitsplatz mit geringerer Vergütung überschreitet in der Regel die Befugnisse, die sich aus dem Weisungsrecht und seinen Grenzen, wie auch aus den zulässigen Regelungsinhalten eines formularvertraglichen Versetzungsvorbehalts, ergeben, da sie die Hauptleistungspflichten des Vertragsverhältnisses betreffen. Solche Änderungen kann der Arbeitgeber nur im Wege einer Änderungskündigung durchsetzen. Auch an diese werden aber strenge Anforderungen gestellt.[834]

VI. Suspendierung von der Arbeit

Eine weitere Reaktionsmöglichkeit des Arbeitgebers auf ein Fehlverhalten des Arbeitnehmers ist die Suspendierung des Arbeitnehmers von der Arbeit. Der Arbeitgeber verbietet damit dem Arbeitnehmer jede Tätigkeit und den Aufenthalt im Betrieb.[835] Der Bestand des Arbeitsverhältnisses ist davon nicht betroffen, die Arbeitspflicht besteht als solche weiter fort. Mit einer Suspendierung, einer Verweigerung der Annahme der Arbeitsleistung, geht aber einher, dass der Arbeitgeber in Annahmeverzug nach § 615 BGB gerät und weiterhin die Vergütung schuldet.

Der Suspendierung steht allerdings der Anspruch des Arbeitnehmers auf Beschäftigung entgegen.[836] Die einseitige Suspendierung durch den Arbeitgeber ist

834 Siehe dazu S. 94 ff.

835 BAG, Urt. v. 04.06.1964 – 2 AZR 310/63, NJW 1964, 1918 definiert die Suspendierung als *„Die ohne Zustimmung des Arbeitnehmers einseitig durch den Arbeitgeber angeordnete Dienstenthebung (Suspendierung)..."*.

836 Ständige Rspr. seit BAG, Urt. v. 10.11.1955 – 2 AZR 591/54, NJW 1956, 359 zur Herleitung der Beschäftigungspflicht aus dem Persönlichkeitsrecht des Arbeitnehmers;

aufgrund des hohen Stellenwerts des Beschäftigungsanspruchs grundsätzlich unzulässig. Sie kann lediglich in Ausnahmefällen bei einem besonderen Interesse des Arbeitgebers geschehen.[837] Eine Suspendierung ist daher nur dann möglich, wenn der Beschäftigungsanspruch hinter dem Suspendierungsinteresse des Arbeitgebers zurücktritt. Dies ist nur dann der Fall, wenn ein besonderes schutzwürdiges Interesse des Arbeitgebers besteht.[838] Eine Weiterbeschäftigung des Arbeitnehmers muss unzumutbar sein, was anhand einer Interessenabwägung im Einzelfall zu entscheiden ist.[839] Die strengen Voraussetzungen des besonderen schutzwürdigen Interesses orientieren sich an den Voraussetzungen eines wichtigen Grundes nach § 626 BGB.

Die Suspendierung ist nicht generell als milderes Mittel im Vergleich zur Kündigung anzusehen.[840] Denkbar sind auch Fälle, in denen ein Sachverhalt aufgeklärt werden soll und der suspendierte Arbeitnehmer von Dokumenten am Arbeitsplatz oder den anderen Arbeitnehmern zur Vermeidung von Einflussnahme ferngehalten werden soll.[841]

Eine vertragliche Vereinbarung zur Freistellung von der Arbeitsleistung ist aufgrund der Dispositivität des Beschäftigungsanspruchs im Einzelfall grundsätzlich zulässig,[842] darf aber nicht die Grenzen der Sittenwidrigkeit nach § 138 I BGB überschreiten.[843] Ein formularvertraglicher Vorausverzicht im Kodex, auch antizipierte Freistellungsklausel genannt, unterliegt der Kontrolle der §§ 305 ff. BGB. Der aus den Grundrechten abgeleitete Beschäftigungsanspruch ist als Kardinalspflicht des Arbeitgebers und wesentlicher Grundgedanken im Sinne des § 307 II Nr. 1 und Nr. 2 BGB anzusehen.[844] In der Regel schränkt eine derartige Klausel, selbst bei Anknüpfung an ein besonderes schutzwürdiges Interesse des Arbeitgebers, das

---

Betätigung dieses Grundsatzes bezogen auf die Weiterbeschäftigungspflicht im gekündigten Arbeitsverhältnis BAG, Beschluss v. 27.02.1985 – GS 1/84, NZA 1985, 702; dazu auch *Preis*, in: ErfK, § 611 BGB, Rn. 563 ff.

837 *Richter*, in: Gercke/Kraft/Richter, Arbeitsstrafrecht, S. 357, Rn. 175.

838 BAG, Beschluss v. 27.02.1985 – GS 1/84, NZA 1985, 702 (703); BAG, Urt. v. 19.08.1976 – 3 AZR 173/75, NJW 1977, 215; grundlegend BAG, Urt. v. 10.11.1955 – 2 AZR 591/54, NJW 1956, 359.

839 BAG, Urt. v. 15.06.1972 – 2 AZR 345/71, AP BGB § 628 Nr. 7; zu den einzelnen zu berücksichtigenden Merkmalen und der Rechtsprechung *Böhm*, Non-Compliance und Arbeitsrecht, S. 239.

840 So schon BAG, Urt. v. 04.06.1964 – 2 AZR 310/63, NJW 1964, 1918.

841 *Böhm*, Non-Compliance und Arbeitsrecht, S. 239; BAG, Beschluss v. 27.02.1985 – GS 1/84, NZA 1985, 702 (708).

842 BAG, Beschluss v. 27.02.1985 – GS 1/84, NZA 1985, 702; *Richter*, in: Gercke/Kraft/Richter, Arbeitsstrafrecht, S. 356, Rn. 170; folgt auch schon aus BAG, Urt. v. 10.11.1955 – 2 AZR 591/54, NJW 1956, 359.

843 Dies wäre der Fall, wenn sie gegen die grundlegenden Wertungen der Rechtsordnung verstößt; vgl. *Leßmann*, RdA 1988, 149 (152 f.).

844 *Thüsing*, in: HWK, Arbeitsrecht Kommentar, § 611 BGB, Rn. 176 spricht von einem „*Leitbild*"; *Preis*, in: ErfK, § 611 BGB, Rn. 570 spricht von einer „*Kardinalspflicht*".

Recht des Arbeitnehmers, den Beschäftigungsanspruch in der konkreten Situation geltend zu machen, unangemessen ein. In absoluten Ausnahmen kann ein formularvertraglicher Vorausverzicht zulässig sein, wenn konkrete und transparente Gründe für die Freistellung vereinbart werden. Die Ausübung im Einzelfall bleibt jedoch an § 315 BGB messbar.[845]

In Anbetracht dieser hohen Voraussetzungen sowohl für die einseitige Suspendierung als auch für die formularvertragliche Verankerung eines Suspendierungsrechts ist die Reaktion des Arbeitgebers mit einer solchen als geeignete Reaktionsmaßnahme auf Compliance- und Ethikrichtlinienverstöße zweifelhaft und wenig zu empfehlen. Abgesehen davon, dass dem Arbeitgeber durch die Suspendierung eine Arbeitskraft fehlt und er in der Regel dennoch das Entgelt zahlen muss, werden Verstöße gegen Compliance- und Ethikrichtlinien nur selten die Schwelle überschreiten, die eine Weiterbeschäftigung unzumutbar werden lassen, sodass das Beschäftigungsinteresse des Arbeitnehmers überwiegt.

Liegen die Voraussetzungen einer Suspendierung vor, kommt in der Regel auch eine außerordentliche Kündigung in Betracht. Der Anwendungsbereich für eine Suspendierung ist in dieser Konstruktion verschwindend gering. Ist aus anderen Gründen nur eine ordentliche Kündigung möglich, kann eine Suspendierung bis zum Ablauf der Kündigungsfrist in Frage kommen, falls die Weiterbeschäftigung tatsächlich unzumutbar ist.

VII. Verpflichtende Teilnahme an Schulungen und Auswirkungen auf die Karriere

Wird eine Reaktionsmaßnahme gewählt, die den Arbeitnehmer trotz Verstoßes gegen den Compliance- und Ethikkodex im Unternehmen belässt, muss sichergestellt werden, dass künftig ein solches Fehlverhalten nicht mehr erfolgt. Der Arbeitnehmer muss problematische Situationen richtig erkennen lernen und angemessen reagieren. Daher sind entsprechende Schulungen und Trainings notwendig, um ein vertragsgemäßes Verhalten auch in der Zukunft sicherzustellen.[846]

Sollen diese Schulungen während der Arbeitszeit besucht werden, liegt eine Konkretisierung der Arbeitsleistung vor und eine entsprechende Klausel im Kodex oder die Anweisung sind vom Direktionsrecht umfasst und damit zulässig. Liegt die Schulung dagegen außerhalb der Arbeitszeit, ist eine Anweisung, diese zu besuchen, nicht mehr vom Direktionsrecht erfasst. Der Arbeitnehmer ist nur in Notfällen verpflichtet, außerhalb der eigentlichen Arbeitszeit zu arbeiten. Ein solcher Notfall ist in Bezug auf Schulungsmaßnahmen kaum oder nur mühsam und konstruiert denkbar, wenn sich der Arbeitgeber akuten und erheblichen Nachteilen oder Risiken ausgesetzt sieht, die durch eine sofortige Schulung verhindert werden können. An dieser Voraussetzung wird es bei Verstößen gegen Ethik- und

845 *Preis*, in: ErfK, § 611 BGB, Rn. 568.
846 So auch *Moosmayer*, Compliance, Rn. 340.

Compliancerichtlinien häufig fehlen, da es sich um langfristig geltende Verhaltensstandards und kontinuierliche Regelungsanforderungen handelt.[847] In Betracht kommt aber eine vertragliche Geltungsgrundlage einer Schulungspflicht außerhalb der Arbeitszeit. Bei formularvertraglicher Einführung einer solchen Pflicht ist für die vom Arbeitnehmer aufgewendete Zeit eine Gegenleistung erforderlich, sie ist wie Arbeitszeit zu vergüten.[848]

Der Betriebsrat ist bei der Verpflichtung zur Schulung hingegen nicht zu beteiligen. Die einmalige Verpflichtung zur Teilnahme an einer Schulungsveranstaltung stellt keine dauerhafte Maßnahme dar, sodass ein Mitbestimmungsrecht nach § 87 I Nr. 1 BetrVG ausscheidet. Allerdings kommt ein Mitbestimmungsrecht nach § 87 I Nr. 2 oder 3 BetrVG in Betracht, sobald es um die zeitliche Dauer und Lage der Schulung während der Arbeitszeit geht oder die verpflichtende Teilnahme außerhalb der betriebsüblichen Arbeitszeit liegt.[849] Bei Complianceschulungen handelt es sich dagegen in aller Regel nicht um Maßnahmen der betrieblichen Berufsbildung. Diese wären, wenn auch nur nach Art und Weise der Durchführung, mitbestimmungspflichtig gemäß § 98 BetrVG. Die Erläuterung der am Arbeitsplatz geltenden Vorschriften wird als mitbestimmungsfreie Unterrichtung nach § 81 I BetrVG angesehen.[850]

Wird eine Disziplinarmaßnahme gewählt, die den Arbeitnehmer im Unternehmen belässt, sind noch zusätzliche Aspekte zu beachten. Neben der regelmäßigen Teilnahme an Schulungen oder Fortbildungen sollte bei einem leichten Verstoß gegen die Regelungen eines Compliance- und Ethikkodex vermieden werden, dem Arbeitnehmer jeden Karriereweg im Unternehmen zu verbauen. Zum anderen muss aber auch der Eindruck vermieden werden, dass ein Complianceverstoß folgenlos für die Karriere des Mitarbeiters bleibe. Erfolgt nur eine Er- oder Abmahnung, kann es erforderlich sein, als weitere Maßnahme eine ausstehende Beförderung zunächst auszusetzen und die Abmahnung im Rahmen der Leistungsbewertung oder der nächsten Einkommensmaßnahmen zu berücksichtigen. Dies ist für die anderen Mitarbeiter dann oft der einzig sichtbare Hinweis auf die Folgen eines Verstoßes und es wirkt auf sie nicht so, als bliebe die Unternehmensleitung untätig, was negative Auswirkungen auf das künftige Verhalten der Belegschaft haben kann.[851] Es geht also darum, die Glaubwürdigkeit der Compliance-Organisation und ihre Durchsetzung zu sichern.

847 *Wagner*, Ethikrichtlinien, S. 139.

848 *Wagner*, Ethikrichtlinien, S. 139.

849 *Clemenz*, in: HWK, Arbeitsrecht Kommentar, § 87 BetrVG, Rn. 73; BAG, Beschluss v. 15.04.2008 – 1 ABR 44/07, NZA-RR 2009, 98.

850 BAG, Urt. v. 23.04.1991 – 1 ABR 49/90, NZA 1991, 817 (Ls. 2, 818 f.).

851 *Moosmayer*, Compliance, Rn. 340.

VIII. Fazit

Die in diesem Kapitel betrachteten möglichen individualvertraglichen Reaktionsmaßnahmen des Arbeitgebers auf Verstöße des Arbeitnehmers gegen den Compliance- und Ethikkodex beziehen sich auf den Inhalt des Vertragsverhältnisses. Versucht man alle möglichen individualvertraglichen Reaktionsmaßnahmen in ein Stufen- oder Rangverhältnis zueinander zu setzen, sind diese im Vergleich zu den auf Beendigung des Vertragsverhältnisses gerichteten Maßnahmen in der Regel als „milder" anzusehen.

Bei der Wahl der geeigneten Maßnahme bei einem Compliance- und Ethikrichtlinienverstoß des Arbeitnehmers ist der Arbeitgeber weitgehend frei. Einige dieser Maßnahmen folgen bereits aus seiner Stellung als Arbeitgeber und als Gläubiger der Arbeitspflicht, sodass er sie aufgrund seines Weisungsrechts vornehmen kann. Andere, weitergehende und stärker in die Rechtsposition des Arbeitnehmers eingreifende Maßnahmen, bedürfen einer vertraglichen Vereinbarung in dem Kodex. Sowohl die Ausübung des Weisungsrechts als auch die einzelnen Maßnahmen auf vertraglicher Grundlage unterliegen weiteren Zulässigkeitsvoraussetzungen (§ 315 BGB und §§ 305 ff. BGB).[852]

Aufgrund seiner Gläubigerstellung kann der Arbeitgeber bei einem solchen Verstoß des Arbeitnehmers und nachweisbarem und kausalem Schaden Ersatzansprüche gegenüber diesem geltend machen. Jedoch begegnet der Schadensnachweis bei Verstößen gegen Compliance- und Ethikrichtlinien häufig enormen Problemen. Unmittelbar aus der Gläubigerstellung folgt aber auch, dass der Arbeitgeber den Arbeitnehmer als Schuldner der Arbeitsleistung ermahnen und rügen kann. Durch die Ermahnung wird das Fehlverhalten dokumentiert und „mahnend" zur Vertragstreue aufgerufen. Weiterhin kann der Arbeitgeber innerhalb der Grenzen des Weisungsrechts und abhängig von den konkreten Formulierungen im Arbeitsvertrag den Arbeitnehmer im Betrieb umsetzen und gegebenenfalls sogar versetzen. Die Versetzung eignet sich als Reaktion, wenn durch die Änderung der Arbeitsbedingungen und -umgebung das Risiko erneuter oder wiederholter Pflichtverletzungen ausgeschlossen oder reduziert werden kann. Sie hat Präventionswirkung und kann bei gezielter Einsetzung sanktionsähnliche Wirkung entfalten. Lässt die konkrete Aufgabenbeschreibung im Arbeitsvertrag eine Versetzung im Rahmen des Weisungsrechts nicht zu, kann ein gemäß §§ 307 ff. BGB wirksam vereinbarter Versetzungsvorbehalt das Weisungsrecht des Arbeitgebers hinsichtlich des Arbeitsorts erhalten. In Fällen der besonders schweren Pflichtverletzung und bei besonders schutzwürdigem Interesse des Arbeitgebers kann er in Ausnahmefällen sogar so weit gehen, den Arbeitnehmer von seiner Arbeit zu suspendieren.

Einer vertraglichen Vereinbarung bedürfen generell die vermögenswirksamen Maßnahmen, die die Compliance- und Ethikrichtlinientreue als Bedingung für

852 Zu den Zulässigkeitsvoraussetzungen einer einseitigen Weisung und einer einvernehmlichen Einbeziehung durch formularvertragliche Regelung siehe bereits ausführlich im 2. Teil dieser Arbeit unter C. I. 1. und 2., S. 73 ff.

eine Anspruchsentstehung voraussetzen, oder bei denen ein Verstoß gegen diese Richtlinien zum Widerruf der Sonderleistung berechtigt. An diese Klauseln werden strenge Anforderungen gestellt, um eine ungerechtfertigte Benachteiligung der Arbeitnehmer zu verhindern. Da sie sich jedoch direkt auf das Vermögen des Arbeitnehmers auswirken und ein finanzieller „Verlust" häufig stärker und strafender als lediglich eine bloße Rüge empfunden wird, kommt diesen Maßnahmen naturgemäß eine große Bedeutung in der Praxis bei.

Werden vom Arbeitgeber Reaktionsmaßnahmen gewählt, die den Arbeitnehmer trotz Compliance- und Ethikrichtlinienverstoß im Unternehmen belassen, sind weitere Maßnahmen zur Vermeidung eines Wiederholungsfalles zu treffen. Dazu bietet sich eine verpflichtende Teilnahme an Schulungen an, die die Vermeidung und Aufklärung von Verstößen gegen die unternehmensinternen Richtlinien und compliance-relevanten Gesetze beinhalten.

G. „Besondere“ individualvertraglich und kollektivrechtlich vorbehaltene disziplinarische Reaktions- und Sanktionsmöglichkeiten des Arbeitgebers

Neben den „klassischen“ individualrechtlichen Reaktionsmöglichkeiten, die ihre Grundlage im Weisungsrecht des Arbeitgebers selbst haben und bei stärkerem Eingriff in geschützte Rechtspositionen auf vertraglicher Ebene noch weiter ausgestaltet werden können, kommen zwei weitere Reaktionsformen in Betracht. Sie haben nicht nur durch ihre gezielte Anwendung einen disziplinarischen Charakter, es ist bereits als ihr Sinn und Zweck anzusehen, unmittelbar auf den Pflichtverstoß zu reagieren und den Arbeitnehmer aufgrund des Pflichtverstoßes zu „bestrafen“. Zu ihrer Wirksamkeit bedarf es einer konkreten Vereinbarung, denn dem Arbeitgeber kommt aus dem Arbeitsverhältnis keine derart weitgehende Disziplinargewalt zu. Die Rede ist von Vertragsstrafe und Betriebsbuße.

Präventiver Aspekt dieser Maßnahmen ist die Verhinderung weiterer Vertragspflichtverstöße, repressiver Aspekt ist die Sanktion der begangenen Verstöße. Auswirkungen haben diese disziplinarischen Reaktionen allerdings auch nur auf den Inhalt des Arbeitsverhältnisses.

Diese starken und einschneidenden disziplinarischen Reaktions- und Sanktionsmöglichkeiten erlangen insbesondere dann Bedeutung, wenn es sich um eine hochqualifizierte Arbeitskraft handelt, deren Verlust für das Unternehmen nicht gewünscht ist, oder auch wenn eine Kündigung generell nicht im Unternehmensinteresse liegt, nicht geeignet erscheint oder vertraglich ausgeschlossen wurde. Auch wenn das Arbeitsverhältnis bereits beendet wurde und es um die Absicherung nachvertraglicher Pflichten wie Wettbewerbsverbote oder Verschwiegenheitspflichten geht, besteht ein Interesse an über klassische Maßnahmen Hinausgehendem zur Absicherung der vertraglichen Rechte und Pflichten. Erweisen sich in den genannten Fällen die klassischen individualrechtlichen Reaktionsmöglichkeiten zur Durchsetzung der Compliance- und Ethikrichtlinien des Unternehmens als ungeeignet, besteht ein Bedürfnis nach Alternativen. Diese können in der vertraglich vereinbarten Vertragsstrafe oder einer Betriebsbuße auf kollektivvertraglicher Ebene liegen.

I. Die Vertragsstrafe nach §§ 339 ff. BGB als individualrechtliche „besondere“ Sanktionsmöglichkeit

Als besondere vorbehaltene Sanktionsmöglichkeit bei Verstoß eines Arbeitnehmers gegen Compliance- und Ethikrichtlinien kommt auf individualrechtlicher Ebene eine Vertragsstrafe nach §§ 339 ff. BGB in Betracht. Vertragsstrafen sanktionieren repressiv Pflichtverletzungen des Arbeitnehmers und stehen im Dienst der Rechtsdurchsetzung und der Rechtstreue.[853] In der arbeitsvertraglichen Praxis ist die

853 *Kraft*, NZA 1989, 777 (780); *Rieble*, in: Staudinger, BGB Kommentar, Vorbem. zu §§ 339 ff. (2015), Rn. 16 ff.

Bedeutung von solchen Vertragsstrafen groß, finden sie sich doch in nahezu jedem vierten Arbeitsvertrag wieder.[854]

Unter einer Vertragsstrafe wird allgemein das „Versprechen" eines Schuldners verstanden, eine gesonderte Leistung zu erbringen, wenn er eine bestimmte (individuelle) Verbindlichkeit nicht oder nicht in ordnungsgemäßer Weise erfüllt.[855] Dies bedeutet nicht, wie der Begriff jedoch zunächst vermuten lässt, dass nur Verstöße innerhalb eines schuldrechtlichen Vertragsverhältnisses geahndet werden können, vielmehr können mit ihr Ansprüche jeder Art (in Bezug auf die Leistungspflicht, weitere gesetzliche und vertragliche Pflichten) gegen einen anderen gesichert und verstärkt werden.[856] Dies macht das Instrument der Vertragsstrafe vielfältig einsetzbar. Die Vertragsstrafe trägt ihren Namen, weil sie selbst erst durch einen privatrechtlichen Vertrag im Sinne der §§ 145–157 BGB begründet wird und damit eine Einigung der Parteien voraussetzt.[857]

Der typische arbeitsrechtliche Anwendungsfall der Vertragsstrafe ist die Absicherung einer Hauptleistungspflicht. Darunter fallen Vertragsstrafen für den Nichtantritt der Arbeit, Vertragsbruch, nicht vereinbarungsgemäßes Tätigwerden, Veranlassung einer fristlosen Arbeitgeberkündigung oder unberechtigte fristlose Kündigung durch den Arbeitnehmer sowie die generelle Missachtung der Kündigungsfristen. Es sind aber auch Anknüpfungen an Vertragspflichten außerhalb der Hauptleistungspflichten denkbar. Auch Nebenpflichtverletzungen, wie Verstöße gegen Wettbewerbsverbote[858], Nebentätigkeitsverbote oder Verschwiegenheitspflichten und Geheimhaltungspflichten sind durch Vertragsstrafen absicherbar.[859] Das Grundgerüst einer Vertragsstrafabrede kann man sich wie folgt vorstellen:

---

854 Nach einer Untersuchung von *Stoffels*, in: Preis, Der Arbeitsvertrag, II. V. 30, Rn. 1; vgl. auch *Müller-Glöge*, in: ErfK, §§ 339–345 BGB, Rn. 6.

855 *Bentert*, Das pönale Element, S. 114; *Müller-Glöge*, in: ErfK, §§ 339–345 BGB, Rn. 1.

856 *Teplitzky*, Wettbewerbsrechtliche Ansprüche und Verfahren, 20. Kapitel, Rn. 5; *Rieble*, in: Staudinger BGB Kommentar, Vorbem §§ 339 ff. (2015), Rn. 5.

857 Vgl. *Beater*, in: jurisPK-BGB, § 339, Rn. 5; *Grüneberg*, in: Palandt BGB Kommentar, § 339, Rn. 11; *Linck*, in: Schaub, § 57 III. Rn. 6: Die Vereinbarung kann im Einzelarbeitsvertrag, aber auch im Tarifvertrag oder in einer Betriebsvereinbarung getroffen werden. Zur Vereinbarung einer Vertragsstrafe in einer Betriebsvereinbarung BAG, Urt. v. 06.08.1991 – 1 AZR 3/90, NZA 1992, 177.

858 Ist das Vertragsstrafversprechen Teil einer Wettbewerbsvereinbarung findet die Formvorschrift des § 74 I HGB Anwendung (Schriftform).

859 Dazu allgemein *Lakies*, Vertragsgestaltung, S. 357, Rn. 440; *Liedtke*, in: Kilian/Heussen, Computerrechts-Handbuch, 1. Abschnitt, Teil 7, Computerleistungen als Gegenstand des Arbeitsvertrags, Rn. 70; *Richardi/Fischinger*, in: Staudinger, BGB Kommentar, § 611 BGB (2016), Rn. 1290; *Stoffels*, in: Preis, Der Arbeitsvertrag, II. V. 30, Rn. 66 ff.; *Windeln*, in: Maschmann/Sieg/Göpfert, Vertragsgestaltung im Arbeitsrecht, S. 936, Rn. 2 ff.; BAG, Urt. v. 04.09.1964 – 5 AZR 511/63, AP Nr. 3 zu § 339 BGB (aus den Gründen 3.); BAG, Urt. v. 05.02.1986 – 5 AZR 564/84, AP Nr. 12 zu § 339 BGB (aus den Gründen, B. II. 3.); BAG, Urt. v. 15.12.1987 – 3 AZR 474/86, BAG NZA 1988, 502.

„Der Arbeitnehmer ist bei Ausübung seiner Dienste verpflichtet zu X (konkrete Pflicht, die abgesichert werden soll). Im Falle des schuldhaften Verstoßes gegen X, verpflichtet sich der Mitarbeiter, dem Unternehmen eine Vertragsstrafe in Höhe von Y € (konkrete Strafhöhe, z.B. ein Bruttomonatsgehalt) zu zahlen."

Dabei gibt es, je nach abzusichernder Pflicht, weitere Ergänzungen, die zu einer solchen Formulierung hinzugenommen werden müssen. So kann z.B. ergänzt werden, ob die Vertragsstrafe sich auf einen einzigen Verstoß oder auch auf einen Dauertatbestand beziehen soll.[860]

Eine Anknüpfung von Vertragsstrafen an die verbindlichen Vorgaben eines Compliance- und Ethikkodex ist auch denkbar, sofern dessen Richtlinien und Verhaltensvorgaben wirksam Vertragsbestandteil geworden sind. Ausgehend von den in Literatur und Rechtsprechung hauptsächlich behandelten Fällen des Hauptleistungspflichtverstoßes und den dazu entwickelten Grundsätzen sollen im Folgenden die Besonderheiten von und Anforderungen an Vertragsstrafabreden zur Absicherung von Regelungen in Compliance- und Ethikrichtlinien untersucht werden, die Nebenpflichten konkretisieren.

1. *Funktion und Inhalt der Vertragsstrafe im Allgemeinen*

Zum besseren Verständnis der Vertragsstrafe sind zunächst Funktion und Inhalt darzustellen.

a) Bifunktionalität der Vertragsstrafe

Die Vertragsstrafte vereint zwei Funktionsbereiche in sich. Zunächst dient sie dem Gläubiger (Arbeitgeber) als Absicherung und Druckmittel, um die ordnungsgemäße Erfüllung der Verbindlichkeit des Schuldners (Arbeitnehmer) sicherzustellen (Präventivfunktion, Erfüllungssicherungsfunktion). Durch diese Funktion soll das Verhalten des Schuldners „gelenkt" oder „gesteuert" werden, was die Vertragsstrafe für die Einhaltung von Compliance- und Ethikrichtlinien äußerst nutzbar macht.[861]

Hinzu kommt ein schadensersatzrechtliches Moment.[862] Dem Gläubiger wird bei strafauslösender Pflichtverletzung des Schuldners der häufig schwer zu führende Nachweis des Vermögensschadens erspart und mithin die Durchsetzung des Schadensausgleichsinteresses erleichtert.[863] Der Leistungssicherungscharakter der

---

860 Beispiele für konkrete Vertragsstrafklauseltypen finden sich bei *Stoffels*, in: Preis, Der Arbeitsvertrag, II. V. 30, Rn. 8 ff.

861 *Rieble*, in: Staudinger, BGB Kommentar, Vorbem §§ 339 ff. (2015), Rn. 14, 20.

862 *Gottwald*, in: MüKo BGB, Vorbemerkungen § 339, Rn. 6; § 340, Rn. 15.

863 Der Gläubiger kann dann die Vertragsstrafe zugleich als Mindestschadensersatz fordern. Nur wenn er einen weitergehenden Schaden geltend machen will, muss er diesen konkret nachweisen, § 340 II 1, 2 BGB. Dazu auch *Lakies*, Vertragsgestaltung, S. 353, Rn. 425; *Teplitzky*, Wettbewerbsrechtliche Ansprüche und Verfahren, 20. Kapitel, Rn. 1.

Strafabrede ermöglicht einen beweisfreien Mindestschadensersatz zum Nachteil des betroffenen Arbeitnehmers. Damit handelt es sich bei der Vertragsstrafe, ebenso wenig wie bei Schadensersatzansprüchen, um eine Strafe im strafrechtlichen Sinn, sondern um eine repressive vertragliche Leistungspflicht, die durch ihre Wirkung der Nachteilszufügung disziplinierenden und sanktionierenden Charakter hat.[864]

Durch die Doppelfunktion unterscheidet sich die Vertragsstrafabrede von der Schadenspauschalierung.[865] Vertragliche Schadenspauschalisierungsabreden bestimmen im Voraus den im Schadensfall zu leistenden Ersatzbetrag durch eine antizipierte Schadensabschätzung. Ihr Ziel ist, dem Gläubiger die Durchsetzung seiner Ersatzforderung zu erleichtern, da der Schaden dann nicht mehr nach §§ 249 ff. BGB berechnet und nachgewiesen werden muss. Vertragspauschalisierungsabreden sind in der Regel vom Arbeitgeber formuliert und statuieren einseitig eine Leistungspflicht des Arbeitnehmers, daher sind nach § 309 Nr. 5 BGB strenge Anforderungen an ihre Zulässigkeit gestellt. Die vereinbarte Schadenspauschale darf nicht den nach gewöhnlichem Lauf der Dinge zu erwartenden Schaden übersteigen.[866] Die Abgrenzung zwischen Schadenspauschalierungsabrede und Vertragsstrafe erfolgt daher nach dem überwiegenden Regelungszweck: die Schadenspauschalierung dient nur der Erleichterung der Schadensabrechnung, die Vertragsstrafe hat dagegen zusätzlichen Sanktionscharakter und soll Druck aufbauen.

b) Rechtsnatur und Inhalt der Vertragsstrafabrede

aa) Die Vertragsstrafe als unselbstständiges Leistungsversprechen

Vertragsstrafen sind aufgrund ihrer Funktionalität in der Regel akzessorisch zu den arbeitsvertraglichen Verbindlichkeiten (Leistungspflichten) des Arbeitnehmers und sollen diese sichern.[867] Der Strafanspruch entsteht bei Vertragsverletzung. Es handelt sich bei der Vertragsstrafe damit um ein vertraglich begründetes *unselbstständiges* Leistungsversprechen unter der aufschiebenden Bedingung der Vertragsverletzung.[868]

---

864 *Reichold*, in: Münchener Hdb ArbR, Band 1, § 39, Rn. 50 spricht von einer „privatrechtlichen Sanktion"; *Rieble*, in: Staudinger, BGB Kommentar, Vorbem zu §§ 339 ff. (2015), Rn. 38 ff.

865 *Müller-Glöge*, in: ErfK, §§ 339–345 BGB, Rn. 4; *Reichold*, in: Münchener Hdb ArbR, Band 1, § 39 Sanktionen bei Nichtleistung und Schlechtleistung, Rn. 57; *Rieble*, in: Staudinger BGB Kommentar, Vorbem §§ 339 ff. (2015), Rn. 53, 62 ff.; *Stoffels*, in: Preis, Der Arbeitsvertrag, II. S. 20, Rn. 1, 6 ff.

866 *Stoffels*, in: Preis, Der Arbeitsvertrag, II. S. 20, Rn. 17.

867 „Akzessorietät" zur Hauptverbindlichkeit; *Beater*, in: jurisPK-BGB, § 339, Rn. 18 f.; *Müller-Glöge*, in: ErfK, §§ 339–345 BGB, Rn. 1; *Stoffels*, in: Preis, Der Arbeitsvertrag, II. V. 30, Rn. 4.

868 *Leinemann*, AuR 1970, 134 (140); *Müller-Glöge*, in: ErfK, §§ 339–345 BGB, Rn. 1; *Stoffels*, in: Preis, Der Arbeitsvertrag, II. V. 30, Rn. 4.

Dem gegenüber steht das *selbstständige* Strafversprechen. Dieses bezieht sich nicht auf eine zu sichernde Verbindlichkeit, hat damit keinen akzessorischen Charakter. Die Hauptanwendungsfälle des selbstständigen Strafversprechens in Arbeitsverträgen haben die Gemeinsamkeit, dass jemand eine Handlung vornimmt (unterlässt), zu der er rechtlich nicht verpflichtet ist, z.B. bei Nichtzustandekommen des Arbeitsvertrages trotz Vorverhandlungen oder bei vorzeitiger Kündigung eines unbefristeten Arbeitsvertrages.[869]

Die Compliance- und Ethikrichtlinien stellen bei wirksamer Implementierung Verhaltenspflichten auf, zu deren Einhaltung der Einzelne verpflichtet ist. Sollen Verstöße gegen diese vertraglich einbezogenen oder unmittelbar und zwingend auf das Arbeitsverhältnis einwirkende Verhaltensregeln durch Vertragsstrafe abgesichert und damit ihre Erfüllung durchgesetzt werden, handelt es sich bei diesen Vertragsstrafen um *unselbstständige* Leistungsversprechen unter der aufschiebenden Bedingung der Vertragsverletzung.

bb) Zu erbringende Leistung

Die zu erbringende Leistung des Schuldners besteht in den meisten Fällen aus einer Geldstrafe[870] (vgl. auch § 342 BGB), kann jedoch, je nach Vereinbarung, auch andere Strafen, wie den Verlust von Rechten, wie Lohnkürzungen oder Entzug von Sozialleistungen, beinhalten. Die Höhe der Vertragsstrafe richtet sich in der Regel nach dem individuellen Interesse des Arbeitgebers an der abgesicherten Arbeitsleistung.[871]

cc) Auslöser der Vertragsstrafe

§ 339 BGB nennt drei mögliche Arten der Pflichtverletzung, die eine Vertragsstrafe auslösen können: Nichterfüllung (§ 339 S. 1 Alt. 1 BGB), Erfüllung in nicht gehöriger Weise, insbesondere verspätete Erfüllung (§§ 339 S. 1 Alt. 2, 341 I BGB) und Zuwiderhandlung gegen Unterlassungspflichten (§ 339 S. 2 BGB). Darüber hinaus sind noch weitere Formen der Pflichtverletzung denkbar, wie die Erfüllungsverweigerung oder ein Verhalten des Schuldners, welches den Gläubiger vor Fälligkeit zur Lösung vom Vertrag berechtigt, oder das Verschulden der Unmöglichkeit der Leistung.[872]

---

869 Unter Hinweis auf Zulässigkeitsprobleme i.R.d. § 622 VI BGB der zweiten Fallgestaltung: *Stoffels*, in: Preis, Der Arbeitsvertrag, II. V. 30, Rn. 5; so auch *Richter*, in: Gercke/Kraft/Richter, Arbeitsstrafrecht, S. 358, Rn. 181.

870 Auch Reugeld oder Abstandssumme genannt. Es handelt sich dennoch um ein Vertragsstrafversprechen; so *Stoffels*, AGB-Recht, S. 360, Rn. 900.

871 Siehe zur Höhe: S. 234.

872 Vgl. Aufzählung und Sonderformen in Bezug auf Verletzungen von Hauptleistungspflichten *Beater*, in: jurisPK-BGB, § 339, Rn. 52.

dd) Verhältnis der Vertragsstrafe zu Regelungen in Tarifvertrag oder Betriebsvereinbarung

Vertragsstrafen können auch in Kollektivverträgen geregelt werden.[873] Der Regelung durch Tarifvertrag gebührt Vorrang (§ 77 III BetrVG, § 4 III TVG). Erst wenn ein Tarifvertrag diese Materie, also diese Art des Verstoßes gegen den Compliance- und Ethikkodex, nicht regelt, können auch Betriebsvereinbarungen individualvertragliche Strafabreden regeln, verbieten oder beschränken. Diese stellen dann einen Mindestarbeitsstandard für den Arbeitnehmer dar und können nicht durch individuell vereinbarte Vertragsstrafabreden zu Lasten des Arbeitnehmers umgangen werden, § 77 IV BetrVG.[874] Insofern kann eine kollektive Regelung die Möglichkeit des Arbeitgebers, Vertragsstrafen zur Sanktionierung zu vereinbaren, beschränken.[875]

Zudem können bei Vorliegen eines kollektiven Bezugs auch Mitbestimmungsrechte des Betriebsrates die Wirksamkeit arbeitsvertraglicher Strafregelungen beschränken. Während eine Individualabrede mitbestimmungsfrei ist, kann eine Vertragsstrafe mit Bezug zur kollektiven Ordnung nur von den Betriebspartnern gemeinsam erlassen werden.[876]

2. *Zulässigkeit von formularvertraglichen Vertragsstrafen im Arbeitsrecht*

Der Arbeitgeber kann Vertragsstrafklauseln in die Arbeitsverträge seiner Arbeitnehmer aufnehmen. In der Regel wird er diese Klauseln selten frei und individuell mit dem Arbeitnehmer aushandeln[877], sodass sie dem Arbeitnehmer in der Praxis zumeist als Bestandteil eines Formulararbeitsvertrags präsentiert werden.[878] Sie unterliegen dann der AGB-Kontrolle gemäß §§ 305–310 BGB.

Vertragsstrafklauseln sind im Arbeitsleben weit verbreitet und sind als üblich anzusehen.[879] Solange das äußere Erscheinungsbild sie angemessen hervorhebt, sie dem einheitlichen Vertragsbild entsprechen und nicht absichtlich verdeckt werden,

---

873 *Müller-Glöge*, in: ErfK, §§ 339–345 BGB, Rn. 26 f.

874 BAG, Urt. v. 06.08.1991 – 1 AZR 3/90, NZA 1992, 177.

875 Vgl. zur Implementierung von Compliance- und Ethikrichtlinien über kollektive Regelungen und die Auswirkungen bereits im 2. Teil, S. 93 ff. und S. 109.

876 Dazu: S. 106.

877 Arbeitsverträge sind Verbraucherverträge im Sinne des § 310 III BGB, sodass vorformulierte Arbeitsbedingungen auch ohne mehrmalige Verwendungsabsicht der Inhaltskontrolle nach §§ 307 ff. BGB unterliegen.

878 U.a. BAG, Urt. v. 23.09.2010 – 8 AZR 897/08, NZA 2011, 89 (Rz. 19); BAG, Urt. v. 18.12.2008 – 8 AZR 81/08, NZA-RR 2009, 519; BAG, Urt. v. 04.03.2004 – 8 AZR 196/03, NZA 2004, 727 (729 f.); *Grüneberg*, in: Palandt BGB Kommentar, § 339, Rn. 11; *Müller-Glöge*, in: ErfK, §§ 339–345 BGB, Rn. 7.

879 *Stoffels*, in: Preis, Der Arbeitsvertrag, II. V. 30, Rn. 32.

stellen sie keine überraschenden Klauseln nach § 305c I BGB dar.[880] Es soll im Folgenden auch ansonsten von einer wirksamen Einbeziehung ausgegangen werden.

a) *Eröffnung der Inhaltskontrolle nach § 307 III BGB*

Das Kontrollverbot nach § 307 III BGB[881] greift nicht ein, da Vertragsstrafklauseln zur Sanktion von Verstößen gegen Compliance- und Ethikrichtlinien typischerweise nicht die *essentialia negotii* betreffen. Das Gesetz sieht für den Fall, dass ein Arbeitnehmer die arbeitsvertraglich vereinbarten Pflichten verletzt, keine Verpflichtung zur Zahlung einer Vertragsstrafe vor. Damit stellt die Vereinbarung einer Vertragsstrafe für diesen Fall eine die Rechtsvorschriften ergänzende Regelung dar.[882] Die Anwendbarkeit der §§ 307 I, II, 308 und 309 BGB sind folglich nicht durch § 307 III S. 1 BGB ausgeschlossen.

Inhaltliche Grenzen für die formularvertragliche Vereinbarung einer Vertragsstrafe ergeben sich aus den §§ 307 ff. BGB unter Berücksichtigung der Besonderheiten des Arbeitsrechts, § 310 III Nr. 3 BGB.[883] Die Vertragsstrafklausel muss grundsätzlich einem begründeten und billigenswerten Interesse des Arbeitgebers an der Sicherung aufgestellter Pflichten dienen und dem Arbeitnehmer zumutbar sein.[884]

b) *Grundsätzliche Zulässigkeit von formularvertraglichen Vertragsstrafen im Arbeitsrecht nach der Wertung des § 310 IV S. 2 BGB*

Zweck der Vertragsstrafvereinbarung im Arbeitsvertrag ist es, auf den Arbeitnehmer Druck ausüben und ihn somit zur vertragsgemäßen Arbeitsleistung anhalten. Sie dient dem Sicherungsinteresse des Arbeitgebers, sodass sie konsequenterweise ausschließlich zulasten des Arbeitnehmers wirkt.

Die Unwirksamkeit eines formularvertraglichen Vertragsstrafversprechens folgt nicht aus dem Klauselverbot des § 309 Nr. 6 BGB. Das Bundesarbeitsgericht geht in ständiger Rechtsprechung und in Übereinstimmung mit der herrschenden Literaturansicht davon aus, dass das Klauselverbot auf formularvertragliche Vertragsstrafen im Arbeitsrecht nicht anwendbar ist.[885] Denn nach § 310 IV S. 2 BGB sind die

---

880 LAG Schleswig-Holstein, Urt. v. 02.02.2005 – 3 Sa 515/04, NZA-RR 2005, 351 (353); bestätigt durch BAG, Urt. v. 25.09.2008 – 8 AZR 717/07, NZA 2009, 370 (372); BAG, Urt. v. 23.09.2010 – 8 AZR 897/08, NZA 2011, 89 (Rn. 19).

881 Dazu bereits: S. 80.

882 BAG, Urt. v. 18.12.2008 – 8 AZR 81/08, NZA-RR 2009, 519 (522).

883 Grenzen für die Vereinbarung einer Vertragsstrafe können sich bei Individualvereinbarungen aus eine Billigkeitskontrolle nach den allgemeinen Regeln der §§ 134, 138, 242 BGB ergeben.

884 BAG, Urt. v. 18.12.2008 – 8 AZR 81/08, NZA-RR 2009, 519; BAG, Urt. v. 14.08.2007 – 8 AZR 973/06, NZA 2008, 170; BAG, Urt. v. 04.03.2004 – 8 AZR 196/03, NZA 2004, 727.

885 BAG, Urt. v. 17.03.2016 – 8 AZR 665/14, NZA 2016, 945 (947, Rn. 11); BAG, Urt. v. 23.01.2014 – 8 AZR 130/13, juris Rn. 21; BAG, Urt. v. 28.05.2009 – 8 AZR 896/07, NZA 2009, 1337; BAG, Urt. v. 21.04.2005 – 8 AZR 425/04, NZA 2005, 1053 (Ls. 1);

im Arbeitsrecht geltenden Besonderheiten angemessen zu berücksichtigen. Diese arbeitsrechtlichen Besonderheiten, insbesondere das Interesse des Arbeitgebers an der Absicherung der (Neben-) Leistungspflichten seines Schuldners, sind im Folgenden kurz erläutert.

Das Gesetz sieht für die verfrühte Lösung des Arbeitnehmers vom Vertrag unter Verletzung der Kündigungsfrist, also für Einstellung der Arbeitsleistung, wie auch für Schlechtleistungen, keine Sanktionsregelung vor. Auch die Vollstreckbarkeit der Arbeitsleistung begegnet Problemen. Daher hat das Bundesarbeitsgericht im Jahr 2004 erstmals bestätigt, dass der Ausschluss der Vollstreckbarkeit[886] der Arbeitsleistung nach § 888 III ZPO eine „im Arbeitsrecht geltende Besonderheit" nach § 310 IV S. 2 BGB darstellt.[887] Auch bestehende gesetzliche Möglichkeiten, wie Schadensersatzansprüche, bieten häufig keine Handhabe. So können, z.B. bei Nichtantritt der Arbeit oder Nichteinhaltung der Kündigungsfrist, hohe, aber schwer nachweisbare Schäden des Arbeitgebers entstehen. Insbesondere bei Nebenpflichtverletzungen bereitet die Bezifferung eines konkreten Schadens Schwierigkeiten, sodass die Geltendmachung von Schadensersatzansprüchen häufig an dieser Bezifferung scheitert. Einem Bruch von Wettbewerbsverboten, Verschwiegenheits- und Geheimnispflichten wäre der Arbeitgeber ohne die Möglichkeit einer Vertragsstrafabrede regelrecht ausgeliefert. Hinzu kommt, dass auch der Nachweis der Kausalität der Pflichtverletzung für den Schaden und dessen Höhe häufig nur schwer zu führen ist, sodass auch daran die Durchsetzung von Ersatzansprüchen vielfach scheitert und der Schadenersatzanspruch daher kein adäquates Sanktionsinstrument bei Nebenpflichtverletzungen darstellt.[888] Die Drohung der Verweigerung des Entgelts nach § 326 I S. 1 BGB verliert schon dann ihre Wirkung, wenn der Arbeitnehmer eine besser bezahlte Stelle gefunden hat. Diese Beispiele zeigen, dass im Arbeitsrecht

BAG, Urt. v. 04.03.2004 – 8 AZR 196/03, NZA 2004, 727 (729 f.); zur herrschenden Literaturansicht: *Gotthardt/Roloff*, in: HWK, Arbeitsrecht Kommentar, § 309 BGB, Rn. 8; *Henssler*, RdA 2002, 129 (138); *Lapp/Salamon*, in: jurisPK-BGB, § 309 BGB, Rn. 74; *Müller-Glöge*, in: ErfK, §§ 339–345 BGB, Rn. 8; *Stoffels*, in: Preis, Der Arbeitsvertrag, II. V. 30, Rn. 33; *Windeln*, in: Maschmann/Sieg/Göpfert, Vertragsgestaltung im Arbeitsrecht, S. 935, Rn. 1; *Wurmnest*, in: MüKo BGB, § 309 Nr. 6, Rn. 18.

886 Der vertragliche Erfüllungsanspruch ist nicht durchsetzbar und eine Klage auf Vertragserfüllung hat keine Erfolgsaussichten. Durch diese Norm (§ 888 III ZPO) ist es für den Arbeitgeber als Gläubiger der Arbeitsleistung generell problematisch bis unmöglich, seinen Anspruch auf Erfüllung sicherzustellen.

887 BAG, Urt. v. 21.04.2005 – 8 AZR 425/04, NZA 2005, 1053 (Ls. 2); BAG, Urt. v. 04.03.2004 – 8 AZR 196/03, NZA 2004, 727 (Ls. 5); dazu auch *Joost*, ZIP 2004, 1981 (1984).

888 Vgl. *Stoffels*, in: Preis, Der Arbeitsvertrag, II. V. 30, Rn. 33; *Windeln*, in: Maschmann/Sieg/Göpfert, Vertragsgestaltung im Arbeitsrecht, S. 940, Rn. 21 f.; BAG, Urt. v. 04.03.2004 – 8 AZR 196/03, NZA 2004, 727 (732).

grundsätzlich ein Bedürfnis nach anderweitigen Druckmitteln gegenüber dem Arbeitnehmer vorliegt.

Gegen die dargestellte, für den Arbeitgeber nachteilige Situation, kann er sich durch Vereinbarung einer formularvertraglichen Vertragsstrafe absichern. Auch der Umkehrschluss zu den für das Arbeitsrecht relevanten bestehenden gesetzlichen Spezialregelungen in § 12 II Nr. 2 BBiG[889] und § 75c HGB[890] zeigt bereits die gesetzgeberische Anerkennung von Vertragsstrafen im Arbeitsrecht.

Darüber hinaus wäre die Regelung des § 309 Nr. 6 BGB für den hier zu betrachtenden Fall der Compliance- und Ethikrichtlinienverstöße kaum inhaltlich anwendbar. Das Klauselverbot regelt nur bestimmte Fälle, hauptsächlich die Lösung vom Arbeitsvertrag und Hauptleistungspflichtverstöße. Für den Fall der Vertragsstrafe zur Absicherung von Compliance- und Ethikrichtlinien, mithin für Verhaltenspflichten, sind die Anknüpfungspunkte des § 309 Nr. 6 BGB (Nichtabnahme oder verspätete Abnahme der Leistung, Zahlungsverzug) nur selten einschlägig. Allein die Lösung vom Vertrag kann als Anknüpfungspunkt mitunter noch relevant sein. Reine Nebenpflichtverstöße unterfallen dem Klauselverbot inhaltlich jedoch nicht.

c) Berechtigtes Interesse des Arbeitgebers nach § 307 I S. 1 BGB

Die grundsätzliche Zulässigkeit von formularvertraglichen Vertragsstrafen im Arbeitsrecht sagt noch nichts über die Angemessenheit der jeweiligen Vertragsstrafenregelung i.S.d. § 307 I S. 1 BGB aus. Die Angemessenheitskontrolle setzt eine wechselseitige Berücksichtigung und Bewertung der rechtlich anzuerkennenden Interessen der Vertragspartner voraus. Zu prüfen ist dabei, ob der Klauselinhalt bei der in Rede stehenden Art des Rechtsgeschäfts generell und unter Berücksichtigung der typischen Interessen der beteiligten Verkehrskreise eine unangemessene Benachteiligung eines Vertragspartners bewirkt.[891] Konkreter bedeutet dies, dass die Vertragsstrafenregelung eine angemessene Reaktion auf den Compliance- und Ethikrichtlinienverstoß darstellen muss. Da sie, wie bereits dargestellt, einseitig den Arbeitnehmer benachteiligt, muss zumindest ein berechtigtes und billigenswertes Interesse des Arbeitgebers an der Vereinbarung der formularvertraglichen

---

889 Die Vorschrift enthält ein Verbot der Vertragsstrafe in Ausbildungsverträgen. Daraus lässt sich der Umkehrschluss ziehen, dass sie ansonsten in Arbeitsverträgen zulässig sind.

890 Die Vorschrift enthält eine Regelung zur Vertragsstrafe bei nachvertraglichem Wettbewerbsverbot.

891 St. Rspr., vgl. etwa BAG, Urt. v. 17.03.2016 – 8 AZR 665/14, NZA 2016, 945 (948, Rn. 22); BAG, Urt. v. 07.10.2015 – 7 AZR 945/13, NZA 2016, 441 (444 F., Rn. 40); BAG, Urt. v. 10.12.2014 – 7 AZR 1009/12, NZA 2015, 811 (814, Rn. 46); BAG, Urt. v. 04.03.2004 – 8 AZR 196/03, NZA 2004, 727.

Vertragsstrafe bestehen, welches die Beeinträchtigung rechtfertigt.[892] Den Erwägungen zur Angemessenheitskontrolle vorangestellt sei, dass der Arbeitgeber grundsätzlich ein berechtigtes Interesse an der ordnungsgemäßen Vertragserfüllung hat, während ein Interesse des Arbeitnehmers an vertragswidrigem Verhalten nicht anzuerkennen ist. Dies kann jedoch nicht bedeuten, dass eine Vertragsstrafe generell bei jedem noch so geringen Verstoß angemessen ist.

Aus diesem Grund wurden in der Literatur[893] zwei kumulative Voraussetzungen herausgearbeitet, bei deren Erfüllung ein berechtigtes Interesse des Arbeitgebers angenommen wird:

(1) Die zu sanktionierende Pflichtverletzung verursacht typischerweise einen nicht unerheblichen Schaden.
(2) Der Nachweis des Schadens ist häufig nicht oder nur mit unverhältnismäßigem Aufwand zu erbringen.

Diese Voraussetzungen wurden zwar hauptsächlich mit Blick auf die Verletzung von Hauptleistungspflichten entwickelt, lassen sich jedoch auch auf die Verletzung von Nebenleistungspflichten übertragen. Dementsprechend fehlt das berechtigte Interesse des Arbeitgebers an der Vertragsstrafe, wenn das sanktionierte Verhalten typischerweise zu keinem Schaden oder nur zu einem völlig unerheblichen Schaden des Arbeitgebers führt oder aber der Arbeitgeber den Schaden und dessen Höhe ohne Probleme nachweisen kann. Bei einem Arbeitsvertragsbruch und einer Verletzung der Hauptleistungspflichten treffen beide Voraussetzungen in der Regel zu.[894] Bei einem Kodexverstoß ist dies jedoch nicht zwingend.

---

892 Grundsätzlich zum „berechtigten Interesse" als Zulässigkeitskriterium: *Schwerdtner*, FS Hilger/Stumpf, S. 631 (645); a.A. *Rieble*, in: Staudinger, BGB Kommentar, § 339 BGB (2015), Rn. 116 ff., der der Ansicht ist, dass Strafklauseln keiner „Bedürfnisprüfung" nach § 307 BGB unterliegen. *Rieble* ist der Ansicht, dass es im Rahmen der Unangemessenheitsprüfung i.S.v. § 307 BGB keine Rolle spiele, ob die strafbewehrte Pflicht für den Gläubiger hinreichend wichtig sei, mildere Mittel vorrangig zu vereinbaren seien oder ob die gesetzlichen Sanktionen für das Fehlverhalten bereits ausreichten. Ansonsten würde die autonome Vertragsgestaltung begrenzt und nur die „Laxheit des Täters" geschützt.

893 Zur „Notwendigkeit einer Typisierung" des Schadensnachweises: *Schwerdtner*, FS Hilger/Stumpf, S. 631 (645); *Stoffels*, in: Preis, Der Arbeitsvertrag, II. V. 30, Rn. 35; *Reichold*, in: Münchener HdB ArbR, Band 1, § 39, Rn. 51; *Linck*, in: Schaub, § 57 III. Rn. 9, 11; aufgegriffen in der Rechtsprechung von BAG, Urt. v. 04.03.2004 – 8 AZR 196/03, NZA 2004, 727 (733).

894 BAG, Urt. v. 21.04.2005 – 8 AZR 425/04, NZA 2005, 1053 (1055): „Im Falle des vorsätzlichen Vertragsbruchs durch den Arbeitnehmer hat der Arbeitgeber ein berechtigtes Interesse an der Einhaltung der arbeitsvertraglichen Hauptpflicht, während der Arbeitnehmer weder ein Recht noch ein schützenswertes Interesse daran hat, den Arbeitsvertrag zu brechen."; BAG, Urt. v. 04.03.2004 – 8 AZR 196/03, NZA 2004, 727 (732); *Schwerdtner*, FS Hilger/Stumpf, S. 631 (645); *Joost*, ZIP 2004, 1981 (1983); so bereits: BAG, Urt. v. 23.05.1984 – 4 AZR 129/82, NJW 1985, 91.

Ein berechtigtes Interesse an der Absicherung der Nebenleistungspflichten des Arbeitnehmers besteht jedenfalls in den Fällen, in denen die Pflichtverletzung die Bedeutung eines wichtigen Grundes zur fristlosen Beendigung des Arbeitsverhältnisses erreicht und für den Arbeitgeber wesentlich ist.[895] Liegt diese Wesentlichkeit vor, können die oben aufgezählten Voraussetzungen im Einzelfall geprüft werden. Ein besonderes Augenmerk ist bei Nebenpflichtverletzungen auf die erste Voraussetzung zu legen. Ist die zu sanktionierende Pflichtverletzung als so unwesentlich zu werten, dass sie dem Arbeitgeber keinen Schaden verursacht, liegt kein berechtigtes Interesse an einer Absicherung der Nebenleistungspflicht durch eine Vertragsstrafabrede vor.

Den Hauptanwendungsfall bei Vertragsstrafregelungen zur Absicherung von Regelungen eines Compliance- und Ethikkodex bilden jedoch die Fallgruppen, in denen der Arbeitgeber zwar „irgendwie" geschädigt wird und auch die Auswirkungen spürt, die Bezifferung eines konkreten materiellen Schadens aber aufgrund der Art der Pflichtverletzung nicht möglich ist oder der Schaden noch gar nicht absehbar ist. Dies kann der Fall sein bei Verstoß gegen eine Verschwiegenheitspflicht, bei Nebenpflichtverstößen zwischen Arbeitskollegen mit Auswirkungen auf den Betriebsfrieden oder die Arbeitsmoral, bei Nebenpflichtverstößen mit Bezug zu Kunden- und Geschäftsbeziehungen sowie bei sämtlichen rufschädigenden Handlungen eines Arbeitnehmers. Aufgrund der in der Regel fehlenden Möglichkeit zur Geltendmachung von bezifferbaren Schadensersatzansprüchen besteht ab einer gewissen Erheblichkeit des Schadens ein berechtigtes Interesse des Arbeitgebers an der Absicherung dieser Verhaltenspflichten aus einem Compliance- und Ethikkodex. Geht es dem Arbeitgeber dagegen lediglich um die Schöpfung neuer, vom Sachinteresse des Verwenders losgelöste Geldforderungen, ist ein berechtigtes Interesse der Arbeitgeber zu verneinen.[896]

d) *Zwischenergebnis*

Die Vereinbarung einer formularvertraglichen Vertragsstrafe ist im Arbeitsrecht grundsätzlich zulässig. Bei der Absicherung von Nebenpflichten, wie sie durch die Verhaltensregelungen in einem Compliance- und Ethikkodex aufgestellt werden, ist das Klauselverbot des § 309 Nr. 6 BGB schon vom Wortlaut her nicht einschlägig. Es würde aber aufgrund der nach § 310 IV S. 2 BGB zu beachtenden geltenden Besonderheiten im Arbeitsrecht einer solchen Vertragsstrafregelung auch nicht entgegenstehen.

Bei Nebenpflichtverstößen, wie bei Compliance- und Ethikrichtlinienverstößen, ist ein besonderes Augenmerk darauf zu richten, ob ein berechtigtes Interesse des Arbeitgebers an einer sanktionierenden Vertragsstrafabrede besteht. Dieses berechtigte Interesse ist Voraussetzung der Angemessenheit der Vertragsstrafklausel. Ein solches ist anzunehmen, wenn die zu sanktionierende Pflichtverletzung typischerweise einen

895 *Liedtke*, in: Kilian/Heussen, Computerrechts-Handbuch, 1. Abschnitt, Teil 7, Computerleistungen als Gegenstand des Arbeitsvertrags, Rn. 72.
896 BAG, Urt. v. 04.03.2004 – 8 AZR 196/03, NZA 2004, 727 (733).

nicht unerheblichen Schaden verursacht und dem Arbeitgeber der Schadensnachweis schwerfällt sowie nur mit unverhältnismäßigem Aufwand zu erbringen ist oder sogar unmöglich ist. Nicht alle Nebenpflichtverletzungen sind daher überhaupt geeignet, durch eine Vertragsstrafe abgesichert zu werden. Ein berechtigtes Interesse des Arbeitgebers an einer Vertragsstrafregelung scheidet dann aus, wenn es sich um Fehlverhalten im Bereich der „Bagatellen“ handelt und kein Schaden oder ein unerheblicher Schaden verursacht wird. Das berechtigte Interesse ist daher in der Regel an eine gewisse „Erheblichkeitsschwelle“ der Pflichtverletzung gebunden.

3. *Einzelne Wirksamkeitsanforderungen an die formularvertragliche Vertragsstrafe*

a) *Inhaltskontrolle nach § 307 I BGB*

Bei der Beurteilung, ob eine unangemessene Benachteiligung i.S.d. §§ 307 I, 310 III Nr. 3 BGB vorliegt, bedarf nicht nur der vereinbarte Inhalt, sondern auch die Höhe der Vertragsstrafe und die Transparenz der Regelung eines besonderen Augenmerks.[897] Eine Vertragsstrafklausel, die den Arbeitnehmer entgegen Treu und Glauben unangemessen benachteiligt läge z.B. vor, wenn sie das Kündigungsrecht des Arbeitnehmers beeinträchtigen oder einschränken würde.[898] Sollen Nebenpflichten abgesichert werden, ist auch hinsichtlich dieses Aspekts auf die grundsätzliche Notwendigkeit eines berechtigtes Interesse des Arbeitgebers an der Absicherung der Nebenpflicht zu verweisen.

aa) Anforderungen an die Formulierung – Transparenzgebot und Bestimmtheitsgrundsatz nach § 307 I S. 2 BGB

Die Vertragsstrafklausel muss sowohl hinsichtlich der die Strafe auslösenden Pflichtverletzung als auch hinsichtlich der daran anknüpfenden Strafe klar und verständlich sein und dem Transparenzgebot genügen, insbesondere hinreichend bestimmt bzw. bestimmbar sein.[899] Das Bestimmtheitsgebot verlangt bei Formularstrafen,

---

897 Zur Höhe: BAG, Urt. v. 19.08.2010 – 8 AZR 645/09, NJOZ 2011, 565 (569); BAG, Urt. v. 23.09.2010 – 8 AZR 897/08, NZA 2011, 89; zum Inhalt und den Transparenzanforderungen BAG, Urt. v. 28.05.2009 – 8 AZR 896/07, NZA 2009, 1337; *Gottwald*, in: MüKo BGB, Vorbemerkungen § 339, Rn. 24; *Reichold*, in: Münchener Hdb ArbR, Band 1, § 39, Rn. 50 f.; *Stoffels*, AGB-Recht, S. 362, Rn. 909.

898 Z.B. durch einen einseitigen Vermögensnachteil zulasten des Arbeitnehmers bei einer von ihm erklärten ordnungsgemäßen Kündigung. Dieser Nachteil würde zu einem unzulässigen Ungleichgewicht bei der Kündigungslage führen. Für den Fall einer Kautionsabrede als selbständigen Strafversprechen BAG, Urt. v. 11.03.1971 – 5 AZR 349/70, DB 1971, 1068.

899 *Grüneberg*, in: Palandt BGB Kommentar, § 339, Rn. 11; für die Bestimmbarkeit kann bereits die Nennung eines konkreten Beispiels ausreichend sein, *Beater*, in: jurisPK-BGB, § 339, Rn. 10; *Stoffels*, in: Preis, Der Arbeitsvertrag, II. V. 30, Rn. 19.

„dass die sie auslösende Pflichtverletzung so klar bestimmt ist, dass sich der Versprechende in seinem Verhalten darauf einstellen kann."[900] Die Vereinbarung der Vertragsstrafe für den Fall des „Vertragsbruchs"[901] mit Beispielen im Klammerzusatz ist bereits als ausreichend bestimmt anzusehen.[902] Eine offene Formulierung der auslösenden Pflichtverletzung, wie „schuldhaft vertragswidriges Verhalten des Arbeitnehmers, das den Arbeitgeber zur fristlosen Kündigung des Arbeitsverhältnisses veranlasst"[903] ist dagegen bezüglich der Pflichtverletzung nicht klar und verständlich und damit nicht hinreichend bestimmt. Eine entsprechende Klausel (sog. globales Strafversprechen), die alle arbeitsvertraglichen Pflichten absichern soll, ist wegen Verstoßes gegen das Bestimmtheitsgebot unwirksam.[904]

Gerade bei der Sicherung von arbeitsvertraglichen Nebenpflichten muss die entsprechende Pflicht konkret benannt sein,[905] sodass der Arbeitnehmer sein Verhalten danach ausrichten kann. Eine nicht näher bestimmte Nebenpflicht kann nicht wirksam durch eine Vertragsstrafe abgesichert werden. Hier könnte der Arbeitgeber auf die zum Thema „Vertragsbruch" entwickelte Konkretisierungsmöglichkeit in einem Klammerzusatz zurückgreifen,[906] indem er typischen Fallgestaltungen in der

---

900 BAG, Urt. v. 14.08.2007 – 8 AZR 973/06, NZA 2008, 170 (171 f.); BAG, Urt. v. 21.04.2005 – 8 AZR 425/04, NZA 2005, 1053 (1055); auch *Rieble*, in: Staudinger, BGB Kommentar, Vorbem. §§ 339 ff. BGB (2015), Rn. 109.

901 Das BAG versteht unter dem Begriff „Vertragsbruch" den Fall, dass der Arbeitnehmer die Arbeit schuldhaft und rechtswidrig nicht aufnimmt, BAG v. 18.09.1991, NZA 1992, 215.

902 Soweit die Beispiele das herrschende Verständnis des Begriffs „Vertragsbruch" konkretisieren; *Grüneberg*, in: Palandt BGB Kommentar, § 339, Rn. 11 f.; *Gottwald*, in: MüKo BGB, § 339, Rn. 7; *Reichold*, in: Münchener Hdb ArbR, Band 1, § 39 Sanktionen bei Nichtleistung und Schlechtleistung, Rn. 50; *Lakies*, Vertragsgestaltung, S. 358, Rn. 444; umfassen die Regelbeispiele in der Klausel aber Fallgestaltungen, die vom regelmäßigen Inhalt des Begriffs „Vertragsbruch" nicht umfasst sind, ist die Klausel nicht bestimmt und transparent genug, da der Verwender einen eindeutigen juristischen Begriff relativiert und dadurch intransparent macht; vgl. *Stoffels*, in: Preis, Der Arbeitsvertrag, II. V. 30, Rn. 10 ff., 22.

903 BAG, Urt. v. 21.04.2005 – 8 AZR 425/04, NZA 2005, 1053 (1055); *Reichold*, in: Münchener Hdb ArbR, Band 1, § 39, Rn. 50; a.A. LAG Köln, Urt. v. 08.11.2010 – 2 Sa 612/10, AuA 2011, 304.

904 *Lakies*, Vertragsgestaltung, S. 357, Rn. 442; BAG, Urt. v. 21.04.2005 – 8 AZR 425/04, NZA 2005, 1053 (1055); BAG, Urt. v. 18.08.2005 – 8 AZR 65/05, NZA 2006, 34 (36 f.).

905 BAG, Urt. v. 04.09.1964 – 5 AZR 511/63, AP Nr. 3 zu § 339 BGB (aus den Gründen 3.); BAG, Urt. v. 05.02.1986 – 5 AZR 564/84, AP Nr. 12 zu § 339 BGB (aus den Gründen B. II. 3.); BAG, Urt. v. 15.12.1987 – 3 AZR 474/86, NZA 1988, 502; *Müller-Glöge*, in: ErfK, §§ 339–345 BGB, Rn. 12 f.

906 In diesem Sinne auch BAG, Urt. v. 18.08.2005 – 8 AZR 65/05, NZA 2006, 34 (36 f.). Das BAG sieht in diesem Urteil sogar den Oberbegriff „gravierende Vertragsverstoß" durch die in Klammer genannte Beispielaufzählungen als hinreichend konkretisiert an.

Klammer nennt und diese unter einem Oberbegriff, z.B. „Verstoß gegen die Verschwiegenheitspflicht“[907] zusammenfasst. Dabei ist aber streng darauf zu achten, dass die genannten Beispiele unter die juristische Definition des Oberbegriffs fallen, da ansonsten die gewollte Konkretisierung einen gegenteiligen Effekt hätte und die Regelung intransparent und damit unwirksam würde. Darüber hinaus muss auch die zu leistende Strafe hinreichend bestimmt sein. Hinsichtlich der Konkretisierungsmöglichkeit in Klammerzusätzen ist darauf zu achten, dass auch die genannte Strafe für jeden der aufgezählten Verstöße angemessen ist. Insbesondere bei sog. Dauertatbeständen muss klar festgelegt werden, ob die Vertragsstrafe für jeden einzelnen Verstoß oder für eine unbestimmte Vielzahl an Verstößen in einem bestimmten Zeitraum geschuldet sein soll. Die Höhe der Vertragsstrafe kann dabei als Anhaltspunkt zur Auslegung dienen, ob es sich um eine Vertragsstrafe für einen Dauertatbestand handelt.[908]

bb) Bestimmung der angemessenen Strafhöhe bei Compliance- und Ethikrichtlinienverstößen

Bezüglich der Strafhöhe wird ein strenger Maßstab angewendet. Es gilt die allgemein gehaltene Formel, dass sie klar und bestimmt sein muss und nicht unangemessen benachteiligen darf.[909] Für die konkrete Bestimmung der Höhe eignet sich diese Formel kaum. Gesetzlich ist die Höhe auch nicht näher bestimmt.

---

907 In der Klammer könnten dann gängige Beispiele für Verstöße gegen Verschwiegenheitspflichten stehen. Dies umfasst z.B. konkrete vertraglich vereinbarte Pflichten, aber auch Betriebs- und Geschäftsgeheimnisse, Informationen und Daten, die für die Wettbewerbsstellung des Unternehmens entscheidend sind, sowie vertrauliche Kundendaten.

908 Zur Entwicklung der Rechtsprechung bei Vertragsstrafen bei Dauertatbeständen und Formulierungsvorschläge ausführlich *Diller*, NZA 2008, 574 ff.; *Stoffels*, in: Preis, Der Arbeitsvertrag, II. V. 30, Rn. 59 ff.; BGH, Urt. v. 17.07.2008 – I ZR 168/05, NJW 2009 1882 (1885); BAG, Urt. v. 14.08.2007 – 8 AZR 973/06, NZA 2008, 170 (172).

909 Bei individualvertraglicher Vereinbarung ist es, im Gegensatz zur formularvertraglichen Vereinbarung, nicht erforderlich, die Strafe schon in der Strafabrede nach Art und Höhe genau zu bestimmen. Sie kann auch später einzelfallgerecht und nach billigem Ermessen (§§ 315 III, 319 I BGB) durch den Gläubiger oder sogar einen Dritten festgelegt werden. In diesem Fall muss nur die Regelung, dass die Höhe der Strafe durch einseitige Leistungsbestimmung erfolgen soll, eindeutig geschehen. Eine solche „flexible Straffestsetzung“ lässt sich durch die Leistungsbestimmung nach §§ 315 ff. BGB erreichen, (BGH, Urt. v. 31.05.1990 – I ZR 285/88, NJW-RR 1990, 1390 (1391); dazu auch: *Teplitzky*, Wettbewerbsrechtliche Ansprüche und Verfahren, 20. Kapitel, Rn. 10 ff.).

Zur Handhabung dieser „Leerformel" in der Praxis besteht daher ein generelles Bedürfnis nach Obergrenzen. Dies erkennt auch das Bundesarbeitsgericht an.[910] Eine Obergrenze wird daher da gesehen, wo die Strafe der Höhe nach durch das schutzwürdige Interesse des Arbeitgebers an der Arbeitsleistung begrenzt wird. Dieses bemisst sich an dem Wert der synallagmatischen Gegenleistung, also dem Wert der Arbeitsleistung. Ausgangspunkt ist daher grundsätzlich das leistungsbezogene Bruttogehalt des Arbeitnehmers für den Zeitraum bis Ablauf der hypothetischen Kündigungsfrist als Wertgrenze für das Halteinteresse des Arbeitgebers.[911]

Schon die Formulierung zeigt, dass es dabei um Fälle geht, in denen Hauptleistungspflichten, insbesondere die Erbringung der Arbeitsleistung selbst, verletzt werden oder es um die Lösung vom Arbeitsvertrag geht. Dies ist jedoch gerade nicht die typische Fallgestaltung bei einem Nebenpflichtverstoß gegen Compliance- und Ethikrichtlinien. Die von der Rechtsprechung entwickelte und regelmäßig wieder aufgegriffene generelle Formulierung einer Obergrenze kann daher nicht ohne weiteres auf einen Verstoß gegen Neben- und Verhaltenspflichten übertragen werden, in denen es nicht um ein Einstellen der Arbeitsleistung geht, sondern um die Art und Weise der Arbeitsleistung.

Allerdings kann auf die in Rechtsprechung und Lehre entwickelten Wertungen bei der Bestimmung der Grenzen der Zulässigkeit der Strafhöhe zurückgegriffen werden. Der Strafanknüpfungspunkt muss die Interessen beider Seiten angemessen berücksichtigen und ausgleichen. Es darf nicht nur das Vermögensinteresse des Gläubigers berücksichtigt werden. Die Höhe der Vertragsstrafe muss aber dennoch eine fühlbare Bestrafung des Arbeitnehmers ermöglichen. Berücksichtigt werden können weiterhin die Schwere und die Dauer der Verletzung, wie auch der Verschuldensgrad. Dies gilt unabhängig von Haupt- oder Nebenpflichtverstoß.

Von einer unangemessen hohen Strafe ist dann auszugehen, wenn die Sanktion vollkommen außer Verhältnis zum Gewicht des Vertragsverstoßes und dessen

---

910 BAG, Urt. v. 04.03.2004 – 8 AZR 196/03, NZA 2004, 727 (733); dazu auch *Joost*, ZIP 2004, 1981 (1984).

911 Grundsatz (zum Verstoß gegen Hauptleistungspflichten und Bemessung des „Wertes" der Arbeitsleistung): Wenn der Arbeitnehmer bei vorzeitiger Vertragsaufgabe mehr zahlen muss, als er noch während des Laufs der Kündigungsfrist als Vergütung bekommen hätte (Ausnahmen bei besonderem Sicherungsinteresse möglich); Stichwort „Übersicherung", BAG, Urt. v. 23.09.2010 – 8 AZR 897/08, NZA 2011, 89 (Rz. 22); BAG, Urt. v. 19.08.2010 – 8 AZR 645/09, NJOZ 2011, 565 (569); BAG, Urt. v. 18.08.2005 – 8 AZR 65/05, NZA 2006, 34 (Rz. 17); eine generelle Höchstgrenze existiert jedoch nicht BAG, Urt. v. 25.09.2008 – 8 AZR 717/07, NZA 2009, 370; Aufzählung der allgemeinen Vorgaben und Grenzen bei *Windeln*, in: Maschmann/Sieg/Göpfert, Vertragsgestaltung im Arbeitsrecht, S. 936, Rn. 5 ff., S. 942 Rn. 25 ff.; *Beater*, in: jurisPK-BGB, § 339, Rn. 76; *Richardi/Fischinger*, in: Staudinger, BGB Kommentar, § 611 BGB (2016), Rn. 1293; *Rieble*, in: Staudinger, BGB Kommentar, § 339 BGB (2015), Rn. 168.

Folgen steht.[912] Die Höhe des typischerweise zu erwartenden Schadens kann dabei zur Orientierung genutzt werden[913], jedoch nicht alleiniges Kriterium sein, wie die folgenden Beispiele zeigen sollen: Richtet ein Nebenpflichtverstoß bei dem Unternehmen keinen großen Schaden an, kann auch die Strafe nicht viel höher ausfallen, sofern dann überhaupt ein berechtigtes Interesse des Arbeitgebers an einer Vertragsstrafvereinbarung vorliegt. Auch erleidet das Unternehmen in der Regel keinen oder keinen nennenswerten materiellen Schaden, wenn es z.B. zu Beleidigungen unter Arbeitnehmern kommt. Ein Interesse des Arbeitgebers an einer spürbaren repressiven Ahndung solcher Verstöße besteht aber unstreitig und geht in der Höhe der Vertragsstrafe über den materiellen Schaden des Unternehmens hinaus. Andererseits sind auch Fallkonstellationen denkbar, in denen der Schaden für das Unternehmen enorm hoch ausfallen kann, z.B. bei Bruch von Wettbewerbsverboten, Verschwiegenheitspflichten oder Insiderhandel. Der Schaden steht dann nicht mehr im Verhältnis zu dem „Wert" der Arbeitsleistung, sondern geht weit darüber hinaus. Gleiches gilt für Schädigungen des Rufs des Unternehmens. Für die Bestimmung der Strafhöhe wäre eine reine Orientierung an der Schadenshöhe aus Sicht des Arbeitnehmers unverhältnismäßig, da es möglich ist, dass dieser weit über sein Leistungsvermögen hinausgeht. Die angemessene Strafhöhe orientiert sich dann zwar nicht primär am Schaden, ist aber höher, als der reine Wert der Arbeitsleistung. Eine solche erhöhte Strafe kann bei einem auf Grund besonderer Umstände berechtigten Sanktionsinteresse des Arbeitgebers ausnahmsweise angemessen sein.[914] Ist der Schaden konkret gar nicht bezifferbar, kann durch die Vereinbarung einer Vertragsstrafe in einer angemessenen Höhe geholfen werden.[915]

Andererseits ist zu berücksichtigen, dass für die Vertragsstrafe als Reaktion auf eine Leistungsstörung das strafrechtliche Gebot der schuldangemessenen Strafe nicht gilt.[916] Als einer von mehreren Gesichtspunkten ist jedoch das Ausmaß der zivilrechtlichen Verantwortung des Pflichtverletzenden in die Strafkontrolle mit einzubeziehen.[917] Somit kommt es für die Bestimmung der angemessenen Strafhöhe auch auf den Verschuldensmaßstab des § 276 BGB an.

---

912 *Stoffels*, AGB-Recht, S. 362, Rn. 909. Das BAG ist in seiner Entscheidung vom 14.08.2007 – 8 AZR 973/06, NZA 2008, 170 davon ausgegangen, dass eine Strafe von zwei Bruttomonatsgehältern für den Bruch einer Verschwiegenheitspflicht oder eines Wettbewerbsverbots nicht grundsätzlich als unangemessen hoch anzusehen ist.

913 BGH, Urt. v. 20.01.2000 – VII ZR 46/98, NJW 2000, 2106 (2107); BGH, VU v. 23.01.2003 – VII ZR 210/01, NJW 2003, 1805 (1808): Die Vertragsstrafe muss sich innerhalb der voraussichtlichen Schadensbeträge halten.

914 BAG, Urt. v. 18.12.2008 – 8 AZR 81/08, NZA-RR 2009, 519 (524).

915 *Müller-Glöge*, in: ErfK, §§ 339–345 BGB, Rn. 20.

916 Anders als bei der Ahnung von strafrechtlichem Unrecht (so *Rieble*, in: Staudinger, BGB Kommentar, Vorbem §§ 339 ff. BGB (2015) Rn. 113, 118).

917 *Rieble*, in: Staudinger, BGB Kommentar, Vorbem §§ 339 ff. BGB (2015) Rn. 113; BGH, Urt. v. 30.09.1993 – I ZR 54/91, NJW 1994, 45 (46).

Beschränkend sind dazu die Grundsätze der eingeschränkten Arbeitnehmerhaftung als Besonderheit des Arbeitsrechts zu beachten, die durch die Vertragsstrafregelung nicht unterlaufen werden dürfen und diese ansonsten unwirksam machen würden.[918] Daraus ergeben sich insbesondere bei Schlechtleistung als Auslöser der Vertragsstrafe Schwierigkeiten. Eine Anknüpfung einer Vertragsstrafe an ein nur leicht fahrlässiges Verhalten wäre nicht zulässig, bei normaler Fahrlässigkeit muss die Höhe der Vertragsstrafe angepasst sein. Bei vorsätzlichem Fehlverhalten ist der Arbeitnehmer dagegen nicht besonders schutzbedürftig. Der Arbeitgeber kann über die Vertragsstrafe keine weiterreichende Haftung einführen. Daraus folgt aber auch, dass Klauseln, die auf vorsätzliche oder grob fahrlässige Verletzung der Verhaltenspflichten abstellen, zumindest diesbezüglich keinen Bedenken begegnen dürften. Bei leichter Fahrlässigkeit trägt grundsätzlich der Arbeitgeber das Risiko, bei normaler Fahrlässigkeit wird eine Quote gebildet.[919] Da das Prinzip des innerbetrieblichen Schadensausgleichs zwingendes Arbeitnehmerschutzrecht darstellt, kann es auch durch Vertragsstrafenregelungen nicht umgangen werden.

Teilweise wird die absolute Obergrenze der Vertragsstrafe bei einem Jahresbruttogehalt gesehen.[920] Eine solche Grenzziehung wirkt allerdings eher willkürlich, sodass es näherliegt, sich hinsichtlich einer generellen Obergrenze für Vertragsstrafen bei der Verletzung von Nebenpflichten gar nicht erst abstrakt festzulegen.[921] Dafür sprechen auch schon die herausgearbeiteten Merkmale, die eine abstrakt nominell zu bestimmende Grenze nicht ergeben. Diese zeigen, dass bei der Bestimmung einer angemessenen Schadenshöhe die Interessen beider Seiten zu berücksichtigen und auszugleichen sind. Die Höhe des typischerweise zu erwartenden Schadens kann dabei einen guten Anknüpfungspunkt bieten, der jedoch weiterhin auf die Zumutbarkeit im Einzelfall zu überprüfen ist. Ferner können und müssen Schwere und die Dauer der Verletzung, Verschuldensgrad, wirtschaftliche Lage und Leistungsfähigkeit bei der Bestimmung der Strafhöhe eine Rolle spielen.

Bei Vertragsstrafen zur Absicherung von Nebenpflichten im Arbeitsverhältnis bietet es sich daher an, die Strafhöhe an Monatsgehältern[922] auszurichten und damit nicht nur die Leistungsfähigkeit des Einzelnen zu berücksichtigen, sondern auch die Schwere des Verstoßes mit der Anzahl oder den Bruchteilen der Monatsgehälter

---

918 *Rieble*, in: Staudinger, BGB Kommentar, § 339 BGB (2015), Rn. 171, 385; *Stoffels*, in: Preis, Der Arbeitsvertrag, II. V. 30, Rn. 46; *Thüsing/Bodenstedt*, AuR 2004, 369 (370).

919 Dazu bereits: S. 202.

920 So *Henssler/Moll*, AGB-Kontrolle vorformulierter Arbeitsbedingungen, S. 83.

921 Keine bisher festgelegte generelle Obergrenze für Vertragsstrafen bei Wettbewerbsverboten bei *Richardi/Fischinger*, in: Staudinger, BGB Kommentar, § 611 BGB (2016), Rn. 1293; BAG, Urt. v. 25.09.2008 – 8 AZR 717/07, NZA 2009, 370 (375, Rz. 54 ff.).

922 Unter Beachtung der Lohnsicherungsvorschriften, insbesondere §§ 850 ff. ZPO.

einzubeziehen.[923] Denkbar sind Klauseln, die auch einen Strafrahmen von einem halben bis zu einem Bruttomonatsgehalt oder von sechs bis acht Bruttomonatsgehältern vorsehen, je nach Schwere des Verstoßes und berechtigtem Sanktionsinteresse des Arbeitgebers. Ein solcher Strafrahmen ist bestimmt genug hinsichtlich der jeweiligen Obergrenze, sodass der Arbeitnehmer weiß, was ihn schlimmstenfalls erwartet. Voraussetzung ist aber in jedem Fall, dass auch die Obergrenze selbst noch eine angemessene Strafhöhe für jeden Einzelfall des Verstoßes darstellt.[924] Der Arbeitgeber kann dann nach billigem Ermessen i.S.d. § 315 III BGB die für den konkreten Einzelfall angemessene Strafhöhe innerhalb des vereinbarten Rahmens festsetzen.[925]

Es ist weiterhin zu beachten, dass die Grundsätze der eingeschränkten Arbeitnehmerhaftung durch die bestimmte Strafhöhe nicht unterlaufen werden. Auf das zu berücksichtigende Verschuldenserfordernis und die Haftungsprivilegierung des Arbeitnehmers kann dadurch vertragsgestalterisch eingegangen werden, dass der Arbeitgeber Vertragsstrafen für vorsätzliches oder grob fahrlässiges Fehlverhalten „bis zur Höhe von..." festsetzt und die angemessene Höhe erst im Einzelfall innerhalb des vereinbarten Rahmens festsetzt.

Hinsichtlich der Bestimmung der zulässigen Strafhöhe gelten im Vergleich zur Verletzung von Hauptleistungspflichten also deutlich flexiblere Maßstäbe. Diese führen aber auch dazu, dass eine konkrete und nominell bestimmte Strafhöhe sich erst im Einzelfall ergeben kann und von der konkreten Pflichtverletzung und Vereinbarung abhängen muss. Der angemessene Rahmen innerhalb dessen sich die konkrete Strafe bewegt, muss in der Klausel enthalten sein.

cc) Möglichkeit der Herabsetzung der formularvertraglichen Strafe nach § 343 BGB?

Gemäß § 343 BGB kann eine verwirkte Vertragsstrafe auf Antrag des Schuldners durch das Gericht auf einen angemessenen Betrag herabgesetzt werden, wenn sie unverhältnismäßig hoch ist. Damit setzt diese Vorschrift ein bereits wirksam vereinbartes Vertragsstrafversprechen voraus. § 343 BGB hat primär Bedeutung für individualvertraglich vereinbarte Vertragsstrafregelungen, da die Gültigkeit der getroffenen Vereinbarung dort nicht bereits durch die Höhe der Vertragsstrafe in

---

923 Bei vergleichsweise geringen Verstößen, wie Zuspätkommen, verspätete Abgabe von Schulungsunterlagen, Rauchen in rauchfreien Zonen etc., kann mit Bruchteilen von Monatsgehältern gearbeitet werden.

924 BAG, Urt. v. 18.08.2005 – 8 AZR 65/05, NZA 2006, 34 (Rz. 24).

925 Der Bundesgerichtshof hat eine Vertragsstrafenvereinbarung grundsätzlich gebilligt, wonach es dem Gläubiger obliegt, die Vertragsstrafenhöhe für den Zuwiderhandlungsfall bis zu einem festgelegten Höchstbetrag nach §§ 315, 317 BGB zu bestimmen (BGH, Urt. v. 12.07.1984 – I ZR 123/82 – NJW 1985, 191; dazu auch BAG, Urt. v. 18.08.2005 – 8 AZR 65/05, NZA 2006, 34 (Rz. 23)).

Frage gestellt wird.[926] Bei formularvertraglich vereinbarten Vertragsstrafen ist die Höhe jedoch bereits ein entscheidendes Kriterium im Rahmen der Inhaltskontrolle nach § 307 I BGB, um die Wirksamkeit der dort getroffenen Vereinbarung zu überprüfen.[927]

Es ließe sich insofern darüber nachdenken, ob bei formularvertraglich wirksam vereinbarten Vertragsstrafen nachträglich noch eine richterliche Reduktion des Strafrahmens nach § 343 BGB vorgenommen werden kann. Dies wird teilweise bei besonderen und beachtenswerten Umständen des Einzelfalls vertreten.[928] Allerdings muss grundsätzlich nach dem geltenden AGB-Recht die Klausel im Ganzen und typisierend betrachtet werden, es gilt das Verbot der geltungserhaltenden Reduktion. Eine formularvertragliche Vertragsstrafklausel kann daher bei unangemessener Höhe nicht durch Neuformulierung und Herabsetzung der Strafhöhe aufrechterhalten werden.[929] Die grundsätzlich angemessene Strafhöhe bzw. der Strafrahmen muss bereits bei Vertragsschluss vorliegen. Die Frage nach einer nachträglichen Herabsetzung des Strafrahmens nach § 343 BGB stellt sich daher für Formularvertragsstrafen nicht.

Lediglich und ausnahmsweise bei einzelnen Vertragsstrafklauseln, die sich nach § 307 BGB unter abstrakt typisierenden Gesichtspunkten als angemessen und wirksam darstellen, kann im konkreten Einzelfall eine Herabsetzung der Vertragsstrafe innerhalb des Strafrahmens auf Antrag wegen unangemessener Höhe erfolgen. Dies ändert jedoch nichts an der Angemessenheit des Strafrahmens nach den typisierenden Betrachtungen des § 307 I BGB.

926 Vgl. zur Herabsetzung bei Unverhältnismäßigkeit auch *Joost*, ZIP 2004, 1981 (1985).

927 „Die Höhe der vereinbarten Vertragsstrafe ist – wie ausgeführt – demnach bereits gem. § 307 Absatz I 1 BGB einer Wirksamkeitskontrolle zu unterziehen." (so BAG, Urt. v. 25.09.2008 – 8 AZR 717/07, NZA 2009, 370 (377, Rz. 70); ebenso „Eine Herabsetzung der Vertragsstrafe gem. § 343 BGB auf das angemessene Maß kommt nur bei verwirkten, also wirksam vereinbarten Vertragsstrafen in Betracht." (378, Rz. 75)).

928 *Grüneberg*, in: Palandt BGB Kommentar, § 339, Rn. 12; *Lakies*, Vertragsgestaltung, S. 362, Rn. 467 f.; *Müller-Glöge*, in: ErfK, §§ 339–345 BGB, Rn. 14, 30 ff.; BAG, Urt. v. 25.09.2008 – 8 AZR 717/07, NZA 2009, 370 (377 f.); *Stoffels*, in: Preis, Der Arbeitsvertrag, II. V. 30, Rn. 41 ff.; *Wensing/Niemann*, NJW 2007, 401 ff. (m.w.N. zum Meinungsstreit); a.A. BAG, Urt. v. 04.03.2004 – 8 AZR 196/03, NZA 2004, 727 (733); *Joost*, ZIP 2004, 1981 (1985); *Thüsing*, in: HWK, Arbeitsrecht Kommentar, § 611 BGB, Rn. 491: „Die Einzelfallbetrachtung hat bei Formulararbeitsverträgen nun der typisierenden Betrachtungsweise des § 307 zu weichen."; *Thüsing/Bodenstedt*, AuR 2004, 369 (373). Danach dürften nun keine individuellen Umstände des konkreten Arbeitnehmers berücksichtigt werden, sondern lediglich einer generalisierenden Betrachtungsweise zugängliche Merkmale.

929 *Joost*, ZIP 2004, 1981 (1985).

b) *Verschuldensabhängigkeit der formularvertraglichen Vertragsstrafe?*

Der Arbeitnehmer als Schuldner muss den Verstoß gegen die Verhaltensvorgaben des Compliance- und Ethikkodex grundsätzlich zu vertreten haben. Nach § 339 S. 1 BGB wird die Vertragsstrafe verwirkt, wenn der Schuldner in Verzug kommt. Dies ist nach § 286 IV BGB der Fall, wenn er die Vertragsverletzung auch zu vertreten hat. Mangels anderweitiger Normierung gilt der Verschuldensmaßstab der §§ 276 I, 278 BGB, nach denen der Arbeitnehmer Vorsatz und Fahrlässigkeit zu vertreten hat. Der Nachweis des fehlenden Vertretenmüssens obliegt dem Schuldner. Der Gläubiger hat im Rahmen der Durchsetzungserleichterung nur die Zuwiderhandlung gegen die vertraglichen Pflichten zu beweisen.[930]

Teilweise wird vertreten, dass das Verschuldenserfordernis als Teil des § 339 BGB dispositiv sei und bei Vereinbarung der Vertragsstrafe ausgeschlossen werden kann.[931] Für eine Vertragsstrafe ist jedoch insbesondere die Sanktionsfunktion typisch, die ohne das immanente Verschuldenserfordernis nicht erfüllt werden kann. Eine verschuldensunabhängig versprochene Vertragsstrafe ähnelt einem Garantieversprechen, welches im Arbeitsvertrag jedoch einer Individualvereinbarung bedarf.[932] Ein solches ist in Allgemeinen Geschäftsbedingungen nicht möglich und wird dort wegen Verstoßes gegen wesentliche Grundgedanken der gesetzlichen Regelung als generell unzulässig nach § 307 II Nr. 1 BGB angesehen.[933] Klauseln, die eine Schadensersatzpflicht alleine aus dem objektiven Verstoß gegen eine Verpflichtung ableiten, mithin eine verschuldensunabhängige Haftung begründen, verstoßen gegen das gesetzliche Leitprinzip der verschuldensabhängigen Haftung sowie gegen die Grundsätze der privilegierten Arbeitnehmerhaftung. Letzteres führt zu einer Unwirksamkeit der Klausel nach § 307 II Nr. 1 BGB.[934]

c) *Zwischenergebnis*

Eine unangemessene Benachteiligung nach § 307 I BGB kann sich auch durch die unangemessene Höhe der Vertragsstrafe oder die fehlende Transparenz der Regelung ergeben. Die Bestimmung der angemessenen Strafhöhe bei Nebenpflichtverstößen begegnet dabei besonderen Schwierigkeiten. Dazu gibt es kaum gefestigte

---

930 *Beater*, in: jurisPK-BGB, § 339, Rn. 60.

931 *Grüneberg*, in: Palandt BGB Kommentar, § 339, Rn. 15; *Lakies*, Vertragsgestaltung, S. 361, Rn. 464; a.A. *Müller-Glöge*, in: ErfK, §§ 339–345 BGB, Rn. 10a; *Rieble*, in: Staudinger BGB Kommentar, § 339 (2015), Rn. 378 ff. – für das Verschuldensprinzip als unabdingbare Grundlage der zivilrechtlichen Sanktion.

932 *Stoffels*, in: Preis, Der Arbeitsvertrag, II. V. 30, Rn. 84; *Reichold*, in: Münchener HdB ArbR, Band 1, § 39 Sanktionen bei Nichtleistung und Schlechtleistung, Rn. 52.

933 Mit Ausnahme bei Gebotenheit durch besondere sachliche Gründe, *Gottwald*, in: MüKo BGB, § 339, Rn. 23, 35; *Grüneberg*, in: Palandt BGB Kommentar, § 339, Rn. 15; *Linck*, in: Schaub, § 57 III. Rn. 12; *Stoffels*, AGB-Recht, S. 363, Rn. 910.

934 *Gilch/Pelz*, CCZ 2008, 131 (136); *Grüneberg*, in: Palandt BGB Kommentar, § 307, Rn. 96.

Rechtsprechung und es sind eine Vielzahl von unterschiedlichen Fallgestaltungen auf der ganzen Bandbreite von unterschiedlicher „Schwere" der Vertragsverletzungen denkbar. Die Höhe des typischerweise zu erwartenden Schadens kann dabei zwar einen ersten Anknüpfungspunkt bieten, der jedoch auf die Zumutbarkeit im Einzelfall zu überprüfen und jeweils anzupassen ist. Dabei können die Schwere und die Dauer der Verletzung, der Verschuldensgrad, die wirtschaftliche Lage und Leistungsfähigkeit des Arbeitnehmers eine Rolle spielen. Zulässig sind vor diesem Hintergrund auch Klauseln, die lediglich einen Strafrahmen mit Obergrenze vorsehen, der eine Strafe je nach Schwere des Verstoßes und berechtigtem Sanktionsinteresse des Arbeitgebers im Einzelfall ermöglicht. Es bietet sich weiterhin an, die Strafhöhe an Bruttomonatsgehältern auszurichten. Mit der Anzahl oder den Bruchteilen der Monatsgehälter kann die Schwere des Verstoßes einbezogen werden. Es sind zudem die Grundsätze der eingeschränkten Arbeitnehmerhaftung zu beachten. Durch Vertragsstrafen dürfen nur vorsätzliche und grob fahrlässige Pflichtverstöße abgesichert werden.

Auch an die Formulierung der Vertragsstrafabrede sind nach dem Transparenzgebot strenge Anforderungen gestellt. Die Klausel muss den die Vertragsstrafe auslösenden Pflichtverletzung und die dadurch verwirkte Strafe klar und bestimmt nennen. Die die Strafe auslösende Pflichtverletzung muss der Schuldner auch zu vertreten haben. Das Verschuldenserfordernis kann in einem Formulararbeitsvertrag nicht wirksam abbedungen werden.

4. *Entstehen des Strafanspruchs durch Verwirkung*

Nach dem Wortlaut des § 339 S. 1 BGB ist die Vertragsstrafe verwirkt, wenn der Schuldner mit der Erfüllung seiner vertraglichen Pflichten in Verzug kommt oder ihm obliegenden Unterlassungspflichten zuwiderhandelt. Der Strafanspruch entsteht also mit Verletzung der in den Compliance- und Ethikrichtlinien strafbedrohten Nebenpflichten durch den Schuldner.[935] Fällig wird der Vertragsstrafanspruch mit der Erklärung des Versprechensempfängers die Vertragsstrafe zu verlangen.

Für den Fall der formularvertraglich vereinbarten Vertragsstrafe ist die Höhe des Strafanspruches in der Regel bereits bestimmt oder zumindest bestimmbar. Je nach Vereinbarung kann die Vertragsstrafe an den Versprechensempfänger oder an einen Dritten (mit oder ohne dessen Leistungsanspruch nach § 328 BGB) zu zahlen sein.[936]

Die Geltendmachung einer Vertragsstrafe durch den Arbeitgeber kann ausnahmsweise ausgeschlossen sein, wenn dieser sich selbst rechtsmissbräuchlich verhält. Bei der Geltendmachung einer Vertragsstrafe würde es sich dann um eine unzulässige Rechtsausübung nach § 242 BGB handeln. Diese Konstellation ist im

935 Vgl. *Beater*, in: jurisPK-BGB, § 339, Rn. 85; *Gottwald*, in: MüKo BGB, § 339, Rn. 1.
936 *Gottwald*, in: MüKo BGB, Vorbemerkungen § 339, Rn. 3.

Zusammenhang mit Complianceverstößen denkbar, wenn der mit einer Vertragsstrafe bedrohte Pflichtverstoß des Arbeitnehmers auf Veranlassung des Arbeitgebers oder im Zusammenwirken mit diesem geschah.

5. *Verhältnis der Vertragsstrafe zu anderen Reaktionsmöglichkeiten des Arbeitgebers*

Im Folgenden wird untersucht, in welchem Verhältnis der Vertragsstrafanspruch zu anderen individualrechtlichen Reaktionsmöglichkeiten steht, ob sie sich ausschließen oder nebeneinander vorliegen können. Zunächst ist festzustellen, dass das verfassungsrechtliche Verbot der Doppelbestrafung auf privatrechtlich vereinbarte Vertragsstrafen keine Anwendung findet.[937] Dass staatliche Zwangsvollstreckungsmaßnahmen und privatrechtliche Sanktionen nebeneinander stehen können, zeigt schon § 893 ZPO. Neben einer Vertragsstrafe können andere Sanktionen, insbesondere staatliche Strafen und Zwangsmaßnahmen anfallen.[938]

a) *Verhältnis des Vertragsstrafversprechens zu Primär- und Sekundäransprüchen bei Leistungsstörung*

Das Verhältnis der verwirkten Vertragsstrafe zu den Primär- und Sekundäransprüchen (Erfüllungs- und Schadensersatzanspruch) regelt der Gesetzgeber zum Schutz des Schuldners in den §§ 340, 341 BGB.

§ 340 BGB regelt das Verhältnis bei einem Strafversprechen für den Fall der Nichterfüllung und § 341 BGB für den Fall der nicht-gehörigen Erfüllung (Schlechterfüllung oder Verzug). Beide Fälle können bei Verstoß gegen die Verhaltensregelungen eines Compliance- und Ethikkodex in Betracht kommen.

Ist das Strafversprechen auf die Nichterfüllung der Verbindlichkeit gerichtet, wie z.B. das Nichteinhalten von Verschwiegenheitspflichten, nachvertraglichen Wettbewerbsverboten oder die fehlende Teilnahme an verpflichtenden Schulungen, so kann der Gläubiger die verwirkte Strafe (und Ersatz des weitergehenden Schadens) nur *anstatt* der Erfüllung verlangen, § 340 I S. 1 BGB, nicht jedoch beides. Damit handelt es sich um einen Fall elektiver Konkurrenz.[939] Erst nach Wahl des Anspruchs ist dieser auch erfüllbar. Erklärt der Gläubiger dem Schuldner, dass er die Strafe verlange, so ist der Anspruch auf Erfüllung ausgeschlossen. Dies erlangt z.B. im Fall des Verstoßes gegen ein nachvertragliches Wettbewerbsverbot Bedeutung, da

---

937 *Rieble*, in: Staudinger, BGB Kommentar, Vorbem §§ 339 ff. BGB (2015), Rn. 119.

938 Bei der Straffestsetzung kann der Umstand, dass ein Verhalten mehrfach „sanktioniert" wird berücksichtigt werden. Zivilrechtliche Folgen der Tat, wie Schadensersatzansprüche und Vertragsstrafen können nach § 46 StGB berücksichtigt werden. Dies folgt aus dem Gebot der einzelfallgerechten Strafe. Dies hat jedoch für die Festsetzung der Höhe der Vertragsstrafe auf der hier betrachteten zivilrechtlichen Ebene keine Bedeutung.

939 *Grüneberg*, in: Palandt BGB Kommentar, § 340, Rn. 4.

dort bei Verstoß typischerweise hohe Schäden entstehen, die aber schwer nachzuweisen sind, sodass in der Regel ein berechtigtes Interesse des Arbeitgebers an dessen Absicherung durch eine Vertragsstrafabrede besteht. Der Arbeitnehmer ist dann vor „doppelter" Inanspruchnahme dadurch geschützt, dass mit Verlangen der (zumeist) hohen Vertragsstrafe seine Erfüllungsverbindlichkeit erlischt und er die Wettbewerbsabrede nicht mehr einhalten muss.[940]

Im Fall der nicht gehörigen Erfüllung der Hauptverbindlichkeit (Schlechterfüllung oder Verzug) bleibt nach § 341 I BGB der Erfüllungsanspruch neben der Vertragsstrafe erhalten, da die Vertragsstrafe gerade nicht das Erfüllungsinteresse des Versprechensempfängers absichern soll. Sie fällt in der Höhe daher häufig auch geringer aus. Gemäß § 341 III BGB muss sich der Arbeitgeber allerdings bei Annahme der weiteren Erfüllung das Recht zur Vertragsstrafe vorbehalten, ansonsten kann er sie nicht verlangen.

§ 340 II BGB regelt das Verhältnis zwischen Sekundäransprüchen und dem Strafversprechen, sowohl für Nichterfüllung als auch nach Verweisung des § 341 II BGB für die nicht gehörige Erfüllung. Auch im Verhältnis zwischen der verwirkten Vertragsstrafe und dem gesetzlichen Schadensersatzanspruch muss der Gläubiger zwischen den Ansprüchen wählen, eine Bindung an die Wahl tritt aber erst mit Erfüllung der gewählten Alternative ein. Trotz Wahl der Vertragsstrafe ist ein späteres Fordern des weiteren Schadens nicht ausgeschlossen, § 340 II S. 2 BGB. Bis zur Höhe der Vertragsstrafe gilt der etwaige Schaden als abgegolten. Dies kann jedoch nur bei „Interessenidentität" gelten, wenn also Vertragsstrafe und Schadensersatzanspruch sich inhaltlich decken. Dabei bietet § 340 II BGB die Besonderheit, beide Möglichkeiten zu kombinieren und die verwirkte Vertragsstrafe bei Nichterfüllung als Mindestbetrag des Schadens zu verlangen. Der Gläubiger braucht keinen tatsächlichen Nachweis für die Höhe des Schadens zu führen, noch kann ihm entgegnet werden, dass gar kein Schaden entstanden sei. Einen weiteren, über den Mindestbetrag hinausgehenden, Schaden kann er mit entsprechendem Nachweis aus § 280 BGB zusätzlich fordern. § 340 II BGB schützt damit den Schuldner davor, dass er die Vertragsstrafe „zusätzlich" zum vollen Betrag des Schadensersatzes leisten müsste. Allerdings sind diese Regelungen dispositiv und können durch Individualvereinbarung abbedungen werden.[941]

b) Verhältnis der Vertragsstrafe zur Abmahnung

Die Konsequenzen eines Pflichtverstoßes erschöpfen sich für den Arbeitnehmer jedoch nicht immer in der Geltendmachung einer Vertragsstrafe und der Verfolgung des darüber hinausgehenden Schadensersatzes. Es ist zu untersuchen, ob der Arbeitgeber zusätzlich wegen des Verstoßes gegen den Compliance- und Ethikkodex den Arbeitnehmer auch abmahnen kann.

---

940 Vgl. *Stoffels*, in: Preis, Der Arbeitsvertrag, II. V. 30, Rn. 55.

941 *Beater*, in: jurisPK-BGB, § 340, Rn. 1.

Bei der Vertragsstrafe und der Abmahnung handelt es sich jeweils um individualrechtliche Reaktionsmöglichkeiten des Arbeitgebers auf Pflichtverstöße des Arbeitnehmers. Das Recht, eine Vertragsstrafe zu fordern, muss der Arbeitgeber allerdings vertraglich vereinbaren. Vertragsstrafe und Abmahnung haben keinen kollektiven Bezug und sind daher mitbestimmungsfrei. Ihnen kommt auch keine Straffunktion im engeren Sinne zu.[942] Sie reagieren jeweils auf die Verletzung von Individualvertragspflichten und sind in Teilen zukunftsbezogen. Die Abmahnung soll die ordnungsgemäße Vertragserfüllung bzw. die Einhaltung der Vorgaben des Compliance- und Ethikkodex in der Zukunft sicherstellen. Auch die Vertragsstrafe bezweckt durch ihre Doppelfunktion hauptsächlich die künftige Erfüllungssicherung durch die Androhung einer Strafe und die Sicherung des Ersatzes.

Vertragsstrafe und Abmahnung unterscheiden sich jedoch in ihren Rechtsfolgen, wenn ein kodexgerechtes Verhalten des Arbeitnehmers auch in Zukunft nicht erbracht wird: Abmahnungen dienen dann der Objektivierung der Negativprognose für zukünftig kodexgetreues Verhalten des Arbeitnehmers und damit der Vorbereitung einer Kündigung. Die Vertragsstrafe führt dagegen zu einer Strafzahlung und hat keinen Einfluss auf Inhalt und Bestand des Arbeitsverhältnisses.[943]

Auch die zur Zweckverfolgung eingesetzten Mittel unterscheiden sich. Bei der Abmahnung wird mit Vertragsauflösung gedroht, bei der Vertragsstrafe mit der Geldzahlung. Damit beruhen beide Reaktionsmaßnahmen nicht nur auf unterschiedlichen Rechtsgrundlagen, sie verfolgen ihren Zweck mit unterschiedlichen Mitteln und haben andere Folgen. Daraus ergibt sich, dass beide Reaktionsmaßnahmen nebeneinander geltend gemacht werden können und sie sich nicht widersprechen.[944] Ein und dasselbe Verhalten kann also dazu führen, dass eine Vertragsstrafe verwirkt wird und den Arbeitgeber zu einer Abmahnung berechtigen.

c) Verhältnis der Vertragsstrafe zu weiteren individualrechtlichen Reaktionsmöglichkeiten

Der Arbeitnehmer muss bei einem Verstoß gegen den Compliance- und Ethikkodex mit weitreichenden Konsequenzen rechnen. Es können Vertragsstrafe, darüber hinausgehender Schadensersatz und kündigungsrechtliche Maßnahmen, insbesondere die Abmahnung, auf ihn zukommen. Da die Rechtsgrundlagen und die verfolgten Ziele der jeweiligen Maßnahmen unterschiedlich sind, stehen sich die Maßnahmen nicht in einem Konkurrenzverhältnis gegenüber, sondern können nebeneinander geltend gemacht werden. Denn anders als bei der zivilrechtlichen Anspruchskonkurrenz[945], ergeben sich hier aus dem gleichen Lebenssachverhalt nicht die gleichen Rechtsfolgen.

---

942 *Koffka*, Die arbeitsrechtliche Abmahnung als Rechtsinstitut, S. 196.

943 *Koffka*, Die arbeitsrechtliche Abmahnung als Rechtsinstitut, S. 196; *v. Hoyningen-Huene*, RdA 1990, 193 (203).

944 *v. Hoyningen-Huene*, RdA 1990, 193 (203).

945 „Ein und dieselbe Rechtsfolge kann aus ein und demselben Lebenssachverhalt und zugleich aus mehreren Normen des materiellen Rechts hergeleitet werden.

Hinzukommen können noch weitere individualrechtliche Maßnahmen.[946] Der Pflichtverstoß kann Anknüpfungspunkt für den Entzug von vermögenswirksamen Vorteilen sein, wenn jene an ordnungs- und pflichtgemäßes Verhalten des Arbeitnehmers angebunden sind. Auch kann der Arbeitgeber Maßnahmen verfolgen, die ihm als Gläubiger der Arbeitsleistung und damit aus seinem Weisungsrecht zustehen. So ist in diesem Zusammenhang eine Ver- oder Umsetzung auf eine Stelle denkbar, auf der die Möglichkeit einen erneuten Verstoß zu begehen gemindert bis ausgeschlossen wird. Die Möglichkeit einer Ermahnung wird dagegen in der Regel als unpassend in den Hintergrund treten. Die Ermahnung ist eine Reaktionsmaßnahme für leichte Verstöße. Bei den Pflichtverstößen, die wirksam mit einer Vertragsstrafe sanktioniert werden können, handelt es sich dagegen um deutlich schwerere Verstöße.

Es stellt sich jedoch die Frage, ob auch diese individualrechtlichen Maßnahmen parallel zu den bereits genannten, Abmahnung und Vertragsstrafe, ergriffen werden können oder ob es bei deren Ausübung eine Grenze gibt. Ist die Vertragsstrafe im zulässigen Rahmen bereits als sehr hoch anzusehen und wurde eine Abmahnung erteilt, können weitere disziplinarische Maßnahmen unzulässige Überreaktionen darstellen, ähnlich dem rechtsstaatlichen Übermaßverbot. Da der Ausgangspunkt der Maßnahmen jeweils ein Fehlverhalten des Arbeitnehmers darstellt, kann § 612a BGB nicht regulierend eingreifen. So bleibt letztendlich nur ein Heranziehen des Verhältnismäßigkeitsgrundsatzes.[947] Auch im Arbeitsrecht hat dieser, insbesondere bei kündigungsrechtlichen Maßnahmen, einen festen Anwendungsbereich. Im Verhältnis der individualrechtlichen Maßnahmen untereinander, unabhängig davon, ob sie auf den Bestand oder den Inhalt des Arbeitsverhältnisses gerichtet sind, findet der Grundsatz der Verhältnismäßigkeit ebenfalls Anwendung und sorgt dafür, dass in den meisten Fällen keine übermäßige Häufung an nachteiligen Maßnahmen gegenüber dem Arbeitnehmer eintreten kann. Das Direktionsrecht ist als solches der Ausübungskontrolle nach § 315 III S. 1 BGB und damit dem billigen Ermessen unterworfen. Wie auch § 242 BGB, stellt § 315 BGB ein Einfallstor für die Prüfung der Verhältnismäßigkeit und mithin den Persönlichkeitsrechtsschutz des Arbeitnehmers dar.

Eine reale Gefahr der unverhältnismäßigen Häufung nachteiliger individualrechtlicher Reaktionsmaßnahmen besteht damit im Verhältnis der individualrechtlichen Maßnahmen zueinander nicht. Bei jeder individualrechtlichen Maßnahme, die auf das Gläubigerrecht des Arbeitgebers zurückgeht, ist zu prüfen, ob ihre Ausübung

---

Dann liegt Anspruchskonkurrenz ... vor.", BAG, Urt. v. 23.11.2006 – 6 AZR 317/06, NZA 2007, 630 (631, Rz. 13); ähnlich *Vollkommer*, in: Zöller, ZPO Kommentar, Einl., Rn. 69.

946 Siehe dazu S. 200200 ff.

947 Als Ausprägung des Schutzes des Allgemeinen Persönlichkeitsrechts des Arbeitnehmers aus Art. 2 I GG i.V.m. Art. 1 I GG auch im Privatrecht, *Schmidt*, in: ErfK, Art. 2 GG, Rn. 67 ff.

in Zusammenschau der getroffenen Maßnahmen noch billigem Ermessen entspricht oder ob es andere mildere Maßnahmen gibt.

Außerhalb der gemeinsamen Rechtsgrundlage des Weisungsrechts und den darauf beruhenden Reaktionsmaßnahmen kann bei den weiteren Reaktionsmaßnahmen, die auf vertraglicher Grundlage beruhen, das Verhältnismäßigkeitsprinzip mangels direkter Vergleichbarkeit nicht eingreifen. Zwar unterfallen auch die formularvertraglich vereinbarten Strafen einer Verhältnismäßigkeitsprüfung. Die AGB-rechtliche Inhaltskontrolle hat aber nur die Verhältnismäßigkeit der Regelung alleine zum Gegenstand, nicht jedoch deren Zusammenspiel mit weiteren Maßnahmen. Die ausnahmsweise Anwendung des § 343 BGB auf eine wirksam vereinbarte formularvertragliche Vertragsstrafe kann im Einzelfall ein solches Zusammentreffen regulieren und eine daraus folgende unverhältnismäßige Härte ausgleichen.

Ansonsten liegt es in der Rechtsnatur der Maßnahmen und auch an ihren unterschiedlichen Zielrichtungen, dass mehrere Maßnahmen bei ein und demselben zugrundeliegenden Sachverhalt zur Anwendung kommen können. Das Schutzbedürfnis des Arbeitnehmers ist in diesem Fall gering, hat doch erst sein Fehlverhalten, seine Pflichtverletzung, überhaupt den Anlass für die folgenden Reaktionen des Arbeitgebers gegeben. Daraus folgt, dass die Vertragsstrafe, darüber hinausgehender Schadensersatz und individualrechtliche Maßnahmen mit Auswirkungen auf Inhalt oder Bestand (Abmahnung und Kündigung) des Arbeitsverhältnisses, nebeneinander vorliegen und ausgeübt werden können. Die Vertragsstrafe stellt als konkret vereinbarte und verwirkte Strafe keine Sperre hinsichtlich eines weiteren Tätigwerdens des Arbeitgebers dar.

Ist dem Arbeitgeber daran gelegen, das Arbeitsverhältnis nicht übermäßig zu belasten, kann er eine Auswahl aus den in Frage kommenden Reaktionsmaßnahmen treffen. Er muss nicht alles, was ihm grundsätzlich möglich ist, auch durchsetzen. Dies ergibt sich bereits aus den rein pragmatischen Erwägungen, dass der Arbeitnehmer ansonsten selbst Kündigungsüberlegungen anstellen wird.

6. Ergebnis

Die verbindlichen Vorgaben eines Compliance- und Ethikkodex können durch die Vereinbarung von Vertragsstrafen wirksam abgesichert werden. Die Vertragsstrafe sanktioniert repressiv Pflichtverletzungen des Arbeitnehmers und führt durch die Ermöglichung eines erleichterten Schadensausgleichs zu einer Leistungssicherung für den Arbeitgeber. Gleichzeitig hat sie präventive Anreizwirkung.

Die Wirksamkeitsanforderungen an Vertragsstrafabreden in Formulararbeitsverträgen ergeben sich aus der AGB-Kontrolle nach §§ 305–310 BGB. Besondere Beachtung bedarf dabei der Umstand, dass es sich bei den in Compliance- und Ethikrichtlinien statuierten Verhaltenspflichten vielfach um Nebenpflichten zum jeweiligen Arbeitsverhältnis handelt, sodass die Anforderungen, die für die formularvertragliche Absicherung von Hauptleistungspflichten entwickelt wurden, nicht ohne weiteres übernommen werden können.

Zur Wirksamkeit der Vertragsstrafe darf diese für den Arbeitnehmer keine unangemessene Benachteiligung nach § 307 I BGB darstellen. Bei Nebenpflichtverstößen ist ein besonderes Augenmerk darauf zu richten, ob tatsächlich ein berechtigtes Interesse des Arbeitgebers an einer sanktionierenden Vertragsstrafabrede besteht. Ein solches ist nur dann anzunehmen, wenn die zu sanktionierende Pflichtverletzung typischerweise einen nicht unerheblichen Schaden verursacht und dem Arbeitgeber der Schadensnachweis schwerfällt sowie nur mit unverhältnismäßigem Aufwand zu erbringen ist oder sogar unmöglich ist. Für Nebenpflichtverletzungen mit nur geringem Schaden oder kaum bezifferbaren Schaden ist eine adäquate Reaktion daher bei den „klassischen" arbeitsrechtlichen Maßnahmen zu finden. Dies gilt insbesondere für Schlechtleistungen, Verhaltensregelungen, die die Zusammenarbeit mit Kollegen betreffen, oder generellen Regelungen zur konkreten Erbringung der Arbeitsleistung (Verfehlungen im Ordnungsbereich). Das Fernbleiben von der Arbeit und Verstöße gegen regulatorische Compliance-Vorgaben können dagegen zu erheblichen Schäden führen, deren Nachweis jedoch Schwierigkeiten begegnet, sodass für diese Fälle ein berechtigtes Interesse an einer Vertragsstrafregelung vorliegt. Andere Nebenpflichtverstöße, wie Wettbewerbsverbote, Verschwiegenheitspflichten, Berichtspflichten etc. können ebenfalls zu großen und schwer nachweisbaren Schäden führen, sodass in der Regel ein berechtigtes Interesse an der Absicherung dieser Nebenpflichten durch eine Vertragsstrafregelung besteht.

Bei der AGB-rechtskonformen Formulierung der Vertragsstrafenklausel sind der auslösende Tatbestand mit allen unter die Klausel fallenden Pflichtverstößen sowie die verwirkte Strafe klar und bestimmt bzw. bestimmbar zu nennen. Schwierigkeiten ergeben sich auch bei der Bestimmung einer angemessenen Strafhöhe für den Nebenpflichtverstoß. Weiterhin sind bei der Vereinbarung einer Vertragsstrafe die arbeitsrechtlichen Haftungsbeschränkungen zugunsten des Arbeitnehmers zu beachten.

Der Vertragsstrafanspruch des Arbeitgebers ist mit Verletzung der in den Compliance- und Ethikrichtlinien strafbedrohten Nebenpflichten verwirkt. Das Verhältnis einer verwirkten Vertragsstrafe zu den Primär- und Sekundäransprüchen ist in den §§ 340, 341 BGB geregelt. Macht der Arbeitgeber seinen Anspruch auf Vertragsstrafe geltend, gilt ein etwaiger Schaden bis zur Höhe der Vertragsstrafe als abgegolten. Darüber hinausgehenden Schaden kann der Arbeitgeber unter den allgemeinen Voraussetzungen des Schadensersatzrechts zwar weiterhin geltend machen, ein Schadensnachweis bleibt ihm dann aber nicht erspart und er ist voll beweispflichtig. Der Arbeitnehmer ist insoweit davor geschützt, den vom Strafversprechen gedeckten Betrag „doppelt" an den Arbeitgeber leisten zu müssen.

Nicht gefeit ist der Arbeitnehmer dagegen vor zusätzlichen kündigungsrechtlichen Reaktionen des Arbeitgebers. Liegen durch Pflichtverstoß des Arbeitnehmers die entsprechenden Voraussetzungen vor, sind zusätzlich zur verwirkten Vertragsstrafe und abhängig von der jeweiligen Schwere auch die „klassischen" individualvertraglichen Maßnahmen Abmahnung und Kündigung zulässig. Ein mögliches „Übermaß an Strafe" durch die weiteren möglichen, auf dem Weisungsrecht basierenden Maßnahmen, wird dadurch verhindert, dass jede dieser Maßnahme auf ihre

Angemessenheit und Verhältnismäßigkeit im konkreten Einzelfall und in Ansehung aller Umstände überprüft wird.

Ein großer Vorteil der Absicherung von Compliance- und Ethikrichtlinien mit Vertragsstrafabreden ist, dass grundsätzlich alle Arten von in Compliance- und Ethikrichtlinien vorkommenden Pflichten abgesichert werden können (Leistungspflichten, gesetzliche und vertragliche Pflichten, Neben- und Rücksichtnahmepflichten), ohne dass es auf den kollektiven Bezug ankäme. Daher ist mit Vertragsstrafen die weitestgehende Absicherung von Compliance- und Ethikrichtlinien möglich. Voraussetzung ist aber, dass die abgesicherten Pflichten die geschäftlichen Interessen des Arbeitgebers nachteilig beeinflussen können, ein Schaden aber typischerweise schwer nachzuweisen ist und somit ein berechtigtes Interesse des Arbeitgebers an der Absicherung von Verhaltenspflichten besteht.

II. Die Betriebsbuße als kollektivrechtliche Sanktionsmöglichkeit

Neben der Pflicht den Arbeitsvertrag ordnungsgemäß zu erfüllen, muss der Arbeitnehmer auch darauf achten, die im Betrieb geltenden Regelungen zur Aufrechterhaltung der betrieblichen Ordnung und des Zusammenwirkens und -lebens mit anderen Arbeitnehmern einzuhalten. Bei der Gestaltung dieser Pflichten, z.B. durch einen Compliance- und Ethikkodex, besteht ein zwingendes Mitbestimmungsrecht des Betriebsrats nach § 87 I Nr. 1 BetrVG. Werden diese Vorschriften über die Ordnung des Betriebes als Teil eines Compliance- und Ethikkodex verletzt, kommt neben den bereits dargestellten individualrechtlichen Reaktionsmöglichkeiten des Arbeitgebers, zusätzlich die Verhängung einer Betriebsbuße als kollektivrechtliches Sanktionsmittel in Betracht.[948]

Betriebsbußen werden bereits seit über einem Jahrhundert praktiziert und gehören damit zu den ältesten sanktionierenden Maßnahmen des Arbeitsrechts.[949] Daher sind Betriebsbußen bei der Frage nach Reaktionsmöglichkeiten auf Verstöße gegen Compliance- und Ethikrichtlinien und der Gestaltung einer effektiven Durchsetzung dieser Richtlinien wieder in den Blick zu nehmen und nicht etwa als veraltet abzutun. Nach der ständigen Rechtsprechung des Bundesarbeitsgerichts[950] dienen die

948 Voraussetzung ist das Bestehen eines Betriebsrates. Der Arbeitgeber kann alleine keine Betriebsbußenordnung aufstellen.

949 Zur geschichtlichen Entwicklung siehe auch *Herschel*, Betriebsbußen, S. 16 ff.; *Leinemann*, AuR 1970, 134 (134 f.), insbesondere zur Entwicklung aus dem Allgemeinen Landrecht für die preußischen Staaten (ALR II 7, § 227 ff.); *Linck*, in: Schaub, § 58 I. Rn. 1; *Walker*, FS Kissel, S. 1205 (1205).

950 BAG, Urt. v. 12.09.1967 – 1 AZR 34/66, AP BetrVG 1952 § 56 Betriebsbuße Nr. 1, NJW 1968, 317; BAG, Urt. v. 05.12.1975 – 1 AZR 94/74, AP BetrVG 1972 § 87 Betriebsbuße Nr. 1, DB 1976, 583; BAG, Urt. v. 30.01.1979 – 1 AZR 342/76, AP BetrVG 1972 § 87 Betriebsbuße Nr. 2, DB 1979, 1511; BAG, Urt. v. 07.11.1979 – 5 AZR 962/77, AP BetrVG 1972 § 87 Betriebsbuße Nr. 3, DB 1980, 550; BAG, Beschluss v.

Betriebsbußen der Durchsetzung von Regeln zur betrieblichen Ordnung und dem Verhalten der Arbeitnehmer. Sie sollen gruppenschädliches Verhalten sanktionieren.

Die Betriebsbuße, ihre Funktion, Einordnung, Rechtsgrundlage und ihre Zulässigkeitsanforderungen werden im folgenden Kapitel genauer betrachtet. Danach ergibt sich, welche Inhalte als Betriebsbuße möglich sind, welche Verstöße damit sanktioniert werden können und unter welchen Umständen eine Eignung der Betriebsbußen als Sanktionsmittel für Verstöße gegen Compliance- und Ethikrichtlinien gegeben ist.

1. *Entwicklung unter dem Stichwort der „Betriebsjustiz"*

Mit Beginn der Selbstorganisation der Arbeitnehmerschaft und des damit einhergehenden Denkens in „Kategorien von Kollektiv, Organisation, Solidarität, Wir-Bewusstsein und Gruppenethik"[951] hat sich in der Arbeitnehmerschaft ein Trend zum Selbstschutz entwickelt, aus dem die soziale Erscheinungsform der „Betriebsjustiz" hervorgegangen ist. Bestimmte gruppenschädliche Verhaltensweisen wurden durch eigens entwickelte betriebsinterne Verfahren zur betrieblichen Selbstverwaltung, Disziplinierung und Aufrechterhaltung der Sicherheit und Ordnung im Betrieb unter Strafe gestellt.

Bereits in der Praxis der 60er und 70er Jahre hatte die Betriebsbuße erhebliche Bedeutung und wurde hinsichtlich ihrer Zulässigkeit unter dem Stichwort der „Betriebsjustiz" sowohl in den Medien als auch in wissenschaftlicher Runde bis hin zum Deutschen Bundestag diskutiert.[952] Als Bedenken gegen die Zulässigkeit der „Betriebsjustiz" wurde vorgebracht, dass sie nicht mit dem Grundgesetz vereinbar sei. Sie greife in das staatliche Rechtsprechungsmonopol ein und umgehe das Recht auf ein ordentliches und rechtsstaatliches Verfahren, verstoße gegen Art. 92 GG und trete somit in Konkurrenz zur staatlichen Strafgewalt.[953] Diese Befürchtungen wurden in den folgenden Diskussionen entkräftet. Es wurde klargestellt, dass die sogenannte „Betriebsjustiz" keine Justizform im eigentlichen Sinne darstellt und

---

22.10.1985 – 1 ABR 38/83, AP BetrVG 1972 § 87 Betriebsbuße Nr. 18, NZA 1986, 299; BAG, Beschluss v. 17.10.1989 – 1 ABR 100/88, AP BetrVG 1972 § 87 Betriebsbuße Nr. 12, NZA 1990, 193.

951 *Kienapfel*, JZ 1965, 599 (600); *Meyer-Cording*, NJW 1966, 225 (225, 230); *Bentert*, Das pönale Element, S. 119; *Walker*, FS Kissel, S. 1205 (1206 f.): umfassende interne Klärung als Zweck der Betriebsjustiz.

952 Vgl. Problem- und Diskussionsdarstellung zur Zulässigkeit von Betriebsbußen bei: *Herschel*, Betriebsbußen, S. 7 ff., Fn. 1–5; *Dengler*, Betriebsstrafe bei innerbetrieblichen kriminellen Verstößen?, S. 2 f.; *Baur*, JZ 1965, 163 (163 ff.); Bericht über Stellungnahme der Bundesregierung zu privaten Betriebsgerichten, RdA 1965, 204.

953 BAG, Urt. v. 12.09.1967 – 1 AZR 34/66, NJW 1968, 317 (318); Verfassungsrechtliche Bedenken: *Arndt*, NJW 1965, 26 (27).; *Baur*, JZ 1965, 163 (163 f.). Auseinandersetzung mit diesen Befürchtungen: *Gaul*, DB 1965, 665 (668 f.); *Kienapfel*, JZ 1965, 599 (602 f.).

der Wortlaut insofern irreführend ist. So nehme bereits der Begriff „Betriebsjustiz“ „vorweg, was erst zu erweisen sei“, und zwar, „dass nämlich der Betriebsinhaber (...) unter Mitwirkung des Betriebsrates sich Rechtsprechungsbefugnisse anmaße, um betriebliche Zwecke zu fördern (...)“.[954] Das Grundgesetzt befasst sich hinsichtlich der Strafgewalt aber nur mit den staatlichen Gerichten und der staatlichen Gewaltenteilung, nicht mit betrieblichen Disziplinarstrafen. Art. 92 GG ist daher nicht betroffen. Eine Konkurrenz zur staatlichen Strafgewalt entsteht nicht.[955]

2. Die Rechtsnatur und Rechtsgrundlage der Betriebsbuße

Zunächst sind die Rechtsnatur und Rechtsgrundlage der Betriebsbuße festzustellen. Ausgehend von dieser Grundlage können weitere Aussagen zur Zulässigkeit, Formen und Inhalten, wie auch Grenzen gemacht werden. Daran wird sich die Eignung der Betriebsbußenregelungen zur Reaktion auf Compliance- und Ethikrichtlinienverstöße zeigen.

a) Rechtsnatur: Privatstrafe in Abgrenzung zur Kriminalstrafe

Der Streit um die Zuordnung der Betriebsbuße zum öffentlichen oder privaten Recht galt schon in der Lehre der 60er Jahre als entschieden, soll hier daher nicht vertieft werden. Die privatrechtliche Auffassung hat sich durchgesetzt. Somit erfolgt seitdem eine Zuordnung der Betriebsbuße zu dem Begriff der Privatstrafe.[956] Aus dieser Einordnung als Privatstrafe zog *Herschel* folgende Erkenntnisse:[957]

1. Der Betriebsbuße fehle jedes öffentlich-rechtliche Element, damit unterscheide sie sich von der Kriminalstrafe. Die repressive Betriebsmaßnahme sei eine rein privatrechtliche Sanktion, die auf ein bestimmtes sozialethisches Bedürfnisgebiet ausgerichtet sei und aus diesem ihren spezifischen Unwert schöpfe.[958]
2. Aus der klaren Abgrenzung zur Kriminalstrafe ergebe sich, dass die Betriebsbuße sich keine gerichtlichen Befugnisse anmaße, die nur dem staatlichen Strafmonopol zustehen. Es handele sich nicht um Rechtsprechung, sondern um Selbstverwaltung zur Ordnung innerhalb der Gruppe.
3. Sinn der Betriebsbuße sei nicht die Bereicherung des Verletzten, sondern vielmehr die Schädigung des Täters, sie habe damit *echten* Strafcharakter.

Von diesen allgemein anerkannten Merkmalen ist deshalb im Folgenden auszugehen.

---

954 *Dengler*, Betriebsstrafe bei innerbetrieblichen kriminellen Verstößen?, S. 1.

955 *Pieroth*, in: Jarass/Pieroth, Grundgesetz Kommentar, Art. 92 GG, Rn. 6; *Fitting*, BetrVG Kommentar, § 87, Rn. 80; siehe ausführlich dazu: S. 260.

956 *Herschel*, Betriebsbußen, S. 19.

957 *Herschel*, Betriebsbußen, S. 19 f.

958 Im Gegensatz zur Kriminalstrafe, welche ein allgemeines diffamierendes Unwerturteil enthält, *Herschel*, Betriebsbußen, S. 19.

b) Rechtsgrundlage der Betriebsbuße

Die Ursprünge des Streits um die Rechtsgrundlage einer Betriebsbuße sind inzwischen wohl als rechtshistorisch anzusehen. Einige Argumentationsansätze entgegen der Ansicht des Bundesarbeitsgerichts haben sich allerdings gehalten und sind auch in der heutigen Literatur noch zu finden und haben neue Unterstützung gefunden. Vollends geklärt ist die Rechtsgrundlage der Betriebsbuße damit auch heute noch nicht – der ständigen Rechtsprechung des Bundesarbeitsgerichts stehen Bedenken aus der Literatur entgegen.

aa) Abzulehnende Rechtsgrundlagen

Einige der damals in die Diskussion einbezogenen Rechtsgrundlagen lassen sich inzwischen ohne großen Begründungsaufwand ablehnen. Dies sind: das Naturrecht[959], der damalige § 134 b I Nr. 4 GewO a.F.[960] bzw. darauf gestütztes Gewohnheitsrecht, § 106 SeemG analog[961] und §§ 127a GewO, 24 HandwO[962], die allesamt als Rechtsgrundlage jedoch aus den unterschiedlichsten Gründen ausschieden bzw. nicht einmal geltendes Recht darstellten.[963] Eine gesetzliche Strafgewalt schied damit aus. Auch die Anerkennung der Bußgewalt als allgemeines Gewohnheitsrecht hat in dieser Diskussion zunächst einige Unterstützung erhalten.[964] Die Voraussetzungen für eine gewohnheitsrechtliche Anerkennung liegen jedoch nicht vor: Die Betriebsjustiz wird nicht allgemein ausgeübt und es lässt sich keine Überzeugung der Beteiligten von dem Ausdruck eines Rechtsbindungswillens erkennen.[965]

959 Das „Naturrecht" kann nur Rechtsquelle für fundamentale Rechtsgrundsätze sein, nicht jedoch Rechtsquelle für ein Rechtsproblem. Das Naturrecht kann lediglich die Grenzen einer Ordnungsgewalt aufzeigen, vgl. *Lemke*, Zur Rechtsgrundlage betrieblich vereinbarter Arbeitsstrafen, S. 26 f.

960 Betreffen die Verhängung von Fabrikstrafen, 1891 in die GewO eingefügt, durch § 69 II des Gesetzes zur Ordnung der nationalen Arbeit von 1934 jedoch wieder außer Kraft gesetzt und danach nicht wieder in Kraft getreten.

961 Ist aufgrund fehlender Vergleichbarkeit der Besonderheiten der Seeschifffahrt mit der Lage im Betrieb abzulehnen.

962 Aufgehoben durch das Berufsbildungsgesetz (BBiG) von 1969, nach bereits früher vorgenommenen Beschränkungen durch den Gesetzgeber.

963 Vgl. ausführlich *Herschel*, Betriebsbußen, S. 18; *Lemke*, Zur Rechtsgrundlage betrieblich vereinbarter Arbeitsstrafen, S. 26 ff.

964 *Kienapfel*, JZ 1965, 599 (605); *Dengler*, Betriebsstrafe bei innerbetrieblichen kriminellen Verstößen?, „bestehende Übung", S. 144; *Herschel*, Betriebsbußen, S. 28, der im Jahr 1967 von einer betrieblichen „Autonomie" ausgeht, und dies u.a. damit begründet, dass sie *„uns heute so selbstverständlich (ist), daß sie einer besonderen gesetzlichen Grundlage nicht bedarf; ich möchte sogar meinen, sie habe sich inzwischen auch zu Gewohnheitsrecht entwickelt."*

965 Vgl. Darstellung bei *Lemke*, Zur Rechtsgrundlage betrieblich vereinbarter Arbeitsstrafen, S. 36–42; *Leinemann*, AuR 1970, 134 (140).

Wesentlich ausführlicher wurde dagegen das Direktionsrecht des Arbeitgebers als mögliche Rechtsgrundlage behandelt. Da das Direktionsrecht jedoch der Konkretisierung der geschuldeten Arbeitsleistung dient, müsste der Arbeitgeber die Bußen sozusagen generell schulden, damit das Direktionsrecht Grundlage der Betriebsbuße sein könnte. Das Direktionsrecht umfasst jedoch keine generelle Bußgewalt, da der Arbeitnehmer nicht einer Strafgewalt des Arbeitgebers unterworfen ist. Diese ist auch nicht im Arbeitsvertrag immanent enthalten, da dies dem Prinzip nach zwei gleichgestellte Partner voraussetzen würde (unter Beachtung der gegebenen arbeitsrechtlichen Besonderheiten). Der Arbeitgeber hat keine Disziplinargewalt über den Arbeitnehmer. Durch das Direktionsrecht lässt sich nur die Arbeitsleistung konkretisieren, ein weitergehendes Recht ist nicht umfasst.[966] Somit scheidet auch das Direktionsrecht als Rechtsgrundlage aus.

bb) Die Vertragsstrafe als Rechtsgrundlage?

Die Anhänger der sog. „Vertragsstrafentheorie"[967] suchen die Rechtsgrundlage im Vertragsrecht bzw. im Arbeitsvertrag. Die Vertreter dieser Ansicht nahmen und nehmen noch heute an, eine Betriebsbuße könne durch Betriebsvereinbarung nur dann geschaffen werden, wenn sie als Vertragsstrafe Gegenstand eines Arbeitsvertrags sein könne.

Eine Zuordnung zur Vertragsstrafe hätte jedoch weitreichende Folgen für die möglichen Inhalte einer Betriebsbuße. So würde daraus folgen, dass Betriebsbußen keinen Strafcharakter haben könnten. Dies ist aber gerade Merkmal der Betriebsbußen, so wie sie hier und auch nach der ständigen Rechtsprechung verstanden werden. Die weiteren Schwierigkeiten einer solchen Zuordnung zeigen sich anhand einer vergleichenden Betrachtung beider Rechtsinstitute, die die wesentlichen Unterschiede aufzeigt:

Die Bußordnung hat als Betriebsvereinbarung Rechtsnormcharakter, gilt unmittelbar und zwingend (§ 77 IV S. 1 BetrVG) und der einzelne Arbeitnehmer ist ihr aufgrund seines Status als Betriebsangehöriger unterworfen, nicht jedoch aufgrund einer individualvertraglichen Vereinbarung, wie der Arbeitnehmer bei der Vertragsstrafe.[968]

---

966 *Leinemann*, AuR 1970, 134 (140); *Lemke*, Zur Rechtsgrundlage betrieblich vereinbarter Arbeitsstrafen, S. 77 f.

967 Vertreten noch heute von *Reichold*, in: Münchener Hdb ArbR, Band 1, § 50, Rn. 7; *Richardi*, in: Richardi, BetrVG Kommentar, § 87, Rn. 213 ff; *Worzalla*, in: HWGNRH, BetrVG Kommentar, § 87, Rn. 167; Darstellung und Ablehnung der Theorie und ihrer Vertreter ausführlich bei *Leßmann*, DB 1989, 1767 (1770).

968 Dieses Argument ist als solches nicht zu stark zu gewichten, da mittelbar die betrieblichen Verhaltenspflichten auch den Inhalt des individuellen Arbeitsverhältnisses bestimmen und damit die Sicherung der betrieblichen Ordnung zugleich auch die Kontrolle der Erfüllung arbeitsvertraglicher Verhaltenspflichtet bedeutet. Dazu kommt, dass auch die Unterwerfung des einzelnen Arbeitnehmers unter die Betriebsvereinbarung zu ihrer Wirksamkeit immer erst den Abschluss eines

Die Vertragsstrafe soll den Schuldner zur Leistung anhalten und der Sicherung einzelner Vertragspflichten dienen sowie dem Gläubiger den oft schwierigen Nachweis eines Schadens ersparen und ihm insgesamt auch zugutekommen.[969] Es handelt sich um ein unter einer Bedingung ent- und bestehendes repressives vertragliches Leistungsversprechen.[970] Sie ist zudem präventives Druckmittel und soll die Vertragserfüllung sicherstellen. Dem gegenüber hat die Betriebsbuße kollektiven Bezug und reagiert allein auf Störungen der Sicherheit und Ordnung im Betrieb. Es kommt dabei nicht auf die Ahndung von Unrecht im strafrechtlichen Sinn an, sondern auf die Ahndung von Verstößen gegen die betriebliche Ordnung. Die Betriebsbuße hat keinen Ausgleichscharakter und darf daher auch nicht dem Arbeitgeber zugutekommen, weshalb sie häufig einer sozialen Einrichtung zufließt.[971]

Ferner wird eine Betriebsbuße als Strafe bei Verschulden durch die Betriebspartner nach dem Opportunitätsprinzip verhängt, eine Vertragsstrafe ist dagegen bei Vorliegen der Voraussetzungen kraft Gesetz (§ 339 BGB) verwirkt.[972] Dies ist zwar kein zwingendes Argument für eine grundlegende Verschiedenheit von Vertragsstrafe und Betriebsbuße, da auch eine verwirkte Vertragsstrafe nicht eingefordert werden muss. Allerdings ist dies allein eine Entscheidung des Arbeitgebers, wohingegen bei der Entscheidung über die Betriebsbuße Arbeitgeber und Betriebsrat zusammenwirken.

Entscheidender Punkt bei der Betrachtung der beiden Rechtsinstitute ist nach Ansicht der Verfasserin aber der jeweilige Anwendungsbereich. Mit der Betriebsbuße können allein Verstöße gegen die betriebliche Ordnung geahndet werden. Dies sind häufig Verstöße gegen Regeln, die den betrieblichen Alltag betreffen, wie Verstöße gegen Rauchverbote, Zuspätkommen, fehlendes Tragen von Schutzkleidung, zu schnelles Fahren auf dem Werksgelände etc. Diese Verstöße verursachen jedoch nicht den „typischerweise erheblichen Schaden", welcher aber Voraussetzung für ein berechtigtes Interesse an einer Vertragsstrafe in Formulararbeitsverträgen ist.[973] Freilich ist der mit diesen Verstößen verbundene Schaden äußerst schwer nachweisbar, erheblich jedoch wohl kaum. Damit eignet sich die formularvertragliche Vertragsstrafe schon gar nicht dazu, die für eine Betriebsbuße relevanten Verhaltenspflichten mit Bezug zur betrieblichen Ordnung abzusichern.

---

individuellen Arbeitsvertrags voraussetzt. Kritisch dazu auch *Leinemann*, AuR 1970, 134 (134 ff.); *Müller-Glöge*, in: ErfK, §§ 339–345 BGB, Rn. 5; *Walker*, FS Kissel, S. 1205 (1216, 1223).

969 Es kann auch vertraglich vereinbart werden, dass die Vertragsstrafe nicht dem Gläubiger zukommt, insoweit sind die Verschriften der §§ 339 ff BGB abdingbar und der Zweck der Vertragsstrafe kann sich dem der Betriebsbuße annähern. Ebenso kann als Vertragsstrafe etwas anderes als eine Geldbuße vereinbart werden.

970 Siehe dazu bereits: S. 223.

971 *Lemke*, Zur Rechtsgrundlage betrieblich vereinbarter Arbeitsstrafen, S. 59; *Meyer-Cording*, NJW 1966, 225 (227).

972 *Gaul*, DB 1965, 665 (666); *Wiese*, in: GK-BetrVG, § 87, Rn. 240, 262.

973 Dazu: S. 229 f.

Der jeweilige Zweck, die Gestaltung sowie der Anwendungsbereich beider Rechtsinstitute unterscheiden sich damit grundlegend. Auf der Seite der Vertragsstrafe steht der Ausgleichsgedanke im Vordergrund, auf der Seite der Betriebsbuße der Sanktionsgedanke. Die Intention der konkret verhängten Sanktion bildet damit das primäre Unterscheidungskriterium.[974]

Mangels Vergleichbarkeit kann in den Regelungen der Vertragsstrafe (§§ 339 ff. BGB) die Rechtsgrundlage der Betriebsbuße nicht zu suchen sein. Eine Betriebsbuße in der Form, in der sie sich entwickelt, ausgeprägt hat und heute verstanden wird, kann keine Vertragsstrafe sein. Dies passt nicht zusammen. Damit ist der Vertragsstrafentheorie zu entgegnen, dass sie weder eine geeignete Rechtsgrundlage für Betriebsbußen heranzieht, noch, dass es sinnvoll und praktikabel ist, Verstöße gegen die betriebliche Ordnung mit Vertragsstrafen abzusichern, da sie den wesentlichen Anwendungsbereich der Betriebsbußen nicht erfassen können.

Es ist den Vertretern der „Vertragsstrafentheorie" allerdings dahingehend zuzustimmen, dass es grundsätzlich möglich ist, Verstöße gegen die kollektive Ordnung auch mit Vertragsstrafen abzusichern.[975] Daraus folgt jedoch nicht, dass eine Betriebsbuße ihre Rechtsgrundlage in den §§ 339 ff. BGB findet, sondern nur, dass die kollektive Ordnung sowohl durch eine Vertragsstrafe abgesichert und als auch Verstöße dagegen mit Betriebsbußen bedroht sein können.

cc) Die kollektivrechtliche Rechtsgrundlage aus §§ 87, 88 BetrVG

Die Rechtsprechung und die überwiegende Literatur[976] folgen im weiteren Sinne der sog. „Satzungstheorie" und sehen die Betriebsbuße im Rahmen einer kollektivrechtlichen Vereinbarung nach §§ 87, 88 BetrVG als zulässig an. Teilweise wurde die

974 Vgl. auch: *Bentert*, Das pönale Element, S. 42.

975 Grundsätzlich ist die Vereinbarung einer Vertragsstrafe auch für Verstöße gegen die kollektive Ordnung möglich, da die Regelungen der kollektiven Ordnung als Nebenpflichten Teil des Arbeitsvertrages sein können. Der Betriebsrat hat dann allerdings ein Mitbestimmungsrecht nach § 87 I Nr. 1 BetrVG. Seine Mitbestimmung kann er durch eine Betriebsvereinbarung ausüben. Folge wäre nach dem arbeitsvertraglichen Günstigkeitsprinzip aber, dass die kollektivrechtlich vereinbarte Vertragsstrafe durch eine günstigere individualrechtlich vereinbarte Vertragsstrafe abbedungen werden könnte. Damit wären doch wieder unterschiedliche Regelungen innerhalb des Betriebes möglich.

976 Statt vieler BAG, Urt. v. 12.09.1967 – 1 AZR 34/66, NJW 1968, 317; BAG, Beschluss v. 17.10.1989 – 1 ABR 100/88, NZA 1990, 193; LAG Berlin, Urt. v. 25.08.2004 – 9 Sa 877/04, Orientierungssatz 1; LAG Hessen, Beschluss v. 01.09.2011 – 5 TaBV 47/11, BeckRS 2012, 70749 (aus den Gründen B. II. 4. a) bb) (1)); LAG München, Beschluss v. 04.09.2014 – 2 TaBV 50/13, juris Rn. 99; Vertreter aus der Lehre mit weiteren Verweisen *Lemke*, Zur Rechtsgrundlage betrieblich vereinbarter Arbeitsstrafen, S. 81 unter Fn. 13 ff.; *Herschel*, Betriebsbußen, S. 34 f.; *Kienapfel*, JZ 1965, 599 (605); *Leßmann*, DB 1989, 1767 (1771); *Gamillscheg*, Kollektives Arbeitsrecht, Band II, S. 884; *Wiese*, in: GK-BetrVG, § 87, Rn. 236 ff.; *Kania*, in: ErfK, § 87 BetrVG, Rn. 22;

Betriebsbuße zu Beginn der Diskussionen über ihre Rechtsgrundlage in den 60er Jahren[977] als Ausfluss der „betrieblichen Autonomie“[978] oder auch als eine „Maßnahme der betrieblichen Selbstverwaltung“[979] dargestellt. Zudem vertrat das Bundesarbeitsgericht die Ansicht, dass es sich bei den Betriebsbußen um einen „Ausfluss der autonomen Gewalt der Betriebspartner im Bereich des insoweit autonomen Betriebsverbandes“ handele.[980] Diese Begrifflichkeiten und ihre jeweiligen Interpretationen alleine stellen jedoch keine geeignete Rechtsgrundlage für eine Betriebsbußenordnung dar. Dazu muss eine normative Verankerung dieser Gedanken gefunden werden.

Eine Rechtsgrundlage findet die Betriebsbußenordnung nach Ansicht der Verfasserin überzeugend in § 87 I Nr. 1 BetrVG.[981] Die §§ 77 IV, 87 I Nr. 1 BetrVG erlauben den Betriebspartnern dem Wortlaut nach zunächst unmittelbar geltende und zwingende Normen zur Regelung der Ordnung des Betriebs zu schaffen. Dort haben sie unbestritten eine *Regelungs- und Normsetzungsbefugnis.* Von dieser muss sinnvoller- und zweckmäßigerweise aber auch umfasst sein, Regelungen für den Fall des Verstoßes gegen diese Ordnungsvorschriften zu schaffen, da nur so konsequent

---

Werner, in: BeckOK, § 87 BetrVG, Rn. 34; *Fitting*, BetrVG Kommentar, § 87, Rn. 78; *Linck*, in: Schaub, § 58, Rn. 11.

977 Siehe dazu S. 249.

978 Bezeichnung so bei *Herschel*, Betriebsbußen, S. 21; Theorie der Betriebsbuße als autonome Strafe; *Herbst*, BB 1965, 419 (420); *Leßmann*, DB 1989, 1769 (1771); *Meyer-Cording*, NJW 1966, 225 (226); zum Begriff der „Autonomie“ *Lemke*, Zur Rechtsgrundlage betrieblich vereinbarter Arbeitsstrafen, S. 99 ff.; *Walker*, FS Kissel, S. 1205 (1215); *Wiese*, in: GK-BetrVG, § 87, Rn. 240; die Möglichkeit einer betrieblichen Autonomie verneinend *Richardi*, in: Richardi BetrVG Kommentar, § 87, Rn. 220; *Reichold*, Münchener Hdb ArbR, Band 1, § 50, Rn. 7; *Worzalla*, in: HWGNRH, BetrVG Kommentar, § 87, Rn. 161.

979 Der Betriebsverband wurde als autonome Gemeinschaft betrachtet, die objektives Satzungsrecht durch die verliehene Rechtsetzungsmacht schaffen könne; *Herschel*, Betriebsbußen, S. 26 ff.; *Meyer-Cording*, NJW 1966, 225 (226); *Leßmann*, DB 1989, 1769 (1771). Das Betriebsverfassungsrecht ermächtigt die Betriebspartner innerhalb bestimmter Grenzen (autonom) Recht zu setzen, vgl. *Lemke*, Zur Rechtsgrundlage betrieblich vereinbarter Arbeitsstrafen, S. 100; Darstellung dazu auch bei *Worzalla*, in: HWGNRH, BetrVG Kommentar, § 87, Rn. 161; *Fitting*, BetrVG Kommentar, § 77, Rn. 45 f.; *Linck*, in: Schaub, § 58 I. Rn. 2; a.A. *Leinemann*, AuR 1970, 134 (136, 140 f.).

980 BAG, Urt. v. 12.09.1967 – 1 AZR 34/66, NJW 1968, 317 (318, aus den Gründen I. 4.).

981 Eine Sanktionsbefugnis aus § 87 I Nr. 1 BetrVG verneinen: *Richardi*, in: Richardi BetrVG Kommentar, § 87, Rn. 219; *Walker*, FS Kissel, S. 1205 (1213); *Klebe*, in: Däubler/Kittner/Klebe/Wedde, BetrVG Kommentar, § 87, Rn. 69; *Worzalla*, in: HWGNRH, BetrVG Kommentar, § 87, Rn. 160, 164; *Lobinger*, RdA 2011, 76 (86); *Leinemann*, AuR 1970, 134 (136, 139); *Blomeyer*, in: Münchener Hdb ArbR, Band 1, § 56, Rn. 11; *Bender*, in: Wlotzke/Preis/Kreft, BetrVG Kommentar, § 87 Rn. 45 verneint insgesamt das Vorliegen einer rechtlichen Grundlage.

und effektiv der Ordnungsfunktion nachgekommen werden kann.[982] Diese Argumentation beruht nicht allein auf Praktikabilitätserwägungen, auch wenn das Ergebnis überzeugt. Vielmehr räumt das Gesetz den Betriebspartnern in sozialen Angelegenheiten funktional eine umfassende Regelungsbefugnis ein.[983] Diese umfassende funktionale Zuständigkeit wird auch Betriebsautonomie genannt.[984]

Die nach § 87 I Nr. 1 BetrVG mitbestimmten Regelungen zur Ordnung des Betriebs und des Verhaltens der Arbeitnehmer im Betrieb (Verhaltensvorschriften des Compliance- und Ethikkodex) alleine wären jedenfalls funktionsarm oder sogar sinnlos, könnten sie nicht auch durchgesetzt werden. Dies kann nicht vom Sinn und Zweck des Mitbestimmungstatbestandes des § 87 I Nr. 1 BetrVG gewollt sein, der eine gleichberechtigte Teilhabe der Arbeitnehmerseite an der Gestaltung der betrieblichen Ordnung vorsieht.[985] Eine nachhaltige Gestaltung kann nur dann erfolgen, wenn die Ordnung im Betrieb auch tatsächlich durchgesetzt und aufrechterhalten werden kann.[986] Nur eine effektive Gestaltung der Ordnung durch eine Betriebsbußenregelung mit Durchsetzungsvorgaben dient dem kollektiven

---

982 So auch die Rechtsprechung: LAG Hessen, Beschluss v. 01.09.2011 – 5 TaBV 47/11, BeckRS 2012, 70749 (aus den Gründen B. II. 4. a) bb) (1)); BAG, Beschluss v. 17.10.1989 – 1 ABR 100/88, NZA 1990, 193 (194, aus den Gründen: B. II. 2.): *„Das von der Rechtsprechung des BAG bisher bejahte Recht der Betriebspartner zur Aufstellung einer Bußordnung und zur Verhängung von Betriebsbußen folgt aus der den Betriebspartnern in § 87 I Nr. 1 BetrVG gewährten Befugnis, Fragen der Ordnung des Betriebes und des Verhaltens der Arbeitnehmer im Betrieb gemeinsam und in der Regel durch Betriebsvereinbarung normativ zu regeln.“*; BAG, Urt. v. 12.09.1967 – 1 AZR 34/66, NJW 1968, 317 (317).

983 Dazu grundlegend: BAG, Beschluss v. 07.11.1989 – GS 3/85 63, NZA 1990, 816 (818, zu C I 2); BAG, Urt. v. 05.03.2013 – 1 AZR 417/12, NZA 2013, 916 (918); so auch die herrschende Literaturansicht: *Wiese*, in: GK-BetrVG, vor § 87, Rn. 3 f., § 87, Rn. 237; *Fitting*, BetrVG Kommentar, § 77, Rn. 45, § 87, Rn. 6; *Matthes*, in: Münchener Hdb ArbR, Band 2, § 238, Rn.47 ff.; a.A. aber *Richardi*, in: Richardi BetrVG Kommentar, § 87, Rn. 220; *Lobinger*, RdA 2011, 76 (84 f.).

984 So *Fitting*, BetrVG Kommentar, § 77, Rn. 46; *Worzalla*, in: HWGNRH, BetrVG Kommentar, § 77, Rn. 38, jeweils ohne Beschränkung auf soziale Angelegenheiten; beschränkt auf soziale Angelegenheiten aber *Kreutz*, in: GK-BetrVG, § 77, Rn. 80 ff.; *Richardi*, in: Richardi BetrVG Kommentar, § 87, Rn. 64 ff.

985 St. Rspr. des BAG, statt vieler: BAG, Beschluss v. 24.03.1981 – 1 ABR 32/78, NJW 1982, 404; *Wiese*, in: GK-BetrVG, § 87, Rn. 170 m.w.N.; *Fitting*, BetrVG Kommentar, § 87, Rn. 63.

986 BAG, Urt. v. 18.07.2006 – 1 AZR 578/05, NZA 2007, 462 (464); ähnliche Argumentation hinsichtlich der Durchsetzung einer von § 87 I Nr. 1 BetrVG erfassten Kleiderordnung: BAG, Beschluss v. 13.02.2007 – 1 ABR 18/06, NZA 2007, 640 (642, Rn. 14); *Fitting*, BetrVG Kommentar, § 87, Rn. 78; im Ergebnis so auch *Werner*, in: BeckOK, § 87 BetrVG, Rn. 34, der die Regelungskompetenz der Betriebsparteien hinsichtlich einer Betriebsbußenordnung aus einer Annexkompetenz zu § 87 Abs. 1 Nr. 1 BetrVG herleitet; a.A.: *Walker*, FS Kissel, S. 1205 (1214): von einer notwendigen Annexregelung zu den Ordnungsvorschriften aus § 87 I Nr. 1 BetrVG könne nicht

Belegschaftsinteresse, welches gerade durch die Mitbestimmung geschützt werden soll. Daher kommt den Betriebspartnern nach teleologischer Auslegung des § 87 I Nr. 1 BetrVG und unter Berücksichtigung der umfassenden Regelungsbefugnis der Betriebspartner in sozialen Angelegenheiten mithin auch eine *Sanktionsbefugnis* zu. Die Schaffung einer Betriebsbußenordnung ist im Rahmen des § 87 I Nr. 1 BetrVG daher ebenfalls von dieser umfassenden Regelungsbefugnis der Betriebspartner in sozialen Angelegenheiten erfasst.[987] Die Befugnis zur Verhängung der einzelnen Betriebsbuße folgt aus der entsprechenden wirksamen Betriebsbußenvereinbarung.

Die Annahme der Zulässigkeit einer Betriebsbußordnung aufgrund kollektivvertraglicher Rechtsgrundlage sowie die Annahme einer autonomen Strafgewalt haben in anderen Teilen des Schrifttums großen Widerstand erfahren.[988] Dort wird vertreten, dass das Betriebsverfassungsrecht den Betriebspartnern keine autonome Strafgewalt verleihen könne. Dies wird im Wesentlichen damit begründet, dass das dem Privatrecht zuzuordnende Betriebsverfassungsgesetz nichts regeln könne, was über die alleinigen Befugnisse des Arbeitgebers im Rahmen des Vertrags mit dem Arbeitnehmer hinausgehe, da es ansonsten an einer hinreichenden privatrechtlichen Legitimation fehle. Das Betriebsverfassungsgesetz solle keine erweiterte Regelungskompetenz der Betriebspartner schaffen, sondern lediglich bei bestehenden Rechten eine Mitbestimmung sichern.[989] Da dem Arbeitgeber alleine keine Strafgewalt zustehe, könne über die Regelung einer Mitbestimmung keine Befugnis zur Schaffung einer betrieblichen Strafgewalt erreicht werden. Vertreter dieser Ansicht schließen sich zum Teil der „Vertragsstrafentheorie" an, andere verneinen konsequent die generelle Zulässigkeit der Betriebsbuße in der hier dargestellten, heutigen Form.[990]

Dieser ablehnenden Ansicht liegt ein konsequent privatrechtsorientiertes Verständnis des Betriebsverfassungsrechts und insbesondere der Mitbestimmung zu Grunde, welches allerdings bislang keine Widerspiegelung in der aktuellen Rechtslage findet. Entgegen der obigen Ansicht setzt der Wortlaut der Vorschriften §§ 87, 88 BetrVG die alleinige Regelungsbefugnis des Arbeitgebers nicht voraus. Aus dem Wort *Mit*bestimmung alleine lässt sich eine solche Begrenzung nicht

---

gesprochen werden. Dem Privatrecht sei ein Recht zur Bestrafung als Annex einer Befugnis fremd. Aus dem Direktionsrecht folgere dies ja auch niemand.

987 Will man die Rechtsgrundlage einer Betriebsbußenordnung nicht in § 87 I Nr. 1 BetrVG sehen, wäre eine entsprechende Vereinbarung noch nach § 88 BetrVG als freiwillige Betriebsvereinbarung möglich, wenn man von einer umfassenden Regelungskompetenz der Betriebspartner in sozialen Angelegenheiten ausgeht.

988 vgl. *Lobinger*, RdA 2011, 76 (85 f.); *Leinemann*, AuR 1970, 134 (140); *Reichold*, in: Münchener Hdb ArbR Band 1, § 50, Rn. 7; *Richardi*, in: Richardi BetrVG Kommentar, § 87, Rn. 221 f.; *Walker*, FS Kissel, S. 1205 (1216 f.).

989 *Richardi*, in: Richardi BetrVG Kommentar, Einleitung, Rn. 84 f.; *Lobinger*, RdA 2011, 76 (86).

990 Vgl. *Lobinger*, RdA 2011, 76 (85 f.); *Leinemann*, AuR 1970, 134 (140); *Reichold*, in: Münchener Hdb ArbR Band 1, § 50, Rn. 7; *Richardi*, in: Richardi BetrVG Kommentar, § 87, Rn. 221 f.; *Walker*, FS Kissel, S. 1205 (1216 f.).

schlechterdings herleiten. Dagegen eröffnet das Betriebsverfassungsgesetz nach der aktuellen Gesetzesfassung[991], gemäß dem herrschenden Verständnis der Lehre[992] und der Rechtsprechung[993] den Betriebspartnern weiterreichende Möglichkeiten, als sie dem Arbeitgeber alleine im Rahmen seines Direktionsrechts zukämen. Dies zeigt sich systematisch daran, dass eine Betriebsvereinbarung im Rahmen der funktionellen Zuständigkeit des Betriebsrates über die gesetzlich ausdrücklich vorgesehenen Regelungsmöglichkeiten in § 87 I BetrVG hinaus stets möglich ist, soweit keine zwingenden höherrangigen Vorschriften entgegenstehen.[994] Die Regelung des § 88 BetrVG zeigt, dass freiwillige Betriebsvereinbarungen im Rahmen der funktionellen Zuständigkeit des Betriebsrates in allen sozialen Angelegenheiten erlaubt sind. Damit geht die Gesetzeskonzeption in den §§ 87 I, 88 BetrVG von einer umfassenden Regelungskompetenz der Betriebspartner in sozialen Angelegenheiten aus.[995]

Gegensätzliche Denkansätze zu dem Regelungsumfang der Betriebspartner in einer Betriebsvereinbarung sind aufgrund der aktuellen Gesetzeslage noch rechtsfortbildender Natur und widersprechen der gesetzgeberischen Entscheidung, auch

---

991 Beispiele zu Sachverhalten, die in aller Regel nicht einseitig vom Arbeitgeber geregelt werden können, zu denen aber nach dem ausdrücklichen Gesetzeswortlaut ein Mitbestimmungsrecht besteht: Anordnung von Kurzarbeit oder Überstunden, § 87 I Nr. 3 BetrVG; Änderung der vertraglich vereinbarten Modalitäten zur Entgeltauszahlung oder Fragen des Arbeitsentgelts, § 87 I Nr. 4, 10, 11 BetrVG; weitere Beispiele bei *Wiese*, in: GK-BetrVG, vor § 87, Rn. 6 f.

992 Im Rahmen der notwendigen Mitbestimmung des § 87 I BetrVG bestehe das Recht des Betriebsrats zur Mitbestimmung und gemeinsamen Regelung unabhängig davon, ob der Arbeitgeber den konkreten Tatbestand auch alleine regeln könnte. Auch eine mögliche vertragliche Vereinbarung mit den Arbeitnehmern schließe eine Mitbestimmung nicht aus, vgl.: *Fitting*, BetrVG Kommentar § 77, Rn. 46; *Worzalla*, in: HWGNRH, BetrVG Kommentar, § 87, Rn. 11; *Wiese*, in: GK-BetrVG, vor § 87, Rn. 5 f.

993 Das BAG führte im 2. Leitsatz seines Beschlusses vom 17.10.1989 (1 ABR 100/88, NZA 1990, 193) aus: „*Sanktionen für Verstöße des Arbeitnehmers gegen seine vertraglichen Verpflichtungen, die über die individualrechtlichen Möglichkeiten des Arbeitgebers hinausgehen, sind nur als Betriebsbußen möglich.*" Dies zeigt, dass auch das BAG davon ausgeht, dass Betriebsbußen über das individualvertraglich Mögliche hinausgehen, dies aber als solches kein Problem darstellt. Die Rechtsprechung erkennt den Betriebspartnern damit ein „Mehr" an Regelungskompetenz zu, als dem Arbeitgeber auf individualvertraglicher Ebene innewohnt.

994 Vgl.: *Werner*, in: BeckOK, § 77 BetrVG, Rn. 43; *Fitting*, BetrVG Kommentar § 87, Rn. 6; beschränkend auf soziale Angelegenheiten: *Richardi*, in: Richardi BetrVG Kommentar, § 88, Rn. 7; *Klebe*, in: Däubler/Kittner/Klebe/Wedde, BetrVG Kommentar, § 87 Rn. 46.

995 BAG, Urt. v. 05.03.2013 – 1 AZR 417/12, NZA 2013, 916 (918); BAG, Urt. v. 12.04.2011- 1 AZR 412/09, NZA 2011, 989 (990); BAG, Urt. v. 12.12.2006 – 1 AZR 96/06, NZA 2007, 453 (454).

wenn eine zivilrechtsdogmatische Untermauerung des Betriebsverfassungsrechts hinsichtlich einer größeren Klarheit nur wünschenswert sein kann.

Nach der hier vertretenen Ansicht, ist nicht nur die Einführung einer kollektiven Betriebsbußenordnung gemäß § 87 I Nr. 1 BetrVG, sondern auch die Verhängung der individuellen Buße mitbestimmungspflichtig. Der Verstoß gegen die kollektive Ordnung begründet auch den kollektiven Bezug der Einzelmaßnahme, die ansonsten ja nur auf den Einzelnen bezogen ist.[996] Auch das Bundesarbeitsgericht hat in ständiger Rechtsprechung an der Ansicht festgehalten, dass das Mitbestimmungsrecht des Betriebsrates nach § 87 I Nr. 1 BetrVG „sowohl das Recht zur Mitbestimmung bei der Aufstellung einer Bußordnung als auch bei der Verhängung einer Betriebsbuße im Einzelfall" umfasst.[997] Damit unterliegt auch die einzelne Disziplinarmaßnahme der Mitbestimmungspflicht nach § 87 I Nr. 1 BetrVG.

c) Fazit

Die Betriebsbuße stellt ein echtes Sanktionsmittel bei Verstößen des Arbeitnehmers gegen die kollektive betriebliche Ordnung dar. Es handelt sich bei ihr jedoch nicht um eine Strafe im Sinne einer Kriminalstrafe, sondern um eine Privatstrafe.

Compliance- und Ethikrichtlinien enthalten typischerweise auch Vorschriften zum Schutz der kollektiven Ordnung. Diese könnten durch Betriebsbußen grundsätzlich effektiv abgesichert werden, da Betriebsbußen nicht nur präventiv hinsichtlich des Ordnungsverhaltens der Arbeitnehmer wirken, sondern auch repressiv begangenes Unrecht sanktionieren. Die einzelne verhängte Betriebsbuße hat ihre Rechtsgrundlage in der von dem Betrieb geschaffenen (mitbestimmten) Betriebsbußenordnung. Diese Betriebsbußenordnung wird nach § 87 I Nr. 1 BetrVG zur „Ordnung des Betriebes und des Verhaltens der Arbeitnehmer im Betrieb" durch eine Betriebsvereinbarung erlassen. Auch die Verhängung der einzelnen Betriebsbuße ist mitbestimmungspflichtig.

3. Zulässigkeitsanforderungen an eine Betriebsbuße und ihre Grenzen

Bei der Schaffung einer Betriebsbußenordnung als Teil der Compliance- und Ethikrichtlinien sind die Betriebspartner nicht völlig frei. Sie müssen sich an zwingendes höherrangiges Recht halten. Weiterhin muss die Betriebsbußenordnung die formellen Anforderungen einer Betriebsvereinbarung nach § 77 II BetrVG einhalten und im Betrieb bekannt gegeben werden. Besondere Beachtung bedarf der § 87 I BetrVG selbst.

---

996 Vgl. auch: *Junker*, Grundkurs Arbeitsrecht, S. 406, Rn. 750; *Wiese*, in: GK-BetrVG, § 87, Rn. 237; auch schon *Herbst*, BB 1965, 419 (421); a.A. *Worzalla*, in: HWGNRH, BetrVG Kommentar, § 87, Rn. 164: sieht die Einzelfallentscheidung als nicht von § 87 I Nr. 1 BetrVG erfasst an.

997 Statt vieler grundlegend BAG, Urt. v. 05.12.1975 – 1 AZR 94/74, DB 1976, 583; BAG, Urt. v. 30.01.1979 – 1 AZR 342/76, DB 1979, 1511; BAG, Beschluss v. 17.10.1989 – 1 ABR 100/88, NZA 1990, 193 (195).

a) *Sperrregelung des § 87 I Hs. 1 BetrVG*

Eine Sperrregelung stellt der § 87 I Hs. 1 BetrVG selbst auf. Soweit bereits eine gesetzliche oder tarifliche Regelung besteht, kommt eine mitbestimmte Regelung in einer Betriebsbußenordnung als Teil der Compliance- und Ethikrichtlinie danach nicht in Betracht. Es ist also einzelfallabhängig zu prüfen, ob die Regelung, die die Betriebsparteien treffen wollen, nicht bereits in sperrender Form geregelt ist und damit unzulässig wäre.

Dies ist insbesondere entscheidend für die Frage, ob auch Kriminalunrecht zulässig durch Betriebsbußen sanktioniert werden kann, da sowohl Compliance- und Ethikrichtlinien als auch Betriebsbußordnungen typischerweise auch Tatbestände wie Diebstahl oder Tätlichkeiten unter Kollegen beinhalten. *Lemke*[998] vertritt die Ansicht, dass dieses bereits erschöpfend in dem Strafgesetzbuch und den Nebengesetzen, das Verfahren in der Strafprozessordnung und die wichtigsten Grundsätze des Strafrechts im Grundgesetz geregelt sei. Hinter diesen gesetzlichen Regelungen habe eine Regelungsbefugnis der Betriebsparteien nach § 87 I Hs. 1 BetrVG zurückzutreten. Damit sei den Betriebspartnern die Befugnis zur Schaffung einer Bußordnung für Kriminalunrecht entzogen.

Als Argument für eine so zu verstehende Regelungssperre wird ein Verstoß von Betriebsbußen gegen Art. 92 GG angeführt.[999] Dieser vertraut als Grundlage des Rechtsstaats die rechtsprechende Gewalt den Richtern an, eine sog. „Betriebsjustiz" würde dagegen verstoßen. Dagegen ist jedoch anzuführen, dass es sich bei der Betriebsbuße gerade nicht um eine Kriminalstrafe handelt, sondern um eine Form der privaten Rechtsanwendung. Sie tritt nicht an die Stelle der staatlichen Strafgewalt und greift in diese auch nicht ein oder schließt sie gar aus.[1000] Art. 92 GG befasst sich mit der staatlichen Justiz, sodass es dort, wo es sich um private Rechtsanwendung handelt, nicht um einen Verstoß gegen das Verfassungsgebot des Art. 92 GG handeln kann. Die Verhängung einer Betriebsbuße stellt einen Akt der betrieblichen Ordnungswahrung und Ausübung der betrieblichen Aufsicht und damit Teil der Aufgaben der Betriebsleitung dar. Im Vergleich zu einem Akt der Rechtsprechung, der starr an den strafrechtlichen Tatbestand anknüpft,[1001] fehlt der Betriebsbuße weiterhin der „Ernst der staatlichen Strafe".[1002]

Auch der Strafzweck der Betriebsbuße spricht gegen eine Kollision mit dem staatlichen Strafanspruch. Strafzweck ist nicht der Verstoß gegen eine strafrechtliche Norm, sondern ein Verstoß gegen die betriebliche Ordnung. Solange der

---

998 *Lemke*, Zur Rechtsgrundlage betrieblich vereinbarter Arbeitsstrafen, S. 107.

999 Teilweise wird ergänzend Art. 101 I, 103 III GG dazu zitiert. Die Argumentation bleibt jedoch die gleiche.

1000 *Herschel*, Betriebsbußen, S. 29; *Dengler* Betriebsstrafe bei innerbetrieblichen kriminellen Verstößen?, S. 125; *Wiese*, in: GK-BetrVG, § 87, Rn. 241.

1001 Gegen die Anmaßung staatlicher Strafgewalt, *Dengler*, Betriebsstrafe bei innerbetrieblichen kriminellen Verstößen?, S. 130 f.

1002 *Kienapfel*, JZ 1965, 599 (603).

Verstoß gegen die strafrechtliche Norm auch einen Verstoß gegen die betriebliche Ordnung darstellt, ist die Betriebsbuße daher als zulässig anzusehen.[1003] Zudem wäre es widersinnig, eine Betriebsstrafe bei betrieblichen Ordnungsverstößen zuzulassen, dann aber bei gleichzeitigem Verstoß gegen Strafgesetze auszusetzen. Die Betriebsbuße steht schließlich auch nicht einer nachträglichen Verfolgung durch die Strafbehörden entgegen, insbesondere ist der Grundsatz *„ne bis in idem"* bei Festlegung bestimmter Straftatbestände in der Betriebsbußordnung nicht betroffen.[1004]

Die als Argument gegen eine Ahndung krimineller Taten durch Betriebsbußen angeführte Befürchtung, dass ein Konkurrenzverhältnis zwischen Betriebsbuße und Strafverfolgung geschaffen werde, welches dazu führe, dass eine Strafanzeige nicht erfolge, kann in keinem Fall ein Grund sein, Betriebsbußen für unzulässig zu erklären. Es liegt im Ermessen der Unternehmensleitung Straftaten anzuzeigen.[1005] Solange es für den Arbeitgeber keine gesetzliche oder organisationsrechtliche Pflicht zur Anzeige von Delikten gibt, kann ihm eine Nichtanzeige auch nicht vorgeworfen werden.

b) Regelungskompetenz der Betriebspartner aus § 87 I BetrVG

Sodann müsste die Betriebsbuße generell in die Regelungskompetenz der Betriebspartner fallen. Der generelle Umfang der Mitbestimmungsrechte des Betriebsrates nach § 87 I BetrVG ist als Rechtsgrundlage der Betriebsbußordnung von entscheidender Bedeutung für die Bestimmung des zulässigen Umfangs einer Betriebsbußenordnung und die Eignung als Reaktion auf Compliance- und Ethikrichtlinienverstöße. Wie bei der Erörterung der Rechtsgrundlage schon angeführt, umfasst der Punkt der „Fragen der Ordnung des Betriebes" in § 87 I Nr. 1 BetrVG nicht nur die Normsetzungsbefugnis von Ordnungspflichten, sondern auch die Sanktionsbefugnis von Verstößen gegen diese Ordnungspflichten. Daraus folgt aber auch, dass eine Betriebsbuße grundsätzlich nur für solche Compliance- und Ethikrichtlinienverstöße in Betracht kommt, die gemeinschaftswidriges Verhalten darstellen und kollektiven Bezug haben, mithin sich gegen die kollektive betriebliche Ordnung richten.[1006]

Mit der Kündigung und der Beendigung des Arbeitsverhältnisses endet die Strafbefugnis der Betriebspartner, der Arbeitnehmer ist der Betriebsvereinbarung

---

1003 A.A. *Fitting*, BetrVG Kommentar, § 87, Rn. 85.

1004 Die innerbetriebliche Buße stellt kein rechtliches Hindernis dar, welches der Verfolgung eines Strafverfahrens entgegenstünde. Auch das Verbot der Doppelbestrafung aus Art. 103 III GG gilt nur für Kriminalstrafen. Zudem ist die betriebliche Entscheidung nie bindend, sondern unterliegt der Kontrolle der Gerichte, *Bender*, in: Wlotzke/Preis/Kreft, BetrVG Kommentar, § 87, Rn. 51.

1005 Siehe dazu schon: S. 144 ff.

1006 BAG, Urt. v. 07.11.1979 – 5 AZR 962/77, DB 1980, 550 (aus den Gründen: II. 1. a)); LAG Berlin, Urt. v. 25.08.2004 – 9 Sa 877/04, Orientierungssatz 1; LAG München, Beschluss v. 04.09.2014 – 2 TaBV 50/13, juris Rn. 99; *Herbst*, BB 1965, 419 (421).

durch Ausscheiden aus dem Betrieb nicht länger unterworfen. Es besteht damit keine Nachwirkung von Betriebsbußen.

c) Rechtsstaatliche Grundsätze

Als Reaktion auf Verstöße gegen die kollektive betriebliche Ordnung haben die Betriebsbußen Strafcharakter. Daher findet auch auf sie der Rechtsgrundsatz „*nulla poena sine lege*" entsprechend Anwendung, der besagt, dass Strafen nur zulässig sind, wenn zuvor der Straftatbestand einschließlich seiner Straffolge normiert worden ist.[1007] Daraus folgt, dass jede Betriebsbuße zu ihrer Zulässigkeit das Vorhandensein einer wirksamen Betriebsbußenordnung als Rechtsgrundlage voraussetzt, die den Anforderungen hinsichtlich ausreichender Bestimmtheit und Klarheit der bußbewehrten Tatbestände und der Art der Bußen und ihrer Höhe genügt. Ohne eine Betriebsbußenordnung kann der Arbeitgeber keine Betriebsbußen verhängen, auch nicht innerhalb des grundsätzlich zulässigen Umfangs und mit Zustimmung des Betriebsrates.[1008] Die Befugnis eine Betriebsbuße im Einzelfall verhängen zu können, liegt in der wirksam geschaffenen und bekanntgemachten Bußordnung.[1009]

Auch ist der Rechtsgrundsatz „*ne bis in idem*" zu beachten, nach dem ein und dieselbe Handlung, hier der Verstoß gegen die Ethik- und Compliancerichtlinie, auch nur einmal mit einer Strafe, hier der Betriebsbuße, belegt werden kann.[1010] Desgleichen ist bei der Verhängung der einzelnen Betriebsbuße ein rechtsstaatliches Verfahren einzuhalten, worunter insbesondere die Unterrichtung des Betroffenen von der Untersuchung und die Gewährung rechtlichen Gehörs fallen.[1011]

4. Der Inhalt einer Betriebsbußordnung und die möglichen Bußen

Neben den klassischen arbeitsrechtlichen Reaktionsmöglichkeiten des Arbeitgebers auf Compliance- und Ethikrichtlinienverstöße können auf kollektivrechtlicher Ebene weitergehende Sanktionen gegen solche Verstöße vorgesehen werden. Aufgrund der Vermutung des Kräftegleichgewichts zwischen den Betriebspartnern[1012] können sie für Complianceverstöße speziell gegen die kollektive betriebliche Ordnung nach § 87 I Nr. 1 BetrVG andere Sanktionen (Betriebsbußen) vorsehen, die dem Arbeitgeber alleine und auf vertraglicher Ebene nicht zukommen.[1013] Diese bieten eine

---

1007 BAG, Beschluss v. 17.10.1989 – 1 ABR 100/88, NZA 1990, 193 (195).

1008 BAG, Beschluss v. 17.10.1989 – 1 ABR 100/88, NZA 1990, 193 (194 f.).

1009 *Dengler*, Betriebsstrafe bei innerbetrieblichen kriminellen Verstößen?, S. 143.

1010 Das Verbot der Doppelbestrafung kann nur vergleichbare Strafen treffen. Also darf eine prozessuale Tat nicht mehrfach mit einer Kriminalstrafe belegt werden, genauso wie eine Handlung nur einmal mit einer Betriebsbuße belegt werden darf.

1011 BAG, Beschluss v. 17.10.1989 – 1 ABR 100/88, NZA 1990, 193 (195); *Kraft*, NZA 1989, 777 (783). Siehe dazu genauer in diesem Abschnitt auf S. 272.

1012 *Triskatis*, Ethikrichtlinien, S. 233.

1013 BAG, Beschluss v. 17.10.1989 – 1 ABR 100/88, NZA 1990, 193 (195, aus den Gründen II, 3 c)). Dadurch unterscheiden sich Verstöße des Arbeitnehmers gegen die Regeln

zusätzliche gute Möglichkeit, um auf die jeweiligen und unterschiedlich schweren Verstöße gegen Compliance- und Ethikrichtlinien angemessen zu reagieren.

In der Dissertation von *Lemke*[1014] aus dem Jahre 1973 zählt dieser einige zu seiner Zeit gängige Sanktionen der Praxis als Reaktion auf Straftaten von Arbeitnehmern im Unternehmen auf. Auch *Dengler* beschäftigt sich in seiner Dissertation von 1968 mit den in den damaligen Arbeitsordnungen angedrohten Sanktionen.[1015] Neben den klassischen gesetzlichen und vertraglichen Sanktionsmöglichkeiten in den Arbeitsordnungen nennen sie insbesondere:[1016]

- Ausspruch von Verwarnungen oder Erteilung von Verweisen;
- Geldbußen in unterschiedlichen Höhen;
- Entzug von sozialen Vergünstigungen oder Rückstufungen im Dienstalter;
- Setzen auf Kündigungsranglisten bei konjunkturellen Schwächen;
- Versetzungen;
- Nutzungsverbot von Verkehrsmitteln auf dem Weg zur Arbeit, sodass zu Fuß gegangen werden muss;
- unbezahlte Strafarbeit in der werkseigenen Gärtnerei.

Insgesamt zog *Lemke* aus der damaligen Situation den Schluss, dass es bezüglich der verhängten Strafen „keine festen Maßstäbe" gebe und „jeder Betrieb handelt nach seinem Gutdünken und versucht seine Belange am besten zur Geltung zu bringen."[1017]

Inzwischen lässt sich, insbesondere mit Blick auf die Rechtsgrundlage, konkreter sagen, dass sich der Inhalt der Betriebsbußen nach der Vereinbarung der Betriebspartner im Rahmen ihrer Regelungsbefugnis halten muss. Daraus hat sich ein gestaffeltes Disziplinarsystem entwickelt. Dieses reicht von einer formalen mündlichen Verwarnung oder Missbilligung über eine schriftliche Verwarnung und Verweis, über den zeitweiligen Ausschluss von Vergünstigungen bis hin zur Geldbuße.[1018] Enthält die Betriebsbußordnung ein solches gestaffeltes Bußsystem

---

über das Ordnungsverhalten von Verstößen gegen die Regeln über das Arbeitsverhalten. Es sind zusätzliche Sanktionen möglich.

1014 *Lemke*, Zur Rechtsgrundlage betrieblich vereinbarter Arbeitsstrafen, S. 7 f.

1015 *Dengler*, Betriebsstrafe bei innerbetrieblichen kriminellen Verstößen?, S. 27 ff.

1016 Auszug der Aufzählungen bei *Lemke*, Zur Rechtsgrundlage betrieblich vereinbarter Arbeitsstrafen, S. 7 f; *Dengler*, Betriebsstrafe bei innerbetrieblichen kriminellen Verstößen?, generell: S. 28 f., Praxisbeispiele: 87 ff. Aufzählung der gängigen Strafen im Werksgericht der Hüttenwerk Oberhausen AG (Hoag), Das Werksgericht, DER SPIEGEL 1/1959, S. 24 ff (abrufbar unter: http://magazin.spiegel.de/EpubDelivery/spiegel/pdf/42624166).

1017 *Lemke*, Zur Rechtsgrundlage betrieblich vereinbarter Arbeitsstrafen, S. 7 ff.

1018 BAG, Beschluss v. 17.10.1989 – 1 ABR 100/88, NZA 1990, 193 (196), aus den Gründen II. 3. c). So auch nach der Betriebsstraflehre der 1960er Jahre und der damals gängigen Praxis: *Lemke*, Zur Rechtsgrundlage betrieblich vereinbarter Arbeitsstrafen, S. 90; *Meyer*, Betriebliche Rügen und ihre Folgen, S. 54, mit Beispielen für

und keine konkrete Zuordnung der Bußen zu bestimmten Verstößen, kann der Arbeitnehmer grundsätzlich darauf vertrauen, dass bei Verhängung der Betriebsbuße nach diesem gestaffelten System vorgegangen wird. Die Notwendigkeit des Einhaltens der Rangfolge ergibt sich aus dem Grundsatz der Verhältnismäßigkeit. Ausnahmen für besonders schwere Verstöße können zulässig sein, wenn die mildere Maßnahme keine ausreichende Sanktion für die Schwere des kollektiven Unrechts darstellt.[1019] Bei schweren Verstößen kann der Arbeitnehmer nicht lediglich mit einer mündlichen Missbilligung rechnen.

Einige Maßnahmen sind der Regelungsbefugnis der Betriebspartner entzogen. Die Kündigung bzw. die Beendigung des Arbeitsverhältnisses passt als Instrument und Gestaltungsmittel des Arbeitsvertragsrechts trotz Notwendigkeit der Beteiligung des Betriebsrates nach § 102 BetrVG nicht in den kollektiven Befugnisrahmen des § 87 I Nr. 1 BetrVG. Das zwingende Kündigungsschutzrecht ist vorrangig. Die Kündigung ist kein betriebliches Disziplinarmittel und scheidet somit als Betriebsbuße aus. Auch die Versetzung oder Rückgruppierung scheiden als Betriebsbuße aus. Mit ihnen ist eine Änderung der Arbeitsbedingungen verbunden, für die § 2 KSchG vorrangig zu beachtendes Gesetzesrecht ist. Eine Änderungskündigung ist als Betriebsbuße daher nicht zulässig.[1020]

Unzulässig sind auch solche Sanktionsformen, die in das Persönlichkeitsrecht des Arbeitnehmers eingreifen.[1021] Nach § 75 I S. 1 BetrVG ist der Betriebsrat dem Schutz des Persönlichkeitsrechts verpflichtet. Dies erfordert bei der Verhängung einer Betriebsbuße grundsätzlich eine Einzelfallabwägung unter Berücksichtigung aller Umstände. Eine Anprangerung der Person, wie bei einem Aushang am „schwarzen Brett" oder eine Veröffentlichung in einem Unternehmensportal, ist unzulässig und verstößt gegen das Persönlichkeitsrecht des Arbeitnehmers.

Die möglichen Sanktionsmittel der Betriebsbuße sind dennoch vielfältig. Nach *Leinemann* handele es sich bei den möglichen einzelnen Betriebsbußen entweder um eine Leistungspflicht des Arbeitnehmers, die unter der Voraussetzung der Verwirklichung eines in der Bußordnung genannten Tatbestandes entstehe. Die Alternative sei die Entstehung eines Eingriffsrechts des Arbeitgebers unter den gleichen Voraussetzungen, welches ihm erlaubt dem Arbeitnehmer einen Verweis oder eine Verwarnung für sein Verhalten auszusprechen.[1022]

---

eine solche Bußordnung, S. 56 f.; *Gamillscheg*, Kollektives Arbeitsrecht, Band II, S. 884; *Kania*, in: ErfK, § 87 BetrVG, Rn. 24. In der Praxis auch aktuell noch so umgesetzt in der Betriebsbußenordnung der BASF SE, welche im Jahr 1982 entstand (Betriebsvereinbarung 3: Maßnahmen zur Wahrung der Sicherheit und Ordnung im Bereich der BASF).

1019 Vgl. *Meyer*, Betriebliche Rügen und ihre Folgen, S. 58 f.

1020 Vgl. *Kraft*, NZA 1989, 777 (783); *Fitting*, BetrVG Kommentar, § 87, Rn. 89; *Richardi*, in: Richardi BetrVG Kommentar, § 87, Rn. 247 ff.; *Worzalla*, in: HWGNRH, BetrVG Kommentar, § 87, Rn. 159.

1021 *Fitting*, BetrVG Kommentar, § 87 Rn. 90.

1022 So *Leinemann*, AuR 1970, 134 (134).

a) Rüge des Verstoßes gegen die kollektive Ordnung

Die schwächste Form der Betriebsbuße ist die Rüge des Verstoßes gegen Verhaltensvorschriften mit Bezug zur kollektiven Ordnung, sowohl in mündlicher als auch in schriftlicher Form. Die verbalen Sanktionen stehen grundsätzlich in der Rangebene unter den Sanktionen, deren inhaltliche Auswirkungen auf das Arbeitsverhältnis direkt „spürbar" sind. Die Rüge kann in Form einer förmlichen Missbilligung oder einer Verwarnung durch den Arbeitgeber ausgesprochen werden. Schwierigkeiten bereitet insbesondere die Abgrenzung zur individualrechtlichen Abmahnung.

aa) formelle Missbilligung und Verwarnung

Die Missbilligung wird ausgesprochen, wenn es um die Ahndung von leichtem Fehlverhalten (z.B. Verspätungen) geht und das Bewusstsein für die Pflichtwidrigkeit und das Fehlverhalten geschärft und dahingehend sensibilisiert werden soll. Eine Verwarnung weist demgegenüber bereits einen gesteigerten Disziplinareffekt auf, da sie nicht nur auf die Pflichtwidrigkeit hinweist, sondern auch auf das Gewicht der Pflichtwidrigkeit.[1023]

Diese Formen der Rüge werden häufig auch irreführend als Abmahnungen bezeichnet, wovon aufgrund der individualrechtlichen Belegung des Begriffs und den dazu bestehenden Abgrenzungsschwierigkeiten dringend Abstand genommen werden sollte.

bb) Abgrenzung zur individualrechtlichen Abmahnung

Die Unterscheidung und Abgrenzung der Verwarnung als Betriebsbuße und der individualvertraglichen Abmahnung bedarf besonderer Beachtung, da die richtige Zuordnung entscheidend für die Wirksamkeit der jeweiligen Maßnahme ist. Die Funktionen der individualrechtlichen Abmahnung wurden bereits dargestellt (Dokumentations-, Hinweis- und Warnfunktion).[1024] Zur Erinnerung: Nach dem kündigungsrechtlichen Ultima-Ratio-Prinzip bildet die individualrechtliche Abmahnung als Reaktion auf vertragswidriges Verhalten und Erinnerung an die arbeitsvertraglichen Pflichten die Vorstufe zur verhaltensbedingten Kündigung und stellt zugleich eine Objektivierung der Negativprognose für zukünftig vertragsgetreues Verhalten dar. Damit stellt die mitbestimmungsfreie Abmahnung gerade keine „Sanktion" für das pflichtverletzende Verhalten dar und unterscheidet sich in ihrer Funktion grundlegend von der bereits dargestellten Funktion einer mitbestimmungspflichtigen Betriebsbuße als Verwarnung mit moralischem Unwerturteil, Sanktionsfunktion und Strafcharakter.[1025] Dies zeigt sich auch schon daran, dass die Betriebsbuße eine

---

1023 Vgl. Meyer, Betriebliche Rügen und ihre Folgen, S. 60 ff. mit Beispielen.

1024 Siehe dazu ausführlich S. 179 ff.

1025 BAG, Urt. v. 07.11.1979 – 5 AZR 962/77, DB 1980, 550; *Kraft*, NZA 1989, 777 (783); *Heinze*, 1990, 169 (171).

vergangenheitsbezogene Sanktion darstellt, die Abmahnung dagegen in die Zukunft gerichtet ist, um künftiges vertragsgemäßes Verhalten zu bewirken.[1026]

Zu Unterscheidungsproblemen hinsichtlich der konkreten rechtlichen Einordnung der erfolgten „Rüge“ kann es nur dann kommen, wenn der Arbeitnehmer gegen die kollektive betriebliche Ordnung verstößt. Dann kann die „Rüge“ sowohl Betriebsbuße als auch individualrechtliche Maßnahme sein. Denn der kollektive Bezug ist Voraussetzung für eine Betriebsbuße. Gleichzeitig stellt es aber auch eine vertragliche Nebenpflicht des Arbeitnehmers dar, die Regeln der kollektiven Ordnung einzuhalten, sodass ein Verstoß auch eine Vertragspflichtverletzung darstellt, auf die mit mitbestimmungsfreien individualrechtlichen Maßnahmen, wie der Abmahnung, reagiert werden kann.[1027] Das Recht des Arbeitgebers, individualrechtliche Abmahnungen auszusprechen, bedarf keiner vorherigen vertraglichen Festlegung, sondern folgt bereits aus dem Direktionsrecht und ist zulässig aufgrund aller Verletzungen der Pflichten aus dem Arbeitsvertrag in relevanter Schwere. Daraus folgt, dass der Arbeitgeber auf einen Verstoß gegen Vorschriften zur kollektiven Ordnung in einem Compliance- und Ethikkodex sowohl mit einer Betriebsbuße als auch mit einer Abmahnung reagieren kann.[1028]

Der Arbeitgeber muss sich allerdings für eine der beiden Formen entscheiden und in seiner Erklärung die Art der Rüge deutlich machen.[1029] Steht für ihn der Verstoß gegen die kollektive Ordnung im Vordergrund, reagiert er mit einer mitbestimmungspflichtigen Betriebsbuße. Steht der Nebenpflichtverstoß im Vordergrund und wird durch die Rüge die ordnungsgemäße Vertragserfüllung bezweckt, reagiert er mit mitbestimmungsfreier Abmahnung oder im Wiederholungsfall mit Kündigung. Bei einer formellen schriftlichen oder mündlichen Rüge des Arbeitgebers muss daher unterschieden werden, welchem Zweck sie dient und danach eine Abgrenzung vorgenommen werden. Entscheidend für die Einordnung der Reaktion ist der durch

---

1026 *Rein*, Die individualrechtliche Implementierung einer Ethikrichtlinie mit vorweggenommener Abmahnung, S. 204.

1027 BAG, Urt. v. 30.01.1979 – 1 AZR 342/76, DB 1979, 1511. Der 1. Leitsatz der Entscheidung soll klarstellen, dass auch mitbestimmungsfreie individualrechtliche Maßnahmen durch den Arbeitgeber wegen Fehlverhalten des Arbeitnehmers in Form eines Verstoßes gegen die kollektive Ordnung möglich sind und es sich dann nicht eine mitbestimmungspflichtige Betriebsbuße handelt. So wurde z.T. eine vorherige Entscheidung missverstanden (BAG, Urt. v. 05.12.1975 – 1 AZR 94/74, DB 1976, 583).

1028 Daraus folgt auch, dass das Merkmal des Verstoßes gegen die kollektive Ordnung kein taugliches Abgrenzungsmerkmal zwischen Betriebsbuße und individualrechtlicher Abmahnung sein kann.

1029 A.A. *Klebe*, in: Däubler/Kittner/Klebe/Wedde, BetrVG Kommentar, § 87, Rn. 79: Bei kollektivem Bezug sei die Maßnahme des Arbeitgebers stets mitbestimmungspflichtig. Diese Ansicht ist abzulehnen, da sie eine unzulässige Beschränkung des Kündigungsrechts des Arbeitgebers darstellt und die zwingenden Anforderungen an eine Kündigung umgeht (§ 102 BetrVG).

Auslegung zu ermittelnde objektive Erklärungswert der Maßnahme, wie ihn der Arbeitnehmer verstehen durfte, nicht die konkrete Bezeichnung.[1030] Ob eine Rüge des Arbeitgebers im Einzelfall als Abmahnung oder als Betriebsbuße anzusehen ist, bedarf daher im Zweifel der Auslegung der Erklärung, unter Berücksichtigung ihres Wortlauts, Gesamtzusammenhangs und ihrer Begleitumstände.

b) Verweis und strenger Verweis

Der Verweis oder der strenge Verweis sind ebenfalls verbale Sanktionsformen mit Strafcharakter. In einem Stufensystem ist der Verweis höher als Missbilligung und Verwarnung anzusiedeln und kann erteilt werden, wenn das gemeinschaftswidrige Verhalten des Arbeitnehmers von erheblichem Gewicht ist, sodass eine schriftliche Verwarnung nicht ausreicht und ein Tadel hinzukommen soll.[1031] Ein Verweis wird in der Regel schriftlich ausgesprochen und in der Personalakte vermerkt.[1032]

Als schwerste verbale Sanktion im Rahmen einer Betriebsbußordnung ist ein strenger oder verschärfter schriftlicher Verweis anzusehen. Mit diesem kann auf schweres kollektives Unrecht oder Wiederholungsfälle reagiert werden. Der verschärfte schriftliche Verweis soll nicht nur das Unrecht des Verhaltens aufzeigen, sondern auch dem Arbeitnehmer vor Augen führen, dass für den Wiederholungsfall tatsächliche und unmittelbar spürbare Folgen drohen.[1033]

c) Ausschluss von betrieblichen Vergünstigungen

Die betriebliche Bußordnung in Form einer Compliance- und Ethikrichtlinie kann als Sanktion auch den Entzug von zusätzlichen betrieblichen Leistungen oder Vergünstigungen vorsehen.[1034] Diese Sanktion hat im Gegensatz zu den verbalen Sanktionsformen direkte und „spürbare" Auswirkungen auf den Inhalt des Arbeitsverhältnisses und damit auf den Arbeitnehmer.

Bekanntestes Fallbeispiel dieser Form der Betriebsbuße ist der Entzug einer Vergünstigung dergestalt, dass ein Arbeitnehmer nach Verstoß gegen die kollektive

---

1030 *Bender*, in: Wlotzke/Preis/Kreft, BetrVG Kommentar, § 87, Rn. 47; BAG, Urt. v. 07.11.1979 – 5 AZR 962/77, DB 1980, 550.

1031 *Meyer*, Betriebliche Rügen und ihre Folgen, S. 64, mit Beispiel auf S. 65. In diesem Sinne auch die Definition der Disziplinarmaßnahme „Verweis" unter Ziffer 1.2. der Betriebsbußenordnung der BASF SE (Maßnahmen zur Wahrung der Sicherheit und Ordnung im Bereich der BASF von 1982).

1032 *Linck*, in: Schaub, § 58 I. Rn. 9.

1033 *Meyer*, Betriebliche Rügen und ihre Folgen, S. 66, mit Beispiel auf S. 67.

1034 Die Betriebsbußordnung der BASF SE von 1982 nennt z.B. die Aberkennung zusätzlicher betrieblicher Leistungen und die Aberkennung der Werks- oder Ehrenangestellteneigenschaft als mögliche Disziplinarmaßnahmen. BAG, Beschluss v. 22.10.1985 – 1 ABR 38/83, NZA 1986, 299; *Fitting*, BetrVG Kommentar, § 87, Rn. 88; a.A. *Wiese*, in GK-BetrVG, § 87, Rn. 258; *Worzalla*, in: HWGNRH, BetrVG Kommentar, § 87, Rn. 158.

Ordnung keine ermäßigten Flugscheine mehr erwerben durfte. Nach einer Entscheidung des Bundesarbeitsgerichts ist dies dann als Betriebsbuße zu werten, wenn der Arbeitgeber damit auf Verstöße gegen die betriebliche Ordnung oder nach § 87 I Nr. 1 BetrVG begründete Verhaltenspflichten reagieren will.[1035] Will der Arbeitgeber dagegen seine Gläubigerrechte geltend machen und die Verletzung arbeitsrechtlicher Pflichten ahnden, handelt es sich um eine individualrechtliche Reaktionsmaßnahme. Deren Zulässigkeit richtet sich danach, ob sich der Arbeitgeber den Entzug der freiwilligen Vergünstigung vertraglich vorbehalten hat und ein sachlicher Grund besteht.[1036]

Gestalterisch ergibt sich für die Bußordnung der Compliance- und Ethikrichtlinie die Möglichkeit, direkt festzulegen, dass und welche bestimmten Pflichtverletzungen mit dem Entzug von Sondervergütungen sanktioniert werden. Ist dies nicht geregelt, kann nach dem Grundsatz der Verhältnismäßigkeit erst nach Ausschöpfung der milderen verbalen Sanktionen mit dieser unmittelbar zu spürenden Betriebsbuße auf kollektive Verstöße gegen die Compliance- und Ethikrichtlinie reagiert werden.[1037]

d) Ausschluss von Beförderungen oder Gehaltserhöhungen

Spricht der Arbeitgeber eine Abmahnung oder Rüge mit individualrechtlichen Folgen aus und führt dies *zusätzlich* dazu, dass der betroffene Arbeitnehmer ohne Prüfung des Einzelfalls schematisch für ein Jahr lang von Beförderungen oder Gehaltserhöhungen ausgeschlossen bleibt, stellt dies eine deutlich über den Warnzweck der Abmahnung hinausgehende Sanktion dar. Diese Sanktionsform kann allenfalls bei äußerst schweren Verstößen gegen die Compliance- und Ethikrichtlinie in Betracht kommen, da sie dem Betroffenen einen erheblichen Nachteil zufügt.

Mit der Sanktion der beförderungshemmenden Missbilligung hat sich bereits die Rechtsprechung beschäftigt. Diese Sanktion ist nach Ansicht des LAG Frankfurt[1038] als Betriebsbuße anzusehen, die der Mitbestimmung unterliegt. Auf diese Entscheidung des LAG Frankfurt reagierte das Bundesarbeitsgericht nach eingelegten Beschwerden bestätigend mit dem grundlegenden Beschluss[1039], dem u.a. der Leitsatz vorangestellt ist, dass Sanktionen, die über die individualrechtlichen Möglichkeiten des Arbeitgebers hinausgehen, nur als Betriebsbuße möglich seien. Auch das Bundesarbeitsgericht sieht die schematische Beförderungssperre, bei trotz des gerügten Verhaltens grundsätzlich noch vorliegender Eignung für die Stelle, als eine über die individualrechtlichen Möglichkeiten hinausgehende Sanktion an. Für die

---

1035 BAG, Beschluss v. 22.10.1985 – 1 ABR 38/83, NZA 1986, 299.

1036 So könnte es sich bei dem Entzug der Vergünstigung um ein vertraglich vorbehaltenes Widerrufsrecht bei der Gewährung freiwilliger Leistungen handeln, vgl. dazu S. 207 ff.

1037 *Meyer*, Betriebliche Rügen und ihre Folgen, S. 68, mit Beispiel S. 69.

1038 LAG Frankfurt, Beschluss v. 18.10.1988 – 5 TaBV 168/88, NZA 1989, 273 (Ls. 2).

1039 BAG, Beschluss v. 17.10.1989 – 1 ABR 100/88, NZA 1990, 193 (195 f.).

Zulässigkeit dieser Art der Betriebsbuße kommt es neben der Verhältnismäßigkeit einer solchen erheblichen Buße damit auch auf die Beachtung der Mitbestimmungsrechte des Betriebsrates an.

Gleiches wird grundsätzlich auch für eine Gehaltserhöhungssperre gelten. Allerdings ist bei einer Gehaltserhöhungssperre zu klären, wie mit dem so „ersparten" Gehalt zu verfahren ist, da diese Einsparung zugunsten des Arbeitgebers erfolgt, was im Rahmen einer Betriebsbußenordnung nicht für zulässig gehalten wird.[1040] Darüber hinaus wird die „ersparte" Gehaltserhöhung meist deutlich über der für zulässig erachteten Höhe einer Geldbuße liegen, sodass in diesem Fall die Verhältnismäßigkeit einer solchen mittelbaren Geldbuße und damit die generelle Zulässigkeit dieser Art von Betriebsbuße in Frage gestellt werden muss.

e) Geldbuße

Die häufigste und damit praktisch wichtigste und schwerste Form der Betriebsbuße ist die Geldbuße. Nach dem alten Recht des § 134 b II GewO[1041] durften Geldbußen für Arbeiter die Hälfte des durchschnittlichen Tagesarbeitsverdienstes, in bestimmten schwerwiegenden Fällen den vollen Betrag des Tagesverdienstes, nicht überschreiten. Auch nach Aufhebung dieser Vorschrift durch die §§ 65, 69 AOG vom 21.01.1934 hat man sich lange an den Betrag als eine Art Gewohnheitsrecht gehalten, um das Risiko einer Aufhebung der Buße wegen Unbilligkeit zu vermeiden.[1042] Anderes galt nach § 28 I 2 AOG[1043] für Angestellte. Danach waren Geldbußen

---

1040 Dazu im nächsten Abschnitt unter „e) Geldbuße".

1041 „§ 136b GewO:
(1) Die Arbeitsordnung muß Bestimmungen enthalten: (...)
4. sofern Strafen vorgesehen werden, über die Art und Höhe derselben, über die Art ihrer Festsetzung und, wenn sie in Geld bestehen, über deren Einziehung und über den Zweck, für welchen sie verwendet werden sollen; ...
(2) Strafbestimmungen, welche das Ehrgefühl oder die guten Sitten verletzen, dürfen in die Arbeitsordnung nicht aufgenommen werden. Geldstrafen dürfen die Hälfte des durchschnittlichen Tagesarbeitsverdienstes nicht überschreiten; jedoch können Tätlichkeiten gegen Mitarbeiter, erheblicher Verstöße gegen die guten Sitten sowie gegen die zur Aufrechterhaltung der Ordnung des Betriebs, zur Sicherung eines gefahrlosen Betriebs oder zur Durchführung der Bestimmungen der Gewerbeordnung erlassenen Vorschriften mit Geldstrafen bis zum vollen Betrage des durchschnittlichen Tagesverdienstes belegt werden. Alle Strafgelder müssen zum Besten der Arbeiter des Betriebes verwendet werden. Das Recht des Arbeitgebers, Schadensersatz zu fordern, wird durch diese Bestimmungen nicht berührt."

1042 *Herbst*, BB 1965, 419 (421); *Dengler*, Betriebsstrafe bei innerbetrieblichen kriminellen Verstößen?, S. 156.

1043 §§ 27, 28 AOG sind an Stelle der §§ 134a-f GewO getreten. Sie sahen sachlich ähnliche Beschränkungen des Ordnungsstrafrechts vor, haben jedoch die Stellung des Arbeitgebers verstärkt und die Mitwirkung der Betriebsvertretung auf Anhörungsrechte beschränkt. Das AOG wurde am 30.11.1946 wieder aufgehoben,

bis zu einer Höhe von einem vollen Monatsgehalt vorgesehen. Beide Regelungen hatten gemein, dass die Arbeitsordnung jeweils die Verwendung der Geldbußen festlegen musste. Sie durften nicht dem Arbeitgeber zufließen, um den Eindruck zu vermeiden, der Arbeitgeber wolle sich bereichern, da es ja um die Bestrafung des Arbeitnehmers ging. Die (angemessene) Geldbuße musste daher für betriebliche oder andere gemeinnützige Zwecke bestimmt sein.

Auch heute und ohne gesetzliche Regelungen muss die Geldbuße als Betriebsbuße in einer Compliance- und Ethikrichtlinie den unbestimmten Erfordernissen der Billigkeit entsprechen. Zur Bestimmung der Billigkeit der Geldbuße können die Grundsätze der § 134b II GewO a.F und § 28 I AOG herangezogen werden.[1044] Zur Konkretisierung dieses unbestimmten und für die Praxis ungeeigneten Rechtsbegriffs ist als Höchstbetrag daher weiterhin ein halber Tagesverdienst, in besonders schweren Fällen bis zu einem Tagesverdienst, im Gespräch. Auch die Betriebsbußen im Rahmen einer Compliance- und Ethikrichtlinie dürfen weiterhin nicht dem Arbeitgeber zufließen.[1045] Die Höhe der Geldbuße braucht allerdings nicht zwingend in der Bußordnung der Compliance- und Ethikrichtlinie festgelegt sein. Eine Normierung des Bußrahmens und Festlegung einer Obergrenze sind ausreichend bestimmt, sodass die Geldbuße erst im Einzelfall festgelegt werden kann. Im Einzelfall kann die Höhe der Geldbuße dann in einem angemessenen Verhältnis zur Schwere des zu ahndenden kollektiven Unrechts bestimmt werden.[1046]

5. Verhängung von Betriebsbußen

Anders als für die Verhängung der individualrechtlichen Reaktionsmaßnahmen, ist für die Verhängung der Betriebsbuße als kollektive Sanktionsmaßnahme auf Verstöße gegen die Compliance- und Ethikrichtlinien nicht nur der Arbeitgeber alleine zuständig.

In den Anfängen der „Betriebsjustiz“ war für die Ermittlung eines möglichen Verstoßes gegen die geltenden Ordnungsregeln des Betriebes der sog. „Werkschutz“ zuständig.[1047] Auch heute sind für die Unternehmensinternen Untersuchungen noch

---

die §§ 134 a-f GewO sind dadurch jedoch nicht wieder in Kraft getreten, vgl. so bei *Herbst*, BB 1965, 419 (421).

1044 *Richardi*, in: Richardi BetrVG Kommentar, § 87, Rn. 239.

1045 Vgl. *Klebe*, in: Däubler/Kittner/Klebe/Wedde, BetrVG Kommentar, § 87, Rn. 70.

1046 *Worzalla*, in: HWGNRH, BetrVG Kommentar, § 87, Rn. 168; *Linck*, in: Schaub, § 58, Rn. 7. Ein anderes System haben die Betriebspartner der BASF SE in ihrer Bußordnung gewählt. Sie haben z.B. für Verstöße gegen Verkehrsregeln auf dem Werksgelände einen eigenen Bußgeldkatalog aufgestellt, welcher die einzelnen Verstöße (den genauen Tatbestand) und die jeweils zu verhängende Strafe (Höhe der Geldbuße, Belehrung oder Entscheidung einer speziell gebildeten Kommission) konkret nennt. Darüber hinaus sind in den Regelungen auch kombinierte Tatbestände, Wiederholungsfälle und besondere Einzelfälle berücksichtigt.

1047 Zum Werkschutz *Kienapfel*, JZ 1965, 599 (602) m.w.N.

spezielle Abteilungen oder sogar externe spezialisierte Kanzleien zuständig. Die gewonnenen Erkenntnisse werden dann an eine entscheidungsbefugte Stelle weitergeleitet und dort über das weitere Vorgehen befunden.

a) Zuständigkeit

Eine solche Stelle, die speziell in Fragen der einzelnen Betriebsbuße bei Verstoß gegen die kollektive Ordnung entscheidet, kann eine Art „Betriebsbußausschuss" oder „Ordnungsausschuss" nach § 28 II BetrVG sein.[1048] Damit gemeint ist eine Stelle, die paritätisch mit Arbeitgebern und Betriebsratsmitgliedern besetzt ist, ggf. mit unparteiischem Vorgesetzten.[1049] Der Betriebsrat hat, ebenso wie der Arbeitgeber, ein Initiativrecht bei der Verhängung von Betriebsbußen im Einzelfall.[1050]

Zur Besetzung des „Betriebsbußenausschusses" kann der Betriebsrat für seinen Teil nach § 28 I BetrVG[1051] in Betrieben mit über 100 Arbeitnehmern zur Delegation bestimmter Aufgaben, Intensivierung der Betriebsratsarbeit, Flexibilität und Entlastung des Plenums einen Ausschuss bilden.[1052] Sind einem solchen Betriebsratsausschuss Aufgaben zur selbstständigen Erledigung übertragen, tritt er für diese an die Stelle des Betriebsrats. Der Ausschuss des Betriebsrates nach § 28 I BetrVG kann dann Teil des gemeinsamen „Betriebsbußenausschusses" nach § 28 II BetrVG sein. Den Mitbestimmungsrechten des Betriebsrates bei der Verhängung der einzelnen Buße wäre durch die Teilnahme des Betriebsratausschusses Genüge getan.

Entscheidet die Betriebsleitung dagegen alleine über die Betriebsbuße, bedarf die Entscheidung zu ihrer Wirksamkeit noch der Zustimmung des Betriebsrates, § 87 I Nr. 1 BetrVG. Die Entscheidung der Betriebsleitung oder des „Betriebsbußausschusses" unterliegt gerichtlicher Nachprüfung, sodass sich eine schriftliche Begründung empfiehlt.[1053]

1048 In der Literatur findet sich auch die Bezeichnung „Betriebsgericht". Diese Benennung ist jedoch irreführend, handelt es sich gerade nicht um ein Gericht im Sinne des Art. 101 II GG.

1049 *Dengler*, Betriebsstrafe bei innerbetrieblichen kriminellen Verstößen?, S. 29, 40; *Herschel*, Betriebsbußen, S. 35 ff. Nach diesem Prinzip wurde auch die Zusammensetzung des Betriebsbußenausschusses der BASF SE bestimmt: Es wird eine Kommission gebildet, die aus vier stimmberechtigten Mitgliedern besteht, von denen je zwei von der Werksleitung und dem Betriebsrat bestimmt werden. Ein Vertreter der Personalabteilung führt mit beratender Stimme den Vorsitz.

1050 *Wiese*, in GK-BetrVG, § 87, Rn. 265.

1051 Die Regelungen gelten entsprechend auch für den Gesamt- (§ 51 I S. 1 BetrVG) und Konzernbetriebsrat (§ 59 I BetrVG).

1052 BAG, Beschluss v. 20.10.1993 – 7 ABR 26/93 NZA 1994, 567 (568); LAG Baden-Württemberg, Beschluss v. 10.04.2013 – 2 TaBV 6/12, NZA-RR 2013, 411 (413 f.); *Raab*, in: GK-BetrVG, § 28, Rn. 11, zu den einzelnen Voraussetzungen der Bildung eines gemeinsamen Ausschusses Rn. 39 ff.; *Fitting*, BetrVG Kommentar, § 28, Rn. 39.

1053 So auch schon BAG, Urt. v. 12.09.1967 – 1 AZR 34/66, NJW 1968, 317 (318); *Linck*, in: Schaub, § 58 III. Rn. 22.

b) Verfahren

Eine allgemeine Verfahrensregelung für die Verhängung einer Betriebsbuße bei Verstoß gegen die kollektiven Verhaltensvorgaben einer Compliance- und Ethikrichtlinie existiert nicht. Allerdings hat das Bundesarbeitsgericht Verfahrensgarantien aufgestellt, die auch bei der betriebsinternen Gestaltung des Verfahrens zu beachten sind.

Nicht nur die Festlegung der Bußtatbestände in der Compliance- und Ethikrichtlinie, sondern ebenfalls das dazugehörige Verfahren ist der betrieblichen Regelung zugänglich.[1054] Durch den Strafzweck der einzelnen Betriebsbußmaßnahmen müssen sich die Feststellung des Bußtatbestands und die Verhängung der Betriebsbuße an rechtsstaatlichen Grundsätzen, insbesondere den rechtsstaatlichen Verfahrensgrundsätzen messen lassen.[1055] Dazu gehören die hinreichende Bestimmtheit der bußauslösenden Tatbestände in der Betriebsbußenordnung sowie ein faires Verfahren, das vor Verhängung der Betriebsbuße zumindest rechtliches Gehör gewährleistet und rechtliche Vertretung erlaubt.[1056]

Von der Verhängung einer Betriebsstrafe kann auch abgesehen werden. Es gilt das Opportunitätsprinzip.[1057] Diese Entscheidung kann allerdings nur im Rahmen des pflichtgemäßen Ermessens getroffen werden. Willkürliche Entscheidungen können nicht mit Hinweis auf das Opportunitätsprinzip gerechtfertigt werden.

Ist der zu Bestrafende nicht bereit seine Strafe hinzunehmen, kann er sich an die staatlichen Gerichte wenden und den Strafausspruch überprüfen lassen. Der Strafausspruch des Betriebsbußenausschusses stellt keine endgültige oder bindende Entscheidung dar und unterfällt als Privatstrafe einem Vorbehalt zugunsten der rechtsprechenden Gewalt. Vertragliche Vereinbarungen, die diese Entscheidungen der gerichtlichen Nachprüfung entziehen wollen, sind nichtig.[1058]

Allerdings ist das Gericht ist darauf beschränkt zu überprüfen, ob die Betriebsbußenordnung in der Compliance- und Ethikrichtlinie wirksam ist und entsprechende Strafen vorsieht. Es kann geprüft werden, ob der Bußtatbestand tatsächlich verwirklicht ist *(„nulla poena sine lege“)* und alle formellen Vorschriften bezüglich Ermittlung und Entscheidung eingehalten sind, ebenso wie die Mindestanforderungen an einen fairen „Prozess“.[1059] Inhaltlich erfolgt jedoch nur eine eingeschränkte

---

1054 BAG, Beschluss v. 17.10.1989 – 1 ABR 100/88, NZA 1990, 193 (195).

1055 *Bender*, in: Wlotzke/Preis/Kreft, BetrVG Kommentar, § 87, Rn. 50; *Gaul*, DB 1965, 665 (666); *Herschel*, Betriebsbußen, S. 82 f.; *Wiese*, in: GK-BetrVG, § 87, Rn. 254; BAG, Urt. v. 12.09.1967 – 1 AZR 34/66, NJW 1968, 317 (Ls. 3 und 4).

1056 BAG, Urt. v. 12.09.1967 – 1 AZR 34/66, NJW 1968, 317.

1057 *Fitting*, BetrVG Kommentar, § 87 Rn. 93; *Herschel*, Betriebsbußen, S. 83; *Linck*, in: Schaub, § 58 III. Rn. 14.

1058 *Kienapfel*, JZ 1965, 599 (603). Eine Ausnahme kann allerdings bei Vereinbarung eines Schiedsgerichtsverfahrens nach §§ 1025 ZPO vorliegen, da dann die Einrede des Schiedsvertrags erhoben werden kann.

1059 Beispiele: Schutz der persönlichen Integrität, Anhörungsrechte, Zeugnisverweigerungsrechte, „*in dubio pro reo*“, generell die Verfahrensgrundrechte wie Art. 103 I, III GG, Art 6 II MRK.

Überprüfung auf „Ermessensmissbrauch".[1060] Bezüglich der Überprüfung der materiellen Gerechtigkeit einer Entscheidung wird den Betrieben ein weitgehender Ermessensspielraum zugestanden und die Entscheidung lediglich auf allgemeine rechtsstaatliche Mindestverfahrensgrundsätze (Billigkeit, Verhältnismäßigkeit, Willkür) und offensichtliche (materielle) Unbilligkeit überprüft.[1061]

c) Durchsetzung der Betriebsbuße

Die Entscheidung über die Verhängung einer Betriebsbuße liegt ausschließlich auf der Ebene des privaten Rechts und kann damit keinen vollstreckbaren Titel darstellen. Von einer Vollstreckung im hoheitlichen Sinne kann insoweit nicht gesprochen werden. Es stellt sich demnach die Frage, wie nach Verhängung der Betriebsbußen durch einen „Ordnungsausschuss" diese durchgesetzt werden können und von wem.

Rügen können durch den „Ordnungsausschuss" selbst ausgesprochen und damit vollzogen werden. Problematischer ist allerdings die Durchsetzung einer Geldbuße, z.B. durch Einziehung. Für die Durchsetzung bzw. den „Vollzug" der in der mitbestimmten Compliance- und Ethikrichtlinie geregelten Betriebsbuße ist grundsätzlich der Arbeitgeber zuständig, da ihm die alleinige betriebliche Leitungsmacht zukommt.[1062] Nach § 77 I BetrVG obliegt ihm die Durchführung der Betriebsvereinbarung, außer die Betriebspartner vereinbaren auf freiwilliger Basis etwas anderes.[1063] Die Regelung des Verfahrens und damit auch die Regelungen zur Durchsetzung der Betriebsbuße sind Teil einer wirksamen Betriebsbußenordnung.[1064] Der Arbeitgeber darf und muss nach dieser von den Betriebspartnern gemeinsam aufgestellten Verfahrensanordnung handeln.[1065] Fraglich ist aber darüber hinaus, ob der

---

1060 *Dengler*, Betriebsstrafe bei innerbetrieblichen kriminellen Verstößen?, S. 199.

1061 Siehe auch Darstellung bei: *Fitting*, BetrVG Kommentar, § 87 Rn. 94; *Meyer-Cording*, NJW 1966, 225 (228 f.); a.A.: *Linck*, in: Schaub, § 58 III. Rn. 15, die gerichtliche Nachprüfung sei auch auf die Tatsachenermittlung und Angemessenheit der konkreten Bestrafung zu erstrecken, da die staatliche Gerichtsbarkeit durch Vereinbarung einer Betriebsbußordnung nicht ausgeschlossen werde. So auch: *Wiese*, in: GK-BetrVG, § 87, Rn. 266; *Richardi*, in: Richardi BetrVG Kommentar, § 87, Rn. 246.

1062 So allgemein für Betriebsvereinbarungen: *v. Hoyningen-Huene*, in: Münchener Hdb ArbR Band 2, § 236, Rn. 15, § 239, Rn. 68 ff.; *Kania*, in: ErfK, § 77 BetrVG, Rn. 2; *Berg*, in: Däubler/Kittner/Klebe/Wedde, BetrVG Kommentar, § 77, Rn. 6; zu Betriebsbußen: *Linck*, in: Schaub, § 58 III, Rn. 16; *Wiese*, in GK-BetrVG, § 87, Rn. 264.

1063 *v. Hoyningen-Huene*, in: Münchener Hdb ArbR Band 2, § 236, Rn. 169; *Kania*, in: ErfK, § 77 BetrVG, Rn. 2.

1064 Siehe dazu: S. 272 f.

1065 So könnte eine Verfahrensklausel in der Betriebsbußenordnung enthalten sein, die genau dies regelt, z.B.: *„Eine durch den Betriebsbußenausschuss gegen den Arbeitnehmer verhängte Geldbuße wird bei der nächsten Gehaltsabrechnung durch den Arbeitgeber einbehalten und von diesem einer betrieblichen Sozialeinrichtung zugeführt."*

Arbeitgeber die verhängte Betriebsbuße nach § 77 I BetrVG nur durchsetzen kann/muss oder ob er auch Gläubiger des Strafanspruchs ist.

Bei Ansprüchen, die einem Arbeitnehmer aus einer Betriebsvereinbarung gegenüber dem Arbeitgeber erwachsen, handelt es sich um Individualansprüche des Arbeitnehmers.[1066] Arbeitsbedingungen, die durch Betriebsvereinbarung geregelt werden, gelten für die einzelnen Arbeitnehmer nach § 77 IV S. 1 BetrVG unmittelbar und zwingend.[1067] Die Regelung in der Betriebsvereinbarung gestaltet das jeweilige Arbeitsverhältnis.[1068] Spiegelbildlich müssen dann auch die Pflichten, die eine Betriebsvereinbarung (hier die Compliance- und Ethikrichtlinie) dem Arbeitnehmer auflegt, das Rechtsverhältnis zwischen Arbeitgeber und Arbeitnehmer modifizieren und in diesem Fall dem Arbeitgeber einen eigenen (Zahlungs-)Anspruch gegen den Arbeitnehmer gewähren. Auch *Richardi* ist der Ansicht, dass eine zulässige (festgesetzte) Betriebsbuße eine Sanktionswirkung innerhalb der Vertragsbeziehung des Arbeitnehmers zum Arbeitgeber entfaltet.[1069] Durch die Betriebsbußenordnung in der Compliance- und Ethikrichtlinie kann der Arbeitnehmer daher auch unmittelbar gegenüber dem Arbeitnehmer verpflichtet werden. Der durch den Arbeitnehmer verwirkte Strafanspruch steht demnach dem Arbeitgeber zu, der ihn auch gegenüber dem Arbeitnehmer durchsetzen kann.

Im Verhältnis der Betriebspartner (Arbeitgeber und Betriebsrat) zueinander entfaltet die Betriebsvereinbarung die schuldrechtliche Wirkung eines zweiseitigen Vertrages.[1070] Die Betriebspartner können eine schuldrechtliche Abrede treffen, in welcher sich der Arbeitgeber verpflichtet, die eingezogenen Geldbußen z.B. einer Sozialeinrichtung des Betriebes zukommen zu lassen.[1071]

Bei dem Einzug einer Geldbuße sind, wie auch bei der Kriminalstrafe, die Pfändungsfreigrenzen und Vorschriften über die Lohnpfändung i.S.d. § 394 BGB zu beachten. Ob der Einzug einer Geldbuße durch Aufrechnung mit den Lohnansprüchen des Arbeitnehmers geschehen kann, ist umstritten. Grundsätzlich setzt die Aufrechnung nach § 387 BGB die Gleichheit der Anspruchsgegner bzw. die Gegenseitigkeit ihrer Forderungen voraus.

1066 *Kreutz*, in: GK-BetrVG, § 77 BetrVG, Rn. 185; *v. Hoyningen-Huene*, in: Münchener Hdb ArbR Band 2, § 212, Rn. 24.

1067 Siehe dazu bereits im 2. Teil dieser Arbeit, S. 93 ff.

1068 *Kreutz*, in: GK-BetrVG, § 77 BetrVG, Rn. 185; *Gamillscheg*, Kollektives Arbeitsrecht, Band II, S. 794.

1069 *Richardi*, in: Richardi, BetrVG Kommentar, § 87, Rn. 252.

1070 *Fitting*, BetrVG Kommentar, § 77 Rn. 50; *Richardi*, in: Richardi, BetrVG Kommentar, § 77 Rn. 190; *Kania*, in: ErfK, § 77 BetrVG, Rn. 8; *Matthes*, in: Münchener Hdb ArbR Band 2, § 239 Rn. 2.

1071 In den meisten betrieblichen Arbeitsordnungen wurde der Arbeitgeber verpflichtet, die Beträge der Ordnungsstrafen für innerbetriebliche soziale Zwecke zu verwenden, so die Untersuchung von *Dengler*, Betriebsstrafe bei innerbetrieblichen kriminellen Verstößen?, S. 28; *Meyer-Cording*, NJW 1966, 225 (227).

In diesem Zusammenhang wird vertreten, dass es an der für die Aufrechnung notwendigen Gegenseitigkeit der Ansprüche fehle, da der Anspruch auf Lohn zwischen Arbeitgeber und Arbeitnehmer bestehe, während der Strafanspruch seinem Sinn und Zweck nach der Betriebsgemeinschaft zustehe.[1072] Problematisch ist an dieser Lösung allerdings, dass die Betriebsgemeinschaft gar nicht Träger des Strafanspruchs sein kann. Der Betriebsrat besitzt schon keine generelle Vermögensfähigkeit[1073], allenfalls eine partielle Vermögensfähigkeit im Rahmen der ihm gesetzlich zugewiesenen Aufgaben und dadurch entstandener vermögensrechtlicher Ansprüche.[1074] Eine (weitergehende) Vermögensfähigkeit kann sich der Betriebsrat durch Vereinbarung der Betriebsparteien nicht selbst schaffen.[1075] Die Betriebsgemeinschaft kann dies erst Recht nicht.

Für die Möglichkeit, dass die Betriebsgemeinschaft doch Trägerin des Strafanspruchs sein könne, ließe sich zwar anführen, dass der Anspruch der Betriebsgemeinschaft aus den gleichen Gründen zustehen könne, aus denen auch die Sanktionsbefugnis der Regelungsbefugnis aus § 87 I BetrVG folge.[1076] Bejahte man nun die Möglichkeit der Betriebspartner eine Betriebsbußordnung zu schaffen, wäre es widersinnig nicht auch die Befugnis zu bejahen diese Ordnung mit weiteren Maßnahmen letztendlich durchzusetzen. Diese Annahme ist allerdings eine zu weite Ausdehnung der Befugnisse des Betriebsrats bzw. der Betriebspartner entgegen dem Gesetz. Das Betriebsverfassungsgesetz verleiht dem Betriebsrat gerade keine allgemeine Rechts- und Vermögensfähigkeit. Lediglich *gegenüber dem Arbeitgeber* besteht eine partielle Rechts- und Vermögensfähigkeit, welche aus der gesetzlichen Kostenerstattungspflicht nach § 40 I BetrVG und der daraus erwachsenden Gläubigerstellung des Betriebsrates gegenüber dem Arbeitgeber im Rahmen der Aufgabenverteilung des Betriebsverfassungsgesetzes folgt. Dieser Ausnahmefall ist insoweit auch gesetzlich geregelt. Eine weitere Ausnahme, die dem Betriebsrat eine Gläubigerstellung *gegenüber dem einzelnen Arbeitnehmer* zuweist, enthält das Betriebsverfassungsgesetz dagegen nicht. Der Betriebsrat sowie die Betriebsgemeinschaft sind nicht Inhaber des Strafanspruchs. Sie haben daher auch nicht das Recht, den Strafanspruch durchzusetzen. Allein aus pragmatischen Gesichtspunkten lässt sich eine so weitgehende Befugnis, Maßnahmen gegenüber dem Arbeitnehmer

---

1072 *Lemke*, Zur Rechtsgrundlage betrieblich vereinbarter Arbeitsstrafen, S. 91.

1073 Vgl. BAG, Beschluss v. 29.09.2004 – 1 ABR 30/03, BB 2005, 163 (163) m.w.N.; *Lobinger*, RdA 2011, 76 (78).

1074 In der Regel gilt das für vermögensrechtliche Ansprüche gegen den Arbeitgeber, wie z.B. aus § 40 BetrVG, nicht aber im Verhältnis zu Dritten (*Fitting*, BetrVG Kommentar, § 1, Rn. 194 ff.; *Rose*, in: HWGNRH, BetrVG Kommentar, Einleitung BetrVG, Rn. 102 ff.; *v. Hoyningen-Huene*, in: Münchener Hdb ArbR Band 2, § 212, Rn. 14, 15).

1075 *Fitting*, BetrVG Kommentar, § 1, Rn. 199; BAG, Beschluss v. 29.09.2004 – 1 ABR 30/03, BB 2005, 163 (164).

1076 Siehe dazu S. 254.

durchzusetzen, nicht herleiten. Die Annahme einer solchen Vollstreckungsbefugnis wäre daher contra legem.

Damit besteht zwischen dem Strafanspruch (Geldbuße) und dem Lohnanspruch ein Gegenseitigkeitsverhältnis (Wechselseitigkeit).[1077] Die beiden einander gegenüberstehenden Geldforderungen sind ihrem Gegenstand nach auch gleichartig. Der Arbeitgeber kann daher grundsätzlich bei Fälligkeit die Aufrechnung der Geldbuße mit der fälligen Lohnforderung erklären und die Geldbuße damit „einziehen", mithin vollstrecken.

6. Verhältnis der Betriebsbuße zu anderen Reaktionsmöglichkeiten des Arbeitgebers auf Compliance- und Ethikrichtlinienverstöße

Liegt ein Verstoß des Arbeitnehmers gegen Compliance- und Ethikrichtlinien mit Bezug zur kollektiven Ordnung vor, kommt zu deren Sanktion bei entsprechender Vereinbarung eine Betriebsbuße in Betracht. Es können jedoch gleichzeitig die Voraussetzungen weiterer Reaktionsmöglichkeiten verwirklicht sein.

Im Folgenden soll untersucht werden, wie die Verhängung einer Betriebsbuße sich auf andere mögliche Reaktionsmaßnahmen verhält. Können individualrechtliche Reaktionsmöglichkeiten auf Compliance- und Ethikrichtlinienverstöße basierend auf dem Weisungsrecht oder der Gläubigerstellung, Schadensersatzansprüche, Vertragsstrafe und Betriebsbuße aufgrund eines Compliance- und Ethikrichtlinienverstoßes jeweils nebeneinander vorliegen oder schließen sie sich gegenseitig aus? Auch das Verhältnis zwischen Betriebsbuße und Kriminalstrafe ist näher zu betrachten.

a) Verhältnis der Betriebsbuße zur Kriminalstrafe

Im Zusammenhang mit der Betriebsbuße als einzige echte „Strafe" auf privatrechtlicher Ebene stellt sich unter dem Aspekt der Unzulässigkeit einer Mehrfachbestrafung die Frage nach dem Verhältnis zur Kriminalstrafe. Mit dem Problem der Mehrfachbestrafung befasst sich der verfassungsrechtliche Grundsatz *„ne bis in idem"* des Art. 103 III GG. Dieser Grundsatz bezeichnet das Prinzip, dass jede Tat nur einmal verfolgt und bestraft werden darf.[1078]

Nicht berührt ist der Grundsatz, wenn für eine Tat zwei Strafen in derselben Entscheidung herbeigeführt werden, z.B. Haupt- und Nebenstrafe. Dieser Fall betrifft dann nicht die unzulässige Wiederholung einer Bestrafung, sondern eine zweigliedrige Strafe, gegen die grundsätzlich nichts einzuwenden ist.[1079] Dies ist jedoch

---

1077 *E. Wagner*, in: Erman, BGB Kommentar, § 387 BGB, Rn. 2.

1078 Dazu: *Jarass*, in: Jarass/Pieroth, Grundgesetz Kommentar, Art. 103, Rn. 98 ff; *Degenhart*, in: Sachs, Grundgesetz Kommentar, Art. 103, Rn. 76 ff.

1079 *Jarass*, in: Jarass/Pieroth, Grundgesetz Kommentar, Art. 103, Rn. 108; *Herschel*, Betriebsbußen, S. 84 f.

nicht die Fallgestaltung bei Nebeneinander von Betriebsbuße und Kriminalstrafe. Es handelt sich jeweils um eigenständige Strafentscheidungen. Es stellt sich somit die Frage, wie sich der Grundsatz *„ne bis in idem“* in Bezug auf Betriebsbußen, also Strafen auf privatrechtlicher Ebene, verhält.

Art. 103 III GG betrifft mit seinem Verbot Bestrafungen „auf Grund der allgemeinen Strafgesetze“. Daraus könnte sich ergeben, dass im Verhältnis mehrerer Strafgewalten zueinander, eine Strafhäufung nicht unzulässig ist. Da jedoch ein betriebliches Strafverfahren die staatliche Strafgerichtsbarkeit und den Strafanspruch des Staates nicht berührt oder gar an seine Stelle tritt[1080] und es sich bei der sog. „Betriebsjustiz“ gerade nicht um eine Gerichtsbarkeit im Sinne des Art. 92 GG handelt, treten Kriminalstrafe und Betriebsbuße nicht in Konkurrenz zueinander. Beide Strafen bewegen sich auf verschiedenen Ebenen. Der verfassungsrechtliche Grundsatz *„ne bis in idem“* wird durch das Nebeneinander von Kriminalstrafe und Betriebsbuße als zusätzlicher Sanktion daher nicht verletzt,[1081] sodass Kriminalstrafe und Betriebsbuße nebeneinander vorliegen können.

b) Verhältnis der Betriebsbuße zu individualrechtlichen Reaktionsmaßnahmen, insbesondere der Abmahnung

Aufgrund der unterschiedlichen Zwecke von Betriebsbuße und individualrechtlicher Abmahnung[1082] ist es möglich, dass beide Maßnahmen für den gleichen Anwendungsbereich in Betracht kommen.[1083] Der Arbeitgeber ist keinesfalls darauf beschränkt, das beanstandete Verhalten, den Verstoß gegen die in der Compliance- und Ethikrichtlinie geregelten kollektiven Ordnung, nur in der Form einer mitbestimmungspflichtigen Betriebsbuße zu ahnden. Vielmehr kann der Arbeitgeber auch mit individualvertraglichen mitbestimmungsfreien Maßnahmen reagieren, sofern deren Voraussetzungen ebenfalls vorliegen – er hat dahingehend ein Wahlrecht.[1084]

Nach Rechtsprechung des Bundesarbeitsgerichts hat der Arbeitgeber sogar noch weitere Möglichkeiten. Ab einer gewissen Schwere des Verstoßes steht es dem Arbeitgeber danach frei, auf Verstöße der Arbeitnehmer gegen ihre vertraglichen

---

1080 Vgl. *Kienapfel*, JZ 1965, 599 (602 f.); *Meyer-Cording*, NJW 1966, 225 (227).

1081 *Pieroth*, in: Jarass/Pieroth, Grundgesetz Kommentar, Art 103, Rn. 108; *Degenhart*, in: Sachs, Grundgesetz Kommentar, Art. 92, Rn. 10, Art. 103, Rn. 85; BVerfG, Beschluss v. 02.05.1967 – 2 BvR 391/64, 2 BvR 263/66, NJW 1967, 1651 (1652, aus den Gründen: B. II. 1.); *Herschel*, Betriebsbußen, S. 86; *Kienapfel*, JZ 1965, 599 (603 f.).

1082 Zur Abgrenzung zwischen Betriebsbuße und Abmahnung bereits S. 265 f.

1083 *Wiese*, in: GK-BetrVG, § 87, Rn. 249: Daraus folge, dass der Anwendungsbereich kein geeignetes Unterscheidungsmerkmal darstellt.

1084 BAG, Beschluss v. 17.10.1989 – 1 ABR 100/88, NZA 1990, 193; BAG, Urt. v. 30.01.1979 – 1 AZR 342/76, DB 1979, 1511; *Richter*, in: Gercke/Kraft/Richter, Arbeitsstrafrecht, S. 360, Rn. 190; *Fitting*, BetrVG Kommentar, § 87 Rn. 83; *Heinze*, NZA 1990, 169 (173); *Meyer*, Betriebliche Rügen und ihre Folgen, S. 52.

Pflichten aus der Compliance- und Ethikrichtlinien nicht nur mit einer Abmahnung[1085], sondern mit „zusätzlichen Sanktionen“[1086] zu reagieren. Danach kommen bei Verstößen gegen die kollektive Ordnung sowohl individualrechtliche (z.B. Abmahnung) als auch kollektivrechtliche (Betriebsbuße) Reaktionsmöglichkeiten nebeneinander in Betracht.

Von diesem Standpunkt geht auch die Literatur aus.[1087] Weitergehend wird sogar die Frage erörtert, ob eine Abmahnung und eine Betriebsbuße miteinander verbunden werden können. Dies setze das Vorliegen der jeweiligen Zulässigkeitsvoraussetzungen und den eindeutig zum Ausdruck gebrachten entsprechenden Willen des Arbeitgebers voraus.[1088] Bei Vorliegen dieser Voraussetzungen wird eine gleichzeitige Vornahme bejaht. Dem Arbeitnehmer müsse dann aber deutlich zum Ausdruck gebracht werden, dass er neben der Betriebsbuße als Sanktion vergangenen Unrechts bei einem zukünftigen Verstoß gegen die Vorschriften der Compliance- und Ethikrichtlinie mit einer Kündigung zu rechnen hat.[1089]

Die Möglichkeit eines Nebeneinanders von kollektivrechtlicher Strafe wegen Verstoßes gegen die kollektive Ordnung und individualvertraglicher Maßnahme wegen Vertragspflichtverletzung und zur Sicherung künftiger Vertragstreue ist im Ergebnis auch richtig. Beide Maßnahmen haben unterschiedliche Voraussetzungen, Zweckrichtungen und Rechtsfolgen. Zusätzlich haben beide Maßnahmenformen jeweils unterschiedliche „Begünstigte“: Dem Arbeitgeber als Gläubiger der Arbeitsleistung ist daran gelegen, die Erfüllung dieser Arbeitsleistung sicherzustellen. Der Betriebsgemeinschaft ist an einem ordnungsgemäßen Betriebsablauf und Miteinander gelegen. Beide Zwecke sind für sich gesehen schutzwürdig. Aus Perspektive des jeweils Reagierenden hat der Verstoß zudem jeweils eine unterschiedliche Qualität.

Daran ändert auch der Umstand nichts, dass der Arbeitgeber die Geldbußen einzieht bzw. die Betriebsbußen gegebenenfalls durchsetzen muss. Die Betriebsbußen kommen ihm nicht unmittelbar zugute im Sinne eines Vermögenszuwachses. Werden Geldbußen von ihm eingezogen, gereichen ihm diese nicht zum Vorteil. Vielmehr ist er verpflichtet, diese an eine betriebsinterne soziale Einrichtung abzuführen.

1085 Oder anderen individualrechtlichen Maßnahme wegen arbeitsvertragswidrigem Verhalten, wie z.B. Versetzung, verhaltensbedingte Kündigung (unter Beachtung der speziellen Beteiligungsrechte des Betriebsrates, §§ 99, 102 BetrVG) oder Vertragsstrafe, wenn vereinbart.

1086 So BAG, Beschluss v. 17.10.1989 – 1 ABR 100/88, NZA 1990, 193 (196, aus den Gründen II, 4); dazu auch: *Meyerhoff*, Die betriebliche Ordnung des § 87 Abs. 1 Nr. 1 BetrVG, S. 88.

1087 *Bender*, in: Wlotzke/Preis/Kreft, BetrVG Kommentar, § 87, Rn. 47; *Heinze*, NZA 1990, 168 (174 f.); *Koffka*, Die arbeitsrechtliche Abmahnung als Rechtsinstitut, S. 205 f.; *Wiese*, in GK-BetrVG, § 87, Rn. 253.

1088 *Wiese*, in GK-BetrVG, § 87, Rn. 253.

1089 *Wiese*, in GK-BetrVG, § 87, Rn. 253.

c) Verhältnis der Betriebsbuße zu Schadensersatzforderungen

Auch die Möglichkeit des Arbeitgebers Schadensersatzforderungen wegen Verstoßes gegen die Compliance- und Ethikrichtlinien geltend zu machen, wird durch die Vereinbarung und Verhängung einer Betriebsbuße nicht berührt. Beide Institute schützen unterschiedliche Rechtsgüter und haben verschiedene Voraussetzungen. Schon in der alten Regelung des § 136b II S. 5 GewO[1090] hatte der Gesetzgeber normiert, dass das Recht des Arbeitgebers Schadensersatz zu fordern durch diese Bestimmungen zur Arbeitsordnung nicht berührt wird. Dieser Wertung kann auch nicht durch eine analoge Anwendung des § 340 II BGB zur Kompensation der finanziellen Folgen des Arbeitnehmers entgegengetreten werden. Zwar handelt es sich bei § 340 II BGB um eine Schuldnerschutzvorschrift, die den Arbeitnehmer davor bewahren soll, Vertragsstrafe und Schadensersatz an den Arbeitgeber „doppelt" zu zahlen. Der § 340 II BGB hat seine Berechtigung darin, dass sowohl die verwirkte Vertragsstrafe, als auch der volle Schadensersatz an den Arbeitgeber zu zahlen wären. Die Betriebsbuße soll jedoch keinen Schaden ersetzen, sondern eine echte Strafe sein. Als solche ist sie von dem Schaden nicht unmittelbar abhängig. Eine „doppelte" Absicherung i.S.d. § 340 II BGB liegt demnach nicht vor.

d) Verhältnis der Betriebsbuße zur Vertragsstrafe

Ein Verstoß gegen die kollektive Ordnung kann eine Betriebsbuße als kollektivrechtliche Sanktion des Verhaltens zur Folge haben. Gleichzeitig kann die Einhaltung der kollektiven Ordnung auch eine vertragliche Nebenpflicht darstellen, die durch eine Vertragsstrafabrede abgesichert ist. Bei Verstoß gegen die kollektive Ordnung wäre dann auch die Vertragsstrafe verwirkt.

Betriebsbußen und Vertragsstrafen verfolgen, wie bereits aufgezeigt, eine unterschiedliche Zweckrichtung.[1091] Bei einer getroffenen Strafabrede in einem Compliance- und Ethikkodex kann es sich daher nur um das eine oder das andere handeln. Was bezweckt ist und welcher Rechtscharakter vorliegt, ist durch Auslegung zu ermitteln.[1092]

Die Betriebsbuße bestraft in erster Linie das in der Vergangenheit liegende Verhalten des Arbeitnehmers, die Vertragsstrafe soll dagegen zukunftsbezogen die Erfüllung sichern und hat keinen primären Strafcharakter. Schon daraus kann der Schluss gezogen werden, dass sich die beiden Strafen nicht grundsätzlich ausschließen können.[1093] Dafür spricht auch, dass die Vertragsstrafe den Schadensersatzanspruch absichert und kompensatorische Funktion hat, wohingegen die Betriebsbuße den Schadensersatzanspruch unberührt lässt. Die Vertragsstrafe führt direkt zu einem

---

1090 Siehe zu dem Wortlaut der Vorschrift: Fn. 1041.

1091 Siehe ausführlich unter S. 252242 ff.

1092 LAG Berlin, Urt. v. 25.08.2004 – 9 Sa 877/04 (Entscheidungsgründe: II. 1. a. und b. aa.); im Anschluss: BAG, Urt. v. 05.02.1986 – 5 AZR 564/84, NZA 1986, 782 (783).

1093 *Lemke*, Zur Rechtsgrundlage betrieblich vereinbarter Arbeitsstrafen, S. 65.

Vermögensvorteil des Arbeitgebers, die Betriebsbuße kommt dagegen letztlich der Betriebsgemeinschaft zu. Vertragsstrafen sind daher neben Betriebsbußen zulässig.[1094]

7. *Zusammentreffen mehrerer Maßnahmen bei einem Compliance- und Ethikrichtlinienverstoß mit Bezug zur kollektiven Ordnung*

Folge der rechtlichen Eigenständigkeit der unterschiedlichen Maßnahmen ist, dass den Arbeitnehmer bei entsprechender vertraglicher und kollektivvertraglicher Vereinbarung in den Compliance- und Ethikrichtlinien bei einem erheblichen Verstoß gegen die kollektive Ordnung mehrere Maßnahmen nebeneinander treffen können. Möglich sind neben der Betriebsbuße sowohl die Vertragsstrafe als auch die Abmahnung, Kündigung oder eine andere individualrechtliche Maßnahme aufgrund des Compliance- und Ethikrichtlinienverstoßes. Möglich wird diese Kumulation durch die Unterschiede der einzelnen Sanktionsinstrumente, ihre jeweils eigenen Rechtsgrundlagen, Voraussetzungen und die unterschiedliche Ziel- und Zwecksetzung.

Eine solche Häufung von Strafe, Sanktion und Reaktion ist jedoch nur denkbar, wenn jeweils die Voraussetzungen der unterschiedlichen Maßnahmen vorliegen. Dazu müsste ein schwerer Verstoß gegen die kollektive Ordnung vorliegen, der in einer Betriebsbußordnung wirksam mit Strafe bedroht ist. Gleichzeitig müsste ein berechtigtes Interesse des Arbeitgebers an der Absicherung genau dieser Pflicht durch eine Vertragsstrafe vorliegen, gegen die verstoßen wurde, und die dazu typischerweise einen nicht unerheblichen Schaden verursacht. Zugleich müsste dieser Verstoß die Vertragspflichten des Arbeitnehmers so verletzen, dass der Arbeitgeber um die ordnungsgemäße Vertragserfüllung in der Zukunft bangen muss, wenn sie nicht sogar ausgeschlossen scheint.

Erscheint trotz des äußerst seltenen und damit unwahrscheinlichen Falls des kumulativen Vorliegens all dieser Voraussetzungen die Häufung der Maßnahmen als unverhältnismäßig, kann allein noch das Übermaßverbot des § 242 BGB eine zu beachtende Grenze darstellen.[1095]

8. *Ergebnis*

Enthalten die Compliance- und Ethikrichtlinien Regelungen mit Bezug zur kollektiven Ordnung, können Verstöße gegen sie durch Betriebsbußen sanktioniert werden. Dazu werden von den Betriebspartnern Bußordnungen in den Compliance-

---

1094 *Herschel*, Betriebsbußen, S. 26, 34; *Linck*, in: Schaub, § 58 I. Rn. 3; BAG, Beschluss v. 17.10.1989 – 1 ABR 100/88, NZA 1990, 193; a.A. *Richardi*, in: Richardi BetrVG Kommentar, § 87, Rn. 222, der das Ergebnis der herrschenden Betriebsstrafenlehre, nämlich die Möglichkeit einer dreifachen Sanktion (Vertragsstrafe, Betriebsbuße und Kriminalstrafe) für ein und dieselbe Verfehlung, für verfehlt hält.

1095 So auch: *Heinze*, NZA 1990, 168 (175).

und Ethikrichtlinien aufgestellt, die die Straftatbestände und Betriebsbußen für die einzelnen Verstöße gegen die kollektive betriebliche Ordnung enthalten. Ihre Rechtsgrundlage hat die Betriebsbuße in der von dem Betrieb geschaffenen mitbestimmten Betriebsbußenordnung, die durch eine Betriebsvereinbarung erlassen wird, § 87 I Nr. 1 BetrVG.

Inhaltlich hat sich für die einzelnen Bußen ein gestaffeltes Disziplinarsystem entwickelt. Dieses reicht von einer formalen mündlichen Verwarnung oder Missbilligung über eine schriftliche Verwarnung und Verweis, über den zeitweiligen Ausschluss von betrieblichen Vergünstigungen, beförderungshemmenden und gehaltserhöhungsausschließende Maßnahmen bis hin zur Geldbuße. Besonderheit bei der am häufigsten vorkommenden Betriebsbuße, der Geldbuße, ist, dass sie betrieblichen Zwecken zugutekommen muss. Mit ihrer Verhängung darf weder Arbeitgeber noch dem einzelnen Arbeitnehmer ein direkter Vorteil zukommen. Einige dieser Maßnahmen sind von den teilweise gleichlautenden individualrechtlichen Maßnahmen streng abzugrenzen. Die Unterscheidung richtet sich maßgeblich nach dem mit der Maßnahme verfolgten Zweck. Betriebsbußen liegen in der Regel dann vor, wenn über die individualrechtlichen Möglichkeiten hinaus sanktioniert werden soll.

Der Betriebsrat hat ein zwingendes Mitbestimmungsrecht nicht nur hinsichtlich der Aufstellung der Betriebsbußordnung, sondern auch hinsichtlich der Verhängung der einzelnen Buße. Es bietet sich für die Betriebspartner daher an, einen paritätisch besetzten Ausschuss zu bilden, der sich um das Verfahren rund um die Verhängung und Durchsetzung der Betriebsbußen kümmert und so auch eine gewisse Konstanz hinsichtlich der verhängten Strafen gewährleisten kann. Das Verfahren kann ebenfalls durch die Betriebspartner geregelt werden, solange es die rechtsstaatlichen Verfahrensgrundsätze nicht missachtet.

Da durch die Betriebsbußen nur Verstöße gegen die kollektive Ordnung sanktioniert werden können, stellen Betriebsbußen alleine kein geeignetes Mittel dar, um Compliance- und Ethikrichtlinien vollständig abzusichern. Sie beziehen sich immer nur auf einen Teilbereich der in Compliance- und Ethikrichtlinien typischerweise geregelten Verhaltensvorschriften. Ihr Vorteil ist nichtsdestotrotz, dass ihnen gegenüber die Akzeptanz unter den Arbeitnehmern deutlich größer ist als gegenüber allen anderen einseitig vom Arbeitgeber verhängten Maßnahmen. Zudem sind die an sie gestellten Zulässigkeitsanforderungen geringer, als dies bei formularvertraglich vereinbarten individualrechtlichen Maßnahmen und Vertragsstrafen der Fall ist, da der Verstoß gegen die kollektive Ordnung für sich gesehen schon einen Sanktionsgrund darstellt und kein (typischer) materieller Schaden entstehen muss. Darüber hinaus ist ihr Vorteil, dass sie unmittelbar und zwingend auf das Arbeitsverhältnis wirken und für die gesamte Belegschaft gelten. Daher sind die Betriebsbußen bei den Überlegungen hinsichtlich einer effektiven Durchsetzung der Verhaltensanforderungen keinesfalls außer Acht zu lassen. Die Möglichkeit Geldbußen zu verhängen, und sei dies auch nur bis zu einem Tagesverdienst, ist sehr effektiv. Der Arbeitnehmer erleidet einen unmittelbaren vermögensbezogenen Nachteil, was häufig als strafender empfunden wird, als eine Rüge es vermag.

Die Betriebsbuße ist grundsätzlich neben allen individualrechtlichen Maßnahmen als Reaktion auf den Compliance- und Ethikrichtlinienverstoß möglich. Kollektivrechtliche und individualrechtliche Maßnahmen verfolgen unterschiedliche schutzwürdige Zwecke und haben verschiedene Voraussetzungen und Rechtsfolgen, sodass sie sich inhaltlich nicht überschneiden.

4. Teil: Thesen der Untersuchung

1. Ein Compliance- und Ethikkodex im Sinne dieser Arbeit ist ein Regelwerk, das eine Sammlung und Dokumentation von einzelnen Verhaltensvorgaben, ethischen Richtlinien und Programmsätzen eines Unternehmens enthält. Darin können gesetzliche Vorgaben dargelegt und veranschaulicht werden, bestehende Nebenpflichten konkretisiert und selbstgesetzte Regeln und Standards niedergelegt sein.
2. Es besteht keine allgemeine und gesellschaftsformübergreifende gesetzliche Pflicht zur Einführung von Compliance- und Ethikrichtlinien für deutsche Unternehmen. Das Kapitalgesellschaftsrecht enthält zwar Normen, auf die sich die Einführung eines Compliance- und Ethikkodex stützen lassen, doch enthalten sie lediglich allgemeine Organisationsanforderungen und stellen die Einführung selbst in das Ermessen der Unternehmensleitung. Je nach den Umständen des Einzelfalls kann sich daraus allenfalls eine Handlungspflicht zur Einführung eines Compliance-Systems ergeben. Der DCGK enthält konkrete Regelungen zur Einführung eines Compliance-Systems, diese stellen jedoch keine dahingehenden rechtsverbindlichen Pflichten auf. Lediglich das Bank- und Kapitalmarktrecht enthält in § 33 I S. 2 WpHG und § 25a I S. 3 KWG für Wertpapierdienstleistungsunternehmen und Finanzdienstleistungsinstitute eine Pflicht zur Etablierung einer Compliance-Funktion, überlässt aber die konkrete Gestaltung wiederum dem Ermessen der Unternehmensleitung.
3. Die freiwillige Einführung von Compliance- und Ethikrichtlinien wird durch eine Reihe von Motivationsanreizen begünstigt. Dazu gehören die Außendarstellung der Unternehmenskultur, Unternehmensorganisation und Verhaltenssteuerung, Prävention von Wirtschaftskriminalität und die erleichterte Sanktionierung rechtswidrigen Arbeitnehmerverhaltens.
4. Insbesondere wird durch die Einführung von Compliance- und Ethikrichtlinien vorsätzlichen und grob fahrlässigen Regelverstößen der Arbeitnehmer vorgebeugt. Dies dient der Herabsetzung des Risikos des Unternehmens, Adressat potentieller zivilrechtlicher Haftung, strafrechtlicher Sanktionen und Bußgelder zu werden.
5. Bei der Einführung von Compliance- und Ethikrichtlinien kann der Arbeitgeber zwischen verschiedenen Arten der Implementierung wählen. So kommen für die Implementierung das Direktionsrecht, die vertragliche Einbeziehung, die Änderungskündigung und die Betriebsvereinbarung in Betracht.

   a) Das Direktionsrecht ist für den Arbeitgeber die einfachste und günstigste Art der Implementierung. Ist eine einzuführende Verhaltensrichtlinie durch das Weisungsrecht gedeckt, kann sie einseitig vom Arbeitgeber erlassen und auch wieder geändert werden. Eine einheitliche Anwendung im Unternehmen ist damit sichergestellt. Durch das Direktionsrecht können nur solche

Regelungen implementiert werden, die die bereits bestehenden Haupt- und Nebenpflichten zum Arbeitsverhältnis konkretisieren.

b) Mit der vertraglichen Implementierung können die bestehenden Vertragspflichten erweitert und neue Pflichten geschaffen werden. Dies bedarf allerdings einer entsprechenden Willenserklärung eines jeden Arbeitnehmers. Im Zusammenhang mit der angestrebten unternehmenseinheitlichen Geltung der Compliance- und Ethikrichtlinien kommt hauptsächlich die formularvertragliche Vereinbarung in Betracht, auf die die §§ 305 ff. BGB anzuwenden sind. Die einzubeziehende Klausel unterfällt dann der AGB-rechtlichen Inhaltskontrolle.

Zur Schaffung von Klarheit und Übersichtlichkeit kann eine Verweisungsklausel im Arbeitsvertrag vereinbart werden, die auf einen Ethikkodex als externes Dokument verweist. Eine dynamische Verweisung bietet dabei die höchste Flexibilität für den Arbeitgeber. Eine solche ist theoretisch möglich, doch durch die an die Verweisungsklausel und das Verweisungsobjekt gestellten hohen Anforderungen führt diese Gestaltungsmöglichkeit nicht mehr zu einer Vereinfachung und Übersichtlichkeit des Arbeitsvertrags und des Verweisungsobjekts. Vorzugswürdig ist daher die statische Verweisung.

c) Der Einführung von Compliance- und Ethikrichtlinien über eine Änderungskündigung sind durch die an dieses Gestaltungsrecht gestellten Anforderungen durch die Rechtsprechung strenge Grenzen gesetzt. Sie ist nur als Ultima Ratio in Betracht zu ziehen.

d) Ein Compliance- und Ethikkodex kann auf kollektivrechtlicher Ebene auch über eine Betriebsvereinbarung implementiert werden, soweit den Betriebspartnern eine Regelungsbefugnis über die jeweiligen Inhalte zukommt. Vorteilhaft daran ist, dass sich die Betriebsvereinbarung durch ihre normative Wirkung auf alle Arbeitsverhältnisse erstreckt und Verfahren zur Einholung der individuellen Zustimmung der betroffenen Arbeitnehmer vermieden werden. Die Betriebsvereinbarung muss der Billigkeitskontrolle nach § 75 BetrVG standhalten.

6. Zur effektiven Durchsetzung eines Compliance- und Ethikkodex sind darin Sanktionsklauseln aufzunehmen. Eine Sanktionsklausel, die auf die „klassischen" einseitigen Reaktionsmöglichkeiten des Arbeitgebers verweist und keinen eigenen normativen Inhalt hat, ist im Rahmen des Verhältnismäßigkeitsgrundsatzes zulässig. Denn diese Sanktionen sind auch ohne einen entsprechenden Hinweis in einer Klausel für den Arbeitnehmer vorhersehbar. Weist die Klausel dagegen auf Sanktionen hin, die vertraglich vorbehalten sind oder auf einer kollektivrechtlichen Grundlage beruhen, und damit für den Arbeitnehmer nicht mehr vorhersehbar sind, so muss auch die Klausel den Anforderungen genügen, die an die jeweilige Sanktion und die Form ihrer Implementierung gestellt werden. Sie muss insbesondere klar und verständlich formuliert sowie geeignet sein, dem Arbeitnehmer genau vor Augen zu führen, welche Konsequenzen ein bestimmter Verstoß haben kann und inhaltlich dem Grundsatz der Verhältnismäßigkeit genügen.

7. Internes Whistleblowing liegt im Interesse des Unternehmens, da es eine erfolgversprechende Option darstellt, in Erfahrung zu bringen, ob gegen die Vorgaben der Compliance- und Ethikrichtlinien verstoßen wird. Berechtigtes internes Whistleblowing vermag weder straf- noch arbeitsrechtliche Sanktionen zu rechtfertigen. Eine Sanktion ist allerdings dann denkbar, wenn der Arbeitnehmer es pflichtwidrig unterlässt, den Arbeitgeber über ihn schädigende Ereignisse zu informieren. Neben der gesetzlich normierten Unterrichtungspflicht des Arbeitgebers durch den Arbeitnehmer aus den §§ 666, 667 i.V.m. 675 BGB hinsichtlich seines unmittelbaren Tätigkeitsbereichs kommt eine darüber hinausgehende Auskunftspflicht aus der vertraglichen Nebenpflicht zur Schadensabwehr und Rücksichtnahme aus § 241 II BGB in Betracht. Die Auskunftspflicht des Arbeitnehmers aus §§ 666, 667, 675 BGB wird nicht ausgeschlossen, wenn der Arbeitnehmer sich durch seine Aussage (auch) selbst belastet. Das Bestehen einer arbeitsvertraglichen Nebenpflicht zum nicht unmittelbaren Tätigkeitsbereich zur Anzeige richtet sich dagegen nach Zumutbarkeitskriterien und kann daher bei möglicher Selbstbelastung ausgeschlossen sein.
8. Die Möglichkeit und Erleichterung der internen Klärung kann zudem viel dazu beitragen, ein aus Unternehmensperspektive unerwünschtes und rufschädigendes externes Whistleblowing zu verhindern. Eine nach den von der Rechtsprechung entwickelten Kriterien unzulässige Meldung an externe Stellen wie Medien oder auch eine Strafanzeige kann zu arbeitsrechtlichen Sanktionen bis hin zur Kündigung des Arbeitnehmers führen, wenn dieser vorher eine notwendige und zumutbare innerbetriebliche Klärung unversucht gelassen hat.
9. Besteht ein Verdacht auf Verstöße gegen die Vorschriften des Compliance- und Ethikkodex sind zur Aufklärung unternehmensintern Ermittlungen und Untersuchungen durchzuführen (sog. Internal Investigations). Diese Ermittlungen sind ein wesentlicher Bestandteil eines effektiven Compliance-Systems. Die Zulässigkeit der einzelnen Ermittlungsmaßnahmen bemisst sich letztendlich am Allgemeinen Persönlichkeitsrecht des unter Verdacht stehenden Arbeitnehmers aus Art. 2 I i.V.m. Art. 1 I GG und dessen einfachgesetzlichen Ausprägungen, wie z.B. den Vorgaben des Datenschutzrechts. Weiterhin müssen sich die Untersuchungsmethoden an rechtsstaatliche Mindeststandards halten, sofern sie in einem Prozess gegen den Arbeitnehmer verwertbar sein sollen. Verweigert der Arbeitnehmer unberechtigt die Mitarbeit bei den unternehmensinternen Untersuchungen, kann dies als arbeitsvertraglicher Pflichtverstoß mit Sanktionen geahndet werden.
10. Wiegt der Pflichtverstoß des Arbeitnehmers gegen den Compliance- und Ethikkodex so schwer, dass der Arbeitgeber das Arbeitsverhältnis beenden will, stehen ihm dazu auf individualvertraglicher Ebene mehrere Reaktionsmöglichkeiten zur Verfügung. Das Kündigungsrecht ist entscheidend von dem Verhältnismäßigkeitsgrundsatz geprägt und vor einer Kündigung sind jeweils mögliche und gleich effektive, aber mildere Mittel auszuschöpfen. Der Arbeitnehmer ist folglich in der Regel abzumahnen bevor eine Beendigung des Arbeitsverhältnisses als Ultima Ratio in Betracht kommt. Vergleichsmaßstab im Rahmen der

Verhältnismäßigkeit können jedoch nur individualrechtliche Maßnahmen, wie Abmahnung und Versetzung sein. Kollektivrechtliche Maßnahmen bilden aufgrund anderer Rechtsgrundlage und Zweckrichtung keinen Vergleichsmaßstab für die Verhältnismäßigkeit der Kündigung.

a) Die Abmahnung hat sanktionierende Nebeneffekte zur Folge. Der Pflichtverstoß wird in der Personalakte dokumentiert und bei erneutem einschlägigem Pflichtverstoß liegt die objektiv negative Prognose als Voraussetzungen zur Kündigung vor.

b) Bei besonders schwerwiegenden Pflichtverletzungen gegen den Compliance- und Ethikkodex oder einer gravierenden Zerrüttung der Vertrauensbasis ist die Abmahnung ausnahmsweise entbehrlich.

c) Ist die Abmahnung nicht entbehrlich, kann es dennoch Konstellationen geben, in denen nach dem erfolgten Pflichtverstoß gegen den Compliance- und Ethikkodex vor der Kündigung keine Abmahnung mehr erforderlich ist. Denn es ist möglich, in einen Compliance- und Ethikkodex eine Sanktionsklausel aufzunehmen, die die Voraussetzungen einer sogenannten „vorweggenommenen Abmahnung“ erfüllt. Dazu muss die Sanktionsklausel die Funktionen einer Abmahnung erfüllen. Sie muss konkret und hinreichend bestimmt sein hinsichtlich der Pflicht des Arbeitnehmers, des Verstoßes und der Folgen der Pflichtverletzung.

d) Der Arbeitgeber kann das Arbeitsverhältnis nach den allgemeinen kündigungsrechtlichen Voraussetzungen beenden. In der Regel kommt eine verhaltensbedingte Kündigung wegen Vertragsverletzung in Form eines Verstoßes gegen die Compliance- und Ethikrichtlinien in Betracht, oder, mangels Aufklärbarkeit des Verstoßes, auch eine Verdachtskündigung. Bei besonders schwerwiegenden Pflichtverletzungen kann auch eine Kündigung nach § 626 BGB aus wichtigem Grund in Betracht kommen. Wirken die einzelnen Verhaltensrichtlinien eines Compliance- und Ethikkodex nebenpflichtkonkretisierend, ist ein Pflichtverstoß leichter festzustellen. Es muss nicht erst über das Bestehen oder Nichtbestehen einer bestimmten Nebenpflicht gestritten werden.

e) Die Kündigung hat keine Sanktionsfunktion. Sie reagiert zukunftsbezogen auf die negative Prognose weiterer zu befürchtender Vertragspflichtverletzungen. Es handelt sich damit nicht um eine Sanktion oder Strafe des begangenen Verstoßes gegen den Compliance- und Ethikkodex.

11. Dem Arbeitgeber stehen auch individualvertragliche Reaktionsmaßnahmen auf einen Verstoß des Arbeitnehmers gegen den Compliance- und Ethikkodex zur Verfügung, die auf den Inhalt des Arbeitsverhältnisses gerichtet sind. In einem Stufen- oder Rangverhältnis der möglichen individualvertraglichen Reaktionsmaßnahmen zueinander sind diese in der Regel als „milder“ anzusehen als die auf Beendigung gerichteten Maßnahmen.

a) Als Gläubiger der Arbeitsleistung kann der Arbeitgeber Schadensersatzansprüche gegenüber dem Arbeitnehmer geltend machen, sofern durch dessen Pflichtverstoß ein kausaler Schaden entstanden und nachweisbar ist. Dieser Schadensnachweis und die Bestimmung der Höhe begegnen enormen Problemen, die aus der Art der Verletzung von Compliance- und Ethikrichtlinien und ihren Verhaltensanforderungen folgen.

b) Unmittelbar aus der Gläubigerstellung des Arbeitgebers folgt auch, dass er bei einem Pflichtverstoß des Arbeitnehmers gegen die Compliance- und Ethikrichtlinien ermahnen und rügen kann. Durch die Ermahnung wird dessen Fehlverhalten dokumentiert und „mahnend" zur Vertragstreue aufgerufen.

c) Weiterhin kann der Arbeitgeber innerhalb der Grenzen seines Weisungsrechts und abhängig von den konkreten Formulierungen im Arbeitsvertrag den Arbeitnehmer im Betrieb versetzen. Die Versetzung eignet sich als Reaktion besonders, wenn durch die Änderung der Arbeitsbedingungen und -umgebung das Risiko erneuter Verstöße gegen die Regelungen des Compliance- und Ethikkodex ausgeschlossen oder reduziert werden kann. Sie hat Präventionswirkung und entfaltet bei gezielter Einsetzung auch sanktionsähnliche Wirkung.

d) Gewährt der Arbeitgeber den Arbeitnehmern entgeltbezogene Vorteile, kann er bei Pflichtverstoß eines Arbeitnehmers, nach angemessener Abwägung der Interessen, diesem die Vorteile wieder entziehen. Vertraglich vereinbarte vermögenswirksame Maßnahmen können die Compliance- und Ethikrichtlinientreue als Bedingung für die Anspruchsentstehung voraussetzen oder bei einem Verstoß gegen diese Richtlinien zum Widerruf der Sonderleistung berechtigen. Die direkte Auswirkung einer Maßnahme auf das Vermögen des Arbeitnehmers und ein finanzieller „Verlust" sind äußerst effektiv, da sie vom Arbeitnehmer als stark sanktionierend und strafend empfunden wird.

e) In Fällen der besonders schweren Pflichtverletzung und bei besonders schutzwürdigem Interesse des Arbeitgebers kann dieser in Ausnahmefällen den Arbeitnehmer von seiner Arbeitspflicht freistellen bzw. suspendieren.

12. Die verbindlichen Vorgaben eines Compliance- und Ethikkodex können durch die Vereinbarung von Vertragsstrafen wirksam abgesichert werden. Die Vertragsstrafe sanktioniert repressiv Pflichtverletzungen des Arbeitnehmers und führt infolge des erleichterten Schadensausgleichs zu einer Leistungssicherung. Gleichzeitig hat sie präventive Wirkung hinsichtlich zukünftiger Verstöße gegen den Compliance- und Ethikkodex.

a) Die Vereinbarung einer Vertragsstrafe ist im Arbeitsrecht grundsätzlich zulässig.

b) Insbesondere in Bezug auf Nebenpflichtverletzungen in Form von Compliance- und Ethikrichtlinienverstößen ist das berechtigte Interesse des Arbeitgebers an der Absicherung dieser Pflichten streng zu überprüfen. Es setzt eine gewisse „Erheblichkeitsschwelle" der Pflichtverletzung und Schwierigkeiten hinsichtlich des Schadensnachweises voraus.

c) Die formularvertragliche Strafabrede unterfällt der Inhaltskontrolle nach § 307 BGB und darf keine unangemessene Benachteiligung des Arbeitnehmers darstellen. Eine solche kann sich aber insbesondere hinsichtlich des vereinbarten Inhalts, also der abzusichernden Pflichten aus dem Compliance- und Ethikkodex, und der Unangemessenheit der Strafhöhe ergeben. Zur Bestimmung der angemessenen Strafhöhe bei solchen Nebenpflichtverstößen sind die Schwere und Dauer der Vertragsverletzung, die Höhe des typischerweise zu erwartenden Schadens, der Verschuldensgrad und die wirtschaftliche Lage und Leistungsfähigkeit des Arbeitnehmers heranzuziehen. Auch an die Formulierung der Strafabrede werden nach dem Transparenz- und Bestimmtheitsgebot strenge Anforderungen gestellt. Die Vertragsstrafklausel muss den die Vertragsstrafe auslösenden Tatbestand und die dadurch verwirkte Strafe klar und bestimmt bezeichnen.

d) Zusätzlich zur verwirkten Vertragsstrafe können als Reaktion auf einen Pflichtverstoß gegen die Compliance- und Ethikrichtlinien auch die „klassischen" auf Beendigung gerichteten individualvertraglichen Maßnahmen oder weitere auf dem Weisungsrecht basierende Maßnahmen im Rahmen der Verhältnismäßigkeit in Betracht kommen. Da die Rechtsgrundlagen und die verfolgten Ziele dieser Reaktionsmaßnahmen unterschiedlich sind, stehen sich die Maßnahmen nicht in einem Konkurrenzverhältnis gegenüber, sondern können sich häufen und nebeneinander geltend gemacht werden.

13. Besteht in dem Unternehmen ein Betriebsrat und enthalten die Compliance- und Ethikrichtlinien Regelungen mit Bezug zur kollektiven Ordnung, können Verstöße gegen sie durch Betriebsbußen sanktioniert werden.

a) Die Betriebsbuße hat Strafcharakter und stellt damit ein echtes Sanktionsmittel bei Verstößen des Arbeitnehmers gegen die kollektive betriebliche Ordnung und bei gruppenschädlichem Verhalten dar.

b) Ihre Rechtsgrundlage hat die einzelne Betriebsbuße in der von dem Betrieb geschaffenen, mitbestimmten Betriebsbußenordnung, die durch eine Betriebsvereinbarung, basierend auf der Regelungsbefugnis aus § 87 I Nr. 1 BetrVG, erlassen wird.

c) Inhaltlich hat sich für die einzelnen Bußtatbestände ein gestaffeltes Disziplinarsystem entwickelt. Dieses reicht von einer formalen mündlichen Verwarnung oder Missbilligung des Verhaltens des Arbeitnehmers über seine schriftliche Verwarnung und Verweis, über dessen zeitweiligen Ausschluss von betrieblichen Vergünstigungen, beförderungshemmenden und gehaltserhöhungsausschließende Maßnahmen bis hin zu einer Geldbuße.

d) Die Geltendmachung der Betriebsbuße ist zusätzlich neben allen individualrechtlichen Maßnahmen möglich.
Auch die Geltendmachung eines Vertragsstrafanspruchs oder eines Schadensersatzanspruchs wird von einer verhängten Betriebsbuße nicht ausgeschlossen, da mit den Reaktionsmaßnahmen jeweils unterschiedliche und eigens sanktionswürdige Zwecke verfolgt werden.

Literaturverzeichnis

Achenbach, Hans / Ransiek, Andreas / Rönnau, Thomas [Hrsg.]: Handbuch Wirtschaftsstrafrecht, 4. Auflage, Heidelberg 2015
Zit.: Bearbeiter, in: Achenbach/Ransiek/Rönnau, Handbuch Wirtschaftsstrafrecht, Teil, Kapitel, Rn.

Arndt, Adolf: Umwelt und Recht, NJW 1965, S. 26 ff.

Bachner, Michael / Lerch, Sascha: Ethik- und Verhaltensrichtlinien, Mitbestimmungsrechte des Betriebsrates, AiB 2005, 229 ff.

Baumbach, Adolf / Hueck, Alfred [Begr.]: Beck'scher Kurzkommentar, GmbHG, Gesetz betreffend die Gesellschaften mit beschränkter Haftung, 21. Auflage, München 2017
Zit.: Bearbeiter, in: Baumbach/Hueck, GmbHG Kommentar, §, Rn.

Baur, Fritz: Betriebsjustiz, JZ 1965, S. 163 ff.

Behrendt, Markulf / Kaufmann, Mario: Whistleblowing-Hotlines aus arbeits- und datenschutzrechtlicher Sicht – Lösungswege im Unternehmen, CR 2006, S. 542 ff.

Benecke; Martina / Groß, Nadja: Druck von Dritten nach Compliance-Verstößen, BB 2015, 693 ff.

Bentert, Holger: Das pönale Element – Ein Fremdkörper im deutschen Zivilrecht?, Berlin 1996

Berg, Cai: Korruption in Unternehmen und Risikomanagement nach § 91 II AktG, AG 2007, S. 271 ff.

Bergmoser, Ulrich / Theusinger, Ingo / Gushurst, Klaus-Peter: Corporate Compliance – Grundlagen und Umsetzung, BB 2008 Spezial Nr. 5 zu Heft 25, S 1 ff.

Bergwitz, Christoph: Prozessuale Verwertungsverbote bei unzulässiger Videoüberwachung, NZA 2012, S. 353 ff.

Bernhard, Wolfgang: Sechs Jahre Deutscher Corporate Governance Kodex – Eine Erfolgsgeschichte?, BB 2008, S. 1686 ff.

Bertelsmann Stiftung [Hrsg.]: Die Gesellschaftliche Verantwortung von Unternehmen, Detailauswertung, Dokumentation der Ergebnisse einer Unternehmensbefragung der Bertelsmann Stiftung, 2006; im Internet: http://www.bertelsmann-stiftung.de/cps/rde/xbcr/bst/CSR_lay.pdf
Zit.: Bertelsmann Stiftung, S.

Bissels, Alexander / Lützeler, Martin: Compliance-Verstöße im Ernstfall: Der Weg zu einer verhaltensbedingten Kündigung, BB 2012, S. 189 ff.

Bock, Dennis: Strafrechtliche Aspekte der Compliance-Diskussion – § 130 OWiG als zentrale Norm der Criminal Compliance, ZIS 2009, S. 68 ff.

Böhm, Wolf-Tassilo: Non-Compliance und Arbeitsrecht, Interne Ermittlungen, Sanktionen und Regressansprüche nach Rechts- und Regelverstößen von Arbeitnehmern, Baden-Baden 2011
Zit.: Böhm, Non-Compliance und Arbeitsrecht, S.

Boos, Karl-Heinz / Fischer, Reinfrid / Schulte-Mattler, Hermann [Hrsg.]: Kreditwesengesetz, Kommentar zu KWG und Ausführungsvorschriften, 5. Auflage, München 2016
Zit.: Bearbeiter, in: Boos/Fischer/Schulte-Mattler, KWG Kommentar, §, Rn.

Borgmann, Bernd: Ethikrichtlinien und Arbeitsrecht, NZA 2003, 352 ff.

Bürkle, Jürgen: Weitergabe von Informationen über Fehlverhalten in Unternehmen (Whistleblowing) und Steuerung auftretender Probleme durch ein Compliance-System, DB 2004, S. 2158 ff.

Bürkle, Jürgen: Die Compliance – Praxis im Finanzdienstleistungssektor nach Solvency II, CCZ 2008, S. 50 ff.

Bürkle, Jürgen: Corporate Compliance als Standard guter Unternehmensführung des Deutschen Corporate Governance Kodex, BB 2007, S. 1797 ff.

Bürkle, Jürgen: Corporate Compliance – Pflicht oder Kür für den Vorstand der AG?, BB 2005, S. 565 ff.

Bussmann, Kai-D / Salvenmoser, Steffen: Der Wert von Compliance und Unternehmenskultur – Ergebnisse der aktuellen Studie von PricewaterhouseCoopers zur Wirtschaftskriminalität, CCZ 2008, S. 192 ff.

Bussmann, Kai-D. / Matschke, Sebastian: Die Zukunft der unternehmerischen Haftung bei Compliance-Verstößen, CCZ 2009, 132 ff.

Claussen, Carsten Peter / Bröckler, Norbert: Der Corporate Governance-Kodex aus der Perspektive der kleinen und mittleren Börsen-AG, DB 2002, S. 1199 ff.

Clemenz, Susanne / Kreft, Burghard / Krause, Rüdiger [Hrsg.]: AGB-Arbeitsrecht, Kommentar zu den §§ 305–310 BGB, Köln 2013
Zit.: Bearbeiter, in: Clemenz/Kreft/Krause, AGB Kommentar, Kapitel, Rn.

Däubler, Wolfgang / Bertzbach, Martin [Hrsg.]: Allgemeines Gleichbehandlungsgesetz, Handkommentar, 3. Auflage, Baden-Baden 2013
Zit.: Bearbeiter, in: Däubler/Bertzbach, AGG Kommentar, §, Rn.

Däubler, Wolfgang / Kittner, Michael / Klebe, Thomas / Wedde, Peter [Hrsg.]: Betriebsverfassungsgesetz, BetrVG Kommentar für die Praxis mit Wahlordnung und EBR-Gesetz, 15. Auflage, Frankfurt a.M. 2016
Zit.: Bearbeiter, in: Däubler/Kittner/Klebe/Wedde, BetrVG Kommentar, §, Rn.

Dengler, Dieter: Betriebsstrafe bei innerbetrieblichen kriminellen Verstößen?, Münster 1968
Zit.: Dengler, Betriebsstrafe bei innerbetrieblichen kriminellen Verstößen?, S.

Diehn, Thomas: AGB-Kontrolle von arbeitsrechtlichen Verweisungsklauseln, NZA 2004, S. 129 ff.

Diller, Martin: Der Arbeitnehmer als Informant, Handlanger und Zeuge im Prozess des Arbeitgebers gegen Dritte, DB 2004, S. 313 ff.

Diller, Martin: Vertragsstrafen bei Wettbewerbsverboten: was nun? Ein Werkstattbericht, NZA 2008, S. 574 ff.

Dölling, Dieter [Hrsg.]: Handbuch der Korruptionsprävention, für Wirtschaftsunternehmen und öffentliche Verwaltung, München 2007
Zit.: Bearbeiter, in: Dölling, Korruptionsprävention, S., Rn.

Dreher, Meinhard: Festschrift für Uwe Hüffer zum 70. Geburtstag, München 2010, Herausgeber: Kindler, Peter / Koch, Jens / Ulmer, Peter / Winter, Martin; Die Vorstandsverantwortung im Geflecht von Risikomanagement, Compliance und interner Revision, S. 161 ff.
Zit.: Dreher, FS Hüffer, 2010, S.

Drobetz, Wolfgang / Schillhofer, Andreas / Zimmermann, Heinz: Corporate Governance and Expected Stock Returns: Evidence from Germany, European Financial Management, Vol. 10, No. 2, 2004, 267–293
Zit.: Drobetz/Schillhofer/Zimmermann, European Financial Management 2004, S.

Duden: Duden Band 1 – Die deutsche Rechtschreibung, 26. Auflage, Mannheim 2014 Herausgegeben von der Dudenredaktion

Eisele, Dieter: Insiderrecht und Compliance, WM 1993, S. 1021 ff.

Eisele, Jörg: Compliance und Datenschutzstrafrecht, Strafrechtliche Grenzen der Arbeitnehmerüberwachung, Baden-Baden 2012
Zit.: Eisele, Compliance und Datenschutzstrafrecht, S.

Eisenbeis, Ernst / Nießen, Christoph: Bewegtes Arbeitsrecht, Festschrift für Wolfgang Leinemann zum 70. Geburtstag, Neuwied 2006, Herausgeber: Düwell, Franz Josef / Stückemann, Wolfgang / Wagner, Volker; Auf Kollisionskurs: Ethikrichtlinien nach US-amerikanischem Vorbild und deutschem Arbeitsrecht, S. 697 ff.
Zit.: Eisenbeis/Nießen, FS Leinemann, S.

Erfurter Kommentar zum Arbeitsrecht: Erfurter Kommentar zum Arbeitsrecht, 17. Auflage, München 2017

Herausgeber: Müller-Glöge, Rudi / Preis, Ulrich / Schmidt, Ingrid
Zit.: Bearbeiter, in: ErfK, §, Rn.

Erman BGB Kommentar: Bürgerliches Gesetzbuch, Handkommentar mit AGG, EGBGB (Auszug), ErbbauRG, HausratsVO, LPartG, ProdHaftG, UKlaG, VAHRG und WEG, 14. Auflage 2014 Herausgeber: Grunewald, Barbara / Maier-Reimer, Georg / Westermann, Harm Peter
Zit.: Bearbeiter, in: Erman, BGB Kommentar, §, Rn.

Eufinger, Alexander: Zu den historischen Ursprüngen der Compliance, CCZ 2012, S. 21 ff.

Eufinger, Alexander: Arbeitsrechtliche Aspekte der Aufklärung von Compliance-Verstößen, BB 2016, 1973 ff.

Fahrig, Stephan: Die Einführung eines Verhaltenskodexes und das Whistleblowing, Baden-Baden 2010
Zit.: Fahrig, Die Einführung eines Verhaltenskodexes und das Whistleblowing, S.

Fahrig, Stephan R. M.: Verhaltenskodex und Whistleblowing im Arbeitsrecht, NJOZ 2010, S. 975 ff.

Fischer, Thomas: Strafgesetzbuch mit Nebengesetzen, 63. Auflage, München 2016
Zit.: Fischer, StGB Kommentar, §, Rn.

Fitting, Karl [Begr.]: Betriebsverfassungsgesetz [mit Wahlordnung; die Wahlausgabe mit über 300 aktuellen Entscheidungen des BAG sowie Erläuterungen zu den Vorschriften zur Betriebsratswahl 2014], Handkommentar, 28. Auflage, München 2016
Zit.: Fitting, BetrVG Kommentar, §, Rn.

Fleischer, Holger: Corporate Compliance im aktienrechtlichen Unternehmensverbund, CCZ 2008, S. 1 ff.

Fleischer, Holger: Vorstandsverantwortlichkeit und Fehlverhalten von Unternehmensangehörigen – Von der Einzelüberwachung zur Errichtung einer Compliance-Organisation, AG 2003, S. 291 ff.

Fritz, Hans-Joachim / Nolden, Dagmar: Unterrichtungspflichten und Einsichtsrechte des Arbeitnehmers im Rahmen von unternehmensinternen Untersuchungen, CCZ 2010, S. 170 ff.

Gamillscheg, Franz: Kollektives Arbeitsrecht

Band I: Grundlagen, Koalitionsfreiheit, Tarifvertrag, Arbeitskampf und Schlichtung, München 1997

Band II: Betriebsverfassung, München 2008
Zit.: Gamillscheg, Kollektives Arbeitsrecht, Band, S.

Gaul, Dieter: „Betriebsjustiz" als zulässige Konkurrenz der Rechtspflege? DB 1965, S. 665 ff.

Gercke, Björn / Kraft, Oliver / Richter, Marcus: Arbeitsstrafrecht, strafrechtliche Risiken und Risikomanagement, Heidelberg [u.a.] 2012
Zit.: Bearbeiter, in: Gercke/Kraft/Richter, Arbeitsstrafrecht, S., Rn.

Gerst, Hans-Joachim: Unternehmensinteresse und Beschuldigtenrechte bei Internal Investigations – Problemskizze und praktische Lösungswege, CCZ 2012, S. 1 ff.

Giesen, Tom: Die Haftung des Compliance-Officers gegenüber seinem Arbeitgeber – Haftungsprivilegierung bei innerbetrieblichem Schadensausgleich? CCZ 2009, S. 102 ff.

Gilch, Andreas / Pelz, Christian: Compliance-Klauseln – Gut gemeint aber unwirksam?, CCZ 2008, S. 131 ff.

GK-BetrVG: Gemeinschaftskommentar zum Betriebsverfassungsgesetz,

Band I §§ 1 – 73b, 10. Auflage, Köln 2014;

Band II §§ 74 – 132, 10. Auflage, Köln 2014;

Herausgeber: Wiese, Günther / Kreutz, Peter / Oetker, Hartmut / Raab, Thomas / Weber, Christoph / Franzen, Martin / Gutzeit, Martin / Jacobs, Matthias
Zit.: Bearbeiter, in: GK-BetrVG, §, Rn.

Göpfert, Burkard / Drägert, Carolin: Außerordentliche Kündigung bei Compliance-Verstößen ohne Ausschlussfrist? – Ein Diskussionsbeitrag, CCZ 2011, S. 25 ff.

Göpfert, Burkard / Merten, Frank / Siegrist, Carolin: Mitarbeiter als „Wissensträger" – Ein Beitrag zur aktuellen Compliance-Diskussion, NJW 2008, S. 1703 ff.

Haefcke, Maren: Beschlagnahmefähigkeit der Interviewprotokolle einer Internal Investigation, CCZ 2014, S. 39 ff.

Hanau, Peter / Preis, Ulrich: Die Kündigung von Betriebsvereinbarungen, NZA 1991, S. 81 ff.

Hauschka, Christoph E.: Compliance am Beispiel der Korruptionsbekämpfung, ZIP 2004, S. 877 ff.

Hauschka, Christoph E.: Compliance, Compliance-Manager, Compliance-Programme: Eine geeignete Reaktion auf gestiegene Haftungsrisiken für Unternehmen und Management?, NJW 2004, S. 257 ff.

Hauschka, Christoph E. / Greeve, Gina: Compliance in der Korruptionsprävention – was müssen, was sollen, was können die Unternehmen tun?, BB 2007, S. 165 ff.

Hauschka, Christoph E. [Hrsg.]: Corporate Compliance, Handbuch der Haftungsvermeidung im Unternehmen, 3. Auflage, München 2016
Zit.: Bearbeiter, in: Hauschka, Corporate Compliance, §, Rn.

Henssler, Martin: Arbeitsrecht und Schuldrechtsreform, RdA 2002, S. 129 ff.

Henssler, Martin / Moll, Wilhelm: AGB-Kontrolle vorformulierter Arbeitsbedingungen, München 2011
Zit.: Henssler/Moll, AGB-Kontrolle vorformulierter Arbeitsbedingungen, S.

Henssler, Martin / Willemsen, Heinz Josef / Kalb, Heinz-Jürgen [Hrsg.]: Arbeitsrecht Kommentar, 7. Auflage, Köln 2016
Zit.: Bearbeiter, in: HWK, Arbeitsrecht Kommentar, Gesetz, Rn.

Herbst: Die betrieblichen Ordnungsstrafen, BB 1965, S. 419 ff

Herschel, Wilhelm: Betriebsbußen, ihre Voraussetzungen und Grenzen, Köln 1967
Zit.: Herschel, Betriebsbußen, S.

Hess, Harald / Worzalla, Michael / Glock, Dirk / Nicolai, Andrea / Rose, Franz-Josef / Huke, Kristina: BetrVG Kommentar, 9. Auflage, Köln 2014
Zit.: Bearbeiter, in: HWGNRH, BetrVG Kommentar, §, Rn.

Hölters, Wolfgang [Hrsg.]: Aktiengesetz Kommentar, 2. Auflage, München 2014
Zit.: Bearbeiter, in: Hölters, AktG Kommentar, §, Rn.

Hommelhoff, Peter / Hopt, Klaus J. / v. Werder, Axel [Hrsg.]: Handbuch Corporate Governance, Leitung und Überwachung börsennotierter Unternehmen in der Rechts- und Wirtschaftspraxis, 2. Auflage, Stuttgart 2010
Zit.: Bearbeiter, in: Hommelhoff/Hopt/v.Werder, Hdb. Corporate Governance, S.

Hromadka, Wolfgang: Arbeitsordnung und Arbeitsverfassung, ZfA 1979, S. 203 ff.

Hromadka, Wolfgang: Nochmals: Die „überflüssige" Änderungskündigung, NZA 2008, S. 1338 ff.

Hüffer, Uwe [Begr.]: Aktiengesetz, Beck'sche Kurzkommentare, Bearb. von Jens Koch, 12. Auflage, München 2016
Zit.: Hüffer/Koch, AktG Kommentar, §, Rn.

Hunold, Wolf: Die aktuelle Rechtsprechung zur Inhaltskontrolle arbeitsrechtlicher Absprachen – AGB-Kontrolle, NZA-RR 2008, 449 ff.

Ignor, Alexander: Rechtsstaatliche Standards für interne Erhebungen in Unternehmen, Die „Thesen zum Unternehmensanwalt im Strafrecht" des Strafrechtsausschusses der Bundesrechtsanwaltskammer, CCZ 2011, S. 143 ff.

Inderst, Cornelia / Bannenberg, Britta / Poppe, Sina [Hrsg.]: Compliance, Aufbau – Management – Risikobereiche, 2. Auflage, Heidelberg [u.a.] 2013
Zit.: Bearbeiter, in: Inderst/Bannenberg/Poppe, Compliance, Aufbau – Management – Risikobereiche, S., Rn.

Jahn, Matthias: Ermittlungen in Sachen Siemens/SEC – Legitimer Baustein des globalisierten Wirtschaftsverfahrens oder rechtswidriges Parallelverfahren zur Strafprozessordnung? – Eine Problemskizze; StV 2009, S. 41 ff.

Jahn, Matthias / Kirsch, Stefan: Anmerkung zu einer Entscheidung des LG Hamburg, Beschluss vom 15.10.2010 (608 Qs 18/10; StV 2011, 148) – Zur Geltung des Beschlagnahmeverbots für Erkenntnisse, die ein Anwalt im Wege der internen Untersuchung in einem Unternehmen gewinnt, StV 2011, S. 151 ff.

Jarass, Hans / Pieroth, Bodo: Grundgesetz für die Bundesrepublik Deutschland Kommentar, 14. Auflage, München 2016
Zit.: Bearbeiter, in: Jarass/Pieroth, Grundgesetz Kommentar, Art, Rn.

Joost, Detlev: Vertragsstrafen im Arbeitsrecht – Zur Inhaltskontrolle von Formulararbeitsverträgen im Arbeitsrecht (Zugleich Besprechung zu BAG, Urt. v. 04.03.2004 – 8 AZR 196/03, ZIP 2004, 1277), ZIP 2004, S. 1981 ff.

Junker, Abbo: Grundkurs Arbeitsrecht, 15. Auflage, München 2016
Zit.: Junker, Grundkurs Arbeitsrecht, S., Rn.

jurisPK-BGB: Juris Praxiskommentar BGB, Band 2, Schuldrecht, 8. Auflage, Saarbrücken 2017 Herausgeber: Junker, Markus / Beckmann, Roland Michael / Rüßmann, Helmut
Zit.: Bearbeiter, in: jurisPK-BGB, §, Rn.

Kahlenberg, Harald / Schwinn, Hannes: Amnestieprogramme bei Compliance- Untersuchungen im Unternehmen, CCZ 2012, S. 81 ff.

Kienapfel, Diethelm: Betriebskriminalität und Betriebsstrafe, JZ 1965, S. 599 ff.

Kilian, Wolfgang / Heussen, Benno [Hrsg.]: Computerrechts-Handbuch, Informationstechnologie in der Rechts- und Wirtschaftspraxis, 32. Ergänzungslieferung 2013
Zit.: Bearbeiter, in: Kilian/Heussen, Computerrechts-Handbuch, Abschnitt, Teil, Rn.

Klengel, Jürgen Detlef W. / Mückenberger, Olaf: Internal Investigations – typische Rechts- und Praxisprobleme unternehmensinterner Ermittlungen, CCZ 2009, S. 81 ff.

Koch, Arnd: Korruptionsbekämpfung durch Geheimnisverrat? Strafrechtliche Aspekte des Whistleblowing, ZIS 2008, S. 500 ff.

Kock, Martin: Unternehmensethik: Einführung, Inhalte und Mitbestimmung des Betriebsrates, Der Arbeitsrechtsberater 2006, S. 116 ff.

Kock, Martin / Francke, Julia : Mitarbeiterkontrolle durch systematischen Datenabgleich zur Korruptionsbekämpfung, NZA 2009, S.646 ff.

Koffka, Nils Matthias: Die arbeitsrechtliche Abmahnung als Rechtsinstitut, Frankfurt a.M. 1993
Zit.: Koffka, Die arbeitsrechtliche Abmahnung als Rechtsinstitut, S.

Köhler, Annette G. / Marten, Kai-Uwe / Schlereth, Dieter: Stärkung der Corporate Governance in Deutschland – Umsetzungsstand und Effektivität, DB 2009, S. 1477 ff.

Kolbe, Sebastian: Unkündbarkeit für Korruptionstäter?, NZA 2009, S. 228 ff.

Kort, Michael: Verhaltensstandardisierung durch Corporate Compliance, NZG 2008, 81 ff.

Kort, Michael: Ethik-Richtlinien im Spannungsfeld zwischen US-amerikanischer Compliance und deutschem Konzernbetriebsverfassungsrecht, NJW 2009, 129 ff.

Kraft, Alfons: Sanktionen im Arbeitsverhältnis, NZA 1989, S. 777 ff.

Lakies, Thomas: Vertragsgestaltung und AGB im Arbeitsrecht, 2. Auflage, Heidelberg 2011
Zit.: Lakies, Vertragsgestaltung, S.

Leinemann, Wolfgang: Betriebsbußen – Betriebs- oder Vertragsstrafen? AuR 1970, S. 134 ff.

Lemke, Jochen: Zur Rechtsgrundlage betrieblich vereinbarter Arbeitsstrafen, Hamburg 1973
Zit.: Lemke, Zur Rechtsgrundlage betrieblich vereinbarter Arbeitsstrafen, S.

Leßmann, Jochen: Die Abdingbarkeit des Beschäftigungsanspruchs im unstreitigen und im streitigen Arbeitsverhältnis, RdA 1988, S. 149 ff.

Leßmann, Jochen: Betriebsbuße statt Kündigung, DB 1989, 1769 ff.

Liese, Jens: Much adoe about nothing? Oder: Ist der Vorstand einer Aktiengesellschaft verpflichtet, eine Compliance – Organisation zu implementieren?, BB 2008 Spezial Nr. 5, S. 17 ff.

Lobinger, Thomas: Systemdenken im Betriebsverfassungsrecht, RdA 2011, S. 76 ff.

Lobinger, Thomas: Zivilrechtliche Dogmatik und kollektives Arbeitsrecht, in: Zur Integrationskraft zivilrechtlicher Dogmatik, Tübingen 2014 Herausgeber: Lobinger, Thomas / Piekenbrock, Andreas / Stoffels, Markus
Zit.: Bearbeiter, in: Lobinger/Piekenbrock/Stoffels, Zur Integrationskraft zivilrechtlicher Dogmatik, S.

Lösler, Thomas: Spannungen zwischen der Effizienz der internen Compliance und möglichen Reporting-Pflichten des Compliance Officers, WM 2007, S.676 ff.

Lösler, Thomas: Das moderne Verständnis von Compliance im Finanzmarktrecht, NZG 2005, S.104 ff.

Löwe/Rosenberg StPO: Die Strafprozessordnung und das Gerichtsverfassungsgesetz, Großkommentar

Band 1: Einleitung; §§ 1–47 StPO, 27. Auflage 2016,

Herausgeber: Becker, Jörg-Peter / Erb, Volker / Esser, Robert / Graalmann-Scheerer, Kirsten / Hilger, Hans / Ignos, Alexander
Zit.: Bearbeiter, in: Löwe/Rosenberg, StPO Kommentar, Kapitel, Rn.

Lück, Wolfgang: Elemente eines Risiko-Managementsystems – Die Notwendigkeit eines Risiko-Managementsystems durch den Entwurf eines Gesetzes zur Kontrolle und Transparenz im Unternehmensbereich (KonTraG), DB 1998, S. 8 ff.

Lück, Wolfgang: Der Umgang mit unternehmerischen Risiken durch ein Risikomanagementsystem und durch ein Überwachungssystem – Anforderungen durch das KonTraG und Umsetzung in der betrieblichen Praxis, DB 1998, S. 1925 ff.

Lützeler, Martin / Müller-Sartori, Patrick: Die Befragung des Arbeitnehmers – Auskunftspflicht oder Zeugnisverweigerungsrecht?, CCZ 2011, S. 19 ff.

Mahnhold, Thilo: „Global Whistle“ oder „deutsche Pfeife“ – Whistleblowing-Systeme im Jurisdiktionskonflikt, NZA 2008, S. 727 ff.

Maschmann, Frank: Compliance versus Datenschutz, NZA-Beil. 2012, S. 50 ff.

Maschmann, Frank: Neue Herausforderungen für das Arbeitsrecht, AuA 2009, S. 72 ff.

Maschmann, Frank: Corporate Compliance und Arbeitsrecht, Mannheimer Arbeitsrechtstag 2009, Baden-Baden 2009 Herausgeber: Maschmann, Frank
Zit.: Autor, Titel, in: Maschmann, Corporate Compliance und Arbeitsrecht, S.

Maschmann, Frank / Sieg, Rainer / Göpfert, Burkard [Hrsg.]: Vertragsgestaltung im Arbeitsrecht, Arbeit- und Anstellungsverträge, München 2012
Zit.: Bearbeiter, in: Maschmann/Sieg/Göpfert, Vertragsgestaltung im Arbeitsrecht, S., Rn.

Mengel, Anja: Compliance und Arbeitsrecht, Implementierung, Durchsetzung, Organisation, München 2009
Zit.: Mengel, Compliance und Arbeitsrecht, S.

Mengel, Anja: Kontrolle der E-mail- und Internetkommunikation am Arbeitsplatz, Wege durch einen juristischen Irrgarten, BB 2004, S. 2014 ff.

Mengel, Anja: Kontrolle der Telekommunikation am Arbeitsplatz – Wege durch einen juristischen Irrgarten? BB 2004, S. 1445 ff.

Mengel, Anja: Arbeitsrechtliche Besonderheiten der Implementierung von Compliance-Programmen in internationalen Konzernen, CCZ 2008, S. 85 ff.

Mengel, Anja / Hagemeister, Volker: Compliance und Arbeitsrecht, BB 2006, S. 2466 ff.

Mengel, Anja / Hagemeister, Volker: Compliance und arbeitsrechtliche Implementierung im Unternehmen, BB 2007, S. 1386 ff.

Mengel, Anja / Ulrich, Thilo: Arbeitsrechtliche Aspekte unternehmensinterner Investigations, NZA 2006, S. 240 ff.

Meyer, Uwe: Ethikrichtlinien internationaler Unternehmen und deutsches Arbeitsrecht, NJW 2006, S. 3605 ff.

Meyer, Wolfgang: Betriebliche Rügen und ihre Folgen, Alle betrieblichen Disziplinarmaßnahmen von der Mahnung bis zur Kündigung mit ausführlichen Erläuterungen und Mustern, 3. Auflage, München 1989
Zit.: Meyer, Betriebliche Rügen und ihre Folgen, S.

Meyer-Cording, Ulrich: Betriebsstrafe und Vereinsstrafe im Rechtsstaat, NJW 1966, S. 225 ff.

Meyerhoff, Heinz J.: Die betriebliche Ordnung des § 87 Abs. 1 Nr. 1 BetrVG – eine Analyse der BAG-Rechtsprechung, Inaugural-Dissertation, Münster 2013
Zit.: Meyerhoff, Die betriebliche Ordnung des § 87 Abs. 1 Nr. 1 BetrVG, S.

Michalski, Lutz [Hrsg.]: Kommentar zum Gesetz betreffend die Gesellschaften mit beschränkter Haftung (GmbH-Gesetz), Band II, §§ 35–85 GmbHG, §§ 1–4 EGGmbHG, 2. Auflage, München 2010
Zit.: Bearbeiter, in: Michalski, GmbHG Kommentar, §, Rn.

Moll, Wilhelm [Hrsg.]: Münchener Anwaltshandbuch Arbeitsrecht 4. Auflage, München 2017
Zit.: Bearbeiter, in: Moll, Münchener Anwaltshandbuch Arbeitsrecht, §, Rn.

Moosmayer, Klaus: Compliance, Praxisleitfaden für Unternehmen, 3. Auflage, München 2015
Zit.: Moosmayer, Compliance, S.

Moosmayer, Klaus / Hartwig, Niels: Interne Untersuchungen, Praxisleitfaden für Unternehmen, München 2012
Zit.: Bearbeiter, in: Moosmayer/Hartwig, Interne Untersuchungen, S.

Müller, Michael: Whistleblowing – Ein Kündigungsgrund?, NZA 2002, S. 424 ff.

Müller-Bonanni, Thomas / Sagan, Adam: Arbeitsrechtliche Aspekte der Compliance, BB 2008 Spezial Nr. 5, S. 28ff.

Münchener Handbuch zum Arbeitsrecht: Münchener Handbuch zum Arbeitsrecht,

Band 1, Individualarbeitsrecht, 3. Auflage, München 2009;

Band 2, Kollektivarbeitsrecht / Sonderformen, 3. Auflage, München 2009,

Herausgeber: Richardi, Reinhard / Wlotzke, Otfried / Wißmann, Hellmut / Oetker, Hartmut
Zit.: Bearbeiter, in: Münchener Hdb ArbR Band 1/ 2, §, Rn.

Münchener Kommentar BGB : Münchener Kommentar zum Bürgerlichen Gesetzbuch,

Band 2, Schuldrecht Allgemeiner Teil, §§ 241 – 432, 7. Auflage, München 2016, Krüger, Wolfgang [Red.];

Band 4, Schuldrecht, Besonderer Teil II, §§ 611 – 704, EFZG, TzBfG, KSchG, 6. Auflage, München 2012, Henssler, Martin [Red.]
Zit.: Bearbeiter, in: MüKo BGB, §, Rn.

Münchener Kommentar zum Aktiengesetz: Münchener Kommentar zum Aktiengesetz,

Band 2, §§ 76–117, MitbestG, DrittelbG, 4. Auflage, München 2014,

Band 3, §§ 118–178 AktG, 3. Auflage, München 2013,

Herausgeber: Goette, Wulf / Habersack, Mathias / Kalss, Susanne;
Zit.: Bearbeiter, in: MüKo AktG, §, Rn.

Newell, Roberto / Wilson, Gregory: A premium for good governance, The McKinsey Quarterly, August 2002, number 3; abrufbar im Internet: http://www.globalclearinghouse.org/wefhongkong/Docs/Premium%20for%20good%20governance.pdf
Zit.: McKinsey & Company, Global Investor Opinion Survey 2002

Nowak, Eric / Rott, Roland / Mahr, Till G.: Wer den Kodex nicht einhält, den bestraft der Kapitalmarkt? Eine empirische Analyse der Selbstregulierung und Kapitalmarktrelevanz des Deutschen Corporate Governance Kodex, ZGR 2005, S. 252 ff.
Zit.: Nowak/Rott/Mahr, ZGR 2005, S.

Oetker, Hartmut: Dynamische Verweisungen in Allgemeinen Geschäftsbedingungen als Rechtsproblem, JZ 2002, S. 337 ff.

Oser, Peter / Orth, Christian / Wader, Dominic: Beachtung der Empfehlungen des Deutschen Corporate Governance Kodex, BB 2004, S. 1121 ff.

Palandt: Palandt, Bürgerliches Gesetzbuch mit Nebengesetzen, 76. Auflage, München 2017
Zit.: Bearbeiter, in: Palandt BGB Kommentar, §, Rn.

Passarge, Malte: Risiken und Chancen mangelhafter Compliance in der Unternehmensinsolvenz, NZI 2009, S. 86 ff.

Paul, Walter: Die Bedeutung der Unternehmenskultur für den Erfolg eines Unternehmens und ihre Bestimmungsfaktoren – Ein Praxisleitfaden-, DB 2005, S. 1581 ff.

Plath, Kai-Uwe [Hrsg.]: BDSG/DSGVO : Kommentar zum BDSG und zur DSGVO sowie den Datenschutzbestimmungen von TMG und TKG; 2. Auflage, Köln 2016
Zit.: Bearbeiter, in: Plath, BDSG, §, Rn

PONS: PONS, Großwörterbuch Englisch, Englisch – Deutsch, Deutsch – Englisch, Stuttgart, Neubearbeitung 2014 Bearbeiter: Agbaria, Evelyn / Dawson, Ian / Dralle, Anette / Finck, Monika / Wirth, Christiane

Preis, Ulrich: Die verhaltensbedingte Kündigung (1) und (2), DB 1990, S. 630 ff. und S. 685 ff.

Preis, Ulrich: Grundfragen der Vertragsgestaltung im Arbeitsrecht, Neuwied 1993
Zit.: Preis, Grundfragen der Vertragsgestaltung im Arbeitsrecht, S.

Preis, Ulrich : Probleme der Bezugnahme auf Allgemeine Arbeitsbedingungen und Betriebsvereinbarungen, NZA 2010, S. 361 ff.

Preis, Ulrich: Arbeitsrecht, Individualarbeitsrecht Lehrbuch für Studium und Praxis, 4. Auflage, Köln 2012
Zit.: Preis, Individualarbeitsrecht, §, S.

Preis, Ulrich: Arbeitsrecht, Kollektivarbeitsrecht Lehrbuch für Studium und Praxis, 3. Auflage, Köln 2012
Zit.: Preis, Kollektivarbeitsrecht, §, S

Preis, Ulrich [Hrsg.]: Der Arbeitsvertrag, Handbuch der Vertragspraxis und -gestaltung, 5. Auflagc, Köln 2015
Zit.: Bearbeiter, in: Preis, Der Arbeitsvertrag, Kapitel, Rn.

Preußner, Joachim: Risikomanagement im Schnittpunkt von Bankaufsichtsrecht und Gesellschaftsrecht – Zur Schrittmacherrolle des Aufsichtsrechts am Beispiel der Organisation des Risikomanagements in Kreditinstituten, NZG 2004, S. 57 ff.

Preußner, Joachim: Deutscher Corporate Governance Kodex und Risikomanagement, NZG 2004, S. 303 ff.

Räther, Philipp C. / Seitz, Nicolai: Übermittlung personenbezogener Daten in Drittstaaten – Angemessenheitsklausel, Safe Harbor und die Einwilligung, MMR 2002, S. 425 ff.

Rein, Michael: Die individualrechtliche Implementierung einer Ethikrichtlinie mit vorweggenommener Abmahnung, Baden-Baden 2013
Zit.: Rein, Die individualrechtliche Implementierung einer Ethikrichtlinie mit vorweggenommener Abmahnung, S.

Richardi, Reinhard [Hrsg.]: Betriebsverfassungsgesetz mit Wahlordnung, Kommentar, 15. Auflage, München 2016
Zit.: Bearbeiter, in: Richardi BetrVG Kommentar, §, Rn.

Ringleb, Hendrik-Michael / Kremer, Thomas / Lutter, Marcus / v.Werder, Axel : Kommentar zum Deutschen Corporate Governance Kodex, 5. Auflage, München 2014
Zit.: Bearbeiter, in: Ringleb/Kremer/Lutter/v.Werder, Kodex Kommentar, Rn.

Rodewald, Jörg / Unger, Ulrike: Corporate Compliance – Organisatorische Vorkehrungen zur Vermeidung von Haftungsfällen der Geschäftsleitung, BB 2006, S. 113 ff.

Rosbach, Thorsten: Ethik in einem Wirtschaftsunternehmen – nützlich oder überflüssige Förmelei? CCZ 2008, S. 101 ff.

Sachs, Michael [Hrsg.]: Grundgesetz Kommentar, 7. Auflage, München 2014
Zit.: Bearbeiter, in: Sachs, Grundgesetz Kommentar, Art., Rn.

Schäfer, Hans / Baumann, Diethelm: Compliance-Organisation und Sanktion bei Verstößen, NJW 2011, 3601 ff.

Schaub, Günter [Begr.]: Arbeitsrechts-Handbuch, Systematische Darstellung und Nachschlagewerk für die Praxis, 16. Auflage, München 2015
Zit.: Bearbeiter, in: Schaub, §, Kapitel, Rn.

Schiefer, Bernd: Die Abmahnung – Aktuelle Brennpunkte, DB 2013, S. 1785 ff.

Schimansky, Herbert / Bunte, Hermann-Josef / Lwowski, Hans-Jürgen [Hrsg.]: Bankrechts – Handbuch, Band II, 4. Auflage, München 2011
Zit.: Bearbeiter, in: Schimansky/Bunte/Lwowski, Bankrechts-Handbuch, §, Rn.

Schimmelpfennig, Hans-Christoph: Die externe Ombudsstelle – Risiko für die Wirksamkeit außerordentlicher Kündigungen? CCZ 2008, S. 161 ff.

Schneider, David: Die arbeitsrechtliche Implementierung von Compliance- und Ethikrichtlinien, Baden-Baden 2009
Zit.: Schneider, Die arbeitsrechtliche Implementierung von Compliance- und Ethikrichtlinien, S.

Schneider, David / Sittard, Ulrich: Ethikrichtlinien als Präventivmaßnahmen i.S. des § 12 AGG? NZA 2007, 654 ff.

Schneider, Uwe H.: Compliance als Aufgabe der Unternehmensleitung, ZIP 2003, S. 645 ff.

Schreiber, Alexander: Implementierung von Compliance-Richtlinien; NZA-RR 2010, 617 ff.

Schumacher, Carsten: Die privilegierte Haftung des Arbeitnehmers, Ausgestaltung – dogmatische Grundlage – Abdingbarkeit, Bayreuth 2012
Zit.: Schumacher, Die privilegierte Haftung des Arbeitnehmers, S.

Schürrle, Thomas / Olbers, Lucie Anne Mary: Praktische Hinweise zu Rechtsfragen bei eigenen Untersuchungen im Unternehmen, CCZ 2009, S. 178 ff.

Schuster, Doris-Maria / Darsow, Ingebjörg: Einführung von Ethikrichtlinien durch Direktionsrecht, NZA 2005, S. 273 ff.

Schuster, Fabian: Der Arbeitgeber und das Telekommunikationsgesetz, CR 2014, S. 21 ff.

Schwark, Eberhard / Zimmer, Daniel [Hrsg.]: Kapitalmarktrechts-Kommentar, 4. Auflage, München 2010
Zit.: Bearbeiter, in: Schwark/Zimmer, Kapitalmarktrechtskommentar, §, Rn.

Schwennicke, Andreas / Auerbach, Dirk [Hrsg.]: Kreditwesengesetz (KWG) mit Zahlungsdiensteaufsichtsgesetz (ZAG) und Finanzkonglomerate-Aufsichtsgesetz (FKAG): Kommentar 3. Auflage, München 2016
Zit.: Bearbeiter, in: Schwennicke/Auerbach, KWG Kommentar, §, Rn.

Schwerdtner, Peter: Festschrift für Marie Luise Hilger und Hermann Stumpf zum 70. Geburtstag, München 1983, Herausgeber: Dieterich, Thomas / Gamillscheg, Franz / Wiedemann, Herbert; Grenzen der Vereinbarungsfähigkeit von Vertragsstrafen im Einzelarbeitsverhältnis, S. 631 ff.
Zit.: Schwerdtner, FS Hilger/Stumpf, S.

Spindler, Gerald: Compliance in der multinationalen Bankengruppe, WM 2008, S. 905 ff.

Spindler, Gerhard / Stilz, Eberhard [Hrsg.]: Kommentar zum Aktiengesetz,

Band 1, §§ 1 -149, 3. Auflage, München 2015

Band 2, §§ 150–410 AktG, IntGesR, SpruchGE, SE-VO, 3. Auflage, München 2015
Zit.: Bearbeiter, in: Spindler/Stilz, AktG Kommentar, §, Rn.

Staudinger, J. von : Kommentar zum Bürgerlichen Gesetzbuch mit Einführungsgesetz und Nebengesetzen
Zit.: Bearbeiter, in: Staudinger, BGB Kommentar, § (Jahr der Neubearbeitung), Rn.

Stiglbauer, Markus: Corporate Governance Berichterstattung und Unternehmenserfolg, Eine empirische Untersuchung für den deutschen Aktienmarkt 2010
Zit.: Stiglbauer, Corporate Governance Berichterstattung und Unternehmenserfolg, S.

Stoffels, Markus: AGB-Recht, 3. Auflage, München 2015
Zit.: Stoffels, AGB-Recht, S., Rn.

Stoffels, Markus: Grundfragen der Inhaltskontrolle von Arbeitsverträgen, ZfA 2009, S. 861 ff.

Stürner, Rolf: Strafrechtliche Selbstbelastung und verfahrensförmige Wahrheitsermittlung, NJW 1981, S. 1757 ff.

Teplitzky, Otto: Wettbewerbsrechtliche Ansprüche und Verfahren, Unterlassung – Beseitigung – Auskunft – Schadensersatz, 11 Auflage, Köln 2016
Zit.: Teplitzky, Wettbewerbsrechtliche Ansprüche und Verfahren, Kapitel, Rn.

Tessin, Claus: Verletzung der Aufsichtspflicht bei Kartellverstößen, BB 1987, S. 984 ff.

Theile, Hans: Unternehmensrichtlinien – Ein Beitrag zur Prävention von Wirtschaftskriminalität? ZIS 2009, S. 406 ff.

Theusinger, Ingo /Liese, Jens: Besteht eine Rechtspflicht zur Dokumentation von Risikoüberwachungssystemen i.S. des § 91 II 1 AktG?, NZG 2008, S. 289 ff.

Thüsing, Gregor: Beschäftigtendatenschutz und Compliance, Effektive Compliance im Spannungsfeld zwischen BDSG, Persönlichkeitsschutz und Betrieblicher Mitbestimmung, 2. Auflage, München 2014
Zit.: Bearbeiter, in: Thüsing, Beschäftigtendatenschutz und Compliance; §, Rn.

Thüsing, Gregor / Bodenstedt, Kai: Vertragsstrafen im Profifußball, Eine Skizze aus aktuellem Anlass, AuR 2004, S. 369 ff.

Triskatis, Claudiana: Ethikrichtlinien im Arbeitsrecht, Frankfurt am Main 2008
Zit.: Triskatis, Ethikrichtlinien im Arbeitsrecht, S.

v. Hoyningen-Huene, Gerrik: Die Abmahnung im Arbeitsrecht, RdA 1990, S. 193 ff.

Vogt, Volker: Compliance und Investigations – Zehn Fragen aus Sicht der arbeitsrechtlichen Praxis, NJOZ 2009, S. 4206 ff.

Von Zimmermann, Georg: „Whistleblowing" – Anforderungen des Sarbanes-Oxley-Acts, WM 2007, 1060 ff.

Wachter, Thomas [Hrsg.]: Kommentar zum Aktiengesetz, 2. Auflage, Köln 2014
Zit.: Bearbeiter, in: Wachter, AktG Kommentar, §, Rn.

Wagner, Bernhard Andreas: Ethikrichtlinien – Implementierung und Mitbestimmung, Baden-Baden 2008
Zit.: Wagner, Ethikrichtlinien, S.

Wagner, Jens: „Internal Investigation" und ihre Verankerung im Recht der AG, CCZ 2009, S. 8 ff.

Walker, Wolf-Dietrich: Arbeitsrecht in der Bewährung, Festschrift für Otto Rudolf Kissel zum 65. Geburtstag, München 1994, Herausgeber: Heinze, Meinhard / Söllner, Alfred; Zur Zulässigkeit von Betriebsbußen, S. 1205–1224
Zit.: Walker, FS Kissel, S.

Wastl, Ulrich / Litzka, Philippe / Pusch, Martin: SEC-Ermittlungen in Deutschland – eine Umgehung rechtsstaatlicher Mindeststandards!, NStZ 2009, S. 68 ff.

Weber, Stefan C. / Velte, Patrick: Der Zusammenhang zwischen Corporate Governance und Kapitalkosten des Unternehmens, DStR 2011, S. 39

Wensing, Hans-Hubert / Niemann, Jan-Malte: Vertragsstrafen in Formulararbeitsverträgen: § 307 BGB neben § 343 BGB? – Überlegungen zum Verhältnis von Wirksamkeits- und Ausübungskontrolle, NJW 2007, S. 401 ff.

Willemsen, Alexander: Einführung und Inhaltskontrolle von Ethikrichtlinien, Freiburg 2009
Zit.: Willemsen, Einführung und Inhaltskontrolle von Ethikrichtlinien, S.

Wilsing, Hans-Ulrich [Hrsg.]: Deutscher Corporate Governance Kodex, Kommentar, München 2012
Zit.: Bearbeiter, in: Wilsing, DCGK Kommentar, Ziffer/§, Rn.

Wisskirchen, Gerlind / Jordan, Christopher / Bissels, Alexander: Arbeitsrechtliche Probleme bei der Einführung internationaler Verhaltens- und Ethikrichtlinien (Codes of Conduct / Codes of Ethics); Der Betrieb 2005, S. 2190 ff.

Wlotzke, Otfried / Preis, Ulrich / Kreft, Burghard: Betriebsverfassungsgesetz Kommentar, 4. Auflage, München 2009
Zit.: Bearbeiter, in: Wlotzke/Preis/Kreft, BetrVG Kommentar, §, Rn.

Wolf, Manfred / Lindacher, Walter F. / Pfeiffer, Thomas [Hrsg.]: AGB-Recht Kommentar, 6. Auflage, München 2013
Zit.: Bearbeiter, in: Wolf/Lindacher/Pfeiffer AGB-Recht Kommentar, §, Rn.

Zimmermann, Jochen / Goncharov, Igor / Werner, Jörg Richard : Does compliance with the German Corporate Governance Code have an impact on stock valuation? An empirical analysis; Corporate Governance: An International Review, 14(5), S. 432–445, 2006
Zit.: Zimmermann/Goncharov/Werner, Corporate Governance, S. 432

Zöller, Richard [Begr.] : Zivilprozessordnung mit FamFG (§§ 1–185, 200–270, 433–484) und Gerichtsverfassungsgesetz, den Einführungsgesetzen, mit Internationalem Zivilprozessrecht, EU-Verordnungen, Kostenanmerkungen; Kommentar; 31. Auflage, Köln 2016
Zit.: Bearbeiter, in: Zöller, ZPO Kommentar, §, Rn.

Alle Fundstellen aus dem Internet, die mit einem Link zitiert werden, sind zuletzt am 27.01.2017 abgerufen worden.

www.ingramcontent.com/pod-product-compliance
Ingram Content Group UK Ltd.
Pitfield, Milton Keynes, MK11 3LW, UK
UKHW021913290926
8980IPUK00015B/1242

9 783631 739433